NICOLA PREUSS

Die notarielle Hinterlegung

Schriften zum Bürgerlichen Recht

Band 176

Vorwort

Die nachfolgende Arbeit hat im Jahre 1994 der Juristischen Fakultät der Ruhr-Universität Bochum als Dissertation vorgelegen. Das Manuskript wurde im September 1993 abgeschlossen. Nach diesem Zeitpunkt erschienene Literatur und Rechtsprechung wurden noch bis März 1994 berücksichtigt.

Mein besonderer Dank gilt Herrn Prof. Dr. Klaus Schreiber, der die Entstehung dieser Abhandlung ermöglicht und kontinuierlich begleitet hat. Mein aufrichtiger Dank gilt ebenso Herrn em. Prof. Dr. Hermann Dilcher sowohl für die Übernahme des Korreferats als auch - nicht zuletzt - für die stetige Förderung, die ich im Rahmen der Tätigkeit als studentische Hilfskraft und wissenschaftliche Mitarbeiterin an seinem Lehrstuhl erfahren habe.

Für wichtige Anregungen aus der notariellen Praxis danke ich Herrn Rechtsanwalt und Notar Wilhelm Creutz aus Oberhausen.

Oberhausen, im April 1994

Nicola Preuß

Inhaltsverzeichnis

Einleitung

Erstes Kapitel

Vertragsgestaltung unter Einbeziehung der notariellen Hinterlegung

Zweites Kapitel

Das Hinterlegungsverfahren

Drittes Kapitel

Der Treuhandcharakter der notariellen Hinterlegung

Viertes Kapitel

Leistungsbewirkung mittels notarieller Hinterlegung

Fünftes Kapitel

Vertragsstörungen und ihre Auswirkungen auf die notarielle Hinterlegung

Sechstes Kapitel

Abwicklungsstörungen im Hinterlegungsverfahren

Siebtes Kapitel

Vollstreckungsmaßnahmen Dritter und ihre Auswirkungen auf die notarielle Hinterlegung

Achtes Kapitel

Kostenrechtliche Fragen der notariellen Hinterlegung

Abkürzungen

a.A.	anderer Ansicht
a.a.O.	am angegebenen Ort
Abs.	Absatz
AcP	Archiv für die civilistische Praxis
AGBG	Gesetz zur Regelung des Rechts der Allgemeinen Geschäftsbedingungen (AGB-Gesetz)
Alt.	Alternative
Anm.	Anmerkung
Art.	Artikel
AT	Allgemeiner Teil
Aufl.	Auflage
Anh.	Anhang
AZ	Aktenzeichen
Bay.	Bayerisches
BayObIG	Bayerisches Oberstes Landesgericht
BB	Betriebs-Berater
Bd.	Band
begr.	begründet von
BeurkG	Beurkundungsgesetz
BGB	Bürgerliches Gesetzbuch
BGBl.	Bundesgesetzblatt
BGH	Bundesgerichtshof
BGHZ	Entscheidungen des Bundesgerichtshofs in Zivilsachen (amtliche Sammlung)
BNotK	Bundesnotarkammer
BNotO	Bundesnotarordnung
BT	Besonderer Teil
BT-Drucks.	Drucksachen des Deutschen Bundestags
BVerfG	Bundesverfassungsgericht
BWNotZ	Baden-Württembergische Notar-Zeitschrift
bzgl.	bezüglich
bzw.	beziehungsweise
ders.	derselbe Autor wie zuvor
Diss.	Dissertation
d.h.	das heißt
DNotZ	Deutsche Notar-Zeitschrift
DONot	Dienstordnung für Notare
DÖV	Die öffentliche Verwaltung
DR	Deutsches Recht
Dt.	Deutscher

Einf.	Einführung
Einl.	Einleitung
Erl.	Erläuterungen
EWiR	Entscheidungen zum Wirtschaftsrecht
f	folgend
FGG	Reichsgesetz über die freiwillige Gerichtsbarkeit
Fn	Fußnote
FS	Festschrift
GBO	Grundbuchordnung
gem.	gemäß
GG	Grundgesetz für die Bundesrepublik Deutschland
Hb.	Halbband
h.A.	herrschende Ansicht
h.M.	herrschende Meinung
hrsg.	herausgegeben
Hs.	Halbsatz
i.E.	im Ergebnis
i. S. d.	im Sinne des
i.V.m.	in Verbindung mit
JA	Juristische Arbeitsblätter
JFG	Jahrbuch für Entscheidungen in Angelegenheiten der Freiwilligen Gerichtsbarkeit und des Grundbuchrechts
JR	Juristische Rundschau
JurBüro	Das juristische Büro
JuS	Juristische Schulung
JW	Juristische Wochenschrift
JZ	Juristenzeitung
KG	Kammergericht (Berlin)
KO	Konkursordnung
KostO	Kostenordnung
LG	Landgericht
LM	Lindenmaier-Möhring (Hrsg). Nachschlagewerk des Bundesgerichtshofs in Zivilsachen, Loseblattausgabe, München
MaBVO	Makler- und Bauträgerverordnung
MittBayNotV	Mitteilungen des Bayerischen Notarvereins
MittRheinNotK	Mitteilungen der Rheinischen Notarkammer
MDR	Monatszeitschrift für Deutsches Recht
m. w. N.	mit weiteren Nachweisen
NJW	Neue Juristische Wochenschrift
NJW-RR	NJW-Rechtsprechungs-Report, Zivilrecht
Nr.	Nummer
OLG	Oberlandesgericht
OLGZ	Entscheidungen der Oberlandesgerichte in Zivilsachen (amtliche Sammlung)
OGHZ	Sammlung der Entscheidungen des Obersten Gerichtshofs für die Brititsche Zone in Zivilsachen
Rpfleger	Der Deutsche Rechtspfleger
RG	Reichsgericht
RGZ	Entscheidungen des Reichsgerichts in Zivilsachen

Rspr.	Rechtsprechung
Rz.	Randziffer
s.	siehe
S.	Seite
sog.	sogenannt
u.a.	und andere
Urt.	Urteil
v.	vom/von
VerglO	Vergleichsordnung
VersR	Versicherungsrecht
vgl.	vergleiche
Vorbem.	Vorbemerkung
WarnRspr.	Warneyer, Die Rechtsprechung des Reichsgerichts
WM	Zeitschrift für Wirtschaft und Bankrecht, Wertpapiermitteilungen
WuB	Entscheidungssammlung zum Wirtschafts- und Bankrecht
Ziff.	Ziffer
zit.	zitiert
ZIP	Zeitschrift für Wirtschaftsrecht
ZPO	Zivilprozeßordnung
ZS	Zivilsenat
ZVG	Gesetz über die Zwangsversteigerung und die Zwangsverwaltung
ZZP	Zeitschrift für Zivilprozeß

Einleitung

§ 1 Der Begriff der notariellen Hinterlegung

I. Normative Grundlagen

§ 23 BNotO regelt die Zuständigkeit der Notare für die Aufbewahrung von Geld, Kostbarkeiten oder Wertpapieren (*notarielle Verwahrung*). Im Sprachgebrauch der Kautelarjurisprudenz beschränkt sich die notarielle Verwahrung allerdings nicht auf die in § 23 BNotO genannten Gegenstände. Vielmehr können auch Grundpfandbriefe, Löschungsunterlagen, Vollmachten usw. bei einem Notar *zu treuen Händen hinterlegt* werden.[1]

Der Bundesgerichtshof hat § 23BNotO allgemein als Rechtsgrundlage für die notarielle Verwahrungstätigkeit angesehen.[2]

In der notarrechtlichen Literatur wird diese Ansicht kritisiert, weil § 23 BNotO über die spezifische Rechtsbetreuungsfunktion der notariellen Verwahrung nichts aussagt.[3]

Es geht bei den notariellen Verwahrungsgeschäften regelmäßig nicht um Aufbewahrung oder schlichte Ablieferung an Dritte, sondern um die Sicherung der vom Auftraggeber[4] gewünschten Rechtsfolgen. Der Auftraggeber ist beispielsweise ein Grundstückskäufer, der den Kaufpreis nur Zug um Zug gegen Eintragung einer Auflassungsvormerkung zu seinen Gunsten und gegen Löschung bestehender Grundpfandrechte zahlen möchte. Er trägt dem Notar auf, den Kaufpreis erst dann an den Verkäufer auszuzahlen, wenn diese Voraussetzungen nachgewiesen sind und betraut den Notar mit ihrer Überprüfung.

---

[1] OLG Düsseldorf, DNotZ 1981,642/644; *Reimann*, in: *Korintenberg / Lappe / Bengel / Reimann*, KostO § 149, Rz. 1; *Reithmann*, DNotZ 1975,324/337; *ders.*, Vorsorgende Rechtspflege, S. 199 ff; *ders.*, WM 1991,1493; *Seybold / Hornig*, BNotO § 23, Rz. 3; vgl. auch *Bräu*, Verwahrungstätigkeit des Notars, Rz. 3; *Huhn / v.Schuckmann*, DONot § 11, Rz. 14.

[2] BGH, DNotZ 1985,48/50; DNotZ 1978,177/179; offengelassen: KG, DNotZ 1978,182.

[3] *Reithmann*, Vorsorgende Rechtspflege, S. 210; *ders.*, WM 1991,1493; s. auch *Brambring*, DNotZ 1990,615/623; *Bohrer*, Berufsrecht der Notare, Rz. 85; *Lüke*, ZIP 192,150/151.

[4] Die dem bürgerlichen Recht entlehnten Begriffe "Auftrag" und "Auftraggeber" haben sich auch im Notarrecht eingebürgert. Korrekterweise muß darauf hingewiesen werden, daß dieser Auftrag an den Notar vom zivilrechtlichen Auftrag zu unterscheiden ist, da der Notar als Amtsträger tätig wird.

Die notarielle Verwahrung ist damit ein Sonderfall der sonstigen Betreuung auf dem Gebiete der vorsorgenden Rechtspflege.[5]

Der Kritik an der Regelung des § 23 BNotO ist zuzugestehen, daß der Kern der notariellen Verwahrung nicht die schlichte Aufbewahrung des Hinterlegungsgutes ist, sondern daß die damit verbundene Betreuungstätigkeit des Notars im Vordergrund steht. Das bedeutet aber nicht, daß § 23 BNotO die Verwahrungsgeschäfte nicht erfaßte. Die Norm sagt lediglich über die mit der Verwahrung verfolgten Ziele und die Art und Weise, wie der Notar die Durchsetzung dieser Ziele durch seine Betreuungstätigkeit unterstützt, verbaliter nichts aus. Es genügt aber, daß § 23 BNotO die Zuständigkeit der Notare für diese spezielle Form einer amtlichen Verwahrung eröffnet.[6] Die Zuständigkeitsregelung bildet im Kontext mit § 1 BNotO, der den Oberbegriff der Aufgaben der vorsorgenden Rechtspflege für die notarielle Tätigkeit einführt, einen brauchbaren Rahmen für die praktisch vorkommenden Verwahrungsgeschäfte.[7] Die notarielle Praxis auf der einen und Rechtsprechung und Wissenschaft auf der anderen Seite haben dafür gesorgt, daß dieser Rahmen ausgefüllt wurde und die Übernahme von Verwahrungstätigkeiten ein Aufgabenbereich geworden ist, der mittlerweile zum gewachsenen Berufsbild des Notars gehört. Gleichwohl befindet sich die Diskussion über die Rechtsnatur der notariellen Verwahrungstätigkeit, die Funktion der Verwahrung bei der Abwicklung vertraglicher Leistungsbeziehungen und die Lösung von Konfliktfällen noch im Fluß.

Die vorliegende Arbeit beschäftigt sich im Schwerpunkt mit einem Unterfall der notariellen Verwahrung. Hierbei handelt es sich um die Verwahrung von Geld (auf Notaranderkonto), um die sog. *notarielle Hinterlegung*.[8] Die formellen Voraussetzungen für die Übernahme der Hinterlegungstätigkeit sind in der DONot geregelt, einer Verwaltungsvorschrift, deren genaue und vollständige Beachtung zu den Amtspflichten des Notars gehört.[9] Angesichts der enormen wirtschaftlichen Bedeutung der notariellen Hinterlegung wird die

---

[5] *Bräu*, Verwahrungstätigkeit des Notars, Rz. 65; *Haug*, DNotZ 1982,475/484; *Seybold / Hornig*, BNotO § 24, Rz. 1.

[6] vgl. *Brambring*, DNotZ 1990,615/623. Die notarielle Hinterlegung ist dabei deutlich abzugrenzen von der Hinterlegung i. S. v. § 372 BGB: vgl. BGH, WM 1964,770/771; DNotZ 1965,343/345; BGHZ 87,156/160; *Reithmann*, Vorsorgende Rechtspflege, S. 210; *Seybold / Hornig*, BNotO § 23, Rz. 6.

[7] zur Forderung nach gesetzlicher Regelung der notariellen Verwahrungstätigkeit: vgl. *Bohrer*, Berufsrecht der Notare, Rz. 85, 161.

[8] Begriff: *Reithmann*, Vorsorgende Rechtspflege, S. 210.

[9] BGH, DNotZ 1972,551/552; DNotZ 1980,181/182; s. auch BGH, DNotZ 1987,556/557; *Bräu*, Verwahrungstätigkeit des Notars, Rz. 9, 74; *Huhn / v.Schuckmann*, DONot § 11, Rz. 5; *Kanzleiter*, DNotZ 1972,519 ff; *Zimmermann*, DNotZ 1985,5. Die DONot gilt nur für die Verwahrungsgeschäfte i. S. v. § 23 BNotO, nicht für die Verwahrung anderer Gegenstände: *Seybold / Hornig*, BNotO § 23, Rz. 8,20.

Regelung in einer Verwaltungsvorschrift von Praktikern als unzureichend empfunden.[10] Die Bundesnotarkammer schlägt deshalb vor, im Beurkundungsgesetz nach § 54 BeurkG einen Abschnitt über die Verwahrung einzufügen und den Antrag auf Verwahrung (§ 54 a), die Durchführung der Verwahrung (§ 54 b), den Widerruf (§ 54 c) und die Verwahrung von Wertpapieren und Kostbarkeiten (§ 54 d) zu regeln.[11]

Die notarielle Hinterlegung kommt vor allem bei der Abwicklung von Urkundsgeschäften vor.[12] Das heißt, daß die Tätigkeit des Notars im Hinblick auf die Hinterlegung in zwei Teilbereiche zerfällt. Er gestaltet zum einen als beurkundender Notar die Hinterlegungsklausel und führt im Rahmen der Vertragsabwicklung die Hinterlegungstätigkeit durch.

In der Praxis sieht es z.B. so aus, daß die Parteien eines Grundstückskaufvertrages vereinbaren, den Kaufpreis auf Notaranderkonto zu zahlen, bestehende Grundpfandrechte abzulösen und den Restbetrag an den Verkäufer auszukehren.

Bsp.:[13] Der Kaufvertrag enthält folgende Vereinbarung:

"Der Käufer ist verpflichtet, den Kaufpreis bis zum ... auf das Notaranderkonto des beurkundenden Notars bei der X-Bank ... zu zahlen. Der Notar wird angewiesen, über den Kaufpreis zu verfügen, wenn

- die Erklärung der Gemeinde G darüber vorliegt, daß gesetzliche Vorkaufsrechte nicht bestehen oder nicht ausgeübt werden,

- eine Vormerkung zur Sicherung des Anspruchs des Käufers auf Eigentumsübertragung in das Grundbuch eingetragen oder Eintragung beantragt ist,

- dem Notar alle Löschungsunterlagen für nicht übernommene Belastungen auflagenfrei oder gegen Zahlung eines Betrages, der nicht höher ist als der Kaufpreis, vorliegen."

Der Notar als neutrale Hinterlegungssstelle überprüft, ob die Voraussetzungen für die Befriedigung der Grundpfandrechtsgläubiger und die Freigabe des Restbetrages zugunsten des Verkäufers vorliegen. Der Notar wird bei derartigen Geschäften im Interesse aller Beteiligten eingeschaltet, um Vorleistungsrisiken möglichst zu vermeiden oder um einen komplizierten Leistungsaustausch zu koordinieren.[14] Die Vereinbarung der Vertragsparteien, den geschuldeten Betrag auf Notaranderkonto zu zahlen und die vertragsgemäße

---

[10] vgl. Vorschläge der BNotK zur Reform des notariellen Berufsrechts, S. 61.

[11] Vorschläge der BNotK zur Reform des notariellen Berufsrechts, S. 59 ff.

[12] Hinterlegungsgeschäfte sind zwar auch ohne zugrundeliegendes Urkundsgeschäft möglich, aber solche Betreuungstätigkeiten spielen im Vergleich zu der Einschaltung des Notars bei der Abwicklung von Verträgen nur eine untergeordnete Rolle: *Arndt*, BNotO § 23, Anm. II. 2. Bräu unterscheidet in diesem Sinne die "Abwicklungshinterlegung" von der bloßen Aufbewahrung: *Bräu*, Verwahrungstätigkeit des Notars, Rz. 20.

[13] vgl. *Wagner / Zimmermann*, Verwahrungsgeschäfte, S. 48 f.

[14] *Brambring*, DNotZ 1990,615/621; *Bräu*, Verwahrungstätigkeit des Notars, Rz. 22.

Verwendung (Ablösung bestehender Grundpfandrechte, Auszahlung an den Grundstücksverkäufer, Auszahlung an einen vom Grundstücksverkäufer bestimmten Dritten usw.) des Geldes an bestimmte Auflagen zu knüpfen, ist die Grundlage des Hinterlegungsgeschäftes. Sie bestimmt den Inhalt des Ansuchens an den Notar.[15] Auch bei der Abwicklung eines Beurkundungsgeschäfts ist die notarielle Hinterlegung eine selbständige Betreuungstätigkeit und nicht ein bloßer Bestandteil der Beurkundungstätigkeit.[16]

II. Rechtsbetreuung auf dem Gebiet der vorsorgenden Rechtspflege

Gem. § 1 BNotO sind die Notare als unabhängige Träger eines öffentlichen Amtes für die Beurkundung von Rechtsvorgängen und für andere Aufgaben auf dem Gebiete der vorsorgenden Rechtspflege zuständig. Gewerbliche Verwahrungsgeschäfte oder solche, in denen der Notar als Interessenvertreter einer Partei tätig würde, sind deshalb unzulässig.[17] Die Bundesnotarkammer schlägt vor, diesen Grundsatz künftig auch gesetzlich zu verankern.[18] Die "sonstige Betreuung auf dem Gebiete der vorsorgenden Rechtspflege" wird generalklauselartig in § 24 BNotO geregelt. Die notarrechtliche Literatur unterteilt die notarielle Betreuung in Vollzugs- und Treuhandtätigkeiten[19] und ordnet die Verwahrungsgeschäfte allgemein den Treuhandtätigkeiten zu.[20]

- Bei der *Treuhandtätigkeit* wird dem Notar eine bestimmte Rechtsmacht eingeräumt, die er nur zur Erreichung eines vorher festgelegten Zwecks und im Interesse aller Beteiligten ausüben darf.[21] Die Zweckbindung wird explizit in der Erteilung der Treuhandauflagen zum Ausdruck gebracht. Die Treuhandauflagen enthalten die Voraussetzungen, unter denen der Notar von der

---

[15] *Brambring*, DNotZ 1990,615/627; *Reithmann*, Vorsorgende Rechtspflege, S. 217 ff; *Schmidt*, BWNotZ 1967,98/100; *Seybold / Hornig*, BNotO § 23, Rz. 9 ff; *Zimmermann*, DNotZ 1980,451/453 f.

[16] BGH, VersR 1967,162/163; OLG Celle, DNotZ 1972,763/765; *Bräu*, Verwahrungstätigkeit des Notars, Rz. 66; *Daimer*, Die Prüfungs- und Belehrungspflicht des Notars, S. 332; *Peter*, BWNotZ 1984,86/90.

[17] *Bräu*, Verwahrungstätigkeit des Notars, Rz. 162; s. auch *Huhn / v.Schuckmann*, Beurkundungsrecht in Deutschland, DONot § 11, Rz. 2.

[18] Vorschläge der BNotK zur Reform des notariellen Berufsrechts, S. 8.

[19] *Reithmann*, Vorsorgende Rechtspflege, S. 184 ff; *Seybold / Hornig*, BNotO § 24, Rz. 21 ff.

[20] OLG Düsseldorf, DNotZ 1981,642/645; *Bräu*, Verwahrungstätigkeit des Notars, Rz. 68 ff; *Reithmann*, Vorsorgende Rechtspflege, S. 191 ff; *Seybold / Hornig*, BNotO § 24, Rz. 23.

[21] vgl. *Reithmann*, Vorsorgende Rechtspflege, S. 193; *Zimmermann*, DNotZ 1980,451; zum Begriff der Treuhandtätigkeit ausführlich im Dritten Kapitel.

ihm erteilten Rechtsmacht Gebrauch machen, z.B. einen hinterlegten Geldbetrag auskehren darf. Das Charakteristische dieser Betreuungstätigkeit ist die eigenständige, rechtskundige Prüfung und Überwachung der verschiedenen Treuhandauflagen.

- Unter *Vollzugstätigkeiten* sind demgegenüber die Handlungen zu verstehen, die der Notar im Anschluß an eine Beurkundung übernimmt, um die Vollzugsreife herbeizuführen und den mit den Willenserklärungen verfolgten rechtlichen Erfolg zu sichern oder um den mit dem Rechtsgeschäft verfolgten wirtschaftlichen Zweck zu erreichen (z.B. die Einreichung der Anträge beim Grundbuchamt).[22]

Im Gegensatz zur Urkundstätigkeit können die sonstigen Betreuungsaufgaben ihrem Inhalt nach auch von anderen Personen übernommen werden.[23] Das ändert aber nichts an ihrem Charakter als Amtsgeschäfte. Die sonstige Betreuung des Notars auf dem Gebiete der vorsorgenden Rechtspflege ist keine bloße "Rechtskundigentätigkeit",[24] zu der der Notar durch privatrechtlichen Vertrag verpflichtet werden könnte, sondern notarielle Amtstätigkeit.[25] Bei der Durchführung der Betreuungstätigkeit unterliegt der Notar wie bei der Urkundstätigkeit umfassenden Amtspflichten; im Falle einer Pflichtverletzung haftet er nach § 19 BNotO.[26]

---

[22] *Reithmann*, DNotZ 1975,324/327; *ders.*, Vorsorgende Rechtspflege, S. 184; *Seybold / Hornig*, BNotO § 24, Rz. 22.

[23] *Reithmann*, Vorsorgende Rechtspflege, S. 18; *Seybold / Hornig*, BNotO § 24, Rz. 2.

[24] vgl. RG, JW 1915,1193; JW 1927,1145; DNotZ 1930,287/289.

[25] BGHZ 87,156/163; BGH, WM 1960,980; DNotZ 1960,265/267; VersR 1967,162/163; DNotZ 1969,499/500; DNotZ 1978,373/376; DNotZ 1980,496/497; BGH, DNotZ 1990,661/662; OLG Hamm, Berieb 1976,531; DNotZ 1983,61/62; KG, DNotZ 1978,182 f; OLG Köln, DNotZ 1971, 599/600; DNotZ 1989,257/258; *Bräu*, Verwahrungstätigkeit des Notars, Rz. 66; *Daimer*, Die Prüfungs- und Belehrungspflicht des Notars, S. 332; *Ganter*, WM Sonderbeilage Nr.1/1993, S. 1; *Haug*, DNotZ 1982,475/476; *Huhn / v.Schuckmann*, Beurkundungsrecht in Deutschland, DONot § 11, Rz. 2; *Reibold*, in: Beck'sches Notarhandbuch, A I, Rz. 265; *Reithmann*, Vorsorgende Rechtspflege, S. 214; RGRK / *Kreft*, BGB § 839, Rz. 394; *Seybold / Hornig*, BNotO § 1, Rz. 5; zur Rechtsentwicklung ausführlich: *König*, Darlehensvalutierung über Notaranderkonto, S. 68 ff.

[26] BGH, DNotZ 1960,265/267; DNotZ 1980,506/508 f; DNotZ 1990,661/662; OLG Celle, DNotZ 1976,691/692; OLG Köln, DNotZ 1980,503; *Bräu*, Verwahrungstätigkeit des Notars, Rz. 66; *Haug*, DNotZ 1982,475; *ders.*, Die Amtshaftung des Notars, Rz. 1, 680; *Louis*, VersR 1979,988/989; *Reibold*, in: Beck'sches Notarhandbuch, A I, Rz. 265; *Rinsche*, Die Haftung des Rechtsanwalts und Notars, Rz. II 71; *Seybold / Hornig*, BNotO § 23, Rz. 7, § 24, Rz. 5.

§ 2 Gang der Untersuchung

Die Rechtsprobleme der notariellen Hinterlegung berühren unterschiedliche Sachgebiete und erstrecken sich von Fragen der notariellen Vertragsgestaltung bis zu vollstreckungsrechtlichen Spezialproblemen.

Das erste Kapitel der vorliegenden Arbeit befaßt sich mit der rechtlichen und wirtschaftlichen Bedeutung der Hinterlegungsklausel in notariellen Verträgen. Unter dem Aspekt der Bedeutung der vertraglichen Vorarbeit für die notarielle Hinterlegung werden allgemeine Grundsätze der notariellen Vertragsgestaltung angesprochen und die Anforderungen an den Inhalt der Hinterlegungsklausel beschrieben.

In den folgenden Abschnitten ergibt sich die Notwendigkeit, die rechtsdogmatischen Grundlagen der notariellen Hinterlegung in Anlehnung an praktisch relevante Anwendungsprobleme zu entwickeln. Im zweiten und dritten Kapitel wird die notarielle Hinterlegung unter den Gesichtspunkten des Notarverfahrens und der notariellen Treuhandtätigkeit analysiert und damit die Grundlage für die weitere Erörterung der Spezialprobleme gelegt. Im Vordergrund des dritten Kapitels steht der Versuch, die unterschiedlichen Bedeutungen des Treuhandbegriffs beim Vermögenstransfer über Notaranderkonto transparent zu machen. Die rechtsdogmatischen Ausführungen konzentrieren sich auf den Auszahlungsanspruch gegen den Notar, verstanden als subjektives öffentliches Recht auf Auskehrung des Hinterlegungsbetrages, und die Unterscheidung von einseitigen und mehrseitigen Treuhandverhältnissen zwischen den Beteiligten und dem Notar.

Die Kapitel 4 bis 7 behandeln die wesentlichen Problembereiche und Streitfragen der notariellen Hinterlegung. Das vierte Kapitel ist der materiell-rechtlichen Problematik der Erfüllungswirkung der notariellen Hinterlegung bei Kaufpreiszahlung über Notaranderkonto gewidmet. In diesem Zusammenhang wird das Verhältnis des Kaufpreisanspruchs und des bedingten Auszahlungsanspruchs des Verkäufers gegen den Notar erörtert. Die komplexe Problematik der Abwicklungsstörung wegen Konsensverlustes der Beteiligten des Hinterlegungsgeschäftes ist Gegenstand der Kapitel 5 und 6. Im Zentrum des fünften Kapitels steht die Frage der rechtlichen Beziehung des Hinterlegungsverfahrens zu dem der Hinterlegung zugrundeliegenden schuldrechtlichen Vertrag. Das sechste Kapitel enthält die Auseinandersetzung mit der Streitfrage des nachträglichen einseitigen Widerrufs einer Weisung und den Versuch der verfahrensimmanenten Lösung des Problems. Kapitel 7 befaßt sich zum einen mit Grundsatzfragen der Pfändung der Anderkontenforderung. Zum anderen wird die Pfändung der Kaufpreisforderung, für die die Parteien eine Hinterlegungsvereinbarung getroffen haben, unter dem Gesichtspunkt der Systematik der Forderungspfändung analysiert.

Das achte und letzte Kapitel streift Fragen des notariellen Kostenrechts. Dem kurzen Überblick über die Kostenforderung des Notars bezüglich des Hinterlegungsbetrages folgt die Auseinandersetzung mit der dogmatisch interessanten Frage der Entnahmebefugnis des Notars zur Begleichung von anderweitigen Kostenforderungen.

Erstes Kapitel

Vertragsgestaltung unter Einbeziehung der notariellen Hinterlegung

§ 3 Notarielle Hinterlegung bei der Abwicklung von Grundstücksgeschäften

I. Kaufpreiszahlung über Notaranderkonto

Die Tätigkeit des Notars erfüllt keinen Selbstzweck. Sie ist auf die Bedürfnisse ihrer Klientel ausgerichtet. Bevor über Dogmatik und Verfahrensweise, Organisation und Konfliktbewältigung gesprochen wird, ist deshalb ein Überblick über die wirtschaftliche Motivation der notariellen Hinterlegung notwendig. Eine Dogmatik der notariellen Hinterlegung kann nicht abstrakt entwickelt werden. Sie muß Ergebnisse liefern, die

- im Rahmen der zulässigen Handlungsformen des Notars
- mit dem wirtschaftlichen Zweck der Hinterlegung korrespondieren.

Die *Kaufpreiszahlung über Notaranderkonto* ist ein Sicherungsmittel, das häufig bei der Abwicklung von Grundstückskaufverträgen in Anspruch genommen wird. Sie bietet die Möglichkeit, den Sicherungsinteressen des Zahlenden und des Zahlungsempfängers zu entsprechen.[1] Die Parteien vereinbaren die Hinterlegung des Kaufpreises auf Notaranderkonto unter der Anweisung, daß der Notar die Auszahlung Zug um Zug gegen Erfüllung der Verpflichtungen des Verkäufers vornehmen soll.[2] Der Notar hat im Rahmen seiner Betreuungstätigkeit - wenn kein fester Hinterlegungszeitpunkt vereinbart wurde - die Hinterlegungsvoraussetzungen und die Auszahlungsvoraussetzungen zu überprüfen.[3]

---

[1] Die Verbreitung und Akzeptanz der notariellen Hinterlegung ist jedoch regional unterschiedlich. Prädominierend ist sie in den Bereichen des Anwaltsnotariats: *Bräu*, Verwahrungstätigkeit des Notars, Rz. 17.

[2] OLG Köln, DNotZ 1989,257/260; vgl. auch BGHZ 87,156/164; *Bräu*, Verwahrungstätigkeit des Notars, Rz. 22; *Zimmermann*, DNotZ 1980,451/459.

[3] *Brambring*, DNotZ 1990,615/627; *Bräu*, Verwahrungstätigkeit des Notars, Rz. 25,27; *Tönnies*, in: Beck'sches Notarhandbuch, A I, Rz. 374.

Bei Vorliegen der Hinterlegungsvoraussetzungen erteilt der Notar dem Käufer eine Fälligkeitsbestätigung.[4]

Die Gründe, aus denen die Vertragsparteien den Kaufpreis oder zumindest einen Kaufpreisteil auf Notaranderkonto einzahlen wollen, können nur beispielhaft dargestellt werden, weil sie sich nach den individuellen Sicherungsbedürfnissen der Parteien richten. Die notarielle Hinterlegung kann außerdem mehreren Zwecken zugleich dienen.

I. Vermeidung des Vorleistungsrisikos

Dem Standardfall eines Grundstückskaufvertrages liegt folgende Interessenlage zugrunde. Der Verkäufer will das Eigentum nicht verlieren, ohne den Kaufpreis empfangen zu haben. Der Käufer will den Kaufpreis nur Zug um Zug gegen Übertragung des - lastenfreien - Eigentums zahlen.

Bei einem Grundstückskaufvertrag ist eine Zug-um-Zug-Abwicklung von Leistung und Gegenleistung nicht möglich. Die Wirksamkeit der Auflassung darf nicht von der Bedingung der Kaufpreiszahlung abhängig gemacht werden. Deshalb ist kein Schutz durch einen Eigentumsvorbehalt möglich. Ebensowenig ist es zulässig, den Antrag auf eine Grundbucheintragung unter Vorbehalt zu stellen.[5]

Das Vorleistungsrisiko einer Partei kann durch die *rechtliche Verzahnung von Leistung und Gegenleistung* vermieden werden, die bei der Ausführung des Vertrages zu einem Austausch der beiderseitigen Leistungen in der Weise führt, daß die eine Leistung von der anderen abhängig gemacht wird.[6]

Eine solche Verzahnung von Leistung und Gegenleistung funktioniert dann, wenn die Parteien einen neutralen Dritten in den Leistungsaustausch einbeziehen.[7]

---

[4] Die Fälligkeitsbestätigung ist dabei Teil des Hinterlegungsgeschäftes; sie ist dem Hinterlegungsgeschäft vorgeschaltet: s. BGH, WM 1985,1109/1111; DNotZ 1985,48/50.

[5] *Erman / Hagen*, BGB § 925, Rz. 30; MünchKomm / *Kanzleiter*, BGB § 925, Rz. 24 ff; *Horber / Demharter*, GBO § 19, Anm. 9) a); *Soergel / Stürner*, BGB § 925, Rz. 39; *Staudinger / Ertl*, BGB § 925, Rz. 91 ff; *ders.*, DNotZ 1975,644/645; *ders.*, MittBayNotV 1989, 53/55.

[6] BGH, DNotZ 1967,446/447; DNotZ 1971,591/592; *König*, Darlehensvalutierung über Notaranderkonto, S. 25; vgl. auch BGH, DNotZ 1966,506/509; OLG Celle, DNotZ 1972,763/764; OLG Düsseldorf, DNotZ 1988,393/394; *Reithmann*, DNotZ 1975,324/329.

[7] *Rahn*, BWNotZ 1966,266/267 f; *Reithmann*, DNotZ 1975,324/329; *Schmidt*, BWNotZ 1967,98.

a) Risiko der Kaufpreisvorleistung

Um den Käufer vor dem Risiko der Kaufpreisvorleistung zu schützen, ist keine notarielle Hinterlegung erforderlich. Es genügt, daß der Käufer durch die notarielle Überwachung der Fälligkeitsvoraussetzungen geschützt wird, weil es keinen Unterschied macht, ob der Notar nach Vorliegen der vereinbarten Auszahlungsvoraussetzungen an den Verkäufer zahlt oder ob der Käufer selbst unmittelbar an den Verkäufer zahlt, wenn der Notar ihm das Vorliegen der Auszahlungsvoraussetzungen bestätigt hat.[8] Der Eigentumsverschaffungsanspruch des Käufers kann durch die Eintragung einer Vormerkung an vereinbarter Rangstelle gesichert werden. Haben die Parteien aber die notarielle Hinterlegung - gegebenenfalls aus anderen Gründen - vereinbart, dann dient die Hinterlegung auch dem Zweck, den Käufer vor dem Verlust des Kaufpreises zu schützen, bevor die lastenfreie Umschreibung des Grundstücks sichergestellt ist.[9] Die Auszahlungsvoraussetzungen entsprechen in diesem Fall weitgehend den Fälligkeitsvoraussetzungen, die der Notar bei einer unmittelbaren Kaufpreiszahlung zu überwachen hat.

b) Risiko der Vorleistung einer Auflassungsvormerkung durch den Verkäufer

Die notarielle Hinterlegung erfüllt eine selbständige Funktion, um den Verkäufer vor dem Risiko der Vorleistung durch Eintragung einer Vormerkung zugunsten des Käufers zu schützen.[10] Der Verkäufer nimmt die Belastung mit der Vormerkung nicht in Kauf, ohne sicher zu sein, daß der Kaufpreis für ihn bereit liegt. Die notarielle Hinterlegung ist hier ein mögliches, aber nicht das einzige Sicherungsmittel.[11]

2. Zurückhaltung eines Kaufpreisteils als Sicherheitseinbehalt

Die Parteien des Kaufvertrages können vorsehen, daß ein Kaufpreisteil auf Notaranderkonto zurückgehalten wird, bis der Verkäufer einer bestimmten vertraglichen Verpflichtung nachgekommen ist.

---

[8] *Tönnies*, in: Beck'sches Notarhandbuch, A I, Rz. 354.

[9] *Tönnies*, in: Beck'sches Notarhandbuch A I, Rz.374.

[10] *Tönnies*, in: Beck'sches Notarhandbuch, A I, Rz. 353; s. auch *Möller*, MittRhNotK 1990, 33/34.

[11] zu alternativen Sicherungsmitteln: vgl. *Möller*, MittRhNotK 1990,33/34 ff.

Bei einem Bauträgervertrag kann die Hinterlegung der letzten Kaupreisrate[12] bei Bezugsfertigkeit vereinbart werden. Der Verkäufer ist an sich erst Zug um Zug gegen Erhalt des gesamten Kaufpreises nach vollständiger Fertigstellung des Kaufobjektes zur Übergabe verpflichtet. Wenn der Käufer das Objekt bereits nach Bezugsfertigkeit und Abnahme, aber vor vollständiger Fertigstellung und Beseitigung der im Abnahmeprotokoll gerügten Mängel nutzen will, bietet sich für die Parteien die Möglichkeit, die Hinterlegung der letzten Kaufpreisrate nach Bezugsfertigkeit und Abnahme und bei Besitzübergang zu vereinbaren. Der Käufer kann mit erfolgter Hinterlegung die vorzeitige Übergabe gewissermaßen als Gegenleistung für die Bereitstellung des noch nicht fälligen Kaufpreisteils beanspruchen.[13] Der Hinterlegungsbetrag ist aber erst dann auszuzahlen, wenn der Käufer die vollständige Fertigstellung und die Beseitigung der bei Abnahme gerügten Mängel bestätigt hat.[14]

Vorsicht ist dagegen geboten, wenn der Hinterleger keine Gegenleistung für die Hinterlegung vor Fälligkeit erhält.

Bsp.: Die Kaufvertragsparteien treffen die Vereinbarung, daß der Käufer den Kaufpreis für ein zu errichtendes Gebäude in 5 Raten nach Baufortschritt zu zahlen hat. Die 4. Rate in Höhe von 10,5 % des Gesamtkaufpreises wird nach Bezugs- und Gebrauchsfertigstellung des Hauses sowie nach Besitzübergang fällig. Die 5. Rate in Höhe von 3,5 % ist nach vollständiger Fertigstellung und Vorlage des Schlußabnahmescheines zu zahlen. Der Vertrag enthält ferner die Klausel, daß der Verkäufer berechtigt ist, vor Übergabe des bezugs- und gebrauchsfertigen Hauses die notarielle Hinterlegung der dann noch nicht fälligen Kaufpreisteile von insgesamt 14 % zu verlangen.

Der Bundesgerichtshof stufte in diesem Fall das Vertragswerk insgesamt als Formularvertrag ein und sah in der Hinterlegungsklausel einen Verstoß gegen § 11 Nr. 21 AGBG.[15] Der Senat begründete diese Ansicht zu Recht damit, daß die Hinterlegungsklausel in dieser Form darauf hinauslaufe, dem Erwerber das Leistungsverweigerungsrecht aus § 320 BGB zu nehmen oder zumindest einzuschränken und das Recht auf Minderung bis zu einer endgültigen Einigung oder Streitentscheidung "auszusetzen".[16]

3. Auszahlung nach Räumung des Kaufobjektes

Wenn der Verkäufer zur Räumung des Kaufobjekts zu einem bestimmten Zeitpunkt verpflichtet ist, bildet die notarielle Hinterlegung ein Mittel, um ihn

12 3,5 % des Kaufpreises fällig nach vollständiger Fertigstellung.

13 vgl. *Tönnies*, in: Beck'sches Notarhandbuch, A I, Rz. 355.

14 *Brambring*, DNotZ 1990,615/620.

15 BGH, DNotZ 1985,287/290.

16 zustimmend: *Brambring*, DNotZ 1990,615/620.

zur Vertragstreue anzuhalten.[17] Der Notar wird deshalb angewiesen, den hinterlegten Betrag erst auszuzahlen, wenn der Käufer die Räumung des Kaufobjektes bestätigt hat.[18]

Sind die Parteien an einem Besitzübergang vor Vollzug der Eigentumsübertragung interessiert, kann vereinbart werden, daß der Kaufpreis zu einem bestimmten, mit dem Besitzübergang identischen Zeitpunkt auf das Notaranderkonto eingezahlt wird. Der Notar wird angewiesen, den Kaufpreis erst dann an den Verkäufer auszuzahlen, wenn dieser seine Pflichten aus dem Kaufvertrag erfüllt hat.

4. Ablösung von Grundpfandrechten mit Hilfe des Kaufpreises

Häufig lasten auf dem verkauften Grundstück noch Grundpfandrechte. Löst der Verkäufer die Belastungen nicht aus eigenen Mitteln ab und will der Käufer sie nicht übernehmen, bestimmen die Beteiligten typischerweise, daß die Lastenfreistellung aus dem Kaufpreis betrieben werden soll.

Neben der wenig probaten Abtretung des Kaufpreisanspruchs an den Grundpfandrechtsgläubiger[19] kommen hierzu zwei vertragliche Gestaltungsmöglichkeiten in Betracht.

- Die Vertragsparteien vereinbaren, daß der Verkäufer statt eines Zahlungsanspruchs in Höhe des Ablösungsbetrages einen Schuldbefreiungsanspruch erhält[20] oder

- sie treffen eine Tilgungsbestimmung mit dem Inhalt, daß der Kaufpreis ganz oder teilweise zur Ablösung bestehender Grundpfandrechte verwandt werden soll (Zweckbindung).[21]

---

[17] *Brambring*, DNotZ 1990,615/617.

[18] *Tönnies*, in: Beck'sches Notarhandbuch A I, Rz. 374.

[19] Die Abtretung der Forderung an den Grundpfandrechtsgläubiger nimmt dem Verkäufer das Recht, seinerseits Vollstreckungsmaßnahmen gegen den Käufer einzuleiten, es sei denn, man wollte eine Vollstreckungsstandschaft anerkennen. Außerdem ergibt sich das praktische Problem, daß die Forderung bis zur Annahme des Abtretungsvertrages durch den Grundpfandrechtsgläubiger noch durch andere Gläubiger des Verkäufers wirksam gepfändet werden kann. Dadurch wird eine unbeabsichtigte Unsicherheit der Vertragsabwicklung provoziert: vgl. *Albrecht*, in: *Reithmann / Röll / Geßele*, Rz. A 397; *Hoffmann*, NJW 1987,3153/3154.

[20] *Hansmeyer*, MittRheinNotK 1989,149/156; vgl. auch *Hoffmann*, NJW 1987,3153/3155 f; zur Formulierung einer Schuldübernahme bzw. einer Erfüllungsübernahme i. S. v. § 329 BGB: *Weirich*, Vertragsgestaltung, S. 59 f.

[21] vgl. *Hoffmann*, NJW 1987,3153/3156.

In beiden Vertragskonstellationen wird die Tilgung der gesicherten Forderungen Zug um Zug gegen Löschung der Grundpfandrechte durch die notarielle Treuhandtätigkeit ermöglicht.[22] Der Käufer, der keinen eigenen Anspruch auf Aufgabe der Sicherheit gegen die Grundpfandrechtsgläubiger hat, kann sicher sein, daß der Hinterlegungsbetrag zur Ablösung der Grundpfandrechte verwendet wird und er das Grundstück lastenfrei erwirbt.

Die Hinterlegung ist demgegenüber dann überflüssig, wenn der Käufer einen eigenen Freistellungsanspruch gegen den Grundpfandrechtsgläubiger hat und mit Zahlung des Ablösebetrages an den Gläubiger die Voraussetzungen dafür schafft, daß die Belastung des Grundstücks gelöscht wird.[23]

Bsp.: Der Käufer schließt mit dem Verkäufer einen Vertrag über den Erwerb einer Eigentumswohnung ab. Der Verkäufer muß zum Erwerb des Grundstücks, auf dem er vier Eigentumswohnungen errichten läßt, einen Kredit aufnehmen, der mit einer Grundschuld gesichert wird. Durch die Aufteilung des Grundstücks in vier Wohnungseigentumsrechte wird die am Grundstück bestellte Grundschuld der Bank zu einer Gesamtgrundschuld, die gem. §§ 1192 Abs. 1, 1132 Abs. 1 BGB jedes Wohnungseigentum in voller Höhe belastet. Die Bank verpflichtet sich gegenüber dem Käufer des Wohnungseigentums, das Wohnungseigentumsrecht Zug um Zug gegen Zahlung eines die Kaufpreissumme nicht übersteigenden Ablösebetrages aus der Pfandhaft zu entlassen.

Der Freistellungsanspruch[24] ist darauf gerichtet, daß die Bank gegen Zahlung eines auf die (Gesamt-) Grundschuld entfallenden Teilbetrages die Löschung bewilligt, also auf den über den Ablösebetrag hinausgehenden Teil der Grundschuld verzichtet.[25] Die Zug-um-Zug-Abwicklung wird hier nicht durch die Hinterlegung des Kaufpreises gewährleistet.[26] Sie kann dadurch erzielt werden, daß der Kaufpreis erst dann fällig gestellt wird, wenn dem Notar die Lastenfreistellungserklärungen des Grundpfandrechtsgläubigers in grundbuchvollzugsfähiger Form vorliegen und er gegen Zahlung des Ablösebetrages davon Gebrauch machen darf. Durch die Zahlung des Ablösebetrages

---

[22] dazu: *Bräu*, Verwahrungstätigkeit des Notars, Rz. 31 ff; *Reithmann*, FS für Bärmann, S. 733/738; *Weirich*, Vertragsgestaltung im Grundstücksrecht, Rz. 138.

[23] vgl. § 3 Abs. 1 Nr. 3 MaBV zur Verpflichtung des Bauträgers, Vermögenswerte des Auftraggebers erst entgegenzunehmen oder sich zu deren Verwendung ermächtigen zu lassen, wenn die Freistellung des Vertragsobjektes - auch für den Fall der Nichtvollendung des Bauvorhabens - gesichert ist.

[24] Die Freistellungsverpflichtung entsteht auch dann gegenüber dem Käufer, wenn die Bank die Freistellungserklärung gegenüber dem Verkäufer abgibt. Der Bundesgerichtshof sieht hierin einen berechtigenden Vertrag zugunsten des Käufers: BGH, DNotZ 1977,356/360; NJW 1992,1390; offengelassen: BGH, DNotZ 1984,322/323. Die Lehre geht auch in diesem Fall von einer unmittelbaren Vereinbarung zwischen der Bank und dem Käufer aus: *Basty*, DNotZ 1992,131/132; *Behmer*, DNotZ 1985,195; *Reithmann*, in: *Reithmann / Meichssner / v.Heymann*, B Rz. 175; *Schelter*, DNotZ 1984,330/332; *Schmidt*, in: Münchener Vertragshandbuch, Bd.3, S. 173; *Schöner*, DNotZ 1977,361.

[25] BGH, NJW 1992,1390.

[26] *Reithmann*, in: *Reithmann / Meichssner / v.Heymann*, K Rz. 94.

kann der Käufer die Voraussetzungen für die Pfandfreigabe unmittelbar selbst herbeiführen. Käufer und Grundpfandrechtsgläubiger bedürfen keiner weitergehenden Sicherung durch die notarielle Hinterlegung.

II. Koordination mit Treuhandaufträgen Dritter

Die Abwicklung eines Grundstückskaufvertrages bringt für den Notar eine Bündelung verschiedener Treuhandtätigkeiten mit sich.[27] Sowohl auf der Seite des Zahlenden als auch auf der Seite des Zahlungsempfängers können weitere Beteiligte mit eigenen Sicherungsinteressen stehen:

- Nicht der Käufer, sondern ein Kreditinstitut finanziert den Kaufpreis (bzw. einen Kaufpreisteil) für das Grundstück.

- Nicht der Verkäufer, sondern die Gläubiger der auf dem Grundstück lastenden Grundpfandrechte sollen den Kaufpreis (bzw. einen Kaufpreisteil) erhalten.

1. Sicherungsinteressen des Darlehensgebers

Wie die Kaufpreiszahlung aus Eigenmitteln kann bei der Finanzierung des Kaufpreises auch die Darlehensvalutierung über Notaranderkonto erfolgen.[28] Die Hinterlegung dient dem Zweck, die ungesicherte Preisgabe von Vermögenswerten zu vermeiden, insbesondere das Vorleistungsrisiko des Kreditinstituts einzuschränken.[29]

Das Kreditinstitut überweist den zur Kaufpreisfinanzierung bestimmten Darlehensbetrag zu treuen Händen an den Notar. Die Auszahlung darf nur zur Tilgung des Kaufpreises und nur unter Erfüllung bestimmter Auflagen erfolgen. Der Notar hat dabei darauf zu achten, daß die Treuhandauflagen des Kreditinstituts mit den Auszahlungsbestimmungen des Kaufvertrages übereinstimmen.[30]

Will das Kreditinstitut die Darlehensvaluta nicht freigeben, ohne an dem Kaufgrundstück dinglich gesichert zu sein, so wird der Notar angewiesen, über den zu treuen Händen hinterlegten Betrag erst dann zu verfügen, wenn ein Grundpfandrecht zugunsten des Kreditinstituts an ausbedungener Rangstelle eingetragen ist. Ist eine zügige Auszahlung der Darlehensvaluta erforderlich,

---

[27] *Weirich*, Vertragsgestaltung im Grundstücksrecht, Rz. 140.

[28] dazu umfassend: *König*, Darlehensvalutierung über Notaranderkonto.

[29] BGH, DNotZ 1969,499/500; *König*, Darlehensvalutierung über Notaranderkonto, S. 26; s. auch BNotK, DNotZ 1974,643.

[30] *Reithmann*, Vorsorgende Rechtspflege, S. 213.

erklären sich die Kreditinstitute auch zur vorzeitigen Auszahlung bereit, wenn ausreichende Sicherheitsvorkehrungen getroffen werden.

In der notariellen Praxis ist eine Vertragsgestaltung entwickelt worden, bei der sich der Verkäufer einverstanden erklärt, das Grundstück bereits vor Eigentumsumschreibung mit Grundpfandrechten zu belasten.[31] Der Verkäufer bestellt das Grundpfandrecht; der Käufer übernimmt die persönliche Haftung und trägt die Kosten der Grundpfandrechtsbestellung.

Zur Absicherung des Verkäufers, der die Möglichkeit der Verwertung seines Grundbesitzes einräumt, kann sich der Verkäufer den Darlehensauszahlungsanspruch des Käufers abtreten lassen, um einen eigenen Auszahlungsanspruch gegen das Kreditinstitut zu haben.[32]

Gegenüber der Bestellung des Grundpfandrechts durch den Käufer als Nichtberechtigten hat diese Vertragsgestaltung einen Vorteil. Bei der Bestellung des Grundpfandrechtes durch den Käufer ist nicht gewährleistet, daß das Grundpfandrecht bei Eigentumsübergang auf den Käufer auch tatsächlich die ausbedungene Rangstelle erhält. Wird das Anwartschaftsrecht des Käufers an dem Grundstück vorzeitig gepfändet, so erwirbt der Pfändungsgläubiger mit dem Übergang des Eigentums auf den Käufer kraft Gesetzes nach § 848 Abs. 2 S. 2 ZPO eine Sicherungshypothek für seine Forderung. Die Sicherungshypothek geht den vorher vom Schuldner bewilligten Grundpfandrechten im Rang vor.[33] Dieses Risiko wird vermieden, wenn der Verkäufer sich zur Mitwirkung bei der Kaufpreisfinanzierung bereit erklärt.

Der Verkäufer muß jedoch davor geschützt werden, dinglich für tatsächlich nicht erhaltene Beträge zu haften.

- Diese Sicherung kann einmal dadurch erzielt werden, daß eine eingeschränkte Sicherungsabrede mit dem Finanzierungsgläubiger vereinbart wird, daß das Grundpfandrecht bis zum Eigentumsübergang auf den Käufer nur den Betrag sichert, den das Kreditinstitut an den Verkäufer oder auf dessen Wei-

---

[31] dazu: *Bräu*, Verwahrungstätigkeit des Notars, Rz. 43, *Ertl*, MittBayNotV 1989,53; *Tönnies*, in: Beck'sches Notarhandbuch, A I, Rz. 353; *Tröder*, DNotZ 1984,350/353; *Weirich*, Vertragsgestaltung im Grundstücksrecht, Rz. 139. Zu einer Mitwirkung kann der Verkäufer gegebenenfalls nach Treu und Glauben verpflichtet sein, wenn der Käufer seinerseits alle für die Kreditzuweisung erforderlichen Maßnahmen eingeleitet hat: BGH, NJW 1973,1793/1794; *Reithmann*, FS für Bärmann, S. 733/740; vgl. auch BGH, WM 1968,1299/1301.

[32] vgl. *Tönnies*, in: Beck'sches Notarhandbuch, A I, Rz. 352.

[33] BGHZ 49,197/207; *Stein / Jonas / Münzberg*, ZPO § 848, Rz. 9; anders bei Pfändung des schuldrechtlichen Eigentumsverschaffungsanspruchs (Wenn das Grundstück nicht anders als belastet erworben werden kann, dann gehen diese Belastungen auch der Sicherungshypothek vor.): KG, JFG 4,339/346; BayObLGZ 1972,46/49; *Albrecht*, in: *Reithmann / Röll / Geßele*, Rz. 331; *Stein / Jonas / Münzberg*, ZPO § 848, Rz. 9.

sung an Dritte zahlt und daß der Verkäufer bei der Nichtdurchführung des Kaufvertrages die Löschung des Grundpfandrechtes verlangen kann.[34]

- Zum anderen kann der Verkäufer auch dadurch gesichert werden, daß der Notar angewiesen wird, das Grundpfandrecht erst dann eintragen zu lassen, wenn der gesamte Kaufpreis auf Notaranderkonto hinterlegt und die Auszahlung an den Verkäufer sichergestellt ist.[35]

2. Sicherungsinteressen der Gläubiger abzulösender Grundpfandrechte

Die Parteien eines Grundstückskaufvertrages beauftragen den Notar, die Lastenfreistellung mit Hilfe des hinterlegten Kaufpreises zu betreiben. Die Grundpfandrechtsgläubiger händigen dem Notar die Löschungsunterlagen zu treuen Händen aus, wobei die Unterlagen nur gegen Zahlung eines vom Gläubiger bezeichneten Ablösebetrages verwendet werden dürfen. Der Notar verwahrt die Löschungsunterlagen solange für den Gläubiger, bis die gestellten Bedingungen erfüllt sind und er den Treuhandauftrag erfüllen kann.[36] Damit wird dem Sicherungsinteresse der Gläubiger, die Löschung ihrer Grundpfandrechte nur Zug um Zug gegen Begleichung ihrer Forderung zu gestatten, hinreichend Rechnung getragen.

§ 4 Notarielle Hinterlegung als Vertragsbestandteil

I. Die Hinterlegungsvereinbarung

Die *Hinterlegungsvereinbarung* der Parteien ist Teil des schuldrechtlichen Vertrages. Sie unterliegt deshalb den Wirksamkeitsvoraussetzungen des materiellen Rechts.[37]

---

[34] ausführlich zu diesem Institut: *Bräu*, Verwahrungtätigkeit des Notars, Rz. 43; *Ertl*, MittBayNotV 1989,53; *Tönnies*, in Beck'sches Notarhandbuch, A I, Rz. 352; *Tröder*, DNotZ 1984,354.

[35] *Tönnies*, in: Beck'sches Notarhandbuch, A I, Rz. 352.

[36] *Reithmann*, FS für Bärmann, S. 733/739. Hier stellt sich das kostenrechtliche Problem, ob es sich dabei um Verwahrungsgeschäfte handelt, für die eine Hebegebühr verlangt wird, oder um eine Tätigkeit zur Durchführung des Kaufvertrages, die durch die Vollzugsgebühr abgegolten wird: vgl. OLG Düsseldorf, DNotZ 1988,453.

[37] vgl. etwa zur Problematik der Stellvertretung: *Brambring*, DNotZ 1990,615/627; KG, DNotZ 87,169 f (Zur Frage, ob das gleichzeitig ergangene Hinterlegungsansuchen an den Notar Bindungswirkungen erzeugt.).

Die zivilrechtlichen Formvorschriften müssen eingehalten werden. Da die Beurkundungspflicht für Grundstückskaufverträge (§ 313 BGB) alle Abreden erfaßt, aus denen sich das schuldrechtliche Veräußerungsgeschäft zusammensetzt,[38] ist auch die Hinterlegungsvereinbarung als Teil des Grundstückskaufvertrages beurkundungspflichtig.[39] Eine notarielle Beurkundung ist nicht erforderlich, wenn die Hinterlegung bei der Abwicklung des Leistungsaustauschs der Parteien keine (Sicherungs-) Funktion hat, sondern vom Gläubiger zu anderen Zwecken gewünscht wird.[40]

Bsp.: Die Parteien eines Grundstückskaufvertrages einigen sich, die Kaufpreiszahlung über Notaranderkonto vorzunehmen, weil ein Gläubiger des Verkäufers die treuhänderische Abwicklung fordert.

Auch Abänderungen der Hinterlegungsvereinbarung sind grundsätzlich beurkundungsbedürftig.[41]

Von dem Beurkundungserfordernis kann jedoch ausnahmsweise abgesehen werden,

- wenn durch eine nachträgliche Abänderung der Hinterlegungsvereinbarung unvorhergesehene Schwierigkeiten bei der Vertragsabwicklung behoben werden können und

- wenn die hierzu getroffene Vereinbarung die beiderseitigen Verpflichtungen nicht wesentlich verändert.[42]

Von einer Abänderung der Hinterlegungsvereinbarung ist der teilweise Kaufpreiserlaß zu unterscheiden. Hier geht es nicht mehr um die Voraussetzungen und Modalitäten der Zahlung, sondern um die Höhe des Anspruchs. Einen Kaufpreiserlaß müssen die Vertragsparteien deshalb selbst dann nota-

---

[38] BGHZ 63,359/361; 69,266/268; 74,346/348; 85,315/317; BGH, LM BGB § 313, Nr. 3; Nr. 21; Nr. 80 (Bl. 2); NJW 1974,271; NJW 1981,222; NJW 1982,434; NJW 1983,565; NJW 1984,974/975; NJW 1986,248; *Erman / Battes*, BGB § 313, Rz. 37; MünchKomm / *Kanzleiter*, BGB § 313, Rz. 43 a; *Soergel / M.Wolf*, BGB § 313, Rz. 59; *Weirich*, Vertragsgestaltung im Grundstücksrecht, Rz. 69.

[39] *König*, Darlehensvalutierung über Notaranderkonto, S. 91; *Reithmann*, Vorsorgende Rechtspflege, S. 211.

[40] *Wagner / Zimmermann*, Verwahrungsgeschäfte, S. 44 f.

[41] Demgemäß müssen Vereinbarungen, mit denen sich die Parteien verpflichten, die Anweisungen gegenüber dem Notar zu ändern, beurkundet werden: LG Limburg, WuB VIII A. § 24 BNotO 2.86; s. auch *Brambring*, DNotZ 1990,615/642; a.A. *Reithmann*, WuB VIII A. § 24 BNotO 2.86.

[42] BGH, LM BGB § 313, Nr. 14; Nr. 63; BGH, NJW 1973,37; NJW 1974,271; NJW-RR 1988, 185/186; s. auch NJW 1986,2759/2760; *Erman / Battes*, BGB § 313, Rz. 50; *Hagen*, DNotZ 1984, 267/277; *Palandt / Heinrichs*, BGB § 313, Rz. 43; *Soergel / M.Wolf*, BGB § 313, Rz. 81; a.A. MünchKomm / *Kanzleiter*, BGB § 313, Rz. 47 a (auch solche Vertragsänderungen formbedürftig); ähnlich: *Staudinger / Wufka*, BGB § 313, Rz. 153.

riell beurkunden lassen, wenn die nachträgliche Abrede zur Behebung von Abwicklungsschwierigkeiten getroffen wird.[43]

II. Die geschuldete Leistungshandlung: Zahlung auf Notaranderkonto

In der Hinterlegungsvereinbarung treffen die Parteien eine Regelung, welche Leistungshandlung der Schuldner zu erbringen hat. Soll zur Abwicklung eines Grundstückskaufvertrages der Kaufpreis ganz oder teilweise hinterlegt werden, verpflichtet sich der Käufer nicht schlicht zur Kaufpreiszahlung, sondern zur Kaufpreiszahlung auf Notaranderkonto.

Dieser Verpflichtung genügt der Käufer, indem er

- den Notar um die Verwahrung des Kaufgeldes ersucht,
- den geschuldeten Betrag auf Anderkonto einzahlt und
- den Notar zur Auszahlung bei Vorliegen der festgelegten Auszahlungsvoraussetzungen anweist (*vertragsgemäße Hinterlegung*).[44]

Der Verkäufer kann deshalb im Streitfall nicht die unmittelbare Zahlung verlangen, sondern lediglich die Hinterlegung des Kaufpreises einschließlich der Abgabe einer Auszahlungsanweisung an den Notar zu seinen Gunsten.[45]

III. Die Bedeutung der Zwangsvollstreckungsunterwerfung des Käufers wegen eines zu hinterlegenden Kaufpreisteils

Der Käufer eines Grundstücks unterwirft sich in der Kaufvertragsurkunde wegen seiner Verpflichtungen aus dem Kaufvertrag regelmäßig der sofortigen Zwangsvollstreckung in sein gesamtes Vermögen. Vereinbaren die Kaufvertragsparteien außerdem, daß der Kaufpreis oder ein Teil des Kaufpreises auf

---

[43] BGH, DNotZ 1954,667/668; DNotZ 1980,222; NJW 1982,434; s. auch OGHZ 1,290/291; *Albrecht*, in: *Reithmann / Röll / Geßele*, Rz. 344; *Erman / Battes*, BGB § 313, Rz. 50; *Palandt / Heinrichs*, BGB § 313, Rz. 41; RGRK / *Ballhaus*, BGB § 313, Rz. 87; *Soergel / M. Wolf*, BGB § 313, Rz. 83.

[44] vgl. *Tönnies*, in: Beck'sches Notarhandbuch, A I, Rz. 376 (Formulierungsvorschlag: "Der Käufer hat den Kaufpreis so zu hinterlegen, daß der Notar bei Vorliegen der Auszahlungsvoraussetzungen darüber verfügen kann.")

[45] OLG Hamm, DNotZ 1961,220/221; OLG Köln, DNotZ 1971,599/601; *Hansmeyer*, MittRhNotK 1989,149/156; *Lüke*, ZIP 1992,150/153; entsprechend für Zahlung auf ein Sperrkonto: BGH, WM 1981,305. Das Gleiche gilt für den Rechtsnachfolger des Verkäufers: s. OLG Köln, DNotZ 1980,503/504.

Notaranderkonto zu hinterlegen ist, stellt sich die Frage, welche Bedeutung die Hinterlegungsvereinbarung für die Unterwerfungserklärung hat. Für den Notar ergibt sich der Entscheidungskonflikt, ob bzw. in welchen Fällen er dem Begehren des Verkäufers auf Erteilung einer Vollstreckungsklausel nachkommen muß, wenn die Vollstreckung auch oder gerade wegen des zu hinterlegenden Kaufpreisteils betrieben werden soll.

Bsp.: Der Verkäufer verkauft an den Käufer ein Grundstück mit einem darauf zu errichtenden schlüsselfertigen Einfamilienhaus. Der Kaufpreis soll nach Baufortschritt in Raten bezahlt werden.

Wegen seiner Verpflichtung zur Zahlung des Kaufpreises unterwirft sich der Käufer der sofortigen Zwangsvollstreckung aus der Urkunde in sein gesamtes Vermögen. Er ermächtigt den Notar, dem Verkäufer eine vollstreckbare Ausfertigung ohne weitere Nachweise zu erteilen. Die Auszahlung der letzten Kaufpreisrate ist davon abhängig, daß der Verkäufer oder ein vereidigter Sachverständiger dem Notar schriftlich bestätigt hat, daß das Kaufobjekt vorbehaltlos abgenommen und ordnungsgemäß übergeben worden ist.

Der Käufer hinterlegt den Restkaufpreis fristgemäß. Er gibt ihn aber nicht zur Auszahlung frei, weil er Mängelrügen erhoben hat. Der Verkäufer verlangt von dem Notar eine vollstreckbare Ausfertigung des Kaufvertrages.

1. Die Unterwerfungserklärung

Durch die Zwangsvollstreckungsunterwerfung des Käufers in sein gesamtes Vermögen erlangt der Verkäufer einen Titel, § 794 Abs. 1 Nr. 5 ZPO.[46]

Die Unterwerfungserklärung ist eine einseitige prozessuale Erklärung, die auf das Zustandekommen des Vollstreckungstitels gerichtet ist.[47] Der Notar, der die Urkunde verwahrt, ist gem. § 797 Abs. 2 S. 1 ZPO zur Erteilung einer vollstreckbaren Ausfertigung ermächtigt.

---

[46] vgl. BGHZ 73,156/170 (Grundlage der Vollstreckung ist nicht der materielle Anspruch, sondern die abstrakte Unterwerfungserklärung.); s. auch BGH, DNotZ 1965,544/546; DNotZ 1985, 474/475; *Magis*, MittRhNotK 1979,111/114; *Räfle*, ZIP 1981,821; *Rastätter*, BWNotZ 1992,85; *Werner*, DNotZ 1969,713/718; *Wolfsteiner*, DNotZ 1990,531/536 ff (Zwangsvollstreckung findet aus der Urkunde, also der Prozeßhandlung des Notars statt, nicht aus der Unterwerfungserklärung.).

[47] h.A.: RGZ 146,308/312; BGHZ 88,62/66; BGH, DNotZ 1981,738/739; DNotZ 1985, 474/475; BayObLG 1970,254/258; OLG Frankfurt, RPfleger 1972,140 mit zustimmender Anm. *Winkler* S. 141; OLG Nürnberg, DNotZ 90,564/566; OLG Hamm, BB 1991,865; *Baur / Stürner*, Zwangsvollstreckungsrecht, Rz. 233; *Bruns / Peters*, Zwangsvollstreckungsrecht, § 7 II. 2. b); *Lent*, DNotZ 1952,411/423; *Magis*, MittRhNotK 1979,111/114; *Münmler*, JurBüro 1987,1285/1287; *Räfle*, ZIP 1981,821; *Rosenberg / Gaul / Schilken*, Zwangsvollstreckungsrecht, § 13 II. 2. f); *Stein / Jonas / Münzberg*, ZPO § 794, Rz. 92; *Weber*, MittRhNotK 1987,37/43; *Werner*, DNotZ 1969,713/717; *Zöller / Stöber*, ZPO § 794, Rz. 29; a.A. *Wieczorek / Wieczorek*, ZPO § 794, Anm. H. V. a), H. V. b).

Die Unterwerfungserklärung des Käufers wegen seiner Verpflichtung zur Kaufpreiszahlung enthält die Anweisung an den Notar, dem Gläubiger eine vollstreckbare Ausfertigung zu erteilen.

Der Gläubiger wird regelmäßig von der Pflicht befreit, den Nachweis derjenigen Tatsachen zu erbringen, von deren Eintritt die Fälligkeit der Forderung oder die Entstehung bedingter oder künftiger Forderungen abhängt.[48]

Der sog. Nachweisverzicht wird grundsätzlich als zulässig angesehen.[49] Umstritten ist allerdings die Zulässigkeit des Nachweisverzichts in vorformulierten Erklärungen.[50]

2. Die Klauselerteilung

Im Klauselerteilungsverfahren hat der Notar ein formelles Prüfungsrecht.[51] Er stellt fest,

---

[48] Ansonsten hätte der Gläubiger gem. § 726 ZPO die die Vollstreckbarkeit begründenden Tatsachen mit öffentlichen oder öffentlich beglaubigten Urkunden nachzuweisen.

[49] vgl. BGH, NJW 1981,2757/2758; OLG Celle, DNotZ 1969,102/104; OLG Düsseldorf, DNotZ 1977,413/414; OLG Nürnberg, DNotZ 1990,564/567 (ablehnend für formularmäßigen Verzicht); *Albrecht*, in: *Reithmann / Röll / Geßele*, Rz. 338; *Brambring*, DNotZ 1977,572/573 (auch für weitere vollstreckbare Ausfertigung); *Bruns / Peters*, Zwangsvollstreckungsrecht, § 7 II. 2. b); *Höfer / Huhn*, Allgemeines Urkundenrecht, § 56, S. 312; *Lent*, DNotZ 1952,411/416; *Lüdicke / Dietrich*, Vollstreckbare Urkunde, S. 42; *Magis*, MittRhNotK 1979,111/114; *Scholz / Lwowski*, Kreditsicherungsrecht, Rz. 269; *Stein / Jonas / Münzberg*, ZPO § 797, Rz. 8; *Thomas / Putzo*, ZPO § 794, Anm. VI. 1. c); *Wieczorek / Wieczorek*, ZPO § 794, Anm. H VI. a 2; *Winkler*, in: *Keidel / Kuntze / Winkler*, BeurkG § 52, Rz. 25; *Zöller / Stöber*, ZPO § 794, Rz. 31; s. auch KG, DNotZ 1934,592/593; 1933,569/571; BayObLG, DNotZ 1933,232; *Hieber*, DNotZ 1958, 582/583; für den Bauträgervertrag: *Reithmann*, in: *Reithmann / Meichssner / v.Heymann*, B Rz. 218 ff; a.A. *Baur*, FS für Demelius, S. 315/318,321. Zum Teil wird darauf hingewiesen, daß es sich hierbei in Wirklichkeit nicht um einen "Verzicht" handele, sondern um die vom Schuldner zu treffende positive Bestimmung der Vollstreckungsvoraussetzungen: *Rastätter*, BWNotZ 1992, 85/86; *Wolfsteiner*, Vollstreckbare Urkunde, Rz. 36.3.

[50] Keinen Verstoß gegen das AGBG sehen: BGH, DNotZ 1987,488/490; OLG Celle, NJW-RR 1991,667; OLG Hamm, BB 1991,865; JurBüro 1991,869/870; LG Mönchengladbach, NJW-RR 1991,696; *Dietlein*, JZ 1977,367/368; *Hensen*, in: *Ulmer / Brandner / Hensen, AGBG* § 11 Nr. 15, Rz. 13; *Münch*, NJW 1991,795/801; *Rastätter*, NJW 1991,392/393 f; *ders.*, BWNotZ 1992,85/88; vgl. auch *Wolf*, in: *Wolf / Horn / Lindacher*, ABGB § 11 Nr. 15, Rz. 12 (betr. abstraktes Schuldanerkenntnis); für den Bauträgervertrag: *Reithmann*, in: *Reithmann / Meichssner / v.Heymann*, B Rz. 219; a.A. OLG Nürnberg, DNotZ 1990,564/565 (Verstoß gegen § 11 Nr. 15 AGBG); OLG Koblenz, BauR 1988,748; LG Waldshut-Tiengen, NJW 1990,192/193; LG Köln, DNotZ 1990, 570 und 577/578; LG Mainz, DNotZ 1990,567/568; insgesamt kritisch: *Stürner*, JZ 1977,431/432 sowie ZZP 93 (1980), 233/234 f. Nach Ansicht von Münch kommt der Verzichtsklausel lediglich deklaratorische Bedeutung zu: *Münch*, Vollstreckbare Urkunde und prozessualer Anspruch, § 10 III. 3. d).

- daß eine wirksame Unterwerfungserklärung vorliegt,[52]
- daß der Anspruch Gegenstand der Unterwerfungserklärung ist[53] und
- daß die Voraussetzungen für eine Vollstreckung vorliegen.[54]

Ferner muß sich der Notar darüber im Klaren sein, welches Vollstrekkungsziel der Gläubiger verfolgt.

---

[51] Der Notar hat grundsätzlich keine materielle Prüfungsbefugnis. Er darf z.B. nicht prüfen, ob der der Vollstreckung unterliegende Anspruch bereits erloschen ist: KG, DNotZ 1951,274; BayObLG, MittBayNotV 1965,141; OLG Frankfurt, OLGZ 1989,418; OLG Köln, MittRhNotK 1970,546; LG Aachen, MDR 1953,627; zustimmend: *Habscheid*, MDR 1953,628; LG Kleve, DNotZ 1978,680/681; LG Aachen, MittRhNotK 1985,9; LG Duisburg, MittRhNotK 1984,27; *Jansen*, BeurkG § 52, Rz. 24; *Lüdicke / Dietrich*, Vollstreckbare Urkunde, S. 41; *Magis*, MittRhNotK 1979,111/114; *Mümmler*, JurBüro 1987,1285/1286; *Münch*, Vollstreckbare Urkunde und prozessualer Anspruch, § 10 III. 1. m. w. N.; *Thomas / Putzo*, ZPO § 797, Anm. 1); *Schneider*, DNotZ 1966,16; *Stein / Jonas / Münzberg*, ZPO § 797, Rz. 12; *Winkler*, in: *Keidel / Kuntze / Winkler*, BeurkG, § 52, Rz. 12; *Zöller / Stöber*, ZPO § 797, Rz. 4, im Grundsatz auch *Wolfsteiner*, Vollstreckbare Urkunde, Rz. 35.14. Der Notar darf die Klauselerteilung allerdings in Fällen des § 14 Abs. 2 BNotO auch aus materiellen Gründen ablehnen, wenn die Gesetz- oder Sittenwidrigkeit des Anspruchs aus der Urkunde erkennbar ist: vgl. *Jansen*, BeurkG § 52, Rz. 24; *Mümmler*, JurBüro 1987,1285/1286; *Münch*, Vollstreckbare Urkunde und prozessualer Anspruch, § 10 III. 2. b); *Stein / Jonas / Münzberg*, ZPO § 797, Rz. 13; *Winkler*, in: *Keidel / Kuntze / Winkler*, BeurkG § 52, Rz. 24. Umstritten ist, ob bzw. in welchen Fällen Ausnahmen von diesem Grundsatz über den Anwendungsbereich des § 14 Abs. 2 BNotO hinaus zu machen sind. Zum Teil wird die Ansicht vertreten, daß der Notar ausnahmsweise die Erteilung der Vollstreckungsklausel auch dann ablehnen könne, wenn für ihn sicher feststehe, daß der Anspruch, der vollstreckbar gestellt werden soll, nicht (mehr) besteht: vgl. LG Koblenz, DNotZ 1972,190; LG Düsseldorf, MittRhNotK 1977,134; LG Passau, MittBayNotV 1986,99; *Mümmler*, JurBüro 1987,1285/1286; *Münch*, Vollstreckbare Urkunde und prozessualer Anspruch, § 10 III. 2. b); *Münzel*, JW 1934, 2479/2480; *Schneider*, DNotZ 1966,16 (Fälle dürften kaum vorkommen.); *Winkler*, in: *Keidel / Kuntze / Winkler*, BeurkG § 52, Rz. 12; *Wolfsteiner*, DNotZ 1978,681; *ders.*, Vollstreckbare Urkunde, Rz. 35.5, 35,16 ff; *Wolpers*, DNotZ 1951,274/278.

[52] *Wolfsteiner*, Vollstreckbare Urkunde, Rz. 35.2 (z.B. Überprüfung der Parteifähigkeit, Geschäftsfähigkeit, Vertretungsmacht des Erklärenden).

[53] OLG Düsseldorf, DNotZ 1991,536/537; zur Voraussetzung des Vollstreckungsanspruchs: *Münch*, Vollstreckbare Urkunde und prozessualer Anspruch, § 9 I. 1.; *Thomas / Putzo*, ZPO § 794, Anm. V. 1. b); *Wolfsteiner*, DNotZ 1991,537/538; s. auch *Knöchlein*, JR 1958,367/369; *Stoll*, DNotZ 1969,109 ff. Nach neuerer Ansicht handelt es sich um den prozessualen, nicht um den materiellen Anspruch: *Baur / Stürner*, Zwangsvollstreckungsrecht, Rz. 232 sowie *Stürner*, ZZP 93 (1980), 233/234; *Magis*, MittRhNotK 1979,111/114; *Münch*, NJW 1991,795/800; *ders.*, Vollstreckbare Urkunde und prozessualer Anspruch, § 9 I. 1., § 10 III. 3. c); *Rastätter*, BWNotZ 1992, 85; *Stein / Jonas / Münzberg*, ZPO § 794, Rz. 82, Fn. 306); *Wolfsteiner*, Vollstreckbare Urkunde, Rz. 14.1 ff, 21.1 ff; *ders.*, DNotZ 1990,605/606; *Weber*, MittRhNotK 1987,27/34; differenzierend: *Bruns / Peters*, Zwangsvollstreckungsrecht, § 7 II. 2. b); ablehnend: *Rosenberg / Gaul / Schilken*, Zwangsvollstreckungsrecht, § 13 II. 2. (Unterwerfungserklärung beziehe sich auf materiellen Anspruch.).

[54] Die Prüfung, ob die Voraussetzungen des § 726 ZPO vorliegen, entfällt, wenn die Parteien auf den Nachweis verzichtet haben.

a) Erfaßt die Unterwerfungserklärung auch den zu hinterlegenden Kaufpreis?

Treffen Vollstreckungsunterwerfung und Hinterlegungsvereinbarung aufeinander, muß geprüft werden, ob die Unterwerfungserklärung auch wegen des durch die notarielle Hinterlegung gesicherten Kaufpreises erklärt werden sollte. Dazu ist die Unterwerfungserklärung unter Berücksichtigung des Inhalts der Urkunde auszulegen.[55]

aa) Unterwerfungsklausel erfaßt zu hinterlegenden Kaufpreis

Die Frage, ob die Unterwerfungsklausel auch den Hinterlegungsbetrag erfaßt, ist bisher nur in Fällen aufgetreten, in denen die Parteien die Hinterlegung eines Kaufpreisteils vereinbart hatten.

Das LG Koblenz und das LG Kleve gingen ohne eine eingehende Problematisierung davon aus, daß die Unterwerfungsklausel ohne Einschränkung den gesamten Kaufpreisanspruch erfasse.[56]

Das LG Koblenz sah den Anspruch mit erfolgter Hinterlegung als erfüllt an. Dem Notar sollte jedoch ausnahmsweise eine materielle Prüfungskompetenz im Klauselerteilungsverfahren und das Recht zur Klauselverweigerung zustehen, weil er positiv wußte, daß der verbriefte Anspruch erloschen war.[57] Das LG Kleve versagte dem Notar demgegenüber jegliche materielle Prüfungskompetenz und verpflichtete ihn zur Erteilung einer vollstreckbaren Ausfertigung.

bb) Unterwerfungsklausel erfaßt Kaufpreis nur bis zu erfolgter Hinterlegung

Das OLG Düsseldorf vertrat im Beschluß vom 13.08.1990 die Ansicht, daß sich die Unterwerfungsklausel nicht auf den bereits hinterlegten Teilbetrag beziehe. Sei die Hinterlegung eines Kaufpreisteiles zur Sicherung des Käufers vorgesehen, so führe diese Interessenlage zu dem Auslegungsergebnis, daß die

---

[55] Auslegung hinsichtlich des Umfangs der Unterwerfungserklärung: vgl. BGHZ 88,62/66; BGH, DNotZ 1965,544/545; NJW 1980,1050/1051; OLG Frankfurt, ZMR 1987,177; *Baumbach / Lauterbach / Hartmann*, ZPO § 794, Rz. 40; *Baur / Stürner*, Zwangsvollstreckungsrecht, Rz. 232; *Räfle*, ZIP 1981,821. Die Frage nach dem Umfang der Unterwerfungserklärung ist abzugrenzen von der Frage der Bestimmtheit der in der Urkunde bezeichneten Geldsumme: vgl. BGH, DNotZ 1981,738/743.

[56] LG Koblenz, DNotZ 1972,190 (Das LG ging allerdings von Erfüllung des Anspruchs durch Hinterlegung aus.); LG Kleve, DNotZ 1978,680.

[57] LG Koblenz, DNotZ 1972,190 f.

vertragliche Unterwerfungserklärung den in dem Gesamtkaufpreis enthaltenen zu hinterlegenden Teilbetrag nur solange erfasse, wie dieser noch nicht vertragsgemäß beim Notar hinterlegt sei. Aus diesem Grunde könne nach erfolgter Hinterlegung keine Vollstreckungsklausel hinsichtlich des Restbetrages verlangt werden, da es dadurch dem Käufer überlassen bliebe, gegen die Zwangsvollstreckung im Wege der Vollstreckungsgegenklage vorzugehen, wodurch seine Rechtsposition entgegen dem Vertragszweck in unzulässiger Weise verschlechtert würde.[58]

cc) Stellungnahme

Die Differenzierung, die das OLG Düsseldorf danach vornimmt, ob der Kaufpreis bereits hinterlegt ist oder nicht, eliminiert mit erfolgter Hinterlegung einen Teil des vollstreckbar gestellten Anspruchs aus der Unterwerfungsklausel.[59] Das Ergebnis stößt sowohl in seiner Begründung als auch bei einer Bewertung seiner wirtschaftlich-praktischen Folgen auf Bedenken.

Bevor entschieden wird, ob der Restkaufpreis nach erfolgter Hinterlegung nicht mehr der Unterwerfungserklärung unterfällt, ist zu klären, auf welche Weise der Vollstreckungsanspruch zu erfüllen ist und welchen Inhalt demgemäß der Vollstreckungstitel bei zulässiger Vollstreckung wegen der Restkaufpreisforderung hat. Haben die Parteien eine Hinterlegungsvereinbarung getroffen, so ist das *Vollstreckungsziel* die vertragsgemäße Hinterlegung.[60] Der Gläubiger kann verlangen, daß der Schuldner auf Notaranderkonto zahlt und eine Auszahlungsanweisung trifft, die den vereinbarten Auszahlungsvoraussetzungen entspricht. Eine weitergehende Leistung, etwa die unmittelbare Zahlung an sich, kann der Gläubiger nicht beanspruchen. Hat der Schuldner demgemäß den Kaufpreis oder den Kaufpreisteil vertragsgemäß hinterlegt, so ist dem Vollstreckungsanspruch Genüge getan.

Der Notar kann eine Klauselerteilung mit der Begründung verweigern, daß das formelle Vollstreckungsziel bereits in vollem Umfang erreicht ist. Prüfungspflichten des Notars können sich neben den sonstigen formellen Prüfungspflichten, die jeden Urkundsbeamten bei der Erteilung der vollstreckbaren Ausfertigung eines Titels treffen, auch aus speziell notarverfahrensrechtlichen Gesichtspunkten ergeben.[61]

---

[58] OLG Düsseldorf, DNotZ 1991,536/537; s. auch LG Kleve, DNotZ 1978,680.

[59] Auch nach Ansicht des OLG Düsseldorf wird also der zu hinterlegende Kaufpreisteil nicht von vorneherein aus der Unterwerfungsklausel eliminiert, sondern die Vollstreckungsunterwerfung richtigerweise auf den gesamten Zahlungsanspruch bezogen; zu pauschal deshalb die Kritik von *Wolfsteiner*, DNotZ 1991,537/538.

[60] *Wolfsteiner*, DNotZ 1991,537/538; *ders.*, DNotZ 1978,681/683.

[61] vgl. auch *Münch*, Vollstreckbare Urkunde und prozessualer Anspruch, § 10 III. 2. b).

In diesem Sinne ist die formelle Prüfungspflicht des Notars dahin zu erweitern, daß er die Erteilung einer vollstreckbaren Ausfertigung aus Gründen der Verfahrensökonomie und des Schuldnerschutzes auch dann verweigern sollte, wenn das Vollstreckungsziel durch Leistung an ihn selbst, also durch die vertragsgemäße Hinterlegung, erfüllt worden ist.[62]

Demgegenüber gibt die Auslegung des OLG Düsseldorf der Unterwerfungserklärung letztendlich den Inhalt, daß der Vollstreckungsanpruch dann entfällt, wenn der Gläubiger durch die Hinterlegung eine Sicherheit erlangt hat. Eine solche Beschränkung des Umfangs des Vollstreckungsanspruchs ist den standardisierten Unterwerfungserklärungen aber nicht zu entnehmen. Der Zweck der Unterwerfungserklärung, dem Gläubiger einen Titel zur Befriedigung seiner Ansprüche zu verschaffen, rechtfertigt es nicht, einen Teilbetrag bei der Vollstreckungsunterwerfung nicht zu berücksichtigen, weil diesbezüglich durch die Hinterlegung eine anderweitige Sicherheit geschaffen wurde. Die Gesichtspunkte des Käuferschutzes, die das OLG Düsseldorf in den Vordergrund stellte, müssen vielmehr bei der Formulierung der Auszahlungsvoraussetzungen Berücksichtigung finden.

Auch in praktischer Hinsicht ist die Auslegung des OLG Düsseldorf bedenklich, da sie eine konsequente Differenzierung danach vermissen läßt, ob die Hinterlegung vertragsgemäß erfolgte und demgemäß eine Befriedigung des Gläubigeranspruchs bei weiterer Abwicklung eintreten wird oder ob sie nicht vertragsgemäß erfolgte, der Käufer z.B. in vertragswidriger Weise eine Auszahlungssperre angeordnet hat.[63]

Bezieht man die Unterwerfungserklärung nicht auf den hinterlegten Restbetrag, obwohl der Gläubiger mit der vollstreckbaren Urkunde einen Titel in der Hand hat, um die *vertragsgemäße* Hinterlegung zu erzwingen, so wird der Titel mittelbar entwertet, wenn der Gläubiger in vertragswidriger Weise die Auszahlung an den Schuldner verhindert.[64]

Die eigentliche Problematik liegt also nicht darin, welchen Umfang die Unterwerfungserklärung des Käufers hat, sondern welche Vollstreckungsziele der Gläubiger nach Maßgabe dieser Unterwerfungserklärung verfolgen kann. Danach richten sich der Inhalt der Vollstreckungsklausel und gegebenenfalls auch die Voraussetzungen, unter denen der Notar zur Erteilung einer vollstreckbaren Ausfertigung verpflichtet ist.

---

62 *Wolfsteiner*, DNotZ 1991,537/538 f.

63 Der Senat konnte in dem dem Beschluß zugrundeliegenden Sachverhalt von einer vertragsgemäßen Hinterlegung und einer berechtigten Verweigerung der Auszahlungsfreigabe durch den Schuldner ausgehen.

64 vgl. auch die hierzu etwas pauschalen Ausführungen von *Wolfsteiner*, DNotZ 1991,537/538.

b) Inhalt der Vollstreckungsklausel

Da der Gläubiger nur die vertragsgemäße Hinterlegung des Restkaufpreises verlangen kann und die Unterwerfungsklausel der Urkunde in diesem Sinne ausgelegt werden muß, kann der Gläubiger auch durch die Vollstreckung keine Befriedigung im Wege der Zahlung, sondern lediglich die vertragsgemäße Hinterlegung erreichen. Dieses Vollstreckungsziel sollte auch bei der Formulierung der Vollstreckungsklausel hinreichend zum Ausdruck gebracht werden.[65]

Die Vollstreckung bezweckt also zum einen die Zahlung auf Notaranderkonto. Hat der Schuldner bereits hinterlegt, kann die Vollstreckung theoretisch zu einer Doppelhinterlegung führen.[66] Da der Notar aber in diesem Fall den überzähligen Betrag zurückführen müßte, würde das Vermögen des Schuldners dadurch letztendlich nicht gefährdet.[67]

Die Vollstreckung betrifft zum anderen die Abgabe einer Auszahlungsanweisung. Da auch die Auszahlungsanweisung bei Eintritt der Auszahlungsvoraussetzungen vertraglich geschuldete Leistungshandlung ist, kann eine vollstreckbare Ausfertigung auch zum Zweck der Zustimmung zur Auszahlung erteilt werden.

Verweigert der Hinterleger die Zustimmung, kann die Erklärung nicht fingiert werden, da vollstreckbare Urkunden die Fiktionswirkung des § 894 ZPO nicht auslösen. § 894 ZPO ist nur auf Entscheidungen anwendbar, die der Rechtskraft fähig sind. Aus Urkunden, die die Verpflichtung zur Abgabe einer Willenserklärung enthalten, ist deshalb gem. § 888 ZPO zu vollstrecken.[68]

Bevor gegen den Schuldner Zwangsmaßnahmen gem. § 888 ZPO eingeleitet werden, ist er anzuhören, § 891 S. 2 ZPO. Hier bekommt der Schuldner Gelegenheit, schlüssig darzulegen, warum er eine vorläufige Weiterverwahrung verlangt.

---

[65] Formulierungsvorschlag von *Wolfsteiner*, DNotZ 1991,537/539: "Die vorstehende ... Ausfertigung wird ... zum Zwecke der Zwangsvollstreckung mit der Maßgabe erteilt, daß der Vollstreckungserlös nicht an den Gläubiger auszuzahlen, sondern dem Notar zur Verwahrung zu übergeben ist."

[66] *Wolfsteiner*, DNotZ 1978,681/683; *ders.*, DNotZ 1991,537/538.

[67] *Wolfsteiner*, DNotZ 1991,537/538.

[68] *Baumbach / Lauterbach / Hartmann*, ZPO § 894, Rz. 8; MünchKomm / *Schilken*, ZPO § 894, Rz. 10; *Zöller / Stöber*, ZPO § 894, Rz. 3; vgl. auch BGHZ 98,127 ff.

§ 5 Vertragliche Vorarbeit und Formulierung der Hinterlegungsklausel

I. Die Bedeutung der vertraglichen Vorarbeit für die notarielle Hinterlegung

Die Zielvorstellungen der Vertragsparteien werden in der Ausgestaltung der Hinterlegungs- und Auszahlungsanweisung umgesetzt. Notarielle Rechtsbetreuung wird nicht erst bei der Durchführung der Hinterlegung, sondern schon im Vorfeld bei der Planung und inhaltlichen Ausgestaltung erforderlich. Der notariellen Hinterlegung hat in diesem Sinne eine rechtsfürsorgerische Betreuung i. S. v. § 24 Abs. 1 BNotO vorauszugehen.[69]

Der Notar wirkt als Mittler und rechtskundiger Berater bei der Vertragsgestaltung mit. Während die Vertragspartner selbst sich vornehmlich mit der Erfüllungsplanung beschäftigen, fällt die Risikoplanung, d.h. die Planung zur Vermeidung von Verlusten aus nicht ordnungsgemäßer Erfüllung des Vertrages, regelmäßig in den Aufgabenbereich des Notars.[70]

In diesem Stadium hat der Notar auf eine sichere und ausgewogene Gestaltung der Hinterlegungs- und Auszahlungsvoraussetzungen hinzuarbeiten und auf die Beteiligten einzuwirken, ihre Anträge entsprechend zu formulieren.

Der III. Zivilsenat des Bundesgerichtshofs definierte in der Entscheidung vom 23.05.1960 eine dahingehende Amtspflicht des Notars,

- den mit der Hinterlegung von den Beteiligten verfolgten Zweck zu erforschen,
- den mit der Hinterlegung verbundenen Anweisungen einen klaren Inhalt zu geben,
- einen sicheren Weg für die richtige Regelung zu weisen und
- gegebenenfalls auf die Gefahren unsachgemäßer Anweisungen aufmerksam zu machen.[71]

Mit den Fragen des "ob" und "wie" der notariellen Hinterlegung im Vertragsganzen ist der Bereich der notariellen Vertragsgestaltung angesprochen. Hier gibt es kein Patentrezept, wie die "richtige Regelung" im Sinne der vom Bundesgerichtshof entwickelten Formel gefunden werden kann. Es können

---

69 BGH, DNotZ 1985,234.

70 *Rehbinder*, Vertragsgestaltung, S. 31; s. auch *Reithmann*, Vorsorgende Rechtspflege, S. 160, 162; vgl. auch *Ganter*, WM Sonderbeilage Nr.1/1993, S. 3 f.

71 BGH, WM 1960,980/981; *Daimer*, Die Prüfungs- und Belehrungspflicht des Notars, S. 332; vgl. auch BGH, DNotZ 1978,373/374.

lediglich allgemeine Grundregeln aufgestellt werden, die der Notar bei der Vertragsgestaltung beachten muß.

II. Allgemeine Grundregeln der notariellen Vertragsgestaltung

Als Organ der vorsorgenden Rechtspflege ist der Notar bei der Ausübung seiner Tätigkeit den Leitprinzipien der staatlichen Rechtspflege verpflichtet. Das gilt auch und gerade dann, wenn der Notar im Rahmen seiner konsultativen Tätigkeit als Kautelarjurist tätig wird.[72]

Obwohl die Kautelarjurisprudenz im Gegensatz zu anderen Formen staatlicher Rechtspflege im Grundsatz nicht den Interessen der Allgemeinheit, sondern denen der privatautonom handelnden Beteiligten verpflichtet ist, hat auch sie sich an den Leitprinzipien der staatlichen Rechtspflege zu orientieren, d.h. an den Grundsätzen der

- *Gerechtigkeit*,
- *Zweckmäßigkeit* und
- *Rechtssicherheit*.[73]

Voraussetzung für die Verwirklichung dieser Leitprinzipien in der Rechtspflege ist die Unabhängigkeit und Neutralität des Notars.[74]

1. Die Stellung des Notars

Der Notar ist bei seiner Tätigkeit der allgemeinen Rechtsordnung und seinen Dienstvorschriften verpflichtet.[75] Betreuungstätigkeiten, die mit seinen Amtspflichten nicht vereinbar wären, darf er gem. § 14 Abs. 2 BNotO nicht übernehmen. Die Wahrung der Unabhängigkeit des Notars erfordert, daß auch der übereinstimmende Wille der Parteien für ihn ohne Belang ist, wenn das Verlangen seinen Amtspflichten und seiner Betreuungsaufgabe im Rahmen vorsorgender Rechtspflege widerspricht.[76]

---

[72] Die Kautelarjurisprudenz erfaßt nur einen Teil der notariellen Rechtspflegeaufgaben: vgl. *Reithmann*, FS 125 Jahre Bay. Notariat, S. 159/163ff,167.

[73] *Bydlinski*, Methodenlehre, S. 614; vgl. auch *Gonella*, Sonderheft DNotZ Dt. Notartag 1956, S. 45/52; *Weirich*, DNotZ 1962,11/14.

[74] *Seybold / Hornig*, BNotO § 1, Rz. 15; *Weirich*, DNotZ 1962,11/14.

[75] *Weirich*, DNotZ 1962,11/18.

[76] vgl. auch *Keim*, Das notarielle Beurkundungsverfahren, S. 36.

Der Notar ist ein neutraler Mittler. § 14 Abs. 1 S. 2 BNotO stellt ausdrücklich fest, daß der Notar ein unparteiischer Betreuer der Beteiligten und kein Interessenvertreter einer Partei zu sein hat.[77] Es gehört zu seinen Pflichten, selbst den Anschein einer Parteilichkeit zu vermeiden.[78]

Das Unparteilichkeitsgebot verlangt jedoch nicht, daß der Notar sich bei der Aushandlung der Vertragsbedingungen ausschließlich passiv zu verhalten hat.[79] Die Anforderungen des Sozialstaats, auch in immer komplexer werdenden rechtlichen Beziehungen und bei zunehmender Teilnahme rechtsunerfahrener Bürger am Rechtsverkehr eine möglichst hohe Chancengleichheit zu verwirklichen, prägen die Mitwirkung des Notars bei der Vertragsgestaltung.[80]

Die unparteiische Hilfestellung des Notars macht in zunehmendem Maße kein passives Sichheraushalten, sondern aktives Eingreifen des Notars zur Verbesserung der Chancengleichheit erforderlich.[81] Im Rahmen dieses Grundsatzes kann der Notar zu einer Einflußnahme auf die individuelle Gestaltung der privaten Rechtsbeziehungen berechtigt und verpflichtet sein.[82]

Die Tendenz, eine praktische Einflußnahme des Notars auf die inhaltliche Gestaltung zu fordern, darf jedoch nicht soweit gehen, daß dem Notar Fürsorgeaufgaben zugewiesen werden, die seine primäre Stellung als Beurkundungsorgan übersteigen und die er praktisch kaum erfüllen kann.

Der Notar darf nicht durch eine zu weite, in den Grenzen unsichere Ausdehnung seiner Amtspflichten zum Ausfallbürgen fehlgeschlagener Geschäfte der Parteien gemacht werden.[83]

---

[77] Die BNotK schlägt vor, § 14 Abs. 1 S. 2 BNotO dahin zu präzisieren, daß künftig auch die Unabhängigkeit des Notars ausdrücklich gefordert wird: vgl. Vorschläge der BNotK zur Reform des notariellen Berufsrechts, S. 23.

[78] Allgemeine Richtlinien für die Berufsausübung der Notare, wiedergegeben bei: *Seybold / Hornig*, S. 815. Nach dem Vorschlag der BNotK soll diese Pflicht in § 14 Abs. 3 S. 2 BNotO geregelt werden: vgl. Vorschläge der BNotK zur Reform des notariellen Berufsrechts, S. 23.

[79] *Jerschke*, Sonderheft DNotZ Dt. Notartag 1989, S. 21/34; *Stürner*, JZ 1974,154/158.

[80] vgl. *Flume*, Sonderheft DNotZ Dt. Notartag 1969, S. 29/35; *Weitnauer*, Schutz des Schwächeren im Zivilrecht, S. 12. Zur Tendenz, die Schutzbedürftigkeit bestimmter Gruppen vor die Eigenverantwortlichkeit zu stellen, nimmt ausführlich Stellung: *Lieb*, DNotZ 1989,274/276 ff.

[81] *Dumoulin*, DNotZ 1971,502/504; *Kanzleiter*, DNotZ 1972,519/520f; *Jerschke*, Sonderheft DNotZ Dt. Notartag 1989, S. 21/29,34; vgl. auch *Reithmann*, FS 125 Jahre Bay. Notariat, S. 159/179.

[82] *Reithmann*, FS 125 Jahre Bay. Notariat, S. 159/179, *ders.*, DNotZ 1971,595/596.

[83] *Haug*, DNotZ 1972,453/477; *Jerschke*, Sonderheft DNotZ Dt. Notartag 1989, S. 21/31; s. auch BGH, DNotZ 1978,174/175.

2. *Angemessene Vertragsgestaltung*

Der Notar hat als Kautelarjurist auf eine "angemessene Vertragsgestaltung" hinzuarbeiten.[84] Er ist verantwortlich für eine ausgewogene, sichere und zweckmäßige Gestaltung der privaten Rechtsbeziehungen.

a) Verwirklichung der Vertragsgerechtigkeit

Wenn die Beteiligten den Notar um seine Mitwirkung ansuchen, wissen sie häufig noch nicht, "was sie wollen".[85] Der Notar hilft ihnen bei der Bildung ihres rechtsgeschäftlichen Willens.

Leitbild der konsultativen Tätigkeit, die der Notar als Organ der vorsorgenden Rechtspflege vornimmt, ist die Gerechtigkeit.[86] Bei der notariellen Rechtsbetreuung geht es darum, das Prinzip der Gerechtigkeit im Verhältnis zwischen den beteiligten Privatpersonen oder im Verhältnis einer Privatperson zur Allgemeinheit, kurz das Gerechtigkeitsprinzip im Gleichordnungsverhältnis, zu verwirklichen.

Die notarielle Rechtsbetreuung orientiert sich am Prinzip der ausgleichenden Gerechtigkeit.[87] Als gerechte Ordnung ist demnach eine solche anzusehen, in der die Interessen des einzelnen mit den Interessen anderer und denen der Allgemeinheit nach sachlichen Gründen und ihrem Wert entsprechend gegeneinander abgewogen sind.[88] Diese Anforderungen stellt das Prinzip der ausgleichenden Gerechtigkeit an jeden Privatmann.[89] Das bedeutet aber nicht, daß die privaten Rechtsbeziehungen allein vom Prinzip des proportionalen Ausgleichs bestimmt seien;[90] das Privatrecht kennt daneben auch die Zuteilung von Gütern, Lasten und Risiken.

Wie letztendlich ein "gerechter" Ausgleich innerhalb der privatrechtlichen Beziehungen zustande kommt, bestimmt in erster Linie der Wille der Parteien.[91] Grundlage für eine solche privatautonome Bestimmung eines "gerech-

[84] BGH, DNotZ 1988,292/295; *Jerschke*, Sonderheft DNotZ Dt. Notartag 1989, S. 21/22.

[85] *Schollen*, Sonderheft DNotZ Dt. Notartag 1969, S. 51/61; vgl. auch *Gonella*, Sonderheft DNotZ Dt. Notartag 1956, S. 45/51; *Keim*, Das notarielle Beurkundungsverfahren, S. 42.

[86] *Raukes*, DNotZ 1963,141/151; *Schollen*, Sonderheft DNotZ Dt. Notartag 1969, S. 51/56f; *Weirich*, DNotZ 1962,11/12.

[87] *Bydlinski*, Methodenlehre, S. 357, 615 f; vgl. auch *Coing*, Rechtsphilosophie, S. 193.

[88] *Gonella*, DNotZ 1956,453/455.

[89] *Bydlinski*, Methodenlehre, S. 357; *Schollen*, DNotZ 1961,172/177.

[90] Langenfeld spricht in diesem Sinn von einem "Spannungsverhältnis" zwischen der Vertragsfreiheit und der objektiv verstandenen Vertragsgerechtigkeit: *Langenfeld*, Vertragsgestaltung, Rz. 167.

[91] *Bydlinski*, Methodenlehre, S. 358.

ten", eben nicht notwendig äquivalenten Ausgleichs ist aber, daß der entsprechende Wille der Beteiligten nach zureichender Information und gegebenenfalls nach freier Wahl unter zumutbaren Alternativen gebildet wurde.[92]

Aufgabe des Notars ist es dabei, je nach Fallgestaltung entweder durch seine Beratung die Grundlage für einen solchen Willensentschluß zu schaffen oder aber auf einen äquivalenten Interessenausgleich hinzuwirken.

b) Rechtssicherheit

Die zweite Grundwertung, der die staatlichen Rechtspflegeaufgaben unterliegen, ist das Gebot der Rechtssicherheit.[93]

Rechtssicherheit besteht, wenn sich die künftige Anwendung des Rechts zuverlässig voraussehen läßt.[94] Der Rechtsuchende wünscht, daß die von ihm gewollte und gesetzlich zulässige Form eines Rechtsgeschäfts auch in der Zukunft Bestand hat.[95] Für eine solche sichere Gestaltung hat der Notar zu sorgen.[96]

Zur Herbeiführung einer sicheren Gestaltung privater Rechtsbeziehungen muß der Notar streitige Fragen zu vermeiden suchen.[97] Er orientiert sich deshalb bei der Vertragsgestaltung an der höchstrichterlichen Rechtsprechung. Weitergehend wird von ihm verlangt, erforderlichenfalls auf der Grundlage der gegenwärtigen die zukünftige Entscheidungspraxis zu prognostizieren.[98]

---

[92] *Bydlinski*, Methodenlehre, S. 358; *Langenfeld*, Vertragsgestaltung, Rz. 242; vgl. auch *Flume*, Sonderheft DNotZ Dt. Notartag 1969, S. 29/34 f; *Ganter*, WM Sonderbeilage Nr.1/1993, S. 4 ff.

[93] *Schollen*, Sonderheft DNotZ Dt. Notartag 1969, S. 51/56.

[94] *Gonella*, Sonderheft DNotZ Dt. Notartag 1956, S. 45/46.

[95] Auch ein vor dem Notar abgeschlossener Vertrag ist jedoch unter Umständen der richterlichen Wirksamkeitskontrolle nach dem AGBG oder nach § 242 BGB unterworfen: BGHZ 74,204/209; BGH, NJW 1982,2243; NJW 1984,2094; BauR 1986,345; WM 1987,1018; DNotZ 1988,292. Dabei stellt nicht jede Standardformulierung der notariellen Praxis eine "Vorformulierung" dar, die die Inhaltskontrolle eröffnet. Die Wirksamkeit einer Klausel ist nicht allein deshalb in Frage zu stellen, weil es sich um eine Standardformulierung des Notars handelt: BGH, NJW 1991,843/844.

[96] *Brambring*, Sonderheft DNotZ Dt. Notartag 1985, S. 23/24; s. auch *Ganter*, WM Sonderbeilage Nr.1/1993, S. 4.

[97] *Rehbinder*, Vertragsgestaltung, S. 24; *Reithmann*, FS 125 Jahre Bay. Notariat, S. 159/165.

[98] *Köhler*, FS 125 Jahre Bay. Notariat, S. 197/198; *Rehbinder*, Vertragsgestaltung, S. 24; zu Recht kritisch: *Keim*, Das notarielle Beurkundungsverfahren, S. 17.

Der Notar hat den Vertrag im übrigen so klar zu gestalten, daß Streitigkeiten über den Inhalt des Vertrages nach Möglichkeit vermieden werden.[99]

c) Zweckmäßigkeit

Der Notar muß auf eine zweckmäßige Vertragsgestaltung hinwirken. Von mehreren Gestaltungsmöglichkeiten hat er diejenige aufzuzeigen, die die geringste Gefahr enthält, daß einer der Beteiligten bei der Geschäftsdurchführung Schaden erleiden wird.[100] Die Mittel und Wege, die er den Beteiligten bei der Gestaltung privater Rechtsbeziehungen vorschlägt, und die Art und Weise, wie er selbst bei der Durchführung des Vertrages eingeschaltet wird, müssen zum einen tauglich sein, das gewünschte Ziel herbeizuführen, zum anderen mit dem geringsten ökonomischen Aufwand und den geringsten schädlichen Nebenwirkungen zum Ziel führen.[101] Die kostengünstige Vertragsgestaltung ist insoweit ein Sachziel, das der Notar bei der Entwicklung einer zweckmäßigen Lösung zu berücksichtigen hat.[102] Die Verantwortlichkeit für eine zweckmäßige Gestaltung des Vertrages führt jedoch nicht dazu, daß der Notar über die ökonomischen Folgen und Risiken eines Geschäftes aufklären müßte. Der Notar ist kein Wirtschaftsberater der Beteiligten.[103]

3. Umfang und Grenzen der Mitwirkung des Notars bei der Vertragsgestaltung

Der Notar hat keine Prüfungsbefugnisse nach dem Muster richterlicher Wirksamkeitskontrolle, sondern lediglich die Möglichkeit, aber auch die Pflicht, sich gegebenenfalls von der Vertragsgestaltung zu distanzieren.[104]

---

[99] BGH, VersR 1982,296/297; *Ganter*, WM Sonderbeilage Nr.1/1993, S. 4; *Reithmann*, in: *Reithmann / Röll / Geßele*, Rz. 26; *Rinsche*, Die Haftung des Rechtsanwalts und Notars, Rz. II 65 [unter Berufung auf OLG Hamm, Urt. v. 21.05.1985 (28 U 184/84)].

[100] BGH, DNotZ 1966,506/508; DNotZ 1971,591/592; *Ganter*, WM Sonderbeilage Nr.1/1993, S. 5; *Louis*, VersR 1979,988/989; *Winkler*, in: *Keidel / Kuntze / Winkler*, BeurkG § 17, Rz. 6; vgl. auch RGZ 148,321/325; BGHZ 27,274/276.

[101] *Reithmann*, Vorsorgende Rechtspflege, S. 175, 223; allgemein zum Prinzip der Zweckmäßigkeit: *Bydlinski*, Methodenlehre, S. 330.

[102] *Bräu*, Verwahrungstätigkeit des Notars, Rz. 56; *Rehbinder*, Vertragsgestaltung, S. 30.

[103] RG, JW 1932,2855; JW 1935,2043; RGZ 149,286/293; BGH, DNotZ 1958,23/24; VersR 1959,463; WM 1961,535/538; DNotZ 1965,115/117; DNotZ 1967,323/324; OLG Schleswig, DNotZ 1978,183/184; *Peter*, BWNotZ 1984,86/93; *Winkler*, in: *Keidel / Kuntze / Winkler*, BeurkG § 17, Rz. 17; s. auch BGH, DNotZ 1974,297/299; DNotZ 1978,174/175; DNotZ 1981,311/314.

[104] *Reithmann*,, in: *Reithmann / Röll / Geßele*, Rz. 19; *ders.*, Vorsorgende Rechtspflege, S. 160.

Zwar wird in zunehmendem Maße gefordert, daß der Notar für die materielle Richtigkeit und inhaltliche Ausgewogenheit der Vertragsgestaltung Sorge zu tragen habe.[105] Der Notar hat aber weder die Aufgabe noch die Kompetenz, seine Vorstellungen unter Ignorierung der Vertrags- und Wertungsautonomie der Beteiligten durchzusetzen.[106] Die Beteiligten bestimmen den Vertragsgegenstand und legen das Äquivalenzverhältnis fest.[107] Es geht vielmehr darum, den Beteiligten Hilfestellung zu leisten und auf sie einzuwirken, daß ihr Wille im Rahmen einer sicheren und ausgewogenen Rechtsgestaltung zum Ausdruck kommt und sie eine Lösung finden, mit der sie sich vertragen können.[108]

III. Inhaltliche Anforderungen an Hinterlegungs- und Auszahlungsanweisung

Naturgemäß gibt es keine Patentrezepte, wie die Vertragsgestaltung im Hinblick auf die notarielle Hinterlegung im Einzelfall aussehen soll.[109] Trotzdem können die Fragen nach dem "ob" und "wie" der notariellen Hinterlegung nicht beliebig beantwortet werden.

---

[105] *Reithmann*, FS 125 Jahre Bay. Notariat, S. 159/179; *Rehbinder*, Vertragsgestaltung, S.60; vgl. auch *Flume*, Sonderheft DNotZ Dt. Notartag 1969, S. 29/35; *Gonella*, Sonderheft DNotZ Dt. Notartag 1956, S. 45/48; *Keim*, Das notarielle Beurkundungsverfahren, S. 36 f; *Korte*, Handbuch, Rz. 11 ff.

[106] *Keim*, Das notarielle Beurkundungsverfahren, S. 37; *Korte*, Handbuch, Rz. 26; *Schollen*, DNotZ Sonderheft Dt. Notartag 1969, S. 51/56 ff.

[107] *Keim*, Das notarielle Beurkundungsverfahren, S. 35.

[108] *Rehbinder*, Vertragsgestaltung, S. 60; *Schollen*, DNotZ Sonderheft Dt. Notartag 1969, S. 51/57,66.

[109] Wie schwierig die Umsetzung der Leitprinzipien der staatlichen Rechtspflege im Einzelfall sein kann, zeigt beispielhaft die Diskussion darüber, ob der Notar von sich aus Sicherheiten wie die notarielle Hinterlegung anregen soll: vgl. *Ganter*, WM Sonderbeilage Nr.1/1993, S. 5 ff. Hier hat die Rspr. in einigen Fällen eine Anregungspflicht angenommen: BGH, VersR 1959,743/744; DNotZ 1967,446/447; DNotZ 1971,591/592; DNotZ 1987,157/159, wobei es in einer Entscheidung sogar als ausreichend angesehen wurde, daß die Sicherung für einen Beteiligten zweckmäßig war und den anderen Beteiligten eine normale und übliche Sicherung angesonnen werden konnte: BGH, DNotZ 1971,591/592; ebenso: RGRK / *Kreft*, BGB § 839, Rz. 428; *Winkler*, in: *Keidel / Kuntze / Winkler*, BeurkG § 17, Rz. 19. In anderen Fällen erkannte die Rspr., daß die eigenmächtige Anregung vertraglicher Sicherungen mit der Unparteilichkeitspflicht des Notars kollidiere und sie verletzten könne, wenn der Vorschlag einer vertraglichen Sicherung im Widerspruch zu dem erkennbaren Willen eines anderen Beteiligten stünde: BGH, DNotZ 1987,157/159; DNotZ 1989,45; s. auch *Geimer*, EWiR § 17 BeurkG 1/88,539; *Hill*, WM 1982,890/894; *Rinsche*, Die Haftung des Rechtsanwalts und Notars, Rz. II 35; *ders.*, EWiR § 17 BeurkG 1/86,1063/1064; kritisch: *Allerkamp*, Die sogenannte erweiterte Belehrungspflicht des Notars, S. 96 ff, 111 ff; *Langenfeld*, Vertragsgestaltung, Rz. 119; *Haug*, Die Amtshaftung des Notars, Rz. 423; *Reithmann*, in: *Reithmann / Röll / Geßele*, Rz. 172.

Die notarielle Hinterlegung darf nicht

- der Verfolgung unerlaubter oder unredlicher Zwecke dienen,
- eine Gewährsübernahme des Notars zur Folge haben,
- tatsächlich nicht vorhandene Sicherheiten vortäuschen.

1. Verbot der Verfolgung unerlaubter oder unredlicher Zwecke

Der Notar muß seine Mitwirkung bei Handlungen versagen, die erkennbar unerlaubte oder unredliche Zwecke verfolgen, § 14 Abs. 2 BNotO.[110]

Unerlaubt ist ein Zweck dann, wenn eine Norm das Rechtsgeschäft seinem Inhalt nach unterbinden will. Für die notarielle Hinterlegung ergibt sich z.B. eine Beschränkung aus § 3 MaBVO. § 3 MaBVO verbietet dem Bauträger die Entgegennahme von Geldern der Interessenten vor Bestellung von Sicherungen i. S. d. MaBVO. Dem Notar, bei dem die Gelder hinterlegt sind, ist die Auszahlung untersagt, bevor diese Sicherungen vorliegen.[111]

2. Verbot der Gewährsübernahme

§ 14 Abs. 4 BNotO verbietet dem Notar die Gewährsübernahme bzw. die Übernahme einer Garantie. Aus diesem Grund sind Treuhandauflagen, für deren Erfüllung der Notar faktisch garantiert, unzulässig.[112]

3. Verbot des Vortäuschens von Sicherheiten

§ 10 Abs. 2 der Allgemeinen Richtlinien für die Berufsausübung der Notare[113] untersagt dem Notar standesrechtlich die Übernahme von Verwahrungsgeschäften, wenn die Möglichkeit besteht, daß damit Sicherheiten vorgetäuscht werden, die durch die Hinterlegung nicht gewährt werden.[114] Die Übernahme der Hinterlegung ist dem Notar demnach untersagt, wenn ledig-

[110] *Haug*, DNotZ 1982,475/481; *Reithmann*, Vorsorgende Rechtspflege, S. 178 ff.

[111] *Reithmann*, in: *Reithmann / Röll / Geßele*, Rz. 14; *ders.*, Vorsorgende Rechtspflege, S. 178; vgl. auch: *ders.*, in: *Reithmann / Meichssner / v.Heymann*, B Rz. 88.

[112] BNotK, DNotZ 1974,643/644.

[113] DNotZ 1981,721.

[114] Der Reformvorschlag der BNotK sieht vor, das Verbot des Vortäuschens von Sicherheiten ausdrücklich in § 14 Abs. 2 BNotO zu regeln: vgl. Vorschläge der BNotK zur Reform des notariellen Berufsrechts, S. 23.

lich die Seriosität und Vertrauenswürdigkeit seines Amtes ausgenutzt werden sollen oder wenn objektiv die Möglichkeit besteht, daß durch die treuhänderische Tätigkeit des Notars ein falscher Anschein an Sicherheit erzeugt wird.[115]

Ob die notarielle Hinterlegung diesen Anforderungen genügt, ist dann zweifelhaft, wenn nachvollziehbare Motive für die Einbeziehung des Notars nicht vorhanden sind und der Zweck der Verwahrung ebensogut durch die Beauftragung einer anderen Institution (Bank, Rechtsanwalt oder Wirtschaftsprüfer) erreicht werden könnte.[116]

Es stellt sich nun die Frage, welche Anforderungen an die notarielle Hinterlegung gestellt werden müssen, damit sie keine in Wirklichkeit nicht vorhandene Sicherheit vortäuscht.

In der notarrechtlichen Literatur wird die Ansicht vertreten, daß die notarielle Hinterlegung nur dann keine Sicherheit vortäuscht, wenn sie objektiv (also unabhängig von der Intention der Beteiligten) eine spezifische Sicherheit bietet. Objektiv soll es an einer spezifischen Sicherheit fehlen, wenn der Notar keine eigenständige Prüfungskompetenz im Hinblick auf die Hinterlegungs- und Auszahlungsvoraussetzungen hat. Dagegen fehlt es lediglich subjektiv (für die Beteiligten) an einer besonderen Sicherheit, wenn die Hinterlegung im Rahmen der Abwicklung eines Vertrages faktisch überflüssig ist und der wirtschaftliche Erfolg und die vertragliche Risikoverteilung ebensogut ohne notarielle Hinterlegung gesichert werden könnten.[117] Diese Ansicht wird damit begründet, daß die Möglichkeit des Vortäuschens einer Sicherheit regelmäßig bereits dann vorhanden sei, wenn objektiv keine Sicherheit gewährt werde.[118] Ausnahmsweise soll die Übernahme einer Verwahrungstätigkeit nur dann zulässig sein, wenn durch die Einbeziehung des Notars zwar keine besondere Sicherheit erreicht wird, die notarielle Hinterlegung aber zur Bewältigung technischer Abwicklungsschwierigkeiten sinnvoll ist.[119]

---

[115] Rundschreiben der Rheinischen Notarkammer v. 10.12.1981, Nr.3/81; *Bräu*, Verwahrungstätigkeit des Notars, Rz. 168; *Haug*, DNotZ 1982,475/481 ff; *König*, Darlehensvalutierung über Notaranderkonto, S. 36; *Peter*, BWNotZ 1984,86/90; *Wagner / Zimmermann*, Verwahrungsgeschäfte, S. 14; *Weingärtner*, Vermeidbare Fehler im Notariat, Rz. 127; ausführlich: *Zimmermann*, DNotZ 1982,90/107 ff.

[116] Rundschreiben der Rheinischen Notarkammer v. 10.12.1981, Nr.3/81; *Haug*, DNotZ 1982, 475/483; *Zimmermann*, DNotZ 1982,90/108; vgl. auch *Reibold*, in: Beck'sches Notarhandbuch, A I, Rz. 265; kritisch: *König*, Darlehensvalutierung über Notaranderkonto, S. 36.

[117] *Zimmermann*, DNotZ 1982,90/110; vgl. auch *Bräu*, Verwahrungstätigkeit des Notars, Rz. 166; *König*, Darlehensvalutierung über Notaranderkonto, S. 36 f.

[118] *Hädrich-Riedenklau*, Notarielle Rechtsbetreuung, S. 107; *Weingärtner*, Vermeidbare Fehler im Notariat, Rz. 127; *Zimmermann*, DNotZ 1982,90/108.

[119] *Zimmermann*, DNotZ 1982,90/110.

Die auf den ersten Blick zwingende Schlußfolgerung, daß eine notarielle Verwahrung nur dann keine Sicherheit vortäuscht, wenn sie objektiv eine besondere Sicherheit gewährt, setzt im Grunde voraus, daß der Sicherungszweck tatsächlich der einzige Zweck der notariellen Verwahrungstätigkeit ist. Die notarielle Verwahrung hat als Betreuungstätigkeit auf dem Gebiete der vorsorgenden Rechtspflege aber auch dann - und nicht nur ausnahmsweise - eine Funktion, wenn sie keine spezifische Sicherheit bietet, sondern der Notar lediglich als Koordinator in die Vertragsabwicklung eingeschaltet werden soll, also eine Tätigkeit übernimmt, die generell auch eine andere Institution leisten könnte.[120]

Eine in Wirklichkeit nicht vorhandene Sicherheit wird nur dann vorgetäuscht, wenn

- der durch die Hinterlegung begünstigte Vertragspartner die notarielle Hinterlegung per se als sicherer ansieht als die Verwahrung auf einem normalen Treuhand- oder Festgeldkonto oder

- wenn der Eindruck entsteht, daß der Notar eine rechtliche Überprüfung vor Auszahlung des Hinterlegungsbetrages vornimmt, eine solche Rechtsprüfung aber tatsächlich nicht vorausgesetzt wird.

Bsp.:[121] Eine Leasing-KG läßt ein Anderkonto errichten, auf dem Anteilszeichner die Gesellschaftseinlage zu hinterlegen haben. Der Notar soll die auf das Anderkonto eingezahlten Beträge an die KG auszahlen, wenn die Zeichnung von Gesellschaftsanteilen in Höhe von insgesamt 2 Mio. DM erreicht ist. Eine rechtskundige Prüfung des Notars ist hier nicht erforderlich. Die notarielle Hinterlegung hat keine spezifische Sicherungsfunktion.

IV. Das Problem der begrenzten Prüfungspflicht und Prüfungskompetenz des Notars

Die Funktion der notariellen Hinterlegung als Instrument der vorsorgenden Rechtspflege erfordert, daß der Notar im Rahmen seiner Prüfungs- und Überwachungspflicht nicht nur die Feststellung von Tatsachen, sondern auch deren rechtliche Beurteilung vorzunehmen hat.[122] Bedenken, ob die notarielle Hinterlegung ihre spezifische Sicherungsfunktion erfüllen kann, ergeben sich dann, wenn es an einer solchen Rechtsprüfung überhaupt fehlt oder wenn ihre Effektivität zweifelhaft ist. Unpräzise Treuhandauflagen sind trotz gewissen-

---

[120] *Brambring*, DNotZ 1990,615; *Hädrich-Riedenklau*, Notarielle Rechtsbetreuung, S. 107; *Weingärtner*, Vermeidbare Fehler im Notariat, Rz. 127.

[121] OLG Frankfurt, AZ 19 U 98/79 (zitiert bei *Haug*, DNotZ 1982,475/480); *Wagner / Zimmermann*, Verwahrungsgeschäfte, S. 15.

[122] vgl. BGH, DNotZ 1986,406/407 (Notarbestätigung); *Weingärtner*, Vermeidbare Fehler im Notariat, Rz. 166 ff.

hafter Amtsführung nicht ordnungsgemäß durchzuführen und programmieren bei Unstimmigkeiten den Haftungsfall vor.[123]

1. Keine rechtliche Prüfung der Hinterlegungs- bzw. Auszahlungsvoraussetzungen

Die Hinterlegung bzw. die Auszahlung des Hinterlegungsbetrages kann von dem Eintritt tatsächlicher Voraussetzungen abhängig gemacht werden. Diese Voraussetzungen überprüft der Notar nicht von sich aus; sie müssen ihm nachgewiesen werden. Dabei obliegt es dem Notar nicht, die Richtigkeit dieses Nachweises zu prüfen, wozu er in der Regel gar nicht in der Lage ist.[124]

Unzulässig sind aus diesem Grund z.B. die Anweisungen, die hinterlegten Gelder auszuzahlen, wenn der Verkäufer dem Käufer das Haus in geräumtem Zustand übergeben hat, wenn die Erschließungskosten vom Verkäufer gezahlt sind oder wenn die Baugenehmigung auflagenfrei erteilt ist.[125] Die Auszahlungsanweisung muß vielmehr erkennen lassen, auf welchen Nachweis hin der Notar auszahlen soll. Im obigen Beispielsfall müßte die Auszahlungsanweisung dahingegen ergänzt werden.

"Der Käufer bestätigt dem Notar, daß der Verkäufer das Haus geräumt hat."

"Der Verkäufer weist dem Notar durch

- den Beitragsbescheid (oder den Vorauszahlungsbescheid)
- und die Quittung oder die Einzahlungsbelege

nach, daß die Erschließungskosten bezahlt sind."

Bei Regelungen, die die Hinterlegung bzw. Auszahlung an den Nachweis tatsächlicher Voraussetzungen knüpfen, ergeben sich Bedenken, ob die Hinterlegung in diesen Fällen noch den Anforderungen vorsorgender Rechtsbetreuung durch den Notar entspricht.[126] Das gilt vor allem, wenn der Mitteilende

---

[123] Eine weit und unpräzise gefaßte Treuhandauflage kann zwar so bewertet werden, daß sich hierin das unbegrenzte Vertrauen in die gewissenhafte Erledigung durch den Notar niederschlage und nicht das Spekulieren auf den Haftungsfall als Risikoversicherung: so *König*, Darlehensvalutierung über Notaranderkonto, S. 27. Das ändert aber nichts daran, daß auch eine gewissenhafte Amtsführung bei Treuhandauflagen, die sich der Prüfungsmöglichkeit und Prüfungskompetenz des Notars entziehen, keine Gewähr für die tatsächliche Erfüllung der Treuhandauflagen bietet.

[124] vgl. LG Köln, MittRhNotK 1986,173/174: Abrechnung über Erschließungskosten muß vom Notar nicht auf sachliche Richtigkeit überprüft werden.

[125] *Brambring*, DNotZ 1990,615/628 f; *Bräu*, Verwahrungstätigkeit des Notars, Rz. 167; *Weingärtner*, Vermeidbare Fehler im Notariat, Rz. 129.

[126] Rundschreiben der Rheinischen Notarkammer v. 10.12.1981, Nr.3/81; *König*, Darlehensvalutierung über Notaranderkonto, S. 36; *Zimmermann*, DNotZ 1982,90/112.

selbst durch die Auszahlung begünstigt werden soll oder wenn er von dem Begünstigten abhängig oder ihm wirtschaftlich verbunden ist (z.B. Architekt). Problematisch sind außerdem Hinterlegungsgeschäfte, bei denen der Notar die Auszahlung allein auf Weisung eines Beteiligten oder eines Dritten vorzunehmen hat.[127]

Vordergründig scheint es an einer betreuenden Tätigkeit des Notars zu fehlen, wenn an die Stelle seiner - rechtlichen - Prüfung der Auszahlungsvoraussetzungen die Mitteilung tatsächlicher Voraussetzungen tritt. Die Funktion, die der Notar als Organ der vorsorgenden Rechtspflege ausübt, wird in diesem Punkt erst dann gefragt, wenn die Auszahlung nicht so reibungslos vonstatten geht, wie die Vertragspartner dachten. Wenn der Kaufpreisschuldner der Feststellung der Auszahlungsvoraussetzungen widerspricht und die Auszahlung von seiner Zustimmung abhängig macht, muß der Notar tätig werden, um zwischen den Parteien zu vermitteln und auf eine übereinstimmende Regelung der Auszahlung hinzuarbeiten. Das heißt, daß ein Hinterlegungsgeschäft, das keine Rechtsprüfung durch den Notar vorsieht, gleichwohl jederzeit eine notarielle Rechtsbetreuung erforderlich machen kann. Auch solche Hinterlegungsgeschäfte sind deshalb "vorsorgende Rechtspflege" und dürfen vom Notar im Rahmen der §§ 1, 23 BNotO übernommen werden.

2. Beschränkte Aussagefähigkeit der Prüfung

Ist die Auszahlung des Hinterlegungsbetrages nicht von tatsächlichen, sondern von rechtlichen Voraussetzungen abhängig, so muß die rechtskundige Prüfung durch den Notar das halten, was sie verspricht. Die Effektivität der rechtskundigen Prüfung durch den Notar ist zweifelhaft, wenn die Umstände, die er überprüfen soll, nicht das nachweisen, was sie eigentlich nachweisen sollen.[128] Unzulässig sind deshalb Hinterlegungsgeschäfte, in denen die Auszahlung des hinterlegten Geldes nach Vorlage einer bestimmten Urkunde erfolgen soll, ohne daß diese Urkunde über die nachzuweisende Tatsache etwas aussagt oder der Notar die Aussage sicher überprüfen kann.[129]

Bsp.:[130] Eine Gesellschaft bietet die Vermittlung des Erwerbs von Grundbesitz in Kanada an. Die Interessenten hinterlegen den Kaufpreis auf ein zu diesem Zweck eingerichtetes Anderkonto. Die Auszahlung soll erfolgen, sobald dem Notar die ausländischen Grundbesitzurkunden vorliegen.

---

[127] Rundschreiben der Rheinischen Notarkammer v. 10.12.1981, Nr.3/81.

[128] *Reithmann*, Vorsorgende Rechtspflege, S. 209.

[129] sog. "Kanada-Geschäfte": s. Rundschreiben der Rheinischen Notarkammer v. 10.12.1981, Nr. 3/81.

[130] *Wagner / Zimmermann*, Verwahrungsgeschäfte, S. 16.

Soll der Notar die Auszahlung des hinterlegten Grundstückskaufpreises für ein Überseegrundstück vornehmen, wenn die ausländischen Grundbesitzurkunden vorliegen, so wird nur der Anschein einer Rechtsprüfung erweckt, wenn die Urkunden keinen klaren Nachweis über die Eigentumsverhältnisse bieten können. Die Verpflichtung des Notars, eine solche Hinterlegung nicht zu übernehmen, resultiert schon aus dem Gebot, bei der Ausübung der notariellen Betreuungstätigkeit jeden falschen Anschein zu vermeiden, durch den Beteiligte oder geschützte Dritte in die Gefahr eines folgenschweren Irrtums geraten können.[131]

3. Die Überprüfung der "Sicherstellung" oder "Gewährleistung" einer erst noch herbeizuführenden Rechtsfolge

Von besonderer Bedeutung ist die Frage, ob der Notar bei der Abwicklung von Grundstückskaufverträgen eine Hinterlegung unter der Auflage übernehmen darf, erst dann über den Hinterlegungsbetrag zu verfügen, wenn die Eintragung einer Auflassungsvormerkung zugunsten des Käufers (oder die Eintragung als Eigentümer) im Grundbuch "sichergestellt" bzw. "gewährleistet" ist.[132]

Das Dilemma des Notars, der die Sicherstellung einer Eintragung festzustellen hat, illustriert ein Urteil des KG vom 12.12.1986.[133] In der Entscheidung ging es um eine Darlehensvalutierung über Notaranderkonto. Der Notar wurde von der Darlehensgeberin angewiesen, erst dann über den Hinterlegungsbetrag zu verfügen, wenn die Eintragung eines Grundpfandrechtes zu ihren Gunsten an ausbedungener Rangstelle sichergestellt sei. Er zahlte die hinterlegte Darlehenssumme nach Vollzug der Eintragung eines Grundpfandrechts für das Kreditinstitut aus. Die Schadensersatzklage gegen den Notar wegen verspäteter Auszahlung blieb ohne Erfolg. Der Senat führte dazu aus, daß der Notar bei der Treuhanderledigung der Eintragung eines Grundpfandrechts zwar nicht den Vollzug der Eintragung abwarten *müsse*, daß er das aber tun *könne*, weil nur nach der Eintragung ein Verstoß gegen den Treuhandauftrag ausgeschlossen sei.

Übertragen auf den Fall der Kaufpreiszahlung über Notaranderkonto heißt das: Der Notar *muß nicht* den Vollzug der Grundbucheintragung abwarten, sondern kann vorzeitig auszahlen, wofür unter Umständen wirtschaftliche

---

[131] BGH, DNotZ 1984,427/430; *Haug*, Die Amtshaftung des Notars, Rz. 419; *Reithmann*, in: *Reithmann / Röll / Geßele*, Rz. 191.

[132] Das gleiche Problem stellt sich, wenn der Notar die Gewähr dafür übernehmen soll, daß die gewünschte Eintragung einen bestimmten Rang erhalten wird: vgl. *Arndt*, BNotO § 14, Anm. B. 2.3; BNotK, DNotZ 1974,643.

[133] KG, DNotZ 1987,576.

Aspekte sprechen.[134] Andererseits soll eine Verletzung des Treuhandauftrages nur dann *ausgeschlossen* sein, wenn der Notar die Eintragung abwartet, obwohl er sie nicht abwarten muß: eine paradoxe Situation. Letztendlich bleibt unklar, wie der Notar sich zu verhalten hat, um zum einen den Treuhandauftrag ordnungsgemäß zu erfüllen, zum anderen die wirtschaftlichen Zwecke des Geschäftes nicht zu gefährden.

Die Voraussetzungen, unter denen eine Eintragung "sichergestellt" ist, müssen präzise und eindeutig beschrieben werden.

Die "Sicherstellung" der Eintragung als Auszahlungvoraussetzung ist einerseits ein Minus gegenüber der tatsächlich erfolgten Eintragung, mit dem sich die Beteiligten zufriedengegeben haben.[135] Die "Sicherstellung" bzw. "Gewährleistung" verlangt vom Notar andererseits aber auch mehr als festzustellen, daß auf der Grundlage der Einsichtnahme in das Grundbuch oder gegebenenfalls auch in die Grundakten keine Umstände ersichtlich sind, die der rangrichtigen Eintragung der Auflassungsvormerkung bzw. einer Umschreibung des Eigentums auf den Erwerber entgegenstehen.[136] Sie verlangt eine definitive Feststellung, daß der Eintragung nichts mehr im Wege steht.

a) Sicherstellung des Eigentumserwerbs durch Eintragung einer Auflassungsvormerkung?

Auf den ersten Blick scheint es zweckmäßig, durch Eintragung einer Auflassungsvormerkung die spätere Eintragung des Rechtserwerbers sicherzustellen. Der Bundesgerichtshof hat jedoch zu Recht eine Auflassungsvormerkung zur Sicherstellung nicht genügen lassen.[137]

Die Eintragung einer Vormerkung kann nur solange den Anspruch auf dingliche Rechtsänderung sichern, wie der gesicherte Anspruch besteht. Sie erlischt, wenn der Anspruch infolge Rücktritts, Vertragsaufhebung, Anfech-

---

[134] Der Verkäufer, der seinerseits alles getan hat, um seine Vertragspflichten zu erfüllen, hat ein nicht unberechtigtes Interesse an der Auszahlung. Ist der Grundstückseigentümer ein Bauträger, der zur schlüsselfertigen Errichtung des Bauwerks verpflichtet ist, benötigt er das Geld auch, um den Bau weiter voranzutreiben und seine Verpflichtungen gegenüber den Bauhandwerkern zu erfüllen.

[135] KG, DNotZ 1991,762.

[136] Rundschreiben der Rheinischen Notarkammer v. 12.03.1990, Nr.3/90 (Ablichtung der Stellungnahme des Präsidenten der Rheinischen Notarkammer v. 23.11.1989).

[137] BGH, DNotZ 1987,560.

tung usw. entfällt.[138] Natürlich kann eingewandt werden, daß es dem Gläubiger gleichgültig sein kann, ob seine Eintragung als Eigentümer wirklich "sichergestellt" war, wenn er letztendlich gar keinen Anspruch mehr auf Eigentumsübertragung hat. Diese Argumentation läßt aber außer acht, daß bei der Erfüllung einer Treuhandauflage die wortgemäße Erfüllung erforderlich ist. Der Wortlaut einer Treuhandauflage kann nicht damit umgangen werden, daß man sich auf anderweitige Sicherheiten[139] oder - wie hier - auf den Wegfall des Sicherungsinteresses beruft.

Daß die "Sicherstellung" einer Eintragung als Voraussetzung für Verfügungen über den Hinterlegungsbetrag auch dann von Bedeutung ist, wenn der Übereignungsanspruch entfällt, zeigt sich im Fall der Rückabwicklung des Vertrages. Wenn der Käufer seine Leistung nur Zug um Zug gegen Sicherstellung der Eintragung als Grundstückseigentümer erbringt, dann muß er auch im Rückabwicklungsfall eine Position haben, die er gegen Rückerstattung seiner Leistung austauschen kann. Hier wirkt sich die rechtliche Verzahnung von Leistung und Gegenleistung, die durch die notarielle Hinterlegung bewirkt wird, auch bei der Rückabwicklung des Vertragsverhältnisses aus. Die Eintragung einer Vormerkung, die mit dem Anspruch erlischt, bietet dem Käufer in dieser Hinsicht keine adäquate Rechtsposition.

Augenscheinlich ist auch die Unsicherheit für den Kreditgläubiger des Käufers, der durch Eintragung eines Grundpfandrechtes an dem zu erwerbenden Grundstück dinglich gesichert werden soll. Die Auflassungsvormerkung zugunsten des Käufers gibt dem Darlehensgeber noch keine Sicherheit, daß das Grundpfandrecht für ihn eingetragen wird. Kommt es nicht zu einer Durchführung des Kaufvertrages und deshalb auch nicht zu der Auflassung des Grundstücks, bleibt der Darlehensgeber ungesichert.

Bsp.:[140] Die Auflassung scheitert daran, daß die erforderliche Vermessung des Grundstücks wegen Meinungsverschiedenheiten zwischen den Kaufvertragsparteien nicht durchgeführt wird. Der Notar zahlt die hinterlegte Darlehensvaluta nach Vorlage der für die Kaufpreisfälligkeit erforderlichen Genehmigungen und Negativatteste sowie nach Eintragung einer Auflassungsvormerkung zugunsten des Käufers, jedoch vor der Vermessung des Grundstücks, aus. Die Darlehensgeberin bleibt ungesichert!

Die Eintragung einer Vormerkung genügt also nicht, um eine Treuhandauflage als erfüllt anzusehen, die die Sicherstellung der Eintragung als Grundstückseigentümer erfordert.

---

[138] RGZ 77,403/406; RG, JW 1914,77/78; JW 1933,1822/1823; BayObLG, DNotZ 1976, 160/161; BWNotZ 1988,165; *Erman / Hagen*, BGB § 883, Rz. 16; MünchKomm / *Wacke*, BGB § 886, Rz. 6; *Soergel / Stürner*, BGB § 886, Rz. 2; *Staudinger / Gursky*, BGB § 883, Rz. 44.

[139] vgl. BGH, DNotZ 1990,661/664.

[140] BGH, DNotZ 1987,560.

b) Sicherstellung, wenn zur Eintragung des Rechts nur noch pflichtgemäßes Handeln des Notars und des Grundbuchbeamten erforderlich ist?

Der Bundesgerichtshof sieht eine Eintragung dann als "sichergestellt" an, wenn zur Eintragung des Rechts nur noch das pflichtgemäße Handeln des Notars und des zuständigen Grundbuchbeamten erforderlich ist.[141] Auch diese auf den ersten Blick griffige und praktikable Definition zeigt in der praktischen Anwendung ihre Tücken.

aa) Keine Eintragung mangels Gebührenvorschusses

Eine Grundbucheintragung kann bereits scheitern, wenn die Gerichtskosten vom Schuldner nicht bezahlt werden oder der beantragten Gebührenbefreiung nicht stattgegeben wird.[142] Das KG führte auf der Grundlage der Rechtsprechung des Bundesgerichtshofs in dem Beschluß vom 07.08.1990 aus, daß eine Eintragung auch dann nur noch vom pflichtgemäßen Handeln des Grundbuchbeamten und des Notars abhänge, wenn der Notar sich verpflichtete, bei Nichtzahlung der Gerichtskostenvorschüsse durch die Beteiligten die Vorschüsse selbst einzuzahlen. Auch hier hinge die Eintragung des Rechtes nach Stellung der Eintragungsanträge und der Anforderung der Gerichtskosten auch bei dem Notar letzten Endes nur noch von dem pflichtgemäßen Handeln des Notars ab, nämlich der Einzahlung angeforderter Gerichtskosten, nicht mehr hingegen von dem Willen eines Beteiligten.[143] Diese Schlußfolgerung kann jedoch nur unter der Prämisse gezogen werden, daß der Notar, der sich für die Zahlung des Gebührenvorschusses "starksagt", sich nicht in einer gegen § 14 Abs. 4 S. 1 BNotO verstoßenden Weise verbürgt bzw. eine sonstige Gewährleistung übernimmt.[144]

Der Wortlaut des § 14 Abs. 4 S. 1 BNotO ergibt ausdrücklich, daß dem Notar untersagt ist, verbindlich für eine fremde Schuld einzustehen. Der Notar kann deshalb auch nicht durch Erklärung gegenüber dem Grundbuchamt gem. § 3 Nr. 2 KostO selbst Kostenschuldner werden.[145] Sieht man die Starksagung des Notars dagegen als eine unverbindliche Erklärung an, mit der keine eigene Kostenhaftung des Notars begründet werden soll, sondern der Notar lediglich

---

[141] BGH, DNotZ 1987,560/661; ebenso: KG, DNotZ 1991,762.

[142] BNotK, DNotZ 1974,643/644. In der Praxis kann dieses Hindernis von vorneherein ausgeschlossen werden, wenn dem Notar die Befugnis erteilt wird, die Kosten aus dem hinterlegten Geld zu bezahlen.

[143] KG, DNotZ 1991,762/763.

[144] so KG, DNotZ 1991,762/763 (unter Berufung auf *Seybold / Hornig*, BNotO § 14 Rz. 73); OLG München, JFG 18,20/22; ebenso: *Hegmanns*, EWiR § 19 BNotO 1/87.

[145] so aber KG, DNotZ 1991,762/763.

den Willen äußert, die Gerichtskosten vorzuschießen, um eine zügige Abwicklung zu bewirken, so genügt die Starksagung nicht den Voraussetzungen einer "Sicherstellung der Eintragung", wie der Bundesgerichtshof sie formuliert hat. Denn hier hängt die Eintragung eben nicht lediglich von dem pflichtgemäßen Handeln des Notars ab, weil den Notar überhaupt keine Handlungspflicht trifft.

bb) Konkurs- und Beschlagnahmerisiko

Die zweite Schwierigkeit, die die Formel des Bundesgerichtshofs bietet, ist ihre Unbestimmtheit im Hinblick auf die Prüfungspflicht und Prüfungsmöglichkeit des Notars. Selbst wenn der Notar sich nach bestem Wissen vergewissert hat, daß der Eintragung des Erwerbers nichts entgegensteht, ist dennoch die Eintragung nicht zweifelsfrei sichergestellt.

Ein unkalkulierbares Problem für den Notar ist vor allem das Konkursrisiko des Verkäufers. Mit der Eröffnung des Konkursverfahrens verliert der Verkäufer als Gemeinschuldner gem. § 6 Abs. 1 KO die Verfügungsbefugnis über das Grundstück. Ist die Einigung zwischen den Vertragsparteien bindend geworden,[146] insbesondere der Antrag auf Grundbucheintragung gestellt, schützt § 878 BGB den Erwerber gegen die Gefahr, daß eine während des Verfahrens eintretende Verfügungsbeschränkung den Rechtserwerb hindert.[147] Gem. § 15 S. 2 KO gilt § 878 BGB auch für den Verlust der Verfügungsbefugnis des Gemeinschuldners. Das Wahlrecht des Konkursverwalters gem. § 17 KO ist im Hinblick auf § 878 BGB ausgeschlossen.[148] Wegen des Schutzzwecks des § 878 BGB verbietet sich auch die Rücknahme des vom Gemeinschuldner gestellten Eintragungsantrags durch den Konkursverwalter.[149]

Der Erwerber eines Rechts ist aber nur dann geschützt, wenn zu dem Zeitpunkt, in dem die Voraussetzungen des § 878 BGB i. V. m. § 15 S. 2 KO vorliegen, das Konkursverfahren noch nicht eröffnet ist.[150] Auf die Eintragung oder die Beantragung der Eintragung des Konkursvermerks kommt es dagegen nicht an. Selbst ein besonders sorgfältiges Vorgehen, persönliche Antragstellung bei der Geschäftsstelle und die Bestätigung des Beamten, daß keine vorrangigen Anträge vorliegen, sowie eine Einsichtnahme in die Grundakten, kann deshalb keine letzte Garantie für die (ranggerechte) Grundbucheintra-

---

[146] vgl. § 873 Abs. 2 BGB.

[147] *Soergel / Stürner*, BGB § 878, Rz. 1; *Staudinger / Ertl*, BGB § 878, Rz. 2; *Weirich*, Vertragsgestaltung im Grundstücksrecht, Rz. 329.

[148] *Soergel / Stürner*, BGB § 878, Rz. 8; *Staudinger / Ertl*, BGB § 878, Rz. 29; differenzierend: *Müller*, JZ 1980,554.

[149] *Müller*, JZ 1980, 554/556.

[150] *Soergel / Stürner*, BGB § 878, Rz. 8.

gung bieten.[151] Der Notar müßte außerdem prüfen, ob zum Zeitpunkt der Antragstellung beim Grundbuchamt nach bindend gewordener Auflassung über das Vermögen des Verkäufers das Konkursverfahren eröffnet wurde. Eine solche Prüfung würde aber - abgesehen von der Riskanz und Schwierigkeit - über die grundbuchliche Durchführung des Kaufvertrags hinausgehen und gehört deshalb nicht mehr zu den Aufgaben des Notars.

Die Einsicht in die Grundakten reicht ferner nicht aus, wenn vor Bindung und Eintragungsantrag eine Beschlagnahme des Grundstücks im Zwangsversteigerungsverfahren erfolgte. Gem. § 22 Abs. 1 ZVG wird die Beschlagnahme mit Zustellung an den Schuldner oder mit dem Zugang beim Grundbuchamt wirksam. Namentlich bei der ersten Alternative kann der Notar die Beschlagnahme bei der Antragstellung also nicht feststellen.

Wenn schließlich der Verkäufer bei der Finanzierung nicht mitwirkt, sondern der Käufer als Nichtberechtigter Grundpfandrechte zugunsten eines Kreditinstituts bestellt, kann die ranggerechte Eintragung des Grundpfandrechts dadurch gefährdet werden, daß zwar nach Einreichung der Anträge, aber vor der Eintragung, ein Gläubiger des Käufers dessen Anwartschaftsrecht pfändet, so daß eine vorrangige Sicherungshypothek zugunsten des Pfändungsgläubigers eingetragen wird.[152]

c) Alternative Gestaltungen

Die vorherigen Ausführungen haben gezeigt, daß der Notar nicht mit letzter Sicherheit feststellen kann, ob die Treuhandauflage, die die Verfügung über den Hinterlegungsbetrag von der Sicherstellung einer Grundbucheintragung abhängig macht, erfüllt ist. Eine Treuhandauflage, die den Notar zu einer Prüfung verpflichtete, die er effektiv nicht vornehmen kann, ist mit der eigenständigen Prüfungspflicht des Notars nicht vereinbar. Der Notar muß also darauf achten, daß er nur solche Auflagen akzeptiert, die Umstände zum Inhalt haben, die er anhand seiner Akten sowie durch Einsicht ins Grundbuch und in die Grundakten überprüfen kann.[153]

Treuhandauflagen, die der Notar in diesem Sinne bedenkenlos übernehmen kann, sind die, daß der Notar zur Verfügung über den Hinterlegungsbetrag (Auszahlung, Ablösung von Grundpfandrechten) angewiesen wird, wenn

---

[151] Auch die Möglichkeit des gutgläubigen Erwerbs scheidet nach h.M. aus, da das Grundbuchamt einen Eintragungsantrag zurückweisen muß, der erkennbar nur gem. § 892 BGB zum Rechtserwerb führen kann: vgl. KG, DNotZ 1973,301/304.

[152] *Albrecht*, in: *Reithmann / Röll / Geßele*, Rz. 330; *Haug*, DNotZ 1982,539/552; Mitteilung der Allianz-Versicherung, DNotZ 1975,537/543.

[153] vgl. BNotK, DNotZ 1974,642/644; *Opalka*, NJW 1991,1796/1800.

- der Käufer als Eigentümer im Grundbuch eingetragen ist,
- wenn eine Auflassungsvormerkung zugunsten des Käufers eingetragen ist,[154]
- wenn der Notar an einem (kalendermäßig bestimmten) Stichtag festgestellt hat, daß ihm nach Einsichtnahme ins Grundbuch keine Vollzugshindernisse bekannt sind.[155]

Letztendlich geht es darum, die rechtlichen und wirtschaftlichen Risiken einer frühzeitigen bzw. einer späten Auszahlung angemessen und möglichst interessengerecht zu verteilen. Wie diese Verteilung vorgenommen werden soll, muß von den Parteien des Kaufvertrages je nach der Interessenlage im Einzelfall entschieden werden. Der Notar ist ihnen lediglich behilflich, eine adäquate Treuhandauflage zu formulieren. Keinesfalls aber darf dieses Risiko dem Notar aufgebürdet werden, indem er die Hinterlegung unter Treuhandauflagen übernimmt, die er nicht ordentlich erfüllen kann, womit er sich also gegebenenfalls einem Schadensersatzanspruch gem. § 19 Abs. 1 BNotO aussetzte. Die besondere Sicherheit der notariellen Hinterlegung liegt nicht in der unerschöpflichen Bonität der Haftpflichtversicherung der Notare.

---

[154] vgl. Rundschreiben der Rheinischen Notarkammer v. 12.03.1990, Nr. 3/90.

[155] *Opalka*, NJW 1991,1796/1800.

Zweites Kapitel

Das Hinterlegungsverfahren

§ 6 Die notarielle Hinterlegung als Notarverfahren

I. Praktische Bedeutung der Rechtsnatur der notariellen Hinterlegungstätigkeit

Für die notarielle Praxis stellt sich nicht die Frage, was die notarielle Hinterlegung - rechtsdogmatisch - eigentlich ist, sondern wie sie möglichst gut funktioniert. Für den beurkundenden Notar steht im Vordergrund, wie die Voraussetzungen der Kaufpreishinterlegung sowie die Voraussetzungen der Verwendung respektive Auszahlung des Hinterlegungsbetrages abgefaßt werden müssen, um den Zielvorstellungen der Beteiligten zu entsprechen. Das ist insbesondere dann von Bedeutung, wenn die Kaufpreishinterlegung mit Treuhandaufträgen Dritter zu koordinieren ist.

Die Treuhandaufträge müssen

- den Vereinbarungen im Kaufvertrag entsprechen,
- dürfen auch sonst nicht kollidieren und
- sollen so eindeutig gefaßt sein, daß sie ohne Auslegung abgewickelt werden können.

Die Vorgehensweise des Notars ist damit vorprogrammiert. Kommt es zu Komplikationen oder zu Unstimmigkeiten, ist in erster Linie das Verhandlungsgeschick des Notars und seine Fähigkeit, Alternativlösungen zu finden, gefragt.

Gleichwohl treten auch Probleme auf, die ohne Rückgriff auf das rechtsdogmatische Verständnis der notariellen Hinterlegung nicht gelöst werden können. Neuralgische Punkte sind z.B. der Widerruf der Auszahlungsanweisung durch den hinterlegenden Käufer oder Pfändungsmaßnahmen von Gläubigern des Verkäufers in den Kaufpreisanspruch oder in den Hinterlegungsbetrag. Muß der Notar einen einseitigen Widerruf beachten? Darf er ihn vielleicht gar nicht beachten? Unter welchen Voraussetzungen sollte er ihn beachten? Wie hat der Notar sich bei Pfändungsmaßnahmen zu verhalten? In welcher Beziehung steht er zum Pfändungsgläubiger?

Die Unsicherheiten, die sich bei der Beantwortung dieser - im folgenden noch zu behandelnden - Problemkomplexe ergeben, beruhen vorwiegend auf der eigenartigen Zwitterstellung der notariellen Hinterlegung. Die Anweisungen, die der Notar kraft seines Amtes ausführt, sind eng verzahnt - optisch häufig sogar identisch - mit der vertraglichen Regelung der Kaufvertragsparteien.[1] Bei einer derartigen Verzahnung ist es erforderlich, den amtlichen Charakter der notariellen Tätigkeit und ihre Zugehörigkeit zur vorsorgenden Rechtspflege neben der im Vordergrund stehenden vertraglichen Regelung nicht aus dem Auge zu verlieren. Die notarielle Hinterlegung muß als Institution definiert sein. Nur unter dieser Voraussetzung können der Handlungsspielraum und die Handlungspflichten des Notars auch im Konfliktfall klar festgelegt werden.

II. Die Grundsatzentscheidung: Verfahrensqualität der notariellen Hinterlegung

Der hoheitliche Charakter der notariellen Betreuungstätigkeiten und damit auch der notariellen Hinterlegung steht heute nicht mehr zur Diskussion. Fast einhellig wird die notarielle Hinterlegungstätigkeit, wie sie bei der Abwicklung von Grundstückskaufverträgen praktiziert wird, als *Notarverfahren* angesehen (h.M.).[2] Die - vereinzelt gebliebene - Kritik an der h.M.[3] stützt sich darauf, daß es sich bei der notariellen Hinterlegung nicht um "ein staatlich geordnetes Verfahren zur Erledigung rechtlicher Angelegenheiten"[4] handele.[5] Die Ähnlichkeiten zum Beurkundungsverfahren und damit zum notariellen Verfahrensrecht seien lediglich Äußerlichkeiten.[6] Dem kann nicht gefolgt werden.

Voraussetzung für das verfahrensrechtliche Verständnis der notariellen Hinterlegung ist nicht die normative Ausgestaltung. Hierbei ist zu betonen, daß

---

[1] vgl. *Bräu*, Verwahrungstätigkeit des Notars, Rz. 86 ("Nahtstelle zwischen öffentlichem Recht und Zivilrecht"); *Lüke*, ZIP 1992,150 ("Gemengelage von bürgerlichem und öffentlichem Recht").

[2] *Bohrer*, Berufsrecht der Notare, Rz. 70 ff ("Verwahrungsverfahren", "Betreuungsverfahren"); *Lüke*, ZIP 1992,150/151 f; *Peter*, BWNotZ 1984,86/89 ("Treuhandverfahren").

[3] *König*, Darlehensvalutierung über Notaranderkonto, S. 80 ff. Brambring schließt sich den Ausführungen Königs i. E. an, ohne aber den verfahrensrechtlichen Charakter der notariellen Verwahrung ausdrücklich und grundsätzlich in Zweifel zu ziehen: *Brambring*, DNotZ 1990,615/626; ablehnend dagegen: *Bohrer*, Berufsrecht der Notare, Rz. 70, Fn. 75); *Bräu*, Verwahrungstätigkeit des Notars, Rz. 97.

[4] *Bärmann*, Freiwillige Gerichtsbarkeit und Notarrecht, § 5. I.; *Habscheid*, Freiwillige Gerichtsbarkeit, § 4 II. 4.

[5] *König*, Darlehensvalutierung über Notaranderkonto, S. 82.

[6] *König*, Darlehensvalutierung über Notaranderkonto, S. 83.

Ziel der notariellen Rechtsbetreuung nicht ein Hoheitsakt ist, wie er vergleichsweise im Erlaß eines Urteiles oder eines Verwaltungsaktes zum Ausdruck kommt, sondern die Hilfestellung bei der Gestaltung privater Rechtsbeziehungen. Allein aus diesem Grund kann von einer Förmlichkeit des Notarverfahrens weitgehend abgesehen werden. Damit ist allerdings die Frage noch nicht beantwortet, warum der Begriff Notarverfahren in Bezug auf die notarielle Hinterlegung gerechtfertigt ist.

1. Der Begriff Notarverfahren

Eine gültige, für alle Verfahrensarten der freiwilligen Gerichtsbarkeit, einschließlich der notariellen Rechtsfürsorge, zutreffende Definition des Verfahrens scheitert an der Vielfältigkeit der unter diesem Oberbegriff zusammengefaßten Verfahrensarten. Es können aber typische Wesensmerkmale für einige Teilbereiche der freiwilligen Gerichtsbarkeit hervorgehoben werden.[7] Das Notarrecht kennt in diesem Sinne eine Reihe wesentlicher und prägender Grundsätze, die unter dem Begriff "Notarverfahrensrecht" zusammengefaßt werden.[8] Der Notar ist als Amtsträger bestimmten, zum Teil normierten Verpflichtungen und Beschränkungen unterworfen. Eine Summierung notarieller Amtspflichten bedeutet allein noch keine Definition des Notarverfahrens. Der Begriff des "Verfahrens" impliziert vielmehr neben dem hoheitlichen Handeln das Erfordernis einer bestimmten methodischen Vorgehensweise zur Verwirklichung eines konkreten Verfahrensziels ("procedere"). - In diesem Sinne muß gerade die notarielle Beurkundung als "Notarverfahren" verstanden und als Sonderfall der Verfahren der freiwilligen Gerichtsbarkeit qualifiziert werden.[9]
- Regeln für das notarielle Verfahren ergeben sich:
  - aus dem Gesetz[10]
  - aus Verordnungen[11]

---

[7] *Bärmann*, Freiwillige Gerichtsbarkeit und Notarrecht, § 5 I. 5.

[8] Terminologie: *Bohrer*, Berufsrecht der Notare, Rz. 27; *Reithmann*, WuB VIII A. § 15 BNotO 1.86; vgl. auch die Kapitelüberschrift zu Kapitel B. in: *Kersten / Bühling*, Hb. 1.

[9] grundlegend: *Keim*, Das notarielle Beurkundungsverfahren; s. auch *Baur*, DNotZ 1955, 507/519; *Bohrer*, Berufsrecht der Notare, Rz. 33 ff; *Habscheid*, Freiwillige Gerichtsbarkeit, § 5 III. 2. unter Hinweis auf Art. 74 Nr. 1 GG, der das Notariat neben dem Verfahrensrecht nennt; *Huhn / v.Schuckmann*, BeurkG, Einl. Rz. 28; *Peter*, BWNotZ 1984,86 ff.

[10] z.B. Ausschließungsgründe nach den §§ 6, 7 BeurkG, Verbotsgründe des § 3 BeurkG, Versagung der Amtstätigkeit in bestimmten Fällen, Aufklärungs-, Prüfungs-, Belehrungs- und Beratungspflichten. Für die bisher nicht gesetzlich geregelte notarielle Verwahrungstätigkeit ergibt sich nach Art. 74 Ziff. 1 die Gesetzgebungszuständigkeit der Länder, weil der Bund von seiner Kompetenz zum Erlaß notariellen Verfahrensrechts bisher nur für den Bereich der Beurkundung Gebrauch gemacht hat: vgl. *Bohrer*, Berufsrecht der Notare, Rz. 159 f.

[11] *Bohrer*, Berufsrecht der Notare, Rz. 162.

- aus Erlassen und Verwaltungsvorschriften[12]
- aus behördlichen Einzelanweisungen[13] und
- aus den notariellen Standesrichtlinien.[14]

2. *Verfahrenziele der notariellen Hinterlegung*

Die notarielle Hinterlegung als solche, also die schlichte Verwahrung von Geld auf Notaranderkonto, ist noch kein Notarverfahren. Dient die Hinterlegung aber einem bestimmten, auch im öffentlichen Interesse liegenden *Verfahrensziel*, das durch die methodisch strukturierte Vorgehensweise des Notars erreicht werden soll, so wird aus der notariellen Hinterlegung ein Hinterlegungsverfahren.[15]

Bei der Bestimmung des Verfahrensziels ist zu berücksichtigen, daß bei der notariellen Rechtsbetreuung neben ein Konglomerat individueller, privater Zwecke das öffentliche Interesse der Rechtsfürsorge als objektivierter Zweck tritt. Eine derartige Koinzidenz privater und öffentlicher Zwecksetzungen ist nicht außergewöhnlich.

Auch der Zivilprozeß bezweckt eine Bewährung des objektiven Rechts durch den Schutz subjektiver Rechte.[16] Das Verwaltungsrecht kennt Verfahren, in denen das "Individualwohl" des Verwaltungsschutzsuchenden im Vordergrund steht und als Ausprägung des Gemeinwohls verstanden werden kann.[17] Das gleiche gilt für die Verfahren der freiwilligen Gerichtsbarkeit, die primär die Regelung privater Rechtsbeziehungen zum Gegenstand haben und lediglich sekundär auch dem Dienst am Gemeinwesen gewidmet sind.[18]

Typischerweise handelt es sich bei einem Verfahren um einen Vorgang, der auf die Gestaltung oder Feststellung von Rechten, Pflichten oder Rechtslagen durch eine mehr oder weniger förmliche Entscheidung gerichtet ist. Im Notarverfahren tritt der Gesichtspunkt der Entscheidungsfindung als Zielsetzung zurück. Hier sind zunächst die besonderen Verfahrensziele der notariellen Be-

---

[12] vgl. §§ 11, 12 DONot für die notarielle Hinterlegung.

[13] vgl. §§ 32 Abs. 1 und Abs. 3 DONot.

[14] *Bräu*, Verwahrungstätigkeit des Notars, Rz. 97; *Reithmann*, Vorsorgende Rechtspflege, S. 34; vgl. auch *Peter*, BWNotZ 1984,86/91.

[15] Zum Verhältnis von Verfahrenzweck und Verfahrensablauf: *Smid*, Rechtsfürsorge und Prozeß, S. 164.

[16] *Grunsky*, Grundlagen des Verfahrensrechts, § 1 II.; vgl. für den Zivilprozeß: BGHZ 10,359; 18,106; BGH, NJW 1955,157; NJW 1962,1820.

[17] *Achterberg*, Allgemeines Verwaltungsrecht, § 1 Rz. 45.

[18] *Grunsky*, Grundlagen der Verfahrensrechts, § 1 III. 4.; *Habscheid*, Freiwillige Gerichtsbarkeit, § 5 II. 3.

treuungstätigkeit zu analysieren, bevor die Strukturen der methodischen Vorgehensweise des Notars, namentlich im Problemfall der Abwicklungsstörung, entwickelt werden können·

Der Zweck der notariellen Hinterlegung läßt sich nicht normativ bestimmen, sondern ergibt sich aus den Zielvorstellungen der Beteiligten, die sie unter rechtlicher Beratung des Notars präzisieren können. Beanspruchen die Vertragsparteien bei der Abwicklung eines komplizierten Austauschverhältnisses die Hilfestellung des Notars als eines rechtskundigen, neutralen Betreuers, so ist die Abwicklung dieses Vertrages der Gegenstand und die Lösung der Komplikationen das Ziel des Notarverfahrens. Geht es den Beteiligten darum, die Eigentumsübertragung an einem Grundstück Zug um Zug gegen Zahlung des Kaufpreises durchzuführen, so ist der Leistungsaustausch der Gegenstand und die Vermeidung des Vorleistungsrisikos Ziel des Notarverfahrens. In diesem Sinne richtet sich das Verfahrensziel des Hinterlegungsverfahrens danach, was die Beteiligten mit der notariellen Hinterlegung bezwecken.

§ 7 Verfahrensrecht der notariellen Hinterlegung

I. Beteiligte des Hinterlegungsverfahrens

Die Hinterlegung als solche ist eine notarielle Rechtsbetreuung, an der nur der Notar und der Hinterleger beteiligt sind. Anders ist es bei dem Hinterlegungsverfahren. Sein Verfahrensziel beschränkt sich nicht auf die schlichte Verwahrung im Interesse des Hinterlegers. Das Hinterlegungsverfahren dient dem Ausgleich unterschiedlicher Sicherungsinteressen verschiedener Beteiligter.

Nicht jeder, dem gegenüber der Notar Amtspflichten übernommen hat, ist auch Beteiligter des Hinterlegungsverfahrens.[19] Amtspflichten des Notars bestehen bereits gegenüber allen Personen, denen gegenüber er ausdrücklich

---

[19] BGH, DNotZ 1981,773 (Beurkundungsverfahren); DNotZ 1983,509/511; *Hill*, WM 1982, 890/891; *Rinsche*, Die Haftung des Rechtsanwalts und Notars, Rz. II 9; *Wagner / Zimmermann*, Verwahrungsgeschäfte, S. 27; *Zimmermann*, DNotZ 1980,451/455,456; s. auch *König*, Darlehensvalutierung über Notaranderkonto, S. 53; dagegen keine klare Unterscheidung bei: OLG Schleswig, DNotZ 1978,183/184; OLG Düsseldorf, DNotZ 1981,642/645; *Reithmann*, Vorsorgende Rechtspflege, S. 215 f; *Seybold / Hornig*, BNotO § 23 Rz. 30, vgl. auch Vorschläge der BNotK zur Reform des notariellen Berufsrechts, S.60. Louis kennt nur Amtspflichten gegenüber den Auftraggebern: *Louis*, VersR 1979,988/989 (unter Berufung auf BGH, VersR 1977,866/867; KG, DNotZ 1978,182. Das KG räumt jedoch auch bei Hinterlegung Amtspflichten gegenüber Dritten ein, wenn der Notar eine diesbezügliche Pflichtenübernahme ausdrücklich oder schlüssig erklärt hat: KG, DNotZ 1978,182/183).

oder stillschweigend die Übernahme erklärt hat[20] bzw. deren Interessen nach der besonderen Natur des Amtsgeschäfts geschützt werden sollen.[21] Die Beteiligteneigenschaft bestimmt sich demgegenüber nach anderen Kriterien.

1. Formeller Beteiligtenbegriff

Der Kreis der formell Beteiligten ist enger und präziser zu fassen. Eine formale Abgrenzung danach, wer dem Notar das Verwahrungsgut übertragen hat, wird der wirtschaftlichen Funktion des Hinterlegungsverfahrens, das den Sicherungsinteressen des Hinterlegers und des Empfangsberechtigen dient, nicht gerecht. Es kommt vielmehr darauf an, für wen der Notar betreuend tätig werden soll. Formalrechtlich ist deshalb darauf abzustellen, wer mit dem Ansuchen auf Übernahme des Treuhandgeschäfts an ihn herantritt.[22]

2. Materieller Beteiligtenbegriff

Fehlt es einem formellen Ansuchen, kann derjenige als Beteiligter des Hinterlegungsverfahrens angesehen werden, dessen Sicherungsinteressen die notarielle Verwahrung dienen soll.[23] Richtigerweise sollten diese Beteiligten nicht als formell, sondern als materiell Beteiligte bezeichnet werden.[24]

Der Begriff der materiellen Beteiligung ist eng verknüpft mit dem Verfahrensziel der notariellen Hinterlegung. Die Analyse des Verfahrensziels ist nicht zu trennen von der Frage, für wen dieses Verfahrensziel verwirklicht werden soll, wer also Beteiligter des Hinterlegungsverfahrens ist.

Von dem Beteiligten, der das Ansuchen an den Notar gerichtet hat, unterscheidet sich der materiell Beteiligte dadurch, daß er nicht aktiv Einfluß auf

---

[20] vgl. BGH, DNotZ 1960,157; DNotZ 1983,509/511; DNotZ 1983,776/777; KG DNotZ 1978,182/183; zur Frage der Amtspflichten gegenüber Dritten bei Verwahrungsgeschäften: OLG Celle, DNotZ 1980,500/501.

[21] BGHZ 31,5/10; BGH, DNotZ 1979,311/312; DNotZ 1983,509/511; WM 1982,615; KG, DNotZ 1987,566/567; *Hill*, WM 1982,890/891; *König*, Darlehensvalutierung über Notaranderkonto, S. 56; RGRK / *Kreft*, BGB § 839, Rz. 242; s. auch *Rinsche*, Die Haftung des Rechtsanwalts und Notars, Rz. II 10. Dazu gehört nicht der unbeteiligte Dritte, an den der Notar nach Weisung des Empfangsberechtigten den Hinterlegungsbetrag auskehren soll: OLG Köln, DNotZ 1980, 500/501.

[22] *Zimmermann*, DNotZ 1980,451/465; s. auch OLG Hamm, OLGZ 1984,387/396 f.

[23] *König*, Darlehensvalutierung über Notaranderkonto, S. 55; *Zimmermann*, DNotZ 1980, 451/465; s. auch KG, DNotZ 1987,577/578; *Louis*, VersR 1979,988/989; anders wohl: Vorschläge der BNotK zur Reform des notariellen Berufsrechts, S. 61 f.

[24] *Bräu*, Verwahrungstätigkeit des Notars, Rz. 122.

das Hinterlegungsverfahren nehmen kann, sondern es nur passiv beeinflußt, dadurch daß seine Sicherungsinteressen bei der Abwicklung Berücksichtigung finden müssen.[25]

II. Eröffnung des Hinterlegungsverfahrens

Die Grundlage der notariellen Hinterlegung ist typischerweise die *Hinterlegungsvereinbarung* der Vertragspartner, die eine Erfüllung der vertraglichen Leistungspflicht mittels Zahlung auf Notaranderkonto wünschen.[26] Der (stillschweigend) mit der Vertragsdurchführung betraute Notar beurkundet die Klausel, daß der Kaufpreis zu einem bestimmten Fälligkeitszeitpunkt (Raten zu bestimmten Fälligkeitszeitpunkten) auf Notaranderkonto des beurkundenden Notars[27] zu zahlen ist.

Es stellt sich nun die Frage, wie die Brücke von der schuldrechtlichen Vereinbarung der Beteiligten zu einem hoheitlichen Verfahren zu schlagen ist.

Von vorneherein ausgeschlossen werden kann der Gedanke, daß die Parteien den Notar kraft der beurkundeten Hinterlegungsvereinbarung verpflichten, als Hinterlegungsstelle tätig zu werden. Die Übernahme einer hoheitlichen Tätigkeit - nichts anderes ist die notarielle Hinterlegung - kann nicht Gegenstand der Vereinbarung zweier Privatrechtssubjekte sein.[28] In der vor dem beurkundenden Notar erklärten Hinterlegungsvereinbarung ist vielmehr ein entsprechendes *Hinterlegungsansuchen* enthalten, d.h. ein Ansuchen an den Notar auf Übernahme einer Amtstätigkeit.[29]

Ein derartiges Ansuchen kann formlos gestellt,[30] also auch stillschweigend erklärt werden. Indem der Notar die Hinterlegungsklausel beurkundet, die die Zahlung auf ein auf seinen Namen geführtes Anderkonto vorsieht, erklärt er sich konkludent mit der Übernahme der Hinterlegungstätigkeit einverstanden.

---

[25] *Bräu*, Verwahrungstätigkeit des Notars, Rz. 122.

[26] *Brambring*, DNotZ 1990,615/624; *Hansmeyer*, MittRhNotK 1989,149/156; *Lüke*, ZIP 1992, 150/151; *Reithmann*, Vorsorgende Rechtspflege, S. 211; *Weingärtner*, DONot § 11, Rz. 146; *Zimmermann*, DNotZ 1980,451/453.

[27] Regelfall! Die Hinterlegung kann selbstverständlich auf von einem anderen Notar übernommen werden.

[28] i. E auch *Lüke*, ZIP 1992,150/151, der einen unzulässigen Vertrag zu Lasten Dritter annimmt; s. auch BGH, DNotZ 1960,165/267.

[29] *Reibold*, in: Beck'sches Notarhandbuch, A I, Rz. 266.

[30] *Bohrer*, Berufsrecht der Notare, Rz. 76; *Peter*, BWNotZ 1984,86/90; s. auch OLG Celle, DNotZ 1976,506/509.

III. Gestaltung des Hinterlegungsverfahrens mittels Hinterlegungsanweisung

Die Durchführung der Hinterlegung richtet sich nach der *Hinterlegungsanweisung* der Vertragsteile, die in einem mit dem verfahrenseröffnenden Ansuchen ergehen kann.[31] Die Hinterlegungsanweisung ist nicht Bestandteil des Kaufvertrages, sondern eine verfahrensrechtliche Erklärung.[32]

1. Die Hinterlegungsanweisung gem. § 11 Abs. 1 DONot

Das notarielle Dienstrecht erfordert gem. § 11 Abs. 2 DONot eine schriftliche Hinterlegungsanweisung für die Verwahrung von Geld oder anderen Verwahrungsgegenständen; das gleiche gilt für Ergänzungen oder Änderungen der Hinterlegungsanweisung.[33] Gem. § 11 Abs. 1 DONot darf der Notar die Hinterlegung nur dann übernehmen, wenn die Voraussetzungen für die Auszahlung der hinterlegten Gelder in der Hinterlegungsanweisung genau und umfassend bestimmt sind. Der Notar, der sich grundsätzlich zur Übernahme der Verwahrungstätigkeit bereit erklärt hat, muß seine Einwirkungsmöglichkeit nutzen und für eine ordnungsgemäße und zweckgerechte Ausgestaltung der Hinterlegungsanweisung Sorge tragen.[34] Er ist verpflichtet, sich frühzeitig um die Erteilung der für die Abwicklung nötigen Angaben zu kümmern. Bei Verzögerungen kann er sich schadensersatzpflichtig machen.[35] Typischerweise wird die Hinterlegungsklausel bereits im Einvernehmen mit dem Notar, der die Vertragsdurchführung übernehmen soll, in den Vertrag aufgenommen und dient dann gleichzeitig als schriftliche Anweisung nach der DONot.[36] Durch diese Vorgehensweise wird der Gefahr vorgebeugt, daß in - nicht beurkundungsbedürftigen - weiteren Hinterlegungsvereinbarungen Einzelheiten

---

[31] *Albrecht*, in: *Reithmann / Röll / Geßele*, Rz. 343; *Bohrer*, Berufsrecht der Notare, Rz. 76; *Reithmann*, Vorsorgende Rechtspflege, S. 211; zur Abgrenzung von Hinterlegungsansuchen und Hinterlegungsanweisung: *ders.*, WM 1991,1493.

[32] *Bohrer*, Berufsrecht der Notare, Rz. 76; *Reithmann*, Vorsorgende Rechtspflege, S. 211; vgl. auch *Albrecht*, in: *Reithmann / Röll / Geßele*, Rz. 343; anders *Reibold*, in: Beck'sches Notarhandbuch, A I, Rz. 266.

[33] Der Reformvorschlag der BNotK sieht vor, die heute in der DONot getroffenen Regelungen zum Teil gesetzlich zu bestimmen: vgl. Vorschläge der BNotK zur Reform des notariellen Berufsrechts, S. 59 ff.

[34] *Bohrer*, Berufsrecht der Notare, Rz. 76; *Huhn / v.Schuckmann*, DONot § 11, Rz. 6,7 sowie Beurkundungsrecht in Deutschland, DONot § 11, Rz. 5; *Peter*, BWNotZ 1984,86/93; s. auch *Haug*, DNotZ 1982,539.

[35] LG Paderborn, JurBüro 1992,109.

[36] vgl. KG, DNotZ 1985,51/53; *Reibold*, in: Beck'sches Notarhandbuch, A I, Rz. 266; *Weingärtner*, DONot § 11, Rz. 149.

geregelt werden, die an sich Gegenstand des formbedürftigen Hauptvertrages hätten sein müssen.

2. Inhaltliche Mindestanforderungen an die Hinterlegungsanweisung

Die Hinterlegungsanweisung soll als Mindestvoraussetzung Angaben über die Person des Weisungsberechtigten - im Regelfall der Hinterleger -, die Person des Empfangsberechtigten sowie zu den zeitlichen und sachlichen Voraussetzungen der Hinterlegung, ferner eine Regelung der Auszahlungsvoraussetzungen, gegebenenfalls der Rückerstattungsvoraussetzungen sowie der Verwendung der Erträge der Hinterlegung enthalten. Als Empfangsberechtigte kommen der Vertragspartner, zu befriedigende Gläubiger, sonstige Dritte oder auch - falls der Vertrag nicht durchgeführt wird (bzw. im Fall einer Überzahlung) - der Einzahlende selbst in Betracht.[37] Die Empfangsberechtigung wird typischerweise davon abhängig gemacht, daß vorher festgelegte Auszahlungsvoraussetzungen erfüllt sind.

3. Pflicht zur strikten Befolgung der Hinterlegungsanweisung

Die strikte und genaue Beachtung der Hinterlegungsanweisung - wie auch der Weisungen im Rahmen anderer Treuhandtätigkeiten - ist eine Amtspflicht des Notars.[38] Keineswegs darf er seine Beurteilung der Risikolage an die Stelle der Beurteilung der Beteiligten setzen.[39] Ist die Weisung lückenhaft, muß der Notar zunächst überprüfen, ob sich Weisungen im Einzelfall aus dem sonstigen Inhalt des Vertrages ergeben können. Ist das nicht der Fall, hat der Notar übereinstimmende Erklärungen aller Hinterlegungsbeteiligten einzuholen oder gegebenenfalls den Ausgang eines zwischen ihnen anhängig gemachten Rechtsstreits abzuwarten. Der Notar darf keine ergänzende Auslegung vornehmen oder nach einer "hypothetischen" Weisung verfahren.[40]

---

[37] *Reibold*, in: Beck'sches Notarhandbuch, A I, Rz. 266; *Weingärtner*, DONot § 11, Rz. 148 c ff.

[38] BGH, DNotZ 1978,373; DNotZ 1987,556/557; DNotZ 1987,560; KG, DNotZ 1978,182; DNotZ 1987,578; DNotZ 1991,762; vgl. auch BGH, DNotZ 1986,406; KG, DNotZ 1985,51; OLG Düsseldorf, MittRhNotK 1988,48; OLG Celle, DNotZ 1989,55; *Tönnies*, in: Beck'sches Notarhandbuch, A I, Rz. 362.

[39] BGH, DNotZ 1990,661/664; *Bräu*, Verwahrungstätigkeit des Notars, Rz. 200.

[40] KG, Rpfleger 1972,257; s. auch *Seybold / Hornig*, BNotO § 23, Rz. 25 (Die Kritik an der Entscheidung des KG greift nicht, da das KG nicht auf eine hypothetische Weisung abstellt.)

Der Notar muß die Prüfung der Auszahlungsvoraussetzungen peinlich genau und wortgetreu durchführen. Er hat keinen Ermessensspielraum. Demzufolge handelt der Notar pflichtwidrig, wenn er sich erst nach der Verfügung über den Hinterlegungsbetrag erfolgreich um die Erfüllung der Auflagen bemüht.[41]

4. Keine quasirichterliche Entscheidungsbefugnis des Notars

Die Prüfungspflicht und die Prüfungsbefugnis des Notars beschränken sich auf die Überprüfung der Hinterlegungs- und Auszahlungsvoraussetzungen. Er hat nicht die Kompetenz, wie ein Richter materiell-rechtliche Fragen streitentscheidend zu lösen.[42]

Bsp.:[43] Die Parteien eines Grundstückskaufvertrages vereinbaren die notarielle Hinterlegung des Restkaufpreises nach Fälligkeitsmitteilung durch den Notar. Der Käufer kommt mit der Kaufpreiszahlung in Verzug. Der Notar darf nicht entscheiden, ob und in welcher Höhe Verzugszinsen entstanden sind.

Streiten die Parteien eines Urkundsgeschäftes über die Wirksamkeit des Vertrages oder macht ein Vertragspartner Gewährleistungsrechte geltend, so müssen sie die ordentlichen Gerichte in Anspruch nehmen.

IV. Die Gewährung rechtlichen Gehörs

Zentraler Grundsatz des notariellen Verfahrens ist die Gewährung rechtlichen Gehörs. Verfassungsrechtlich verankert ist dieser Grundsatz in Art. 103 Abs. 1 GG, der im weiteren Sinne auch für die staatlichen Rechtspflegeaufgaben gilt.[44] Für den Notar ergibt sich die Konsequenz, daß er keine Maßnahme ergreifen darf, die in Rechtspositionen eines Beteiligten eingreift oder seine Rechtsposition gefährdet, ohne ihm vorher die Gelegenheit zu einer Stellungnahme zu geben. Wenn er weiß oder wenn für ihn konkrete Anhaltspunkte vorhanden sind, daß die Durchführung des Hinterlegungsverfahrens in der vorgesehenen Art und Weise nicht möglich ist oder nicht mehr den Intentionen aller Beteiligten entspricht, muß er die Beteiligten informieren, ihnen gegebenenfalls seine Vorschläge unterbreiten und sie um entsprechende Weisungen an ihn bitten.

---

[41] BGH, DNotZ 1990,661/664.

[42] *Bräu*, Verwahrungstätigkeit des Notars, Rz. 162; *Peter*, BWNotZ 1984,86/89; *Tönnies*, in: Beck'sches Notarhandbuch, A I, Rz. 361.

[43] *Peter*, BWNotZ 1984,86/89.

[44] *Bärmann*, Freiwillige Gerichtsbarkeit und Notarrecht, § 55 IV. 6.

Drittes Kapitel

Der Treuhandcharakter der notariellen Hinterlegung

§ 8 Amtliche Verwahrung zivilrechtlichen Treugutes

I. Der Notar als Treuhänder des Hinterlegers

§ 11 Abs. 1 S. 2 DONot verwendet zur näheren inhaltlichen Bestimmung der Hinterlegungsanweisung den Begriff "Treuhandauftrag". Der "Treuhandauftrag" ist danach nichts anderes als das Ansuchen auf Übernahme einer bestimmten Betreuungstätigkeit. Zugleich wird impliziert, daß die Stellung des Notars bei der notariellen Hinterlegung die eines Treuhänders ist.

1. Typologischer Vergleich zur zivilrechtlichen Treuhand

Rechtsprechung und Literatur haben in diesem Sinne einen "typologischen Vergleich" der notariellen Hinterlegung zur zivilrechtlichen Treuhand gebildet, vor allem um die dingliche und vollstreckungsrechtliche Lage des Notaranderkontos zu beschreiben.[1] Faktisch ähnelt die notarielle Hinterlegungstätigkeit überdies der bürgerlich-rechtlichen Geschäftsbesorgung eines Treuhänders. In Anlehnung an die Rechnungslegungs- und Auskunftspflicht des Treuhänders ist der Notar z.B. verpflichtet, im Rahmen einer Treuhandbeziehung den Beteiligten Auskunft über den Bestand und die Abwicklung des Anderkontos zu geben.[2]

Ein derartiger Rückgriff auf Rechtsinstitute des bürgerlichen Rechtes widerspricht nicht per se der amtlichen Stellung des Notars. Es ist durchaus möglich, daß eine nach öffentlichem Recht zu beurteilende Aufgabe eines Trägers hoheitlicher Gewalt nach ihren Zielsetzungen und Durchführungsmodalitäten bürgerlichrechtlichen Strukturen folgt. Hat sich ein zivilrechtliches Institut gewohnheitsrechtlich im öffentlichen Recht verankert, so kann insofern von

---

[1] OLG Hamm, OLGZ 1984,387/393; *Peter*, BWNotZ 1984,86/90; *Schmidt*, BWNotZ 1967, 98/101; *Zimmermann*, DNotZ 1980,451/457; a.A. *Bräu*, Verwahrungstätigkeit des Notars, Rz. 83.

[2] LG Frankfurt, DNotZ 1991,765.

einer Transformation privatrechtlicher Regeln in öffentlich-rechtliche Normen gesprochen werden. Von der Analogie unterscheidet sich eine solche Transformation dadurch, daß sie die bewährten zivilrechtlichen Grundstrukturen oder zumindest das Denkmodell einer Regelung oder eines Rechtsinstituts beibehält, sie aber zugleich den Besonderheiten des öffentlich-rechtlichen Sachgebietes anpaßt.[3] Eine Institution, die in diesem Sinne eine zivilrechtliche Grundstruktur mit den öffentlich-rechtlichen (speziell: notarrechtlichen) Erfordernissen verbindet, ist das *Notaranderkonto*.

2. Das Notaranderkonto als Sonderform des Treuhandkontos

Der Notar ist dienstrechtlich verpflichtet, ihm anvertraute Geldbeträge auf einem eigens für diesen Zweck eingerichteten Anderkonto zu verwahren, § 12 Abs. 2 S. 1 DONot. Das Notaranderkonto ist ein Unterfall des Treuhandkontos.[4] Es handelt sich hierbei um einen von Seiten der Praxis entwickelten, durch die Allgemeinen Geschäftsbedingungen der Banken und die Anforderungen der Rechtsprechung fixierten Kontentyp zur treuhänderischen Verwaltung und Verwahrung von zweckgebundenem Vermögen.

a) "Wirtschaftliches Eigentum" des Hinterlegers

Die Verwahrung von Geldern auf Notaranderkonto gleicht dem zivilrechtlichen Institut der *fiduziarischen Treuhand*.[5] Bei der fiduziarischen Treuhand wird das Treugut dem Treuhänder zu vollem Recht übertragen; er darf von der ihm übertragenen Rechtsmacht aber nur in den im Treuhandvertrag festgelegten Grenzen Gebrauch machen.[6] Das Treugut bildet ein Sondervermögen.[7]

---

[3] vgl. bzgl. der Transformation privatrechtlicher Regelungen in verwaltungsrechtliche Rechtsnormen: *Faber*, Verwaltungsrecht, § 18 IV.

[4] *Bräu*, Verwahrungstätigkeit des Notars, Rz. 78; *Canaris*, NJW 1973,825/833; *Capeller*, MDR 1954,708; *Coing*, FS für Cohn, S. 231/232; *Huhn / v.Schuckmann*, Beurkundungsrecht in Deutschland, DONot § 12, Rz. 8; *Märker*, Rpfleger 1992,52; *Steuner*, DNotZ 1979,208.

[5] *Canaris*, NJW 1973,825/833; *Hellner*, Geschäftsbedingungen für Anderkonten, Rz. 5; *König*, Darlehensvalutierung über Notaranderkonto, S. 29 m.w.N; *Mümmler*, JurBüro 1984,1472; *Opitz*, Rechtsgrundlagen des Anderkontos, S. 22; *Reithmann*, Vorsorgende Rechtspflege, S. 218; *Steuner*, DNotZ 1979,208; *Vogel*, Die Anderkonten der Rechtsanwälte und Notare, S. 28.

[6] *Gernhuber*, JuS 1988,355/356; s. auch RGZ 133,84/87; 127,341/344; 91,16; 84,217; BGH, WM 1960,325/326; *Erman / Brox*, BGB Vor § 164, Rz. 16; RGRK / *Steffen*, BGB Vor § 164, Rz. 26.

[7] *Coing*, Die Treuhand kraft privaten Rechtsgeschäfts, S. 86.

Als solches ist es strikt vom Eigenvermögen des Treuhänders zu trennen.[8] Dient die Treuhand überwiegend den Interessen des Treugebers, so besteht trotz der rechtlichen Zuordnung zum Vermögen des Treuhänders eine wirtschaftliche Separation. Das Treugut bleibt "wirtschaftlich" Eigentum des Treugebers.[9] Daraus ergibt sich etwa die Konsequenz, daß das Treugut kein Haftungsobjekt für Gläubiger des Treuhänders ist.[10]

Die Grundsätze der fiduziarischen Treuhand gelten mit der Einschränkung, daß die treuhänderische Bindung nicht aufgrund eines Vertrages, sondern infolge der Amtspflichtgebundenheit des Notars eintritt, auch für das Anderkonto des Notars. Dem Notar steht als Inhaber des Anderkontos die aus der Gutschrift resultierende Forderung gegen das kontoführende Kreditinstitut zu. Er ist rechtlicher Eigentümer des hinterlegten Geldes; als Treugut ist das hinterlegte Geld für ihn aber gleichwohl "fremdes" Gut.[11]

Die bankrechtliche Behandlung der Notaranderkonten ist in den Allgemeinen Geschäftsbedingungen des Kreditgewerbes (Anderkontenbedingungen)[12] geregelt.

---

[8] *Coing*, Die Treuhand kraft privaten Rechtsgeschäfts, S. 86; MünchKomm / *Thiele*, BGB Vor § 164, Rz. 29; *Soergel / Leptien*, BGB Vor § 164, Rz. 67.

[9] *Erman / Brox*, BGB Vor § 164, Rz. 19; RGRK / *Steffen*, BGB Vor § 164, Rz. 26; *Soergel / Leptien*, BGB Vor § 164, Rz. 72.

[10] Drittwiderspruchsklage des Treugebers bei Einzelvollstreckung: RGZ 79,121/122 f; BGH, NJW 1959,1223/1225; s. auch BGHZ 11,37/41; *Baumbach / Lauterbach / Hartmann*, ZPO § 771, Rz. 22; *Erman / Brox*, BGB Vor § 164, Rz. 19; *Gernhuber*, JuS 1988,355/359; *Palandt / Bassenge*, BGB § 903, RGRK / *Steffen*, BGB Vor § 164, Rz. 29; *Soergel / Leptien*, BGB Vor § 164, Rz. 78; *Staudinger / Dilcher*, BGB Einl. zu §§ 104 - 185, Rz. 63; *Stein / Jonas / Münzberg*, ZPO § 771, Rz. 22, Rz. 42; *Zöller / Herger*, ZPO § 771, Rz. 14 (Treuhänder); Aussonderungsrecht des Treuhänders im Konkurs: RGZ 45,80/85; 79,121/122; BGH, NJW 1959,1223/1225; Betrieb 1964,403; vgl. auch RGZ 153,366/369; *Erman / Brox*, BGB Vor § 164, Rz. 19; *Gernhuber*, JuS 1988,355/359; *Palandt / Bassenge*, BGB § 903, Rz. 43; RGRK / *Steffen*, BGB Vor § 164, Rz. 29; *Soergel / Leptien*, BGB Vor § 164, Rz. 78; *Staudinger / Dilcher*, BGB Einl. zu §§ 104 - 185, Rz. 63. Zur Anwendung dieser Grundsätze auf die Behandlung des Treuhandkontos in Zwangsvollstreckung und Konkurs: BGH, NJW 1959,1223/1225; NJW 1971,559/560; *Baumbach / Lauterbach / Hartmann*, ZPO § 771, Rz. 22; *Bräu*, Verwahrungstätigkeit des Notars, Rz. 81; *Canaris*, NJW 1973,825/831 f; *Opitz*, Rechtsgrundlagen des Anderkontos, S. 34 ff; *Stein / Jonas / Münzberg*, ZPO § 771, Rz. 23; *Vogel*, Die Anderkonten der Rechtsanwälte und Notare, S. 50 ff.

[11] vgl. BGHZ 76,9/13; BGH, DNotZ 1980,496/498; WM 1990,483/484; NJW 1990,1733/1743; NJW 1993,2041/2042; *Bräu*, Verwahrungstätigkeit des Notars, Rz. 81; *Coing*, FS für Cohn (1975), S. 231/235 f; *Haug*, DNotZ 87,564/566; *Opitz*, Rechtsgrundlagen des Anderkontos, S. 22 ff; *Weingärtner*, DONot § 1, Rz. 147; vgl. auch BGHZ 11,37/43; LG Hamburg, DNotZ 1950,130/133.

[12] Fassung Dezember 1978, DNotZ 1979,193; Bundespost: DNotZ 1983,457; s. auch *Steuner*, DNotZ 1979,208.

b) Die Weisungsbefugnis des Hinterlegers

Der Hinterleger kann den Notar zu bestimmten Verfügungen über den Hinterlegungsbetrag anweisen. Durch die Weisungsbefugnis übt der Hinterleger *mittelbar* eine Verfügungsmacht über das Hinterlegungsgut aus. Daraus ergibt sich die Konsequenz, daß demjenigen, dessen Vermögen das Hinterlegungsgut zu einem bestimmten Zeitpunkt als wirtschaftliches Eigentum zugeordnet wird, auch die umfassende treugeberische Weisungsbefugnis einschließlich der Befugnis zur Rücknahme und Änderung der Weisung zusteht.

II. Der Auszahlungsanspruch gegen den Notar

Die Treuhänderstellung des Notars soll beendet sein, wenn die Hinterlegung auf Notaranderkonto ihren Zweck erfüllt hat oder ihren Zweck endgültig nicht erfüllen kann. Der Notar muß den Hinterlegungsbetrag auszahlen. Nun stellt sich die Frage, ob sich diese amtliche Verpflichtung in einem konkreten *Auszahlungsanspruch* gegen den Notar manifestiert. Diese - vor allem im Zusammenhang mit der Pfändung in das Notaranderkonto diskutierte - Frage ist umstritten.

Die erste Ansicht spricht von einem öffentlich-rechtlichen Zahlungsanspruch.[13] Die Gegenansicht erkennt keinen ausdrücklichen Zahlungsanspruch gegen den Notar an, sondern nur einen Anspruch auf Vornahme einer Amtshandlung.[14]

Der Anspruch auf Vornahme einer Amtshandlung unterscheidet sich in seiner Verwertbarkeit maßgeblich von einem öffentlich-rechtlichen Zahlungsanspruch (z.B. im Hinblick auf die Übertragbarkeit). Die rechtliche Behandlung des Anspruchs gegen den Notar ist deshalb nicht unwesentlich von seiner Rechtsnatur abhängig.

1. Die Rechtsnatur des Auszahlungsanspruchs

Das Hinterlegungsgeschäft erfordert eine Reihe von Amtshandlungen, die den gesamten Ablauf über die pflichtgemäße Entgegennahme und Verwah-

---

[13] LG Duisburg, MittRhNotK 1984,26/27; LG Wuppertal, MittRhNotK 1984,149/150; vgl. auch OLG Köln, DNotZ 1989,257/262; *Lüke*, ZIP 1992,150/158 f; *Reithmann*, Vorsorgende Rechtspflege, S. 224 f; *Rupp / Fleischmann*, NJW 1983,2368/2369; *Stöber*, Forderungspfändung, Rz. 1781; *Schneider*, JurBüro, 1964,779/781; *Stein / Jonas / Münzberg*, ZPO § 829, Rz. 23; *Volhard*, DNotZ 1987,523/546; *Zimmermann*, DNotZ 1980,451/471.

[14] OLG Hamm, DNotZ 1983,61/62; DNotZ 1983,702; KG, DNotZ 1978,182; *Haug*, DNotZ 1982,592/602; *Weingärtner*, DONot § 11, Rz. 147 a.

rung bis zur Auszahlung an den Empfangsberechtigten erfassen.[15] Eine dieser Amtshandlungen ist die Auszahlung des Anderkontengeldes.

a) Das subjektive öffentliche Recht auf Auszahlung

Die Auszahlungsverpflichtung beruht nicht auf einer normierten Anspruchsgrundlage. Sie ist insbesondere nicht auf eine entsprechende Anwendung des § 700 BGB zu stützen.[16] Bei der notariellen Hinterlegung handelt es sich nämlich nicht um eine Form der Summenverwahrung, sondern um die Verwaltung eines Treugutes.

Das bedeutet aber noch nicht, daß es deshalb an einem Zahlungsanspruch gegen den Notar fehlte. Vielmehr entspricht der amtlichen Verpflichtung des Notars zur Auszahlung ein subjektives öffentliches Recht des Empfangsberechtigten, vergleichbar dem öffentlich-rechtlichen Herausgabeanspruch gegen die Hinterlegungsstelle.[17] Die Amtshandlung, zu der sich der Notar gegenüber den Beteiligten verpflichtet hat, ist ihrem Gegenstand nach die Auszahlung eines Geldbetrages.

Die Qualifikation als subjektives öffentliches Recht des Empfangsberechtigten rechtfertigt es, insofern von einem Auszahlungsanspruch gegen den Notar zu sprechen. Die Verpflichtung zu amtspflichtgemäßem Tätigwerden des Notars konkretisiert sich zu einem Zahlungsanspruch. Zugleich manifestiert sich das *wirtschaftliche Eigentum* des Hinterlegers an dem treuhänderisch verwahrten Hinterlegungsgut in seinem Auszahlungsanspruch gegen den Notar.

b) Anspruch gegen den jeweiligen Amtsinhaber

Scheidet der Notar aus dem Notaramt aus, kann er die Notaranderkonten nicht mehr verwalten und nicht mehr über die hinterlegten Gelder verfügen.[18]

---

[15] *Volhard*, DNotZ 1987,523/546 f.

[16] so aber OLG Düsseldorf, DNotZ 1987,563/564; a.A. BGH, DNotZ 1980, 496/498; DNotZ 1990,661; NJW 1990,1733/1734; OLG Hamm, DNotZ 1989,647; *Haug*, DNotZ 1987,564/565 f.

[17] vgl. LG Duisburg, MittRhNotK 1984,26/27; *Volhard*, DNotZ 1987,523/546; *Zimmermann*, DNotZ 1980,451/471; zum öffentlich-rechtlichen Herausgabeanspruch gegen die Hinterlegungsstelle: *Enneccerus / Lehmann*, § 67 I. 1.; *Gernhuber*, Die Erfüllung und ihre Surrogate, § 15 II. 11. a); *Larenz*, Schuldrecht AT, § 18 V. b); *Palandt / Heinrichs*, BGB Einf v § 372, Rz. 6; *Soergel / Zeiss*, BGB Vor § 372, Rz. 5.

[18] BGH, DNotZ 1991,683/685; *Gummer*, DNotZ 1991,689/691; s. auch BVerfG, DNotZ 1992,56/60.

Die Auszahlungspflicht aus dem Anderkonto trifft deshalb den amtlich bestellten Notarverweser oder den Amtsnachfolger.[19]

c) Schadensersatzanspruch bei pflichtwidriger Verfügung über das Anderkontengeld

Da die Auszahlung des Hinterlegungsbetrages keine Geldleistung, sondern Herausgabe des Treugutes ist, beschränkt sich der Auszahlungsanspruch gegen den Notar auf den Bestand des Anderkontos.[20]

Wenn der Notar pflichtwidrig eine vorzeitige Auszahlung vorgenommen hat, handelt es sich um eine Verletzung seiner Amtspflicht als treuhänderischer Verwahrer und nicht um die Nichterfüllung einer Geldschuld gegenüber dem Auszahlungsberechtigten. Der Notar kann den Auszahlungsanspruch nicht mehr erfüllen, wenn er über das Anderkontengeld bereits verfügt hat. Er haftet vielmehr wegen Amtspflichtverletzung gem. § 19 Abs. 1 BNotO mit seinem privaten Vermögen.[21]

2. Die Durchsetzung des Auszahlungsanspruchs

Dem Inhaber einer Forderung muß zur Anerkennung und zwangsweisen Durchsetzung der Rechtsweg offen stehen, damit sein Anspruch im Konfliktfall nicht nur auf dem Papier besteht. Der Auszahlungsanspruch gegen den Notar ist keine privatrechtliche Forderung. Deshalb scheidet der Zivilprozeß zur Durchsetzung des Auszahlungsanspruchs aus.[22]

Zur Durchsetzung der öffentlich-rechtlichen Ansprüche gegen den Notar, gleichgültig, ob es sich um einen Zahlungsanspruch oder um einen sonstigen

---

[19] Ziff. 13 der Bedingungen für Anderkonten und Anderdepots von Notaren, Fassung Dezember 1978, DNotZ 1979,193.

[20] BGH, DNotZ 1991,682/683; zustimmend: OLG Hamm, DNotZ 1991,687/688; *Gummer*, DNotZ 1991,689/690; *Hegmanns*, WuB VIII A. § 19 BNotO 1.90.

[21] BGH, DNotZ 1990,661; DNotZ 1991,682/683; OLG Hamm, DNotZ 1989,647; DNotZ 1991,687/688; s. auch KG, DNotZ 1987,566/567; *Gummer*, DNotZ 1991,689/690; *Geimer*, EWiR § 19 BNotO 3/85,585; *Haug*, DNotZ 1987,565 f; *Reithmann*, WuB VII A. § 829 ZPO 1.88.

[22] BGHZ 76,9/11; BGH, DNotZ 1980,496/497; DNotZ 1990,661/662; OLG Köln, DNotZ 1978,751/751; DNotZ 1980,503; DNotZ 1989,257/258; OLG Stuttgart, DNOtZ 1982,644 (einstweilige Verfügung); OLG Hamm, DNotZ 1983,61/62; *Albrecht*, in: *Reithmann / Röll / Geßele*, Rz. 344; *Brambring*, DNotZ 1990,615/647; *Lüke*, ZIP 1992,150/157; *Volhard*, DNotZ 1987,523/526; *Reithmann*, Vorsorgende Rechtspflege, S. 214, S. 232; *ders.*, WM 1991,1493/1495; *Zimmermann*, DNotZ 1980,451/471.

Anspruch auf Vornahme einer Amtshandlung handelt, findet sich für den Rechtsweg eine Spezialzuweisung in § 15 Abs. 1 S. 2 BNotO (Notarbeschwerde).[23] Auf die Beschwerde hin kann der Notar zur Auszahlung des hinterlegten Geldes verpflichtet werden, wenn er seine Amtspflicht zur Auszahlung verletzt hat.[24] Hierbei handelt es sich lediglich um eine spezielle Rechtswegregelung, die auf die Qualifikation des Herausgabeverlangens als Zahlungsanspruch keinen Einfluß hat.[25]

Nicht jede Auszahlungsverweigerung des Notar ist eine Amtspflichtverletzung. Beruht seine Weigerung auf berechtigten Bedenken, die sich aus dem Rechtsverhältnis der Vertragsparteien oder anderer Beteiligter ergeben, so kann er die Auszahlung von der Zustimmung des Beteiligten abhängig machen, der durch die Auszahlung in seinen Rechten verletzt werden könnte. Die Beteiligten müssen also untereinander eine Klärung der Streitpunkte suchen.[26]

Wird die Zustimmung verweigert, so steht dem Auszahlungsberechtigten der ordentliche Rechtsweg zur Klage auf Abgabe der verweigerten Willenserklärung offen.

§ 9 Vermögenstransfer über Notaranderkonto

I. Auszahlung des Hinterlegungsbetrages an mit dem Hinterleger nicht identische Personen

Die Zahlung über Notaranderkonto kann auf unterschiedliche Weise als Mittel des Vermögenstransfers eingesetzt werden.

- Geht es dem Hinterleger darum, einem Dritten einen Geldbetrag zu verschaffen, ohne daß der Dritte eine eigene Berechtigung an dem Hinterlegungsbetrag hat, kommt eine schlichte Anweisung an den Notar zur Auszahlung an den Dritten in Betracht.

- Demgegenüber kann ein Vermögenstransfer über Notaranderkonto auch dadurch vollzogen werden, daß der Gläubiger des Hinterlegers in dessen

---

[23] vgl. Sechstes Kapitel § 16 II. 1.

[24] BGHZ 76,9/13; BGH, DNotZ 1980,496/498 f; DNotZ 1991,682; NJW 1990,1733/1734; OLG Celle, DNotZ 1976,691/693; OLG Düsseldorf, DNotZ 1983,703/704; MittRhNotK 1988,48; OLG Köln, DNotZ 1989,257 f; OLG Hamm, OLGZ 1984,387/391; DNotZ 1989, 647; *Albrecht*, in: *Reithmann / Röll / Geßele*, Rz. 344; *Arndt*, BNotO § 23 Anm. II. 1.; *Brambring*, DNotZ 1990, 615/647; *Lüke*, ZIP 1992,150/157; *Reithmann*, WM 1991,1493/1495; *Volhard*, DNotZ 1987, 523/526; *Zimmermann*, DNotZ 1980,451/472; a.A. *Custodis*, DNotZ 1976,694/696 f.

[25] vgl. *Rupp / Fleischmann*, NJW 1983,2368/2369.

[26] OLG Frankfurt, JurBüro 1987,593; DNotZ 1992,61/62; *Reithmann*, WM 1991, 1493/1496; vgl. auch *Brambring*, DNotZ 1990,615/649 f.

Rechtsposition einrückt, also selbst gewissermaßen zum wirtschaftlichen Eigentümer des Hinterlegungsbetrages wird.

1. Weisung zur Auszahlung an einen Dritten

Die notarielle Verwahrung umfaßt die Aufbewahrung für den Hinterleger und die Verwahrung zur Herausgabe an Dritte, § 23 BNotO. Bei der notariellen Hinterlegung gibt es dementsprechend die Möglichkeit, einen mit dem Hinterleger nicht identischen Empfänger zu bestimmen, § 11 Abs. 1 DONot. Der Hinterleger macht dabei schlicht von seinem Weisungsrecht gegenüber dem Notar Gebrauch. Dem Dritten wird keine eigene Rechtsposition verschafft. Er ist auch nicht Beteiligter des Hinterlegungsverfahrens.[27]

Die Auszahlungsanweisung ist dann als schlichte Weisung zur Auszahlung an einen Dritten auszulegen, wenn die Umstände erkennen lassen, daß der Hinterleger selbst das Weisungsrecht oder Rückrufrecht behalten will.

2. Eigener Auszahlungsanspruch des Gläubigers

Die Möglichkeit der Auszahlung an einen Dritten wird bei den typischen Hinterlegungsgeschäften wirtschaftlich genutzt, um einen amtlich überwachten Vermögenstransfer zu realisieren, bei dem der Gläubiger selbst die Berechtigung an dem Hinterlegungsbetrag erwirbt. Der Gläubiger soll wirtschaftlicher Eigentümer des Hinterlegungsbetrages werden. Ähnlich wie im Sachenrecht müssen auch bei einer derartigen Übertragung des wirtschaftlichen Eigentums zwei Tatbestandselemente vorliegen:

- Die Einigung zwischen dem Hinterleger und dem Erwerber und

- die völlige Aufgabe der Treugeberposition des Hinterlegers zugunsten des Erwerbers.

Der Hinterleger weist den Notar nicht schlicht an, den Hinterlegungsbetrag an einen Dritten auszuzahlen, sondern er verschafft seinem Gläubiger den Auszahlungsanspruch gegen den Notar.

Bei der Kaufpreiszahlung über Notaranderkonto soll dem Verkäufer mit Eintritt der Auszahlungsvoraussetzungen die Berechtigung zur - mittelbaren - Verfügung über den Hinterlegungsbetrag zustehen. Er kann die Auszahlung

---

[27] OLG Köln, DNotZ 1980,500/501.

an sich verlangen oder den Notar - als nunmehriger Hinterleger - anweisen, an einen Dritten auszuzahlen.[28]

Es stellt sich nun die Frage, wie der Erwerb der wirtschaftlichen Eigentümerposition bei der notariellen Hinterlegung formalrechtlich realisiert werden kann.

II. Vermögenstransfer durch Erwerb des Auszahlungsanspruchs

Der Gläubiger des Hinterlegers soll in die Rechtsposition des Hinterlegers eintreten. Er soll selbst die Treuhänderposition einnehmen und wirtschaftlicher Eigentümer des Hinterlegungsbetrages werden. Dazu muß er den Auszahlungsanspruch gegen den Notar einschließlich der Weisungsbefugnis über den Hinterlegungsbetrag erwerben.

Für den Erwerb des Auszahlungsanspruchs kommen zwei Formen in Betracht:

- der originäre Erwerb des Auszahlungsanspruchs im Wege der Hinterlegung zugunsten eines Dritten und
- der derivative Erwerb des Auszahlungsanspruchs im Wege der Zession.

1. Originärer Erwerb des Auszahlungsanspruchs durch den Gläubiger

Tritt die Hinterlegung an die Stelle der unmittelbaren Zahlung, hat der Hinterleger ein Interesse daran, den Auszahlungsanspruch originär in der Person seines Gläubiger entstehen zu lassen.

Bsp.: Der Verkäufer eines Grundstücks benötigt den geschuldeten Kaufpreis zur Begleichung eigener Verbindlichkeiten, für die er seinerseits zur notariellen Hinterlegung verpflichtet ist. Er vereinbart mit dem Käufer anstelle der unmittelbaren Überweisung an ihn, den Kaufpreis auf das entsprechende Notaranderkonto nach Fälligkeitsmitteilung durch den Notar zu zahlen.

Mit der Einzahlung auf Notaranderkonto wird der Gläubiger wirtschaftlicher Eigentümer des Hinterlegungsgutes. Wirtschaftlich ist der Vermögenstransfer damit vollzogen. Durch die Einzahlung auf Notaranderkonto hat der Schuldner eine Vermögensposition des Gläubiger unmittelbar begründet.

---

[28] Sollen mit Hilfe des hinterlegten Kaufpreises Verbindlichkeiten des Verkäufers getilgt werden, besteht ein vergleichbares Weisungsverhältnis. Zwar ist der Hinterlegungsbetrag noch nicht dem Vermögen des Verkäufers zugeflossen. Er ist aber kraft der Vereinbarung mit dem Käufer/ Hinterleger befugt, den Hinterlegungsbetrag - über den Notar - zur Tilgung seiner eigenen Verbindlichkeiten zu verwenden: BGH, DNotZ 1988,3011.

Strukturell ähnelt die Hinterlegung auf Notaranderkonto mit Auszahlungsberechtigung eines Dritten dem bürgerlichrechtlichen Vertrag zugunsten eines Dritten.[29]

2. *Derivativer Erwerb des Auszahlungsanspruchs durch den Gläubiger*

Wird der Einzahler zunächst selbst wirtschaftlicher Eigentümer des Hinterlegungsbetrages, kann er das wirtschaftliche Eigentum nur noch dadurch übertragen, daß er seinen Auszahlungsanspruch gegen den Notar anal. §§ 398 ff BGB an den Gläubiger abtritt und den Notar anweist, an den Gläubiger auszuzahlen. Eine Zession des Auszahlungsanspruchs ist für die Vertragsparteien in der Form der bedingten Abtretung interessant. Die Bedingung gibt dem Zahlungspflichtigen die Möglichkeit, seine Leistung rechtlich von einer Gegenleistung des anderen abhängig zu machen.

Bei dieser Form des Vermögenstransfers ist der Anspruch gegen den Notar der Vermögenswert, der übertragen wird. Voraussetzung ist die grundsätzliche Zedierbarkeit des Auszahlungsanspruchs gegen den Notar.

a) Zedierbarkeit des Auszahlungsanspruchs

Die Frage, ob der Auszahlungsanspruch gegen den Notar seinem Wesen nach abtretbar ist, ist in Rechtsprechung und Literatur umstritten.

Das KG vertrat hierzu die Ansicht, eine Forderungsabtretung sei mit der rechtlichen Natur der notariellen Amtstätigkeit nicht vereinbar, weil die Amtstätigkeit keine vertraglichen Beziehungen zulasse, aus denen sich abtretbare Forderungen ergeben könnten.[30] Die notarrechtliche Literatur bejaht demgegenüber die Zedierbarkeit des Auszahlungsanspruchs.[31]

Die Argumentation des KG ist keinesfalls zwingend. Allein aus dem amtlichen Charakter des Auszahlungsanspruchs ergibt sich noch nicht die Unmöglichkeit oder Unzulässigkeit der Abtretung. Die grundsätzliche Abtretbarkeit einer Forderung setzt nicht voraus, daß die abzutretende Forderung vertraglicher Natur ist.[32] Unter Berücksichtigung der Besonderheiten des öffentlichen Rechts können die §§ 398 ff BGB vielmehr auch für die Abtretung von öffentlich-rechtlichen Forderungen entsprechend angewandt werden, wenn keine

---

[29] vgl. *Rings*, MittRhNotK 1957,873/874; *Schmidt*, BWNotZ 1967,98/102.

[30] KG, DNotZ 1978,182/183; vgl. auch *Haug*, DNotZ 1982,592/602.

[31] ausdrücklich: *Albrecht*, in: *Reithmann / Röll / Geßele*, Rz. 344.

[32] vgl. *Stein / Jonas / Münzberg*, ZPO § 829, Rz. 23, Fn. 114).

öffentlich-rechtlichen Spezialnormen eingreifen.[33] Der Anspruch gegen den Notar auf Vornahme einer Amtshandlung ist seinem Gegenstand nach auf die Auszahlung eines Geldbetrages gerichtet. Das Anderkontengeld kann seine Verkehrsfähigkeit nur durch die Disponibilität des Auszahlungsanspruchs gegen den Notar erweisen. Würde sich die mittelbare Verfügungsmacht des Hinterlegers in seinem Weisungsrecht gegenüber dem Notar erschöpfen, so könnte dem Dritten - abgesehen von der Hinterlegung zugunsten eines Dritten - keine verbindliche Rechtsposition eingeräumt werden.

Das KG wies allerdings zu Recht darauf hin, daß durch den Abtretungsvertrag zwischen den Kaufvertragsparteien die notarielle Amtstätigkeit zum Gegenstand einer privatrechtlichen Vereinbarung gemacht würde. Diesem Hinweis ist entgegenzuhalten, daß auch die Hinterlegungsvereinbarung - deren Zulässigkeit an keiner Stelle in Zweifel gezogen wird - eine Amtsttätigkeit des Notars betrifft. Die Schlußfolgerung, die sich aus dem Hinweis des KG ziehen läßt, ist vielmehr die folgende: Wie die Hinterlegungsvereinbarung zwischen den Vertragsparteien noch keine Amtstätigkeit des Notars auslöst, sondern erst das verfahrensrechtliche Hinterlegungsansuchen hinzutreten muß, so besteht auch die Abtretung des Auszahlungsanspruchs aus einer schuldrechtlichen und einer verfahrensrechtlichen Komponente. Der Hinterleger muß

- die Abtretung anal. § 398 BGB erklären und
- den Notar anweisen, an den Zessionar auszuzahlen (bzw. dessen Weisungen zu folgen).

Was für das Verhältnis von Hinterlegungsvereinbarung und Hinterlegungsanweisung gilt, gilt auch für die Abtretungserklärung und die Auszahlungsanweisung: Sie müssen nicht separat erklärt werden und können konkludent in der Hinterlegungsklausel eines notariellen Vertrages enthalten sein.

b) Die bedingte Abtretung des Auszahlungsanspruchs

Die Abtretung des Auszahlungsanspruchs ermöglicht es dem Hinterleger, seinem Gläubiger eine verwertbare Vermögensposition zu verschaffen. Liegt dem Käufer daran, das wirtschaftliche Eigentum an dem Hinterlegungsbetrag erst dann aufzugeben, wenn die von ihm gestellten Auflagen für die Auszahlung an den Verkäufer erfüllt sind, bietet sich die aufschiebend bedingte Abtretung des Auszahlungsanspruchs an.

Mit der Abtretung des Auszahlungsanspruchs können die Parteien die Interessen verwirklichen, die sie mit der Kombination aus der Verpflichtung des

---

33 Münchkomm / *Roth*, BGB § 398, Rz. 7; *Palandt / Heinrichs*, BGB § 398, Rz. 2; RGRK / *Weber*, BGB Vor § 398, Rz. 4; *Soergel / Zeiss*, BGB Vor § 398, Rz. 7.

Käufers zur Hinterlegung des fälligen Kaufpreises und der Empfangsberechtigung des Verkäufers mit Eintritt der vereinbarten Auszahlungsvoraussetzungen verwirklichen wollen. Der Käufer ist damit einverstanden, daß nach Erfüllung der Auszahlungsvoraussetzungen der Gläubiger die Berechtigung an dem Anderkontengeld erlangt. Der Verkäufer verläßt sich darauf, daß der zum Fälligkeitstermin eingezahlte Hinterlegungsbetrag für ihn bereit liegt. Er kann über den aufschiebend bedingten Auszahlungsanspruch verfügen und bereits ein dementsprechendes Weisungsrecht gegenüber dem Notar ausüben. Mit Eintritt der Auszahlungsreife wird der Notar seine Weisungen befolgen.

Vor weiteren Verfügungen des Käufers wird der Verkäufer materiell-rechtlich durch § 161 Abs. 1 S. 1 BGB geschützt. Sie wären ihm gegenüber relativ unwirksam. Der Zedent darf den Bedingungseintritt nicht treuwidrig vereiteln; andernfalls fingiert das materielle Recht den Bedingungseintritt zugunsten des Zessionars, § 162 Abs. 1 BGB. Während der Schwebezeit wird der Verkäufer als zukünftiger Inhaber des Auszahlungsanspruchs außerdem gem. § 161 Abs. 1 S. 2 BGB vor Vollstreckungsmaßnahmen der Gläubiger des Käufers geschützt. Der aus der Zwangsvollstreckung Berechtigte behält seine Rechtsstellung nur, soweit sie den Verkäufer nicht beeinträchtigt.[34]

Erweisen sich die Auflagen als nicht erfüllbar und steht die Unmöglichkeit des Bedingungseintritts endgültig fest, ist der Schwebezustand beseitigt. Der Notar zahlt den Hinterlegungsbetrag an den Hinterleger zurück.

Ob die Parteien eines Hinterlegungsgeschäftes eine aufschiebend bedingte Abtretung des Auszahlungsanspruchs gewollt haben, ist im Wege der Auslegung ihrer vertraglichen Vereinbarung zu ermitteln. Vereinbaren die Parteien, daß der Gläubiger mit Eintritt der Auszahlungsvoraussetzungen Inhaber des Auszahlungsanspruchs sein soll, dann enthält diese Vereinbarung eine aufschiebend bedingte Zession des Auszahlungsanspruchs.[35] Bei der Kaufpreiszahlung über Notaranderkonto werden die Abtretungsvereinbarung und die Auszahlungsanweisung regelmäßig bereits in der Kaufvertragsurkunde formuliert, indem die Parteien die Kaufpreiszahlung auf Notaranderkonto mit Vereinbarung der Empfangszuständigkeit des Verkäufers bei Auszahlungsreife vertraglich vorsehen.

Bsp.:[36] "Der Kaufpreis ist am ... fällig und bis zum ... auf einem Anderkonto des Notars bei der B-Bank einzuzahlen. Der Notar wird angewiesen, den bei ihm hinterlegten Kaufpreis auf ein Konto des Verkäufers auszuzahlen, wenn

---

[34] *Palandt / Heinrichs*, BGB § 161, Rz.1; s. auch MünchKomm / *H.P.Westermann*, BGB § 161, Rz. 14.

[35] s. auch *Schmidt*, BWNotZ 1967,98/102; *Rings*, MittRhNotK 1957,873/885.

[36] vgl. *Wagner / Zimmermann*, Verwahrungsgeschäfte, S. 48 f.

a) für den Käufer eine Eigentumserwerbsvormerkung eingetragen ist,

b) die Erklärung der Gemeinde G vorliegt, daß gesetzliche Vorkaufrechte nicht bestehen oder nicht ausgeübt werden,

c) dem Notar alle Löschungsunterlagen nicht übernommener Belastungen auflagenfrei oder gegen Zahlung eines Betrages, der nicht höher ist als der Kaufpreis, vorliegen."

3. Das Weisungsrecht bei Vermögenstransfer über Notaranderkonto

Der Wechsel der Treugeberstellung gegenüber dem Notar hat für den Notar die Konsequenz, daß er mit dem Übergang des wirtschaftlichen Eigentums einem neuen Weisungsbefugten gegenübersteht. Außerdem muß er bei der bedingten Abtretung des Auszahlungsanspruchs beachten, daß er zwar als Treuhänder für den aktuellen Hinterleger verwahrt, daß er aber auch die Belange des künftigen Auszahlungsberechtigten berücksichtigen muß.

a) Übergang des Weisungsrechts auf den Erwerber

Da das Weisungsrecht des Hinterlegers/Treugebers Ausdruck seines wirtschaftlichen Eigentums am Hinterlegungsbetrag ist, geht die Weisungsbefugnis mit dem Verlust des wirtschaftlichen Eigentums auf den Erwerber des wirtschaftlichen Eigentums über. Es ist also immer zu fragen, wem, dem Hinterleger oder dem Erwerber, das Hinterlegungsgut zu einem bestimmten Zeitpunkt zuzuordnen ist. Für den Vermögenstransfer über Notaranderkonto heißt das:

- Dem Hinterleger steht solange das Weisungsrecht des Treugebers zu, bis er auf das wirtschaftliche Eigentum an dem Hinterlegungsbetrag im Einvernehmen mit dem Erwerber verzichtet. Im Falle einer aufschiebend bedingten Abtretung des Auszahlungsanspruchs verliert er seine Berechtigung mit Eintritt der Auszahlungsreife zugunsten des Gläubigers/Zessionars.

- Der Erwerber ist selbst der weisungsberechtigte Treugeber, wenn der wirtschaftliche Erwerbstatbestand erfüllt ist. Das ist dann der Fall, wenn die vereinbarten Voraussetzungen für eine Auszahlung an ihn vorliegen *und* der Hinterleger seine Berechtigung an dem Hinterlegungsbetrag endgültig aufgegeben hat.

b) Beschränkungen des Weisungsrechts des Hinterlegers

Bei der aufschiebend bedingten Abtretung des Auszahlungsanspruchs hat der Hinterleger dem Erwerber eine Art Anwartschaftsrecht auf das wirtschaftliche Eigentum an dem Hinterlegungsbetrag verschafft. Konsequenz der Abtretung ist deshalb die Beschränkung der treugeberischen Weisungsbefugnis des Hinterlegers, der den Bedingungseintritt nicht vereiteln darf. Es muß ausgeschlossen werden, daß der Hinterleger den Hinterlegungsbetrag zurückruft oder anderweitig darüber verfügt.

Die Beschränkung der Weisungsbefugnis darf jedoch nicht so weit gehen, daß damit praktisch die - wirtschaftliche - Eigentümerposition des Hinterlegers vollständig negiert würde. Solange für den Notar nicht feststeht, daß der Hinterleger sein wirtschaftliches Eigentum an dem hinterlegten Geld zugunsten eines anderen aufgegeben hat, ist es ihm nicht erlaubt, an den anderen auszuzahlen. Damit würde nämlich das wirtschaftliche Eigentum des Hinterlegers nicht nur beschränkt, sondern entzogen. Ein derartiger Eingriff ist mit der treuhänderischen Position des Notars nicht vereinbar.

Die vorangegangenen Erörterungen beziehen sich nur auf die Weisungsbefugnis unter dem Aspekt der Treuhand. Auf die vielschichtige Problematik des Widerrufs der Auszahlungsanweisung ist an gegebener Stelle einzugehen (vgl. 6. Kapitel, Abwicklungsstörungen im Hinterlegungsverfahren).

III. Die Anweisung zur Auszahlung an einen Dritten

Bei der schlichten Weisung zur Auszahlung an einen Dritten erwirbt der Dritte keine eigene Rechtsposition gegenüber dem Notar. Der Notar wird ausschließlich auf Veranlassung und im Interesse des Hinterlegers bzw. des weisungsberechtigten Erwerbers tätig. Bei der Kaufpreiszahlung über Notaranderkonto tritt die Weisung zur Zahlung an einen Dritten dann auf, wenn der Verkäufer den Notar anweist, nach Eintritt der Auszahlungsreife nicht an ihn, sondern an einen Dritten auszuzahlen. Probleme ergeben sich dann, wenn der Notar fehlerhaft überweist, z.B. zuviel auszahlt oder an die falsche Person überweist, und eine Rückabwicklung der Fehlüberweisung erforderlich wird. Eine vergleichbare Konfliktsituation ergibt sich, wenn der Notar bei der Ablösung von Grundpfandrechten nach Weisung des Verkäufers Fehlüberweisungen trifft.

Die Lösung der Poblematik muß bei der Beschreibung des Dreiecksverhältnisses zwischen dem Notar, dem Anweisenden und dem Dritten ansetzen.

1. Das Anweisungsverhältnis

Die Weisung zur Auszahlung an einen Dritten kann mit dem zivilrechtlichen Anweisungsverhältnis verglichen werden. Der Hinterleger (Anweisender) weist den Notar (Angewiesener) an, den Hinterlegungsbetrag an einen Dritten (Anweisungsempfänger) auszuzahlen.

- Zwischen dem Hinterleger und dem Notar besteht ein Deckungsverhältnis, das den Notar zur Ausführung der Anweisung verpflichtet.

- Zwischen dem Hinterleger und dem Dritten besteht ein Valutaverhältnis, das den Rechtsgrund für die Leistung des Hinterlegers abgibt. Dagegen fehlt es an einer Leistungsbeziehung zwischen dem Notar und dem Empfänger des Hinterlegungsbetrages.[37]

2. Die bereicherungsrechtliche Rückabwicklung bei Fehlüberweisungen

Die von dem Notar ausgeführte Zahlungsanweisung kann aus verschiedenen Gründen fehlschlagen. Die Leistung des Anweisenden an den Zahlungsempfänger geht fehl, wenn das Valutaverhältnis zwischen ihnen mangelhaft ist. Eine Fehlüberweisung des Notars stellt einen Mangel im Deckungsverhältnis zwischen dem Notar und dem Anweisenden dar. Ferner ist an Fälle zu denken, in denen der Notar an den Dritten auszahlt, ohne daß objektiv eine Anweisung vorliegt. Wenn die jeweilige Fehlleistung nicht nachträglich von dem Leistenden und dem Leistungsempfänger als ordnungsgemäße Leistung anerkannt wird, kommt es zur bereicherungsrechtlichen Rückabwicklung. Hier stellt sich die Frage, wer bei einer fehlgeschlagenen Auszahlung des Notars Kondiktionsschuldner und wer Kondiktionsgläubiger ist.

a) Rückabwicklung innerhalb der jeweiligen Leistungsverhältnisse

Bei der bereicherungsrechtlichen Rückabwicklung von Dreiecksverhältnissen gilt der Grundsatz, daß der bereicherungsrechtliche Ausgleich innerhalb der jeweiligen Leistungsverhältnisse vollzogen wird.[38]

- Fehlt es im Valutaverhältnis zwischen dem Anweisenden und dem Dritten, der den Hinterlegungsbetrag erhalten hat, an einem Rechtsgrund, so kann der Anweisende den Dritten wegen ungerechtfertigter Bereicherung in Anspruch nehmen.

---

[37] BGHZ 88,232/233f; *Gruber*, DNotZ 1989,658/660; vgl. auch *Lieb*, DNotZ 1988,655/657 f.

[38] BGHZ 61,289/291; 66,362/363; 66,372/374; 67,75/77; 72,246/251; 87,393/395; 89,376/378; 111,382/385; BGH, NJW 1984,2205; JZ 1987,199/200; *Erman / H.P.Wester mann*, BGB § 812, Rz. 19; MünchKomm / *Lieb*, BGB § 812, Rz. 32; *Palandt / Thomas*, BGB § 812, Rz. 52; *Staudinger / Lorenz*, BGB § 812, Rz. 49 f.

Bsp.:[39] Auf Weisung des Grundstücksverkäufers werden aus dem hinterlegten Kaufpreis bestehende Grundpfandrechte abgelöst. Der Verkäufer ist, als er die Ablösevereinbarung trifft, geschäftsunfähig. Nach dem Tod des Verkäufers berufen sich seine Erben auf die Unwirksamkeit der Ablösungsvereinbarung. Die ohne Rechtsgrund erbrachten Leistungen sind gem. § 812 Abs. 1 BGB zurückzuerstatten.

- Zahlt der Notar auf eine Weisung der Verkäufers hin an dessen Gläubiger aus, obwohl dem Verkäufer die Kaufpreissumme noch nicht zusteht, so wurzelt der Fehler im Deckungsverhältnis zwischen dem Notar und dem Anweisenden.

Die Auszahlung aufgrund der vorzeitigen - und damit *unbefugten* - Anweisung des Verkäufers kann nicht mit der Zahlung *ohne* wirksame Anweisung gleichgesetzt werden.[40] Der Verkäufer hat die Auszahlung, wenn auch unberechtigt, veranlaßt. Sie muß ihm als eigene Leistung an den Dritten zugerechnet werden. Fehlte ihm die Befugnis, den Notar zu einer Auszahlung anzuweisen, so handelt es sich um einen Mangel im Verhältnis zwischen dem Verkäufer und dem Notar. Muß der Notar den zu Unrecht ausgezahlten Betrag dem Hinterleger erstatten, so kann er den ohne Rechtsgrund um die Begleichung seiner Forderung bereicherten Verkäufer als Kondiktionsschuldner in Anspruch nehmen.[41]

An den Leistungsbeziehungen ändert sich auch dann nichts, wenn der Notar mit der Auszahlung an den Grundpfandrechtsgläubiger des Verkäufers an einer zweckverfehlenden Leistung mitwirkt, weil die Zahlung keine Pfandfreigabe bewirkt.

Bsp.: Der Käufer eines Grundstücks verpflichtet sich zur Zahlung in zwei Teilraten auf Notaranderkonto. Der Notar wird im Kaufvertrag bezüglich der ersten Rate angewiesen, "aus dem hinterlegten Betrag die Forderungen der Gläubiger der in Abt. III eingetragenen Rechte Zug um Zug gegen deren Löschungsbewilligung abzulösen und den verbleibenden Restbetrag nach Abzug der Löschungs- und Hinterlegungskosten an den Verkäufer auszuzahlen, sobald die lastenfreie Umschreibung des Grundbesitzes gewährleistet ist." Die als Grundpfandrechtsgläubigerin eingetra-gene Bank übersendet dem Notar die zur Lastenfreistellung erforderlichen Unterlagen und erteilt den Treuhandauftrag, daß der Notar von diesen Unterlagen nur gegen Zahlung des gesamten Kaufpreises Gebrauch machen darf. Der Notar überweist bereits nach Eingang der ersten Rate, die durch ein Kreditinstitut für den Käufer finanziert wird, den Betrag an die Grundpfandrechtsgläu-bigerin. Der Restkaufpreis wird nicht gezahlt. Das finanzierende Kreditinstitut verlangt den ausge-zahlten Betrag zurück, weil die Treuhandauflage "grundpfandrechtliche Sicherung am Kaufgrund-stück an erster Rangstelle" nicht erfüllt worden ist.

Das OLG Koblenz sah in einem vergleichbaren Fall die Grundpfandrechtsgläubigerin als Kondiktionsschuldnerin an. Der Senat begründete diese Auffassung damit, daß der Notar zu dem Zweck der "Herbeiführung des Von-den Löschungsunterlagen-Gebrauch-machen-Dürfens" selbst an die Grundpfand-

---

[39] BGH, NJW 1988,3011.

[40] vgl. *Gruber*, DNotZ 1989,658/666; *Lieb*, DNotZ 1988,655/658: "zweifelhaft, aber möglich".

[41] *Lieb*, DNotZ 1988,655/657.

rechtsgläubigerin geleistet habe. Nachdem dieser Zweck nicht mehr erfüllt werden konnte, sah der Senat den Tatbestand des § 812 Abs. 1 S. 2 BGB (condictio ob rem) als erfüllt an und billigte dem Notar einen Bereicherungsanspruch gegen die Grundpfandrechtsgläubigerin zu.[42] Die condictio ob rem erfaßt die Fälle, in denen der Zuwendende aufgrund einer Zweckabrede an den Empfänger in der Erwartung leistet, der Empfänger werde eine Gegenleistung erbringen, zu der er rechtsgeschäftlich nicht verpflichtet ist.[43] Weil die Grundpfandrechtsgläubigerin an sich dem Verkäufer gegenüber zur Pfandfreigabe gegen Ablösung der Forderung verpflichtet war, wandte der Senat die sog. Anstaffelungstheorie an, um eine zusätzliche Zweckverfehlung darin sehen zu können, daß der Notar von den Löschungsunterlagen keinen Gebrauch machen durfte.[44] Nach der Anstaffelungstheorie kann auch bei Bestehen eines gegenseitigen Vertrages ein über die Erfüllung der Verbindlichkeit hinausgehender, "angestaffelter" Zweck verfehlt werden und den Kondiktionsanspruch nach § 812 Abs. 1 S. 2 BGB auslösen.[45] Das OLG Koblenz ging noch einen Schritt weiter, indem es mit Hilfe der Anstaffelungstheorie ein Leistungsverhältnis zwischen dem Notar (als Angewiesenem) und der Grundpfandrechtsgläubigerin (als Empfängerin) konstruierte, das dem bereicherungsrechtlichen Dreiecksverhältnis fremd ist. Diese Konstruktion ist bedenklich und führt zur Lösung des bereicherungsrechtlichen Problems nicht weiter.

Eine eigene condictio ob rem des Notars gegen die Empfängerin setzt das Vorhandensein einer Zweckabrede voraus, die aus der tatsächlichen Zuwendung eine bereicherungsrechtlich relevante Leistung machte.[46] Daran fehlt es - entgegen der Ansicht des OLG Koblenz -, wenn der Notar an die Grund-

---

[42] OLG Koblenz, DNotZ 1988,653/655.

[43] BGH, NJW 1973,612/613; *Erman / H.P.Westermann*, BGB § 812, Rz. 52 f; *Esser / Weyers*, Schuldrecht BT, § 49 II.; *Koppensteiner / Kramer*, Ungerechtfertigte Bereicherung, § 7 III. 1.; *Larenz*, Schuldrecht BT, § 69 II.; *Medicus*, Bürgerliches Recht, Rz. 691; MünchKomm / *Lieb*, BGB § 812, Rz. 158; *Reuter / Martinek*, Ungerechtfertigte Bereicherung, § 5 III. 1. b); *Staudinger / Lorenz*, BGB § 812, Rz. 107; *Wieling*, JuS 1978,801/802.

[44] OLG Koblenz, DNotZ 1988,653/654.

[45] Zu dieser Problematik: *Reuter / Martinek*, Ungerechtfertigte Bereicherung, § 5 III. 2. a). Die Voraussetzungen eines Kondiktionsanspruchs gem. § 812 Abs. 1 S. 2 BGB sind allerdings umstritten, wenn ein angestaffelter Zweck verfehlt wurde. Für die Anstaffelungstheorie sprechen sich aus: BGH, MDR 1952,33/34; BGHZ 44,321/323; *Ehmann*, Die Gesamtschuld, § 6 VII., S. 173; *Erman / H.P.Westermann*, BGB § 812, Rz. 51. Die Gegenansicht sieht keinen Anwendungsbereich der condictio ob rem in gegenseitigen Verträgen: *Batsch*, NJW 1973,1639 f; *v.Caemmerer*, FS für Rabel (1954), S. 333/346; *Esser / Weyers*, Schuldrecht BT, § 49 II.; *Koppensteiner / Kramer*, Ungerechtfertigte Bereicherung, S. 58; *Söllner*, AcP 163,20/45; *Weber*, JZ 1989,25/27 f; *Zeiss*, JZ 1963,7.

[46] BGHZ 44,321/323; KG, MDR 1984,492; *Erman / H.P.Westermann*, BGB § 812, Rz. 51; *Larenz*, Schuldrecht BT, § 69 II.; *Koppensteiner / Kramer*, § 7 III. 1.; *Palandt / Thomas*, BGB § 812, Rz. 86; *Reuter / Martinek*, Ungerechtfertigte Bereicherung, § 5 III. 1. b); RGRK / *Heimann-Trosien*, BGB § 812, Rz. 90.

pfandrechtsgläubigerin einen Teilbetrag auszahlt, obwohl er nach deren unmißverständlichem Treuhandauftrag erst nach Eingang der gesamten geschuldeten Summe über die Löschungsunterlagen verfügen darf. Der Notar zahlte nicht in der Erwartung, daß die Grundpfandrechtsgläubigerin ihren Treuhandauftrag ändern, sondern in der Erwartung, daß die zweite Kaufpreisrate gezahlt und mit Überweisung dieser zweiten Rate die Voraussetzung für die Pfandfreigabe erfüllt würde. Eine Zweckvereinbarung des Inhalts, daß der Notar den ersten Teilbetrag auszahlte, um über die Löschungsunterlagen verfügen zu können, lag also gerade nicht vor. Das OLG Koblenz hätte eine Direktinanspruchnahme der Grundpfandrechtsgläubigerin durch den Notar allenfalls unter den - strengen - Voraussetzungen der Durchgriffskondiktion bejahen können.[47] Mit dieser Frage hat sich der Senat allerdings nicht auseinandergesetzt.

b) Inanspruchnahme des Empfängers im Wege der Durchgriffskondiktion

Die Abwicklung innerhalb der jeweiligen Leistungsverhältnisse gilt in den Anweisungsfällen nicht ausnahmslos. Der Bundesgerichtshof hat wiederholt - auch in Bezug auf die notarielle Hinterlegung[48] - darauf hingewiesen, daß sich jede schematische Lösung verbietet und eine dem Einzelfall angemessene Rückabwicklung gefunden werden muß.[49]

- Der Anweisende ist dann nicht Kondiktionsschuldner, wenn die Fehlüberweisung nicht als seine Leistung an den Empfänger angesehen werden kann, weil ihm die Auszahlung nicht zuzurechnen ist.[50] Der Notar hat deshalb einen Direktanspruch gegenüber dem Empfänger, wenn es von vorneherein an einer wirksamen Anweisung fehlte.[51]

- Die Durchgriffskondiktion wird darüber hinaus auch dann zugelassen, wenn der Empfänger nicht schutzwürdig ist, weil er die Fehlüberweisung er-

---

[47] vgl. auch *Lieb*, DNotZ 1988,655/658; *Gruber*, DNotZ 1989,658/666 f.

[48] BGHZ 88,232/235.

[49] BGHZ 50,227/229; 58,184/187; 61,289/292; 66,363/364; 66,372/374; 67,75/77; 72, 246/250 f; 87,393/396; 111,382/385; BGH, NJW 1984,2205; JZ 1987,199/200.

[50] vgl. BGHZ 66,372/375; 69,186/190; BGH, ZIP 1990,1126; *Canaris*, BB 1972,774/779; *ders.*, JZ 1987,201/201 f; *Erman / H.P.Westermann*, BGB § 812, Rz. 21; *Lorenz*, AcP 168, 286/302; *Medicus*, Schuldrecht BT, § 133 II. 2. c); MünchKomm / *Lieb*, BGB § 812, Rz. 51; *Pinger*, AcP 179,301/315 f.

[51] BGHZ 111,382/386; *Erman / H.P.Westermann*, BGB § 812, Rz. 21; *Jauernig / Schlechtriem*, BGB § 812, Anm. 5. c) cc); *Reuter / Martinek*, Ungerechtfertigte Bereicherung, § 11 III. 4. b) aa).

kannt hat[52] oder weil der die Leistung unentgeltlich erhalten hat, § 822 BGB analog.[53]

Der Notar kann danach den Empfänger des Auszahlungsbetrages dann unmittelbar in Anspruch nehmen, wenn er ohne wirksame Anweisung bzw. entgegen der Anweisung des Anspruchsinhabers an einen Dritten ausgezahlt, also seine Prüfungspflicht verletzt hat. In diesem Fall ist die Anweisung dem Anspruchsinhaber nicht zurechenbar und kann deshalb auch nicht als seine Leistung angesehen werden.[54]

Bsp.: Die Parteien eines Grundstückskaufvertrages vereinbaren, daß ein Teil des Kaufpreises auf das Anderkonto des beurkundenden Notars eingezahlt werden soll. Der Verkäufer weist den Notar an, den nach Ablösung der auf dem Grundstück lastenden Grundpfandrechte verbleibenden Restbetrag an seine Schwester auszuzahlen. Das verkaufte Grundstück ist mit einem Wohnrecht zugunsten der Mutter des Verkäufers belastet. Sie stimmt der Löschung zu und soll anstelle des Wohnrechts an dem verkauften Grundstück ein Wohnrecht an einem Grundstück der Schwester des Verkäufers erhalten. Bis zur Eintragung dieses Wohnrechtes hält der Notar abredegemäß 100.000.-- DM als Sicherheit zugunsten der Mutter auf dem Notaranderkonto zurück. Nach Eintragung des Wohnrechts und Ablösung der Grundpfandrechte auf dem verkauften Grundstück zahlt der Notar den Restkaufpreis und den Sicherheitseinbehalt an die Schwester des Verkäufers aus. Unmittelbar danach stellt er fest, daß auf dem verkauften Grundstück noch eine Sicherungshypothek lastet, die 13 Tage vor der Auszahlung eingetragen worden war. Er befriedigt die Gläubiger aus eigenen Mitteln und veranlaßt die Löschung der Belastung im Grundbuch.

Der Bundesgerichtshof billigte dem Notar in diesem Fall einen direkten Kondiktionsanspruch gegen die Empfängerin in Höhe der Summe zu, die er selbst für die nachträgliche Ablösung der Sicherunghypothek einsetzen mußte. Der Senat traf seine Entscheidung unter Heranziehung der Grundsätze der bereicherungsrechtlichen Rückabwicklung im Anweisungsverhältnis. Der bereicherungsrechtliche Durchgriff wurde unter zwei Gesichtspunkten begründet. Zum einen fehlte es nach Auffassung des Senates bereits an einer wirksamen Anweisung im Verhältnis zwischen dem auszahlungsberechtigten Verkäufer und dem Notar.[55] Zum anderen sah der Senat die Schwester des Verkäufers nicht als schutzwürdig an, weil sie den Betrag, der eigentlich zur Ablösung der Sicherungshypothek hätte verwendet werden müssen, unentgeltlich von ihrem Bruder, dem Verkäufer, erlangt habe.[56]

---

[52] BGHZ 87,393/398; vgl. auch BGHZ 66,362/365; 67,75/79; BGH, JZ 1987,199/201; *Canaris*, JZ 1987,201.

[53] *v.Caemmerer*, JZ 1962,385/388; *Erman / H.P.Westermann*, BGB § 812, Rz. 35; *Esser / Weyers*, Schuldrecht BT, § 48 III. 3. a); *Koppensteiner / Kramer*, Ungerechtfertigte Bereicherung, § 5 V.; MünchKomm / *Lieb*, BGB § 812, Rz. 43.

[54] *Flume*, NJW 1984,464/466; *Gruber*, DNotZ 1989,658/660 ff; *Mühl*, WM 1984, 1441/1443; *Lorenz*, JZ 1984,190 f.

[55] BGHZ 88,232/237.

[56] BGHZ 88,232/238 f.

Diese Argumentation ist nicht ohne Widerspruch. Wenn es an einer wirksamen Anweisung des Auszahlungsberechtigten gegenüber dem Notar fehlt, kann ihm die Auszahlung nicht als eigene Leistung gegenüber dem Empfänger zugerechnet werden. Dann erübrigen sich aber Überlegungen, ob es sich um eine entgeltliche oder um eine unentgeltliche Leistung gehandelt hat.[57] Dem Bundesgerichtshof ist deshalb im Ergebnis, nicht aber in der Begründung zuzustimmen. Der Notar konnte die Empfängerin als Kondiktionsschuldnerin in Anspruch nehmen, weil es an einer wirksamen Anweisung des Verkäufers im Hinblick auf den überzahlten Betrag fehlte.

Hat der Auszahlungberechtigte dagegen den Notar wirksam zur Auszahlung an einen Dritten angewiesen, so stellt die Auszahlung bereicherungsrechtlich eine Leistung des Auszahlungsberechtigen an den Dritten dar. Wird die Anweisung nachträglich widerrufen, kann der Notar den Empfänger der Auszahlung nur dann im Wege der Durchgriffskondiktion in Anspruch nehmen, wenn der Empfänger die mangelnde Berechtigung erkannt hat oder wenn die Voraussetzungen für einen Durchgriff entsprechend § 822 BGB vorliegen.

§ 10 Treuhandtätigkeit zum Ausgleich unterschiedlicher Interessen

I. Notarielle Hinterlegung unter dem Aspekt der mehrseitigen Treuhand

Die Frage der Beschränkung der Weisungsbefugnis des Hinterlegers zugunsten des Gläubigers, der den Hinterlegungsbetrag bei Eintritt der Auszahlungsbedingungen erhalten soll, führt unmittelbar zu einer Treuhandqualität anderer Art der notariellen Hinterlegung.

Bei der notariellen Hinterlegung im Zuge der Abwicklung eines Urkundsgeschäftes sind mindestens zwei Personen beteiligt, der Hinterleger und derjenige, der den Hinterlegungsbetrag erhalten bzw. zu dessen Gunsten er verwendet werden soll (z.B. zur Begleichung von Forderungen). Dient die treuhänderische Einschaltung des Notars einem sicheren und allen Interessen gerecht werdenden Leistungsaustausch, fungiert der Notar als Sachwalter mehrerer Beteiligter zugleich. - Bei der Kaufpreiszahlung über Notaranderkonto überwacht der Notar den Eintritt der Auszahlungsvoraussetzungen sowohl im Interesse des Käufers als auch im Interesse des Verkäufers. - Diese Tätigkeit des Notars ähnelt der eines Vermittlers, der nach mehreren Seiten fremde Interessen wahrzunehmen hat. In Anlehnung an den Begriff der *Doppeltreuhand* (auch doppelseitige bzw. mehrseitige Treuhand) wird auch in diesem Sinne

[57] vgl. *Flume*, NJW 1984,464/466.

von einer Treuhänderstellung des Notars gesprochen.[58] Mit der zuvor erörterten Verwahrung zivilrechtlichen Treuguts hat der Begriff Doppeltreuhand nichts zu tun.

I. Definition der mehrseitigen Treuhand im Notarrecht

Die mehrseitige Treuhand (Doppeltreuhand) ist ein Rechtsverhältnis, bei dem der Treuhänder in die Abwicklung der rechtlichen Beziehungen zwischen zwei Vertragspartnern in der Weise eingeschaltet wird, daß er beiden Vertragspartnern gegenüber aus dem Treuhandverhältnis berechtigt und verpflichtet ist.[59] Hier dient die Treuhand regelmäßig dazu, gegenläufige Interessen durch die Einschaltung des Treuhänders auszugleichen.[60]

Voraussetzung und Grundlage der Beauftragung des Doppeltreuhänders ist seine strenge Unparteilichkeit.[61] Die mehrseitige Treuhänderschaft kann mit den sog. amtlichen Treuhandverhältnissen (Konkursverwalter, Nachlaßverwalter usw. als gesetzliche Vermögensverwalter) verglichen werden.[62] In Anlehnung daran findet sich auch für die notarielle Treuhandtätigkeit die Bezeichnung "Amtstreuhand".[63]

Im Gegensatz zum gesetzlichen Vermögensverwalter leitet der zivilrechtliche Treuhänder seine Rechtstellung aber ausschließlich von den Zuordnungssubjekten her; er wird nicht kraft eigener - durch Gesetz oder von dritter Seite verliehener - Rechtsmacht tätig.[64] Aus diesem Grund sollte der Begriff "Amtstreuhand" nur mit Vorsicht zur Charakterisierung der notariellen Treuhandtätigkeit herangezogen werden. Er darf nicht überbeansprucht und der Treu-

---

58 *Volhard*, DNotZ 1987,523/525; *Zimmermann*, DNotZ 1980,451/457; s. auch *Lüke*, ZIP 1992,150/155; *Rings*, MittRheinNotK 1957,873/876.

59 RGRK / *Steffen*, BGB Vor § 164, Rz. 26; *Soergel / Leptien*, BGB Vor § 164, Rz. 59.

60 vgl. *Coing*, Die Treuhand kraft privaten Rechtsgeschäfts, S. 89, 93; *Siebert*, Das rechtsgeschäftliche Treuhandverhältnis, S. 101. Ein typischer Fall der mehrseitigen Treuhand ist der Treuhandliquidationsvergleich. Der der Gläubigerbefriedigung dienende Vermögensteil wird dem Treuhänder überlassen, der die Verwertung und Verteilung des Erlöses vornimmt: BGHZ 62,1/3; BGH, NJW 1966,1116 (zur Stellung des Treuhänders bei einem Liquidationsvergleich), BGHZ 55,307/309; *Böhle-Stamschräder / Kilger*, VerglO § 7, Anm. 3); *Künne*, Betrieb 1968, 1253,1300/1302; *Grohmann*, Rechtsstellung des Treuhänders.

61 *Grohmann*, Rechtsstellung des Treuhänders, S. 18.

62 vgl. *Coing*, Die Treuhand kraft privaten Rechtsgeschäfts, S. 93.

63 OLG Hamm, OLGZ 1984,387/394; *Reithmann*, Vorsorgende Rechtspflege, S. 210; *Volhard*, DNotZ 1987,523/525; *Zimmermann*, DNotZ 1980,451/458.

64 vgl. *Soergel / Leptien*, BGB Vor § 164, Rz. 83 ff.

handauftrag als Grundlage des notariellen Tätigwerdens im Einzelfall vernachlässigt werden.

Der Notar, der bei der Abwicklung eines Urkundsgeschäfts als Treuhänder eingeschaltet wird, nimmt eine ähnliche Rechtsstellung wie der Doppeltreuhänder ein. Seine Neutralität prädestiniert ihn dazu, im Interesse aller Beteiligten zu wirken und im Fall konfligierender Interessen ausgleichend tätig zu werden. Die Rechtsmacht des Notars reicht dabei grundsätzlich nur soweit, wie die Beteiligten sie ihm eingeräumt haben. Er übt keine Verwaltertätigkeit in dem Sinne aus, daß er die Treuhandtätigkeit in eigener Regie durchführen könnte.[65]

2. Tatbestandliche Voraussetzungen der mehrseitigen Treuhandtätigkeit des Notars

Wird der Notar als neutraler Mittler in die Abwicklung eines Vertragsverhältnisses einbezogen und dient seine Tätigkeit zugleich dem Interesse mehrerer Beteiligter, handelt es sich um ein *mehrseitiges Treuhandverhältnis*. Demgegenüber kommen auch einseitige Treuhandverhältnisse in Betracht, in denen der Notar zumindest überwiegend im Interesse eines Auftraggebers tätig wird und dementsprechend nur dem Auftraggeber gegenüber zur Wahrung seiner Interessen verpflichtet ist.[66] Ein solcher *einseitiger Treuhandauftrag* widerspricht auch dann nicht der Unparteilichkeitspflicht des Notars, wenn er von einem der Beteiligten bei der Abwicklung eines Urkundsgeschäftes erteilt wird.[67]

Im Rahmen der Vertragsabwicklung können einseitige und mehrseitige Treuhandverhältnisse nebeneinander bestehen bzw. ein einseitiges Treuhandverhältnis kann zu einem mehrseitigen werden und umgekehrt. Die Abgrenzung erweist sich unter Umständen als schwierig. Eine Klärung dieser Frage ist aber in jedem Einzelfall schon deshalb erforderlich, weil sich daraus ergibt, wer im Rahmen des Hinterlegungsverfahrens eine schutzwürdige Position einnimmt. Wird dem Notar einseitig die Verwahrung übertragen, so kann ihm

---

[65] vgl. auch OLG Stuttgart, DNotZ 1970,552/554 f (zur Abgrenzung von notarieller Treuhandtätigkeit und Vermögensverwaltung).

[66] Nach Ansicht von Reithmann ist das Ansuchen an den Notar, eine einseitige Rechtsbetreuung durchzuführen, nicht auf eine Treuhandtätigkeit, sondern immer auf eine Vollzugstätigkeit gerichtet. Auch wenn die zusammengefaßten Anträge nicht zusammenstimmten, handele es sich um mehrere getrennte Vollzugstätigkeiten: *Reithmann*, Vorsorgende Rechtspflege, S. 212; ebenso: *Seybold / Hornig*, BNotO § 24, Rz. 22,23. Diese Begriffswahl beruht auf der Definition der Treuhandtätigkeit als Betreuungstätigkeit für mehrere Beteiligte. Der Unterschied zur h.A., die zwischen einseitigen und mehrseitigen Treuhandverhältnissen differenziert, liegt weniger in der Sache, sondern ist vielmehr terminologischer Natur.

[67] vgl. BGH, DNotZ 1987,155/156.

der Treugeber Weisungen erteilen, ohne daß eine eventuelle Beschränkung der Weisungsbefugnis in Betracht gezogen werden muß.[68]

a) Mehrseitige Treuhand als Treuhandverfahren

Die Frage, ob ein einseitiges oder ein mehrseitiges Treuhandverhältnis vorliegt, beantwortet sich danach, zu welchem Zweck und in wessen Interesse der Notar die Verwahrung und die Prüfung und Überwachung der im Hinblick auf die Weiterleitung des Hinterlegungsbetrages erteilten Auflagen übernimmt.[69] Nur wenn die Treuhandtätigkeit auf Veranlassung und im Interesse mehrerer Sicherungsbedürftiger übernommen worden ist, kommt ein mehrseitiges Treuhandverhältnis im Betracht.

Diese Merkmale sind bereits im Zusammenhang mit den Verfahrenszielen und dem materiellen Beteiligtenbegriff im Hinterlegungsverfahren herangezogen worden. Mit dem Begriff der mehrseitigen Treuhand wird konkret der Verfahrenscharakter der notariellen Hinterlegung angesprochen. Das Hinterlegungsverfahren ist Treuhandverfahren.

Da es zum Wesen des Treuhandverfahrens gehört, divergierende Interessen auszugleichen, muß dem Treuhandverfahren ein Rechtsverhältnis der Beteiligten zugrunde liegen, aus dem sich reziproke Sicherungsinteressen ergeben. Das heißt, daß das notarielle Treuhandverfahren eng zusammenhängt mit einem Austauschverhältnis zwischen den Beteiligten.[70]

Wird der Notar als Vermittler bei der Abwicklung eines solchen Austauschverhältnisses eingeschaltet, sind die Parteien des Austauschverhältnisses regelmäßig auch Beteiligte eines mehrseitigen Treuhandverfahrens.

b) Begründung des mehrseitigen Treuhandverhältnisses

Zur Begründung des mehrseitigen Treuhandverhältnisses ist es weder erforderlich, daß die Beteiligten das Ansuchen gemeinsam an den Notar herantragen, noch müssen die Beteiligten ausdrückliche Erklärungen gegenüber dem Notar abgeben. Auch der ist Beteiligter in einem mehrseitigen Treuhandver-

---

68 OLG Hamm, OLGZ 1984,387/395; *Haug*, Die Amtshaftung des Notars, Rz. 707.

69 *Zimmermann*, DNotZ 1980,451/465; s. auch *Hädrich-Riedenklau*, Notarielle Rechtsbetreuung, S. 105.

70 vgl. auch *König*, Darlehensvalutierung über Notaranderkonto, S. 67: Das Sicherunginteresse allein genügt nicht, um die Beteiligtenstellung zu begründen. Derjenige, der ein Sicherungsinteresse besitzt, muß außerdem mit den anderen Hinterlegungsbeteiligten in einem vertraglichen Verhältnis stehen.

fahren, der konkludent zum Ausdruck bringt, daß der Notar bei der Durchführung der Hinterlegungstätigkeit zugleich für ihn tätig werden soll, sowie derjenige, der sich einem bereits erklärten Hinterlegungsansuchen im Einvernehmen mit den ursprünglichen Beteiligten anschließt.[71]

Vereinbaren die Parteien eines Grundstückskaufvertrages die Kaufpreishinterlegung, so sind sowohl der Käufer als Einzahler als auch der Verkäufer als Empfangsberechtigter Beteiligte des Treuhandverfahrens. Der Notar muß im Interesse beider Beteiligter dafür Sorge tragen, daß das Hinterlegungsverfahren seinen Sinn und Zweck im Vertragskontext erfüllt.

Auch wenn der Kaufvertrag selbst keinen Anhaltspunkt für einen ausdrücklichen Treuhandauftrag an den Notar erkennen läßt, so kann sich die Verpflichtung zu einer Treuhandtätigkeit bestimmten Inhalts doch aus den Umständen ergeben. Ist eine Zug-um-Zug-Abwicklung nur unter Einschaltung eines neutralen Dritten möglich und übernimmt der Notar die Vertragsdurchführung, entsteht ein mehrseitiges Treuhandverhältnis zwischen dem Notar und den Vertragsparteien selbst dann, wenn der Vertrag die Treuhandtätigkeit nicht ausdrücklich vorsieht und dementsprechend auch keine ausdrückliche Weisung an den Notar vorliegt.[72]

Auch eine tatsächliche Handlung hat unter Umständen den Charakter eines Anschlusses an die Hinterlegungsanweisung.

Bsp.: Der Grundstückseigentümer macht dem potentiellen Käufer ein in notarieller Urkunde niedergelegtes Angebot zum Abschluß eines Grundstückskaufvertrages, wobei der Angebotstext die Hinterlegung des Kaufpreises auf Notaranderkonto des beurkundenden Notars zu einem festgesetzten Zeitpunkt vorsieht. Das Vertragsangebot wird angenommen und der Kaufpreis hinterlegt.

Obwohl die Kaufvertragsparteien ausdrücklich keine gemeinschaftliche Hinterlegungsanweisung getroffen haben, ist in der Überweisung seitens des Käufers ein stillschweigender "Anschluß" an die Anweisung des Verkäufers zu sehen.[73] Er ist ebenfalls Beteiligter des Hinterlegungsverfahrens.

3. Einseitige und mehrseitige Treuhandverhältnisse zwischen dem Notar und den Kaufvertragsparteien

Die Treuhandtätigkeit, die der Notar bei der Abwicklung eines Kaufvertrages übernimmt, ist typischerweise eine mehrseitige Treuhand, indem sie der

---

[71] *Zimmermann*, DNotZ 1980,451/455.

[72] dazu: OLG Celle, DNotZ 1968,504/505; DNotZ 1972,763/764.

[73] *Zimmermann*, DNotZ 1980,451/455.

Koordination des Leistungsaustauschs und den Sicherungsinteressen beider Kaufvertragsparteien dient.

Es ist aber nicht ausgeschlossen, daß der Notar auch einseitige Treuhandaufträge der Vertragsparteien übernimmt.

a) Einseitige Treuhandtätigkeit für den Verkäufer

Die Frage, ob die Kaufpreishinterlegung im Zusammenhang mit einem Austauschverhältnis steht, kann nur unter Rückgriff auf den zugrundeliegenden Vertrag beantwortet werden. So fehlt es beispielsweise an einem mehrseitigen Treuhandverhältnis zwischen dem Notar und den Kaufvertragsparteien, wenn die Hinterlegung nur auf Wunsch und im Interesse des Verkäufers erfolgt, z.B. weil er mit dem Kaufgeld eine eigene Verbindlichkeit erfüllen will.

Bsp.: Der Verkäufer ist seinerseits Käufer eines Grundstücks und hat sich zur Kaufpreiszahlung über Notaranderkonto verpflichtet. Den Kaufpreis will der Verkäufer aus dem Erlös des Verkaufs seines Grundstücks finanzieren. Er vereinbart mit dem Käufer seines Grundstücks, den Kaufpreis auf ein Notaranderkonto einzuzahlen, das zur Abwicklung des anderen Grundstücksgeschäfts eingerichtet wird.

b) Einseitige Treuhandtätigkeit für den Käufer

Darüberhinaus ist es auch dem Käufer grundsätzlich unbenommen, dem Notar einseitige Treuhandaufträge zu erteilen. Alle Zahlungen, die nicht im Rahmen des vom Notar zu kontrollierenden Leistungsaustauschs stehen, sind in diesem Sinne einseitige Treuhandaufträge.

aa) Zahlung auf Notaranderkonto ohne entsprechende Hinterlegungsvereinbarung

Ist der Käufer zur unmittelbaren Zahlung an den Verkäufer verpflichtet und zahlt er auf Notaranderkonto mit der Maßgabe, nur nach entsprechender Weisung an den Verkäufer auszuzahlen, so handelt es sich um einen einseitigen Treuhandauftrag, nicht um einen Antrag auf Eröffnung des Hinterlegungsverfahrens. Der Notar ist nur dem Einzahler gegenüber weisungsgebunden und in dessen Interesse zu handeln verpflichtet.[74] Auf entsprechende Anweisung muß der Notar den Betrag an den Käufer zurücküberweisen, auch wenn laut Kaufvertrag die Voraussetzungen für die Zahlung an den Verkäufer vorliegen. Verlangt der Käufer Rückzahlung, so verhält er sich genauso, als würde er die

---

[74] OLG Hamm, OlGZ 1984,387/395 f; *Haug*, DNotZ 1982,594/599.

Barzahlung verweigern. Hierbei kann es sich um ein vertragswidriges Verhalten des Käufers handeln. Vertragsverletzungen dieser Art kann der Notar jedoch nicht verhindern.[75]

Ferner liegt ein einseitiges Treuhandverhältnis zwischen dem Käufer und dem Notar auch dann vor, wenn der Käufer

- vor Vertragsabschluß,
- vor Fälligkeit oder
- überobligationsmäßig auf Notaranderkonto zahlt.[76]

bb) Zahlung auf Notaranderkonto, die nicht dem Inhalt der Hinterlegungsvereinbarung entspricht

Schwieriger gestaltet sich die Beurteilung, ob es sich um einen einseitigen Treuhandauftrag handelt, in folgendem Fall: Der Käufer, der gemäß den Bestimmungen des Kaufvertrages zur Hinterlegung eines fälligen Kaufpreisteils verpflichtet ist, überweist den fälligen Betrag mit der Maßgabe auf Notaranderkonto, daß der Notar nur bei Eintritt zusätzlicher, zwischen den Parteien nicht vereinbarter Voraussetzungen den Betrag an den Verkäufer auszahlen darf.[77]

Bsp.:[78] Der Käufer ist vertragsmäßig zur Hinterlegung eines Kaufpreisteils bei Hausübergabe oder Bezugsfertigstellung verpflichtet. Nach Fälligstellung des Kaufpreisteils überweist der Käufer den Betrag auf Notaranderkonto und weist den Notar - entgegen den vertraglichen Zahlungsvereinbarungen - an, den Betrag erst dann an den Verkäufer auszuzahlen, wenn durch ein Sachverständigengutachten festgestellt ist, daß das Gebäude mangelfrei errichtet wurde.

Hier stellt sich die Frage, ob es sich bei der Hinterlegung des Kaufpreisteils um eine Zahlung im Rahmen des mehrseitigen Treuhandverfahrens gehandelt hat oder um einen zusätzlichen einseitigen Treuhandauftrag des Käufers.

Der Bundesgerichtshof prüfte, ob die Zahlung nach dem Empfängerhorizont als Erfüllungshandlung in Betracht kommen könnte. Er verneinte, anders als das Berufungsgericht, diese Zweckbestimmung, da der Käufer, der zur bedingungslosen Zahlung verpflichtet war, mit einer bedingten Hinterlegung keine

---

[75] vgl. *Reithmann*, Vorsorgende Rechtspflege, S. 222.

[76] vgl. *Brambring*, DNotZ 1990,615/643; *Haug*, DNotZ 1982,594/597 (unter Berufung auf OLG Frankfurt, Urt. v. 24.10.1973 AZ 7 U 41/73); *Zimmermann*, DNotZ 1980,451/460; s. auch *Weingärtner*, DONot § 11, Rz. 151.

[77] Davon zu unterscheiden ist der Fall, daß der Käufer vereinbarungsgemäß hinterlegt hat und dem Notar zusätzliche Treuhandauflagen erteilen will, die über die gemeinsamen Anweisungen der Beteiligten hinausgehen.

[78] BGH, DNotZ 1991,555.

Erfüllungshandlung vornehmen konnte. Demzufolge sah der Bundesgerichtshof in der bedingten Hinterlegung des Käufers einen zusätzlichen einseitigen Treuhandauftrag, den der zur Vertragsabwicklung berufene Notar nicht übernehmen durfte.[79] Weigerte sich der Käufer, wie in dem entschiedenen Fall, die vertragswidrigen Bedingungen zurückzunehmen, wäre der Notar zur Rücküberweisung des auf Notaranderkonto hinterlegten Geldes an den Käufer verpflichtet gewesen.[80]

Der Notar hat also auch bei der Abwicklung eines mehrseitigen Treuhandgeschäfts zu unterscheiden, ob die einzelne Leistung innerhalb oder außerhalb dieses Treuhandverfahrens erfolgte.

Eine Zahlung ergeht dann nicht im Rahmen der gemeinsamen Hinterlegungsanweisung und damit im Rahmen des mehrseitigen Treuhandverhältnisses, wenn sie Treuhandauflagen enthält, die von der gemeinsamen Hinterlegungsvereinbarung abweichen.[81] Zwar ist auch eine solche Zahlung geeignet, dem Verkäufer letztendlich einen Auszahlungsanspruch gegen den Notar zu verschaffen, wenn auch die zusätzlichen Voraussetzungen erfüllt sind. Das macht sie aber noch nicht zu einer Zahlung im Rahmen des mehrseitigen Treuhandverfahrens, da die Modalitäten dieses Verfahrens nicht einseitig, sondern nur von den Beteiligten gemeinschaftlich umgestaltet werden können.

Aus diesem Grund ist es für den Notar nicht möglich, die bedingte Anweisung in die ursprüngliche Hinterlegungsvereinbarung zu integrieren und das mehrseitige Treuhandverhältnis unter Berücksichtigung zusätzlicher Treuhandauflagen des Käufers weiterzuführen. Andererseits kann der Notar die vertragswidrigen zusätzlichen Treuhandauflagen auch nicht einfach ignorieren und das mehrseitige Treuhandverhältnis wie vorgesehen abwickeln. Dem Notar kommt keine "besondere Rechtsmacht zur Vertragsabwicklung" zu.[82] Er darf die Zahlung nicht "korrigieren", indem er aus einer vereinbarungswidrigen eine vereinbarungsgemäße Leistung macht.

Die notarielle Treuhandtätigkeit gewährleistet nur, daß der Leistungsaustausch Zug um Zug und ohne Vorleistung einer Partei vonstatten geht; sie schützt nicht vor vertragswidrigem Verhalten.[83]

---

[79] BGH, DNotZ 1991,555/556; *Haug*, Die Amtshaftung des Notars, Rz. 708; *Reithmann*, WuB VIII A. § 19 BNotO 3.90; s. auch *Weingärtner*, DONot § 11, Rz. 151.

[80] BGH, WM 1990,1549/1550 f; *Haug*, Die Amtshaftung des Notars, Rz. 708; *Weingärtner*, DONot, § 11 Rz. 146 c.

[81] *Reithmann*, WuB VIII A. § 19 BNotO 3.90; *Weingärtner*, DONot § 11, Rz. 146 c.

[82] vgl. OLG Hamm, DNotZ 1987,574/576.

[83] so auch: *Haug*, Die Amtshaftung des Notars, Rz. 708; *Weingärtner*, DONot § 11, Rz. 146 c.

II. Treuhandverhältnisse zu Dritten

Neben den treuhänderischen Beziehungen des Notars zu den Parteien des Urkundsgeschäfts kommen weitere Treuhandbeziehungen zu Dritten in Betracht. Typischerweise handelt es sich um Treuhandtätigkeiten, die der Notar auf Ansuchen der Gläubiger abzulösender Grundpfandrechte oder der finanzierenden Kreditinstitute übernimmt. Auch hier nimmt die notarielle Treuhandtätigkeit eine Stellung im Rahmen eines vertraglichen Austauschverhältnisses ein.

Bsp.:

Der Darlehensgeber gewährt dem Käufer den Kredit, wenn ihm dafür eine Sicherheit verschafft wird.

Die Gläubiger abzulösender Grundpfandrechte geben das Grundstück frei, wenn ihre Forderungen Zug um Zug beglichen werden.

Die Bank, die die Vorfinanzierung eines Bauträgerprojekts übernommen hat, gibt die einzelnen Kaufobjekte frei, wenn sie über den gesamten Kaufpreis für ein Objekt vorbehaltlos verfügen und ihn insbesondere zur Rückführung des dem Bauträger gewährten Kredits verwenden kann.

1. Die Koordinationspflicht des Notars

Vor der Übernahme des entsprechenden Treuhandauftrags muß der Notar prüfen, ob er sich mit dem Treuhandauftrag der Kaufvertragsparteien koordinieren läßt.[84] Stimmen die Treuhandauflagen nicht zusammen und würde demnach durch die Annahme des Treuhandauftrags des Dritten die Vertragsabwicklung gefährdet, darf der Notar den Treuhandauftrag nicht annehmen.[85] Er muß auf eine Änderung der Treuhandauflagen hinwirken oder den Treuhandauftrag ablehnen.

Bsp.: Die Kaufvertragsparteien sehen vor, daß der hinterlegte Kaufpreis an den Verkäufer ausgezahlt werden kann, wenn eine Auflassungsvormerkung zugunsten des Käufers eingetragen ist. Der Verkäufer erklärt sich bereit, bei der Finanzierung des Kaufpreises mitzuwirken und die Bestellung von Grundpfandrechten vor Eigentumsumschreibung zu gewähren. Das finanzierende Kreditinstitut überweist die Darlehensvaluta an den Notar unter der Auflage, erst dann auszuzahlen, wenn die Eintragung eines Grundpfandrechts zu seinen Gunsten anranggerechter Stelle und die Eintragung des Käufers als Eigentümer erfolgt ist.

Die Treuhandauflagen stimmen nicht zusammen. Der Notar muß auf eine Koordination der Auflagen hinwirken. Wenn eine Abstimmung nicht erfolgt, kann er den Treuhandauftrag der Bank nicht annehmen.

---

[84] *Haug*, DNotZ 1982,594/599; *Zimmermann*, DNotZ 1980,451/463; *ders.*, DNotZ 1985, 640/641.

[85] *Brambring*, DNotZ 1990,615/626, 634 f, 643; *Haug*, DNotZ 1982,595/599; *Weingärtner*, DONot § 11, Rz. 148 b; s. auch *Bräu*, Verwahrungstätigkeit des Notars, Rz. 132; *Reithmann*, Vorsorgende Rechtspflege, S. 212.

Ist die Koordination des Treuhandauftrages des Dritten mit dem Treuhandauftrag der Parteien des Urkundsgeschäftes möglich, so daß der Notar auch diese Betreuungstätigkeit übernehmen kann, stellt sich die Frage, ob auch die Treuhandbeziehungen zu Dritten Teil eines mehrseitigen Treuhandverhältnisses sind.

2. Das Verhältnis der verschiedenen Treuhandtätigkeiten zueinander

Im Gegensatz zur Abwicklung eines Urkundsgeschäfts unter Einschaltung des Notars fehlt es bei der Treuhandtätigkeit für Dritte an einer unmittelbaren Beziehung zwischen dem Vertragsverhältnis, in dessen Zusammenhang die notarielle Verwahrungstätigkeit erfolgen soll, und der Treuhandtätigkeit des Notars. Die Kreditinstitute und die Gläubiger abzulösender Grundpfandrechte tragen ihre Treuhandaufträge gesondert an den Notar heran. Anders als bei der Hinterlegungsvereinbarung zwischen Käufer und Verkäufer wird dem Notar ein einseitiger Treuhandauftrag ohne Bezugnahme auf das zugrundeliegende Vertragsverhältnis erteilt.

Ob ein mehrseitiges Treuhandverhältnis vorliegt, richtet sich aber nicht maßgeblich danach, wer dem Notar den Treuhandauftrag erteilt hat. Demzufolge ist es in der Fachliteratur umstritten, ob es sich hier dem äußeren Anschein entsprechend um einseitige Treuhandverhältnisse oder zum Schutz reziproker Sicherungsinteressen um mehrseitige Treuhandverhältnisse handelt. Auch die Beteiligung aller im weiteren Sinne in die Abwicklung eines Grundstücksgeschäfts einbezogenen Personen an einem komplexen Treuhandverhältnis wird in Betracht gezogen.

Von der Beantwortung dieser Frage hängt es ab, wem gegenüber der Notar innerhalb des Hinterlegungsverfahrens zur Interessenwahrung verpflichtet ist.

a) Einseitige Betreuungstätigkeit für Dritte

Die Kreditinstitute und die Gläubiger abzulösender Grundpfandrechte richten ihre Treuhandaufträge direkt an den Notar, ohne den Inhalt des Kreditvertrages oder der Rückzahlungsvereinbarung offen zu legen.[86]

Diese Treuhandaufträge Dritter werden von einem Teil der notarrechtlichen Literatur als einseitige Ansuchen angesehen. Das hat zur Folge, daß nur der Dritte weisungsbefugt ist und er seinen Treuhandauftrag bis zu dessen Abwicklung ändern, ergänzen oder zurücknehmen kann, ohne daß eine Be-

---

[86] vgl. *Brambring*, DNotZ 1990,615/626,644; *König*, Darlehensvalutierung über Notaranderkonto, S. 47 f.

schränkung seiner Weisungsbefugnis gegenüber anderen Beteiligten zu prüfen ist.[87]

Teleologisch wird diese Auffassung damit begründet, daß es nicht der Zweck der Treuhandauflagen der Kreditinstitute oder der Grundpfandrechtsgläubiger sei, einen Leistungsaustausch zu sichern. Sie dienten vielmehr dem alleinigen Sicherungsbedürfnis des Auftraggebers.

Im Hinblick auf die Widerrufsmöglichkeit dieser einseitigen Treuhandaufträge wird differenziert. Der Widerruf soll nur solange möglich sein, bis der Treuhandauftrag seine Erledigung gefunden hat. Dazu sind verschiedene Abwicklungsstadien zu unterscheiden.

- Ruft das Kreditinstitut die auf Notaranderkonto hinterlegte Darlehensvaluta zurück, bevor der Antrag auf Eintragung des Finanzierungsgrundpfandrechts gestellt ist und der Notar über den hinterlegten Betrag verfügt hat, soll er der Rückzahlungsforderung entsprechen.[88]

- Ist das Finanzierungsgrundpfandrecht bereits eingetragen, der hinterlegte Betrag aber noch nicht ausgezahlt, sei der Widerruf des Kreditinstituts ebenfalls zu beachten. Die Rückzahlung des Betrages soll allerdings nur Zug um Zug gegen Löschung des Grundpfandrechts vorgenommen werden.

- Wenn sämtliche Treuhandauflagen der Bank erfüllt sind und der Notar über den hinterlegten Betrag ganz oder teilweise verfügt hat, komme der Widerruf zu spät, weil der Treuhandauftrag bereits seine Erledigung gefunden habe.[89]

- Ebenso könnten hinterlegte Löschungsunterlagen dann nicht mehr zurückgefordert werden, wenn der Ablösebetrag überwiesen wurde.[90]

b) Sich überlagernde Treuhandverhältnisse

Nach der wohl h.M. führen die zusätzlichen Treuhandaufträge Dritter - entgegen dem äußeren Anschein - nicht zu einseitigen Treuhandverhältnissen. Sie integriert auch den einseitigen Treuhandauftrag, wenn er reziproken Sicherungsinteressen dient, in ein mehrseitiges Treuhandverfahren.

Abweichende Vereinbarungen sind nach der Ansicht der h.M. denkbar, aber nicht die Regel. Sie können jedenfalls nicht im Wege der ergänzenden Vertragsauslegung ermittelt werden.[91]

---

87 *Brambring*, DNotZ 1990,615/626 f,643; vgl. auch OLG Frankfurt, WM 1992,91.

88 vgl. auch OLG Frankfurt, WM 1992,91: jedenfalls bei Vorliegen eines wichtigen Grundes.

89 *Brambring*, DNotZ 1990,615/644.

90 *Brambring*, DNotZ 1990,615/644.

Bei der Abwicklung eines typischen finanzierten Grundstückskaufs mit Ablösung bestehender Grundpfandrechte aus dem Kaufpreis sind unter dieser Prämisse bis zu drei sich teilweise überlagernde mehrseitige Treuhandverhältnisse zu unterscheiden.[92]

Bsp.: Die Parteien eines Grundstückskaufvertrages vereinbaren, daß Vorbelastungen in Abt. III des Grundbuches aus dem Kaufpreis abgelöst werden sollen.

Der Verkäufer wirkt an der Finanzierung des Kaufpreises mit, indem er vor Umschreibung eine Grundschuld zugunsten des finanzierenden Kreditinstituts bestellt.

Das Kreditinstitut gewährt dem Käufer ein Darlehen, daß u.a. zur Ablösung der auf dem Kaufgrundstück lastenden dinglichen Belastungen dient. Es macht zur Auflage, daß über den Betrag nur Zug um Zug gegen Eintragung einer Grundschuld zu seinen Gunsten verfügt werden darf.

Die Gläubiger der eingetragenen Grundpfandrechte erteilen dem Notar zu treuen Händen die Löschungsbewilligungen bezüglich ihrer Rechte in Abt. III unter Aufgabe ihrer Forderung. Von den Löschungsbewilligungen darf der Notar erst dann Gebrauch machen, wenn er über den Ablösebetrag zugunsten der Gläubiger bedingungslos verfügen kann.

- Das erste Treuhandverhältnis besteht nach h.M. zwischen dem Notar und den Parteien des Kaufvertrages.[93]

Auch wenn die Parteien vereinbart hätten, daß der Kaufpreis zur Ablösung bestehender Grundpfandrechte verwendet werden soll, wären die Grundpfandrechtsgläubiger nicht Beteiligte dieses Treuhandverfahrens.[94] Obwohl ein Sicherungsinteresse der Grundpfandrechtsgläubiger, die ihr Grundpfandrecht nur gegen Befriedigung aus der Kaufpreissumme aufgeben wollten, bestünde, so rechtfertige dieses Sicherungsinteresse noch keine Beteiligung an dem Treuhandverhältnis zwischen dem Notar und den Parteien des Kaufvertrages, da es regelmäßig an einer vertraglichen Grundlage dafür fehle. Etwas anderes soll nur dann gelten, wenn eine Schuldübernahme bzw. Schuldmitübernahme des Käufers vereinbart wurde.[95]

- Beteiligte des zweiten Treuhandverhältnisses sind nach h.M. der Notar und die Parteien des Finanzierungsgeschäfts, das dem Treuhandverhältnis mit den Parteien des Kaufvertrages gleichsam vorgelagert ist.[96]

---

[91] *Zimmermann*, DNotZ 1980,451/462 f.

[92] *Bräu*, Verwahrungstätigkeit des Notars, Rz. 130; *Wagner / Zimmermann*, Verwahrungsgeschäfte, S. 34 ff; s. auch *Haug*, DNotZ 1982,594/599; *Weingärtner*, DONot § 11, Rz. 146 a; *ders.*, Vermeidbare Fehler im Notariat, Rz. 160 f.

[93] *Wagner / Zimmermann*, Verwahrungsgeschäfte, S. 35; *Weingärtner*, DONot § 11, Rz. 146 a.

[94] *König*, Darlehensvalutierung über Notaranderkonto, S. 64; *Zimmermann*, DNotZ 1980, 451/464.

[95] *König*, Darlehensvalutierung über Notaranderkonto, S. 64.

[96] OLG Hamm, VersR 1981,864; *Bräu*, Verwahrungstätigkeit des Notars, Rz. 130; *Musielak*, WuB VIII A. § 23 BNotO 1.92; *Zimmermann*, DNotZ 1980,451/462; vgl. auch *Weingärtner*, DONot § 11, Rz. 146 a.

Dem Treuhandauftrag des finanzierenden Kreditinstituts liege der Darlehensvertrag mit dem Käufer zugrunde. Das Kreditinstitut sichere sich durch eine entsprechende Ausgestaltung der Treuhandauflagen vor einer ungesicherten Darlehenshingabe. Daneben seien die Sicherungsinteressen des Käufers betroffen. Da er erst nach Eintragung als Eigentümer Grundpfandrechte zur Sicherheit bestellen könne, das Sicherungsobjekt aber Gegenstand des Kaufvertrages sei, bestehe auch ein Interesse des Käufers an der treuhänderischen Abwicklung des Darlehensgeschäftes. Er müsse sich darauf verlassen können, daß seine Finanzierungsmittel nicht unversehens zurückgerufen werden.[97] Das Sicherungsinteresse des Käufers sei selbst dann vorhanden, wenn der Verkäufer sich zur Mitwirkung bei der Finanzierung bereit erklärt habe, also die Eintragung von Grundpfandrechten vor Eigentumsübergang auf den Käufer gestatte. In diesen Fällen sei der Käufer dem Verkäufer gegenüber verpflichtet, von der Belastungsvollmacht nur Gebrauch zu machen, wenn und soweit die Darlehensvaluta auch den Bestimmungen des Kaufvertrages entsprechend an ihn weitergeleitet werden könne.

Der Verkäufer soll an dem Treuhandverhältnis zwischen dem Käufer, dem Darlehensgeber und dem Notar nicht beteiligt sein, obwohl er ein Sicherungsinteresse daran hat, daß ihn letztendlich die Darlehensvaluta erreicht bzw. daß er bei einer Rückabwicklung des Darlehensvertrages seine Sicherheit zurückerhält. Die Absicherung des Verkäufers werde nicht durch seine Beteiligtenstellung im Treuhandverhältnis mit dem Darlehensgeber, sondern dadurch erreicht, daß der Notar die verschiedenen Treuhandverhältnisse - das Treuhandverhältnis zwischen den Parteien des Kaufvertrages und dasjenige zwischen den Parteien des Darlehensvertrages - koordiniere.[98]

- Das dritte Treuhandverhältnis besteht nach h.M. zwischen dem Notar, dem Grundstückseigentümer und den Gläubigern abzulösender Grundpfandrechte, die die Löschungsunterlagen und Verzichtserklärungen zu treuen Händen bei dem Notar hinterlegen.

Dem Treuhandauftrag der Gläubiger liege die Rückzahlungsvereinbarung zwischen dem Grundstückseigentümer/Verkäufer und den Gläubigern zugrunde. Deshalb seien die Voraussetzungen eines mehrseitigen Treuhandverhältnisses erfüllt, wenn die treuhänderische Abwicklung sowohl den Interessen des Gläubigers als auch des Verkäufers diene. Der Gläubiger habe ein Interesse daran, seine Sicherheit nur gegen Erhalt der Ablösesumme aufzugeben. Der zur Verschaffung unbelasteten Eigentums verpflichtete Verkäufer sei daran in-

---

[97] *Musielak*, WuB VIII A. § 23 BNotO 1.92; *Zimmermann*, DNotZ 1980,451/462 f.

[98] *König*, Darlehensvalutierung über Notaranderkonto, S. 61; *Zimmermann*, DNotZ 1980, 451/463; anders: *Weingärtner*, DONot § 11, Rz. 146 a.

teressiert, daß die Ablösesumme nur Zug um Zug gegen Löschung der Belastung an den Gläubiger ausgekehrt werde.[99]

Demgegenüber scheide eine Beteiligung des Grundstückskäufers an diesem Treuhandverfahren aus, da er nicht an dem dem Treuhandverfahren zugrundeliegenden Vertragsverhältnis beteiligt sei.[100]

Die drei Treuhandverhältnisse überlagern sich teilweise. Die Auffassung der h.M. führt damit zu folgenden Konsequenzen für die Abwicklung der einzelnen Treuhandverfahren.

Der Notar hat bei der Abwicklung die Bindungen innerhalb der jeweiligen Treuhandverhältnisse zu beachten.

- Ruft der Käufer die Darlehnsvaluta zu einem anderen Zweck ab, kann das nur im Einverständnis mit dem Verkäufer geschehen.

- Die finanzierende Bank benötigt für einen Rückruf der Darlehensvaluta das Einverständnis des Käufers/Darlehensnehmers.

- Die Gläubiger abzulösender Grundpfandrechte können unter Berücksichtigung der Rückzahlungvereinbarung mit dem Verkäufer nur mit dessen Einverständnis die Löschungsunterlagen zurückrufen.[101]

c) Beitritt zu einem einheitlichen Treuhandverfahren

Die dritte in der notarrechtlichen Literatur vertretene Ansicht sieht in dem Hinterlegungsverfahren zur Abwicklung eines Grundstücksgeschäfts ein einheitliches Verfahren, bei dem nicht nur Käufer und Verkäufer Beteiligte sind. Vielmehr sollen auch Dritte diesem Verfahren beitreten können, insbesondere die Gläubiger abzulösender Grundpfandrechte.[102] Ebenso würden die Kreditinstitute, die dem Notar im Zusammenhang mit der Darlensvalutierung über Notaranderkonto einen zusätzlichen Treuhandauftrag erteilen, dem Hinterlegungsverfahren beitreten.

Die Treuhandaufträge mit den verschiedenen Treuhandauflagen müßten trotz der Qualifizierung als einheitliches Treuhandverfahren nicht übereinstimmen. Es genüge, daß sie zusammenstimmten, um dem Notar die Abwicklung des Treuhandverfahrens zu ermöglichen.[103] Die Pflicht des Notars, auf ein Zusammenstimmen der Treuhandauflagen mit den Bestimmungen des

---

[99] i. E. auch: *König*, Darlehensvalutierung über Notaranderkonto, S. 62.

[100] ebenso: *König*, Darlehensvalutierung über Notaranderkonto, S. 63.

[101] *Wagner / Zimmermann*, Verwahrungsgeschäfte, S. 35 f.

[102] *Reithmann*, Vorsorgende Rechtspflege, S. 212.

[103] *Reithmann*, Vorsorgende Rechtspflege, S. 213.

Kaufvertrages zu achten, ergäbe sich danach bereits aus der Natur der Sache.[104]

Auch innerhalb des einheitlichen Treuhandverfahrens sollen sich die Pflichten des Notars dem einzelnen Beteiligten gegenüber nach den jeweiligen Treuhandaufträgen richten. Sie könnten sich demnach durchaus unterscheiden.[105]

Der Notar hat bei der Abwicklung eines mehrseitigen Treuhandverfahrens die Interessen aller Beteiligten und den übergeordneten Zweck des Verfahrens zu berücksichtigen. Für diese Ansicht ergibt sich deshalb die Konsequenz, daß auch Dritte mit der Annahme ihres Treuhandauftrages durch den Notar an den Zweck des einheitlichen Hinterlegungsverfahrens gebunden wären. Sie könnten ihre Aufträge nicht mehr zurückrufen, wenn sie damit die reibungslose Abwicklung des Grundstücksgeschäfts gefährdeten.[106]

d) Stellungnahme

Wird der Notar im Zuge der Abwicklung eines Grundstückskaufvertrages für verschiedene Personen treuhänderisch tätig, so ergibt sich eine Bündelung von Betreuungstätigkeiten, die letztendlich einem Ziel dienen. Das Geschäft soll insgesamt ordnungsgemäß, zweckmäßig und zügig abgewickelt werden. Auf den ersten Blick scheint dieses Ziel durch die Integration aller Treuhandaufträge in ein einheitliches Hinterlegungsverfahren auf optimale Weise erfüllt zu werden.

Die Einbindung der Treuhandaufträge Dritter in ein einheitliches Hinterlegungsverfahren setzt jedoch eines voraus. Die jeweiligen Auftraggeber müßten sich eines Teils ihrer Rechtsmacht zugunsten des Notars begeben und damit zugleich ihre Unterwerfung unter einen übergeordneten Verfahrenszweck, nämlich die Gesamtabwicklung des Grundstückskaufvertrages einschließlich Finanzierung und Enthaftung, zum Ausdruck bringen.[107]

Diese Voraussetzung liegt bei dem Zusammentreffen mehrerer Treuhandaufträge nicht vor. Zwar handelt es sich bei der notariellen Treuhandtätigkeit um eine öffentlich-rechtliche Betreuungsaufgabe. Daraus resultiert aber keine umfassende Abwicklungsbefugnis des Notars, die der Grundlage in den vertraglichen Beziehungen entbehrte. Das Erklärungsmodell eines einheitlichen

---

[104] *Reithmann*, Vorsorgende Rechtspflege, S. 213.

[105] *Reithmann*, Vorsorgende Rechtspflege, S. 212.

[106] vgl. *Reithmann*, Vorsorgende Rechtspflege, S. 213: Dem Widerruf der kaufpreisfinanzierenden Bank könnte der Gesichtspunkt der reibungslosen Abwicklung der Lastenfreistellung entgegenstehen.

[107] so *Reithmann*, Vorsorgende Rechtspflege, S. 213, 228.

Treuhandverfahrens mit mehreren Beteiligten unterscheidet nicht mit genügender Klarheit zwischen dem rechtsfürsorgerischen Zweck, den der Notar als Organ der vorsorgenden Rechtspflege aus eigener Pflicht zu beachten hat, und dem individuellen Zweck, den die Beteiligten zugrundelegen und dem sie sich unterwerfen wollen.

- Die Bindung des Notars an den rechtsfürsorgerischen Zweck einer Betreuungstätigkeit bedeutet, daß er an die Beteiligten herantreten und auf eine entsprechende Ausgestaltung oder Anpassung hinwirken, notfalls seine Mitwirkung verweigern muß.[108]

- Die Unterwerfung der Beteiligten unter einen objektiven Verfahrenszweck bedeutet, daß dem Notar in gewisser Hinsicht ein Gestaltungsspielraum zur Verwirklichung des Verfahrenszweck eingeräumt wird.

Diese Unterscheidung ist notwendig. Die Beteiligten des Hinterlegungsverfahrens unterwerfen sich nur soweit dem Verfahrenszweck, wie sie auch nach materiellem Recht gegenüber dem Vertragspartner zur Rücksichtnahme auf dessen Interessen verpflichtet sind. Für sie besteht kein Grund, sich an einem Hinterlegungsverfahren zu beteiligen, das sie in ihrer Handlungsfähigkeit beschränkt, wenn diese Beschränkungen den Sicherungsinteressen Dritter dienen, mit denen sie unmittelbar überhaupt nichts zu tun haben.

Auch für den Notar ist eine Ausdehnung des Verfahrensbegriffs im Sinne eines einheitlichen Hinterlegungsverfahrens keinesfalls wünschenswert. Die Ausweitung seines Handlungsspielraums erhöht zugleich sein Haftpflichtrisiko in unübersehbarer Weise.[109]

Damit kann eine erste Schlußfolgerung gezogen werden: Die Abwicklung eines komplexen Grundstückskaufvertrages kann nicht durch die Einbindung aller Treuhandaufträge in ein einheitliches Hinterlegungsverfahren garantiert werden. Es bleibt bei der Pflicht des Notars, die verschiedenen Treuhandaufträge zu koordinieren.[110]

Die Auseinandersetzung mit den verschiedenen Treuhandbeziehungen im Rahmen der Abwicklung eines komplexen Urkundsgeschäfts reduziert sich demnach auf die Frage, ob es sich hierbei um sich überlagernde, mehrseitige Treuhandverhältnisse oder um eine durch parallele wirtschaftliche Zwecke verbundene Zusammenfassung verschiedener, voneinander unabhängiger Treuhandverhältnisse handelt. Die Problematik ist im Grunde nicht rechtsg-

---

[108] vgl. auch *König*, Darlehensvalutierung über Notaranderkonto, S. 66: König unterscheidet die praktische Koordination durch den Notar von einem echten allseitigen Betreuungsverhältnis. Die Koordinationslösung bedeute für den Notar im Vorbereitungsstadium mehr Arbeit.

[109] *Bräu*, Verwahrungstätigkeit des Notars, Rz. 132.

[110] ähnlich: *Bräu*, Verwahrungstätigkeit des Notars, Rz. 132.

dogmatischer Natur. Da die mehrseitige Treuhand durch das Zusammentreffen unterschiedlicher Sicherungsinteressen charakterisiert ist, muß im Einzelfall geprüft werden, welchen Sicherungsinteressen die Einschaltung des Notars konkret dienen soll.

- Ist der Ausgleich reziproker Sicherungsinteressen das Ziel der notariellen Treuhandtätigkeit, so handelt es sich um ein mehrseitiges Treuhandverhältnis (Treuhandverfahren), das sich bei teilweiser Identität der Beteiligten mit einem anderen mehrseitigen Treuhandverhältnis überschneidet.

- Dient die notarielle Treuhand nur den Sicherungsinteressen eines Auftraggebers, so wird kein Treuhandverfahren eröffnet, sondern ein einseitiger Treuhandauftrag ausgeführt.

3. Reziproke Sicherungsinteressen bei Treuhandaufträgen Dritter

Mehrseitige Treuhandverhältnisse mit nur mittelbar an der Abwicklung eines Grundstückskaufvertrages beteiligten Personen setzen voraus, daß die Treuhandaufträge in Beziehung auf schuldrechtliche Austauschverhältnisse erteilt werden. Die Treuhandaufträge Dritter können danach in verschiedene Fallgruppen unterteilt werden.

a) Treuhandauftrag des finanzierenden Kreditinstituts

Erteilt das finanzierende Kreditinstitut einen Treuhandauftrag an den Notar, um sich vor der ungesicherten Auszahlung der Darlehensvaluta zu schützen, so geht es darum, den Austausch "Leistung" (Darlehenshingabe) gegen "Sicherheit" (Bestellung eines Grundpfandrechtes) zu koordinieren. Die Hinterlegung schützt dabei zum einen das Kreditinstitut vor ungesicherter Hingabe der Darlehensvaluta. Zum anderen schützt sie den Grundschuldbesteller vor Preisgabe der Sicherheit, bevor die Darlehensvaluta bereit liegt. Die Bereitstellung der Darlehensvaluta zur Sicherung der Kaufpreisfinanzierung ist dagegen nicht Gegenstand des Treuhandverfahrens.

Überweist das Kreditinstitut die Darlehensvaluta unter der Auflage, sie bei Eigentumseintragung des Darlehensnehmers und nach Eintragung eines Grundpfandrechtes zu seinen Gunsten an vereinbarter Rangstelle gemäß den Vertragsbestimmungen zu verwenden, so ist das Sicherungsinteresse des Darlehensnehmers/Sicherungsgebers betroffen, sobald der Notar die Anträge auf Eintragung des Eigentumsüberganges sowie auf Eintragung des Grundpfandrechts dem Grundbuchamt vorgelegt hat. Von diesem Zeitpunkt an wird das Sicherungsbedürfnis des Grundpfandrechtbestellers akut.

Die Weisungsbefugnis des Hinterlegers muß unter Rücksichtnahme auf die schutzwürdigen Interessen des anderen Beteiligten eingeschränkt werden, so daß der Darlehensgeber die Darlehensvaluta nicht mehr ohne weiteres einseitig zurückfordern darf.[111] Ein Treuhandauftrag des Kreditinstituts, der das Recht zur jederzeitigen Rückforderung der Darlehensvaluta beinhaltet, kann die Vertragsabwicklung unterbrechen und ist deshalb abzulehnen.[112]

b) Treuhandauftrag des Kreditinstituts und Mitwirkung des Grundstücksverkäufers bei der Finanzierung

Gestattet der Verkäufer dem Käufer, das verkaufte Grundstück schon vor Eigentumsübergang zu belasten, basiert die Bestellung des Grundpfandrechts auf der Sicherungsabrede zwischen dem Verkäufer als Noch-Eigentümer (Sicherungsgeber) und dem Kreditinstitut (Sicherungsnehmer).[113]

Der Sicherungsgeber verplichtet sich zur Bestellung der Sicherheit. Der Sicherungsnehmer verpflichtet sich dazu, von der Sicherheit nur in bestimmtem Rahmen und zu bestimmten Zwecken Gebrauch zu machen.[114] Die Sicherungsabrede (Sicherungsvertrag) ist das Kausalgeschäft für die abstrakte Grundschuldbestellung.[115]

Die Ausgestaltung der Finanzierungsvollmacht und der Zweckerklärungen müssen garantieren, daß der Verkäufer, der die Belastung seines Grundstücks hinnimmt, den kreditierten Kaufpreis tatsächlich erhält. Die notarielle Treuhandtätigkeit dient also auch in diesem Fall dem Zweck, den reibungslosen Austausch des kreditierten Kaufpreises gegen die gewährte Sicherheit zu gewährleisten. Es handelt sich demzufolge um ein mehrseitiges Treuhandverhältnis, an dem neben dem Notar der Sicherungsgeber und das Kreditinstitut beteiligt sind.

Das Kreditinstitut unterliegt erst dann den verfahrensimmanenten Bindungen, wenn das Sicherungsinteresse des Grundschuldbestellers akut wird, also

---

[111] vgl. *Hegmanns*, WuB VIII A. § 19 BNotO 2.90; *Wolfsteiner*, in: *Kersten / Bühling*, 1. Hb., § 28, Rz. 264.

[112] *Zimmermann*, in: *Kersten / Bühling*, 2. Hb., § 157, I. 3.

[113] *Ertl*, MittBayNotV 1989,53/54; *Scholz / Lwowski*, Kreditsicherung, H/106; *Tröder*, DNotZ 1984,350/355.

[114] *Reithmann*, DNotZ 1982,67/71; *Serick*, Eigentumsvorbehalt und Sicherungsübereignung II, § 28 II. 2.; *Tröder*, DNotZ 1984,350/355 f.

[115] *Reithmann*, DNotZ 1982,67/71; *Serick*, Eigentumsvorbehalt und Sicherungsübereignung I, § 4 II. 2.; *Weber*, Sicherungsgeschäfte, § 2 III.

mit Beantragung der Grundbucheintragung. Bis zu diesem Zeitpunkt kann das Kreditinstitut seinen Treuhandauftrag ohne weiteres zurück nehmen.[116]

c) Treuhandaufträge der Gläubiger abzulösender Grundpfandrechte

Auch hinter dem Treuhandauftrag, den der Gläubiger eines abzulösenden Grundpfandrechtes erteilt, verbergen sich reziproke Sicherungsinteressen. Der Gläubiger gibt die Sicherheit nur Zug um Zug gegen Begleichung seiner Forderung auf. Deshalb weist er den Notar an, von den Löschungsunterlagen keinen Gebrauch zu machen, bevor nicht die Ablösesumme vereinbarungsgemäß bereit liegt.

Die notarielle Treuhandtätigkeit sichert zugleich den Schuldner, daß er mit Hilfe des Hinterlegungsbetrages von seiner Verbindlichkeit befreit und die Belastungen gelöscht werden. In diesem Fall sind der Verkäufer eines belasteten Grundstücks und der Grundpfandrechtsgläubiger Beteiligte des mehrseitigen Treuhandverhältnisses.[117] Hat der Käufer die Schuld des Verkäufers übernommen, so tritt er anstelle des Verkäufers in das Treuhandverfahren ein.

Ein gleichgelagertes Treuhandverhältnis, in dem die Aufgabe einer Sicherheit im Zentrum steht, entsteht dann, wenn sich der Gläubiger einer Gesamtgrundschuld zur Freigabe eines Wohnungseigentumsrechts gegen Zahlung eines Ablösebetrages verpflichtet. Wird die Aufgabe der Sicherheit gegen Leistung des Kaufpreises unter Mitwirkung des Notars durchgeführt, sind die Bank und der Käufer, auf dessen Wohnungseigentum die Gesamtgrundschuld lastet, Beteiligte des Treuhandverfahrens.[118]

---

[116] vgl. OLG Hamm, VersR 1981,864.

[117] Die Entscheidung des BGH v. 11.02.1983, in der der V. ZS in einem Haftpflichtprozeß das Vorliegen von Amtspflichten gegenüber dem persönlich schuldenden Eigentümer verneint hat, darf nicht pauschal verstanden werden. Der Senat präzisiert seine Auffassung dahin, daß die - vom Notar verletzte - treuhänderisch übernommene Pflicht, die Grundschuld erst nach Sicherstellung des zur Ablösung erforderlichen Betrages zur Löschung zu bringen, nur im Interesse der Gläubigerin des abzulösenden Grundpfandrechtes bestanden hatte: BGH, DNotZ 1983,509/512. Sicherungsinteressen des persönlich schuldenden Eigentümers waren in diesem Fall im Rahmen des Treuhandauftrages der Grundpfandrechtsgläubigerin gar nicht betroffen.

[118] Ohne Belang ist die Streitfrage, ob die Freigabe ziwschen dem Bauträger und der Bank als Vertrag zugunsten des Käufers - so BGH, DNotZ 1977,356/360; NJW 1992,1390 - oder unmittelbar zwischen der Bank und dem Käufer vereinbart wird: *Basty*, DNotZ 1992,131/132; *Behmer*, DNotZ 1985,195; *Reithmann*, in: *Reithmann / Meichssner / v.Heymann*, B Rz. 175; *Schelter*, DNotZ 1984,330/332; *Schmidt*, in: Münchener Vertragshandbuch, Band 3, S. 173; *Schöner*, DNotZ 1977,361.

III. Verhältnis der mehrseitigen Treuhandtätigkeit zur amtlichen Verwahrung zivilrechtlichen Treugutes

Die zuvor erörterten Treuhandtätigkeiten des Notars, die amtliche Verwahrung zivilrechtlichen Treugutes und die mehrseitige Treuhand zum Ausgleich unterschiedlicher Interessen, treffen bei der Kaufpreisabwicklung über Notaranderkonto zusammen.

- Der Käufer eines Grundstücks möchte den Kaufpreis erst dann zahlen, wenn eine Auflassungsvormerkung zu seinen Gunsten eingetragen ist, seiner Eintragung als Eigentümer keine öffentlich-rechtlichen Hindernisse entgegenstehen und sichergestellt ist, daß er das Grundstück lastenfrei erwerben wird.

- Der Verkäufer möchte seinerseits nur dann Dispositionen treffen, wenn der vereinbarte Kaufpreis bereit liegt und er die Sicherheit hat, daß der Kaufpreis bedingungsgemäß an ihn ausgezahlt oder zur Ablösung bestehender Grundpfandrechte verwendet werden kann.

Die Verwahrung des auf Notaranderkonto eingezahlten Geldes ist eine amtliche Verwahrung zivilrechtlichen Treugutes. Der Komplex des Bereithaltens des Hinterlegungsbetrages und der Auszahlung bei Eintritt der entsprechenden Voraussetzungen umfaßt eine mehrseitige Treuhandtätigkeit, die der Notar mindestens im Interesse von Käufer *und* Verkäufer, gegebenenfalls auch im Interesse Dritter (z.B. der Gläubiger abzulösender Grundpfandrechte) ausübt.

1. Die Problematik eines vereinheitlichenden Treuhandbegriffs

Die beiden unterschiedlichen Formen der "Treuhand" werden in Bezug auf die notarielle Hinterlegung nur selten differenziert behandelt.[119] Die Nivellierung der Unterschiede der beiden Treuhandformen geht aber über eine Begriffsverwirrung hinaus und führt zu letztendlich unerwünschten Rechtsfolgen.

Betont man einseitig die zivilrechtliche Treuhand, so vernachlässigt man die Einbindung der Hinterlegung in ein zielorientiertes notarielles Hinterlegungsverfahren. Der Treugeber/Hinterleger könnte bis zum endgültigen Verlust seiner Befugnisse als wirtschaftlicher Eigentümer Dispositionen über das Hinterlegungsgut treffen und den Notar zu einem entsprechenden Vorgehen anweisen. Eine solche Dominanz der Position des wirtschaftlichen Eigentümers wi-

---

[119] Eine ausdrücklich differenzierende Betrachtung findet sich nur bei *Bräu*, Verwahrungstätigkeit des Notars, Rz. 86. Bräu unterscheidet zwischen der Funktion der notariellen Verwahrung und der daraus resultierenden dinglichen Rechtslage auf der einen Seite und der Rechtsnatur des notariellen Tätigwerdens auf der anderen Seite. Er charakterisiert vor diesem Hintergrund den Notar als "amtlichen Verwahrer zivilrechtlichen Treuguts".

derspricht eklatant der Funktion der Hinterlegung in einem Austauschverhältnis, in dem die Sicherheitsinteressen des Schuldners wie des - seinerseits zu Leistungen verpflichteten - Gläubigers zu berücksichtigen sind. Demzufolge tritt der Aspekt der Verwahrung zivilrechtlichen Treugutes bei Analysen der notariellen Hinterlegung in den Hintergrund. Die Folge ist, daß die notarielle Hinterlegung häufig ausschließlich als mehrseitige Treuhand verstanden wird. Käufer und Verkäufer sollen gemeinsam "Hinterleger" sein.[120]

Die Konsequenz, den Gläubiger und den Schuldner eines Zahlungsanspruchs gleichzeitig als Hinterleger anzusehen, bringt jedoch die "quasidingliche" Komponente der Hinterlegung in ein schiefes Licht. Der Treugeber, d.h. derjenige, für den der Notar das zivilrechtliche Treugut verwahrt, ist der wirtschaftliche Eigentümer des Treuguts. Bei einem Vermögenstransfer über Notaranderkonto findet eine Übertragung des wirtschaftlichen Eigentums statt. Mit Auszahlungsreife verwahrt der Notar das zivilrechtliche Treugut nicht mehr für den ursprünglichen Treugeber, sondern für den Empfangsberechtigten als nunmehrigen Treugeber. Die Formulierung, daß Gläubiger und Schuldner gleichzeitig Hinterleger seien, erweckt demgegenüber den Eindruck, daß sie gleichzeitig eine Berechtigung an dem Treugut hätten. Man müßte also konsequent von einem "wirtschaftlichen Gesamthandseigentum" sprechen.

Der Vergleich mit den sachenrechtlichen Eigentumsstrukturen legt die Schwächen der Theorie gemeinschaftlicher Hinterlegung offen. Es geht den Parteien um Eigentumsübertragung, nicht um Gesamthandseigentum, um sukzessive, nicht um gemeinschaftliche Berechtigung an dem Hinterlegungsgut. Die Bedeutung der sukzessiven Berechtigung von Gläubiger und Schuldner ist immens. Sie hat zur Folge, daß der Notar *ohne Zustimmung des Hinterlegers,* der der verlierende Teil bei der Eigentumsübertragung ist, bzw. ohne einen Titel, über das Anderkontengeld *nicht verfügen darf.* Nur dann steht nämlich fest, daß der Hinterleger nicht mehr der Treugeber ist oder von der Rechtsordnung nicht mehr als Treugeber anerkannt wird. Und nur dann greift der Notar mit einer Verfügung über das Anderkontengeld nicht in die wirtschaftliche Eigentumsposition des Hinterlegers ein.

Das heißt, daß sowohl der Aspekt der amtlichen Verwahrung zivilrechtlichen Treuguts als auch der Gedanke der mehrseitigen Treuhand bei der notariellen Hinterlegung eine Rolle spielt. Die Verpflichtungen, die sich für den Notar als Treuhänder in dem einen und dem anderen Sinne ergeben, müssen koordiniert werden.

---

[120] *Zimmermann,* DNotZ 1980,451/458; insoweit zustimmend: *Volhard,* DNotZ 1987,523/525; ähnlich auch: *Rings,* MittRhNotK 1957,873/877 f.

2. Parallelität von amtlicher Verwahrung zivilrechtlichen Treuguts und mehrseitiger Treuhand

Die zuvor aufgedeckte Problematik des vereinheitlichenden Treuhandbegriffs läßt nur einen Schluß zu. Man kommt bei der notariellen Hinterlegung mit einem Treuhandbegriff nicht aus. Treffen beide Treuhänderstellungen des Notars aufeinander, so müssen sowohl seine Verpflichtungen gegenüber dem hinterlegenden Schuldner als auch seine Verpflichtungen gegenüber dem gleichfalls sicherungsbedürftigen Gläubiger Berücksichtigung finden.

Systematisch wurde die Parallelität der Treuhandbeziehungen bisher nur einmal, und zwar am Beispiel der Kaufpreiszahlung über Notaranderkonto, erörtert. Der Autor wirft die These auf, daß sich die mehrseitige Treuhand bei der Abwicklung eines Grundstückskaufvertrages über Notaranderkonto aus Elementen der Sicherungs- und der Verwaltungstreuhand[121] zusammensetze. Mit der Übertragung des Verwahrungsgutes auf den Notar entstehe eine "Verwaltungstreuhand" für den Käufer. Zugleich läge eine "Sicherungstreuhand" zugunsten des Verkäufers vor; der Verkäufer erbringe seine Leistung nur, wenn er mit dem hinterlegten Kaufpreis gesichert sei.[122] Der Käufer büße seine Dispositionsbefugnis als Treugeber im Rahmen der Verwaltungstreuhand ein, wenn und soweit das Sicherungsbedürfnis des Verkäufers eine solche Einschränkung gebiete.[123]

Die Differenzierung nach Elementen der Verwaltungs- und Sicherungstreuhand kommt der hier verfolgten Unterscheidung zwischen der "dinglichen" Komponente der Treuhand und dem Verfahrensziel der mehrseitigen Treuhandtätigkeit in Systematik und Rechtsfolgen nahe. Sie ist aber begrifflich verwirrend.

Die Unterscheidung zwischen Sicherungs- und Verwaltungstreuhand dient nach herkömmlicher Terminologie dazu, unterschiedliche Stellungen des Treuhänders zum Treugut und die daraus resultierenden Rechte und Pflichten zu beschreiben.

- Bei der fremdnützigen Verwaltungstreuhand erwirbt der Treuhänder das Recht am Treugut, um es ausschließlich oder überwiegend im Interesse des Treugebers wahrzunehmen.[124]

- Bei der eigennützigen Sicherungstreuhand wird das Treuhandverhältnis im Interesse des Treuhänders begründet, um seine Rechte gegen den Treuhänder

---

[121] Terminologie: *Siebert*, Das rechtsgeschäftliche Treuhandverhältnis, S. 32.

[122] *Lüke*, ZIP 1992,150/155.

[123] *Lüke*, ZIP 1992,150/156.

[124] *Gernhuber*, JuS 1988,356; MünchKomm / *Thiele*, BGB Vor § 164, Rz. 28; *Staudinger / Dilcher*, BGB Einl. zu §§ 104-185, Rz. 63.

zu sichern.[125] Nach Erledigung des Sicherungszwecks wandelt sich die Sicherungstreuhand in eine Verwaltungstreuhand um.[126]

Der Begriff Sicherungstreuhand trifft an sich nicht den Fall, daß der Treugeber das Treugut dem Notar überträgt, um damit nicht dem Treuhänder, sondern einem Dritten die Sicherheit zu verschaffen. Er muß deshalb in Bezug auf die notarielle Hinterlegung neu definiert werden. Einen bereits belegten Begriff in neuem Bedeutungszusammenhang zu verwenden, ist nicht unproblematisch. Die Gefahr begrifflicher Mißverständnisse liegt nahe. Vor allem spricht aber gegen die Definition der mehrseitigen Treuhand als Kombination aus Elementen der Sicherungs- und Verwaltungstreuhand, daß dadurch terminologisch nichts verdeutlicht wird:

Wird die mehrseitige Treuhand im herkömmlichen Sinne als Treuhand zum Ausgleich unterschiedlicher Interessen verstanden, so erfaßt diese Definition zugleich die Sicherung von Gläubiger und Schuldner als Verfahrensziel der notariellen Hinterlegung. Damit ist die Komplexität des Rechtsverhältnisses hinreichend umschrieben.

Läßt man den "quasidinglichen" Charakter der Verwahrung zivilrechtlichen Treuguts nicht außer Acht, so kann der Vermögenstransfer über Notaranderkonto sachgemäß erklärt werden, ohne daß es auf die Qualifikation als Verwaltungstreuhand ankommt. Es ist instruktiver, die quasidingliche Rechtsposition des Hinterlegers beim Namen zu nennen und in diesem Sinne ausdrücklich von amtlicher Verwahrung zivilrechtlichem Treuguts zu sprechen.

Von dieser begrifflichen Kritik abgesehen, ist dem Autor in einem Punkt uneingeschränkt Recht zu geben. Es ist notwendig, die Verwahrung des zivilrechtlichen Treuguts in das mehrseitige Treuhandverhältnis einzupassen.

- Die notarielle Hinterlegung ist also zum einen Treuhand in dem Sinne, daß dem Notar das Treugut zu eigenem Recht übertragen wird, der Hinterleger aber wirtschaftlicher Eigentümer bleibt (quasidingliche Komponente).

- Sie ist zum anderen ein mehrseitiges Treuhandverfahren, wenn die Einschaltung des Notars bei der Vermögensübertragung dem Zweck dient, die reziproken Sicherungsinteressen der Beteiligten zu wahren (verfahrensrechtliche Komponente).

Die Verbindung dieser beiden Aspekte der notariellen Treuhandtätigkeit ergibt sich dadurch, daß der Vermögenstransfer in das Treuhandverfahren *inte-*

---

[125] MünchKomm / *Thiele*, BGB Vor § 164, Rz. 38; *Staudinger / Dilcher*, BGB Einl. zu §§ 104-185, Rz. 62.

[126] *Coing*, Die Treuhand kraft privaten Rechtsgeschäfts, S. 89; *Gernhuber*, JuS 1988,356; *Serick*, Eigentumsvorbehalt und Sicherungsübereignung II, § 19 I. 1.

griert wird.[127] Der Treugeber begibt sich seiner Dispositionsbefugnis über das Treugut, um es zur Übertragung im Rahmen des mehrseitigen Treuhandverhältnisses zur Verfügung zu stellen. Seine Befugnisse als Treugeber sind dadurch beschränkt, daß er ohne Zustimmung der anderen Beteiligten (bzw. ohne einen die Zustimmung ersetzenden Titel) den Hinterlegungsbetrag nicht zurückverlangen oder entgegen dem Zweck des Treuhandverfahrens verwenden darf. Da er aber wirtschaftlicher Eigentümer des Treuguts bleibt, bis er die unbedingte Übertragung seiner Rechte auf den Gläubiger erklärt hat, darf der Notar gegen seinen Willen nicht über das Treugut verfügen, es sei denn, daß der Verlust seiner Berechtigung durch einen Titel nachgewiesen ist.

[127] ähnlich im Ergebnis *Lüke*, ZIP 1992,150/155 unter Zugrundelegung seiner Unterscheidung zwischen Verwaltungstreuhand für den Käufer und Sicherungstreuhand für den Verkäufer (Der Notar sichere den Verkäufer mit dem fremden Gut des Käufers.).

Viertes Kapitel

Leistungsbewirkung mittels notarieller Hinterlegung

§ 11 Integration der notariellen Hinterlegung in die Erfüllungsdogmatik des Bürgerlichen Rechts

I. Das Problem des Erfüllungseintritts bei notarieller Hinterlegung

Die Verpflichtung zur notariellen Hinterlegung eines Geldbetrages ist die geschuldete Leistungshandlung. Bei der Qualifizierung der Leistungsbewirkung als Erfüllung i. S. d § 362 BGB ist zwischen der Leistungshandlung und dem Leistungserfolg zu unterscheiden. Die Schuld erlischt erst dann, wenn der Leistungserfolg eintritt.[1]

Die notarielle Hinterlegung läßt sich nur schwer in die tradierten Kategorien der Erfüllungsdogmatik des bürgerlichen Rechts integrieren. Entsprechend kontrovers werden die Fragen diskutiert, welcher Leistungserfolg bei der Vereinbarung der notariellen Hinterlegung geschuldet wird und wann dementsprechend der Leistungserfolg eintritt. Die Leistung kann theoretisch mit Einzahlung auf Notaranderkonto, also Vornahme der Hinterlegung, mit Verschaffung des Auszahlungsanspruchs gegen den Notar oder mit Auszahlung des Geldes durch den Notar an den Gläubiger bewirkt werden.

II. Rechtsfolgen der Einzahlung auf Notaranderkonto

Zunächst stellt sich die Frage, ob bzw. unter welchen Voraussetzungen der Schuldner bereits mit der Einzahlung auf Notaranderkonto seine Zahlungspflicht erfüllt. In der frühen Rechtsprechung lassen sich Tendenzen erkennen, wonach die geschuldete Leistung mit Einzahlung auf Notaranderkonto bewirkt werden könnte.

---

[1] BGHZ 12,267/268; 87,156/162; *Esser / Schmidt*, Schuldrecht AT, § 17 II. 1. (Befriedigung des Leistungsinteresses); *Gernhuber*, Die Erfüllung und ihre Surrogate, § 5 I. 3. b); *Larenz*, Schuldrecht AT, § 18 I.; *Medicus*, Schuldrecht AT, § 23 III. 1.; MünchKomm / *Heinrichs*, BGB § 362, Rz. 2; *Wieacker*, FS für Nipperdey I, S. 787/790 f.

Das Reichsgericht lehnte in frühen Entscheidungen die Erfüllung einer Verbindlichkeit mit Vornahme der notariellen Hinterlegung ab.[2] Diese Entscheidungspraxis wurde allerdings nicht konsequent fortgesetzt. In der ersten Entscheidung, die sich konkret mit der Problematik der Kaufpreishinterlegung auseinandersetzte, begründete das Reichsgericht vielmehr die Erfüllungswirkung der notariellen Hinterlegung damit, daß der Käufer sich des Geldes entäußert habe und für dessen weiteres Schicksal nicht mehr verantwortlich gewesen sei.[3] Mit dieser Argumentation kann jedoch das Bewirken einer Leistung nicht begründet werden. Sie gehört sachlich wie terminologisch in den Bereich der Gefahrtragung, nicht in den Bereich der Erfüllungsdogmatik.[4]

Eine zeitgleiche Entscheidung des Reichsgerichts zur Darlehensvalutierung über Notaranderkonto, in der die Erfüllung mit Vornahme der Hinterlegung bejaht wurde,[5] kann nicht als exemplarisch für die Auffassung des Reichsgerichts verstanden werden. Wie der Bundesgerichtshof bereits in einer Stellungnahme zu diesem Urteil feststellte, war das Reichsgericht in diesem Einzelfall davon ausgegangen, daß die Parteien sich einig waren, daß die Hinterlegung bei dem Notar der Auszahlung an den Darlehensnehmer gleichstehen solle.[6] Der Bundesgerichtshof äußerte sich in der Entscheidung vom 10.06.1964 zur Frage der Erfüllungswirkung der notariellen Hinterlegung dahin, daß es sich nicht um eine Hinterlegung im technischen Sinne handele und aus diesem Grunde mit dem Vollzug der Hinterlegung bei einem Notar noch nicht erfüllt werde. Der Senat konnte jedoch auf eine abschließende Stellungnahme zu dieser Problematik verzichten.[7]

---

[2] RG, JW 1906,714; vgl. auch JW 1930,753.

[3] RGZ 167,236/239.

[4] Außerdem ist die Verallgemeinerungsfähigkeit dieser Entscheidung in der notarrechtlichen Literatur unter Berücksichtigung des historischen Hintergrundes nicht zu Unrecht in Zweifel gezogen worden: vgl. *Bräu*, Verwahrungstätigkeit des Notars, Rz. 135; *König*, Darlehensvalutierung über Notaranderkonto, S. 155, Fn. 64); *Zimmermann*, DNotZ 1983,552. Das Gericht hatte darüber zu befinden, ob der "arische Käufer" durch Hinterlegung bei dem Notar gegenüber dem "jüdischen Verkäufer" von seiner Kaufpreisschuld frei geworden war; der Notar hatte aus dem hinterlegten Kaufpreis die vom Käufer zu begleichende sog. Ausgleichszahlung (Differenz zwischen dem festgesetzten Kaufpreis für den "jüdischen Veräußerer" und dem höheren Kaufpreis für den "arischen Erwerber") zugunsten des Reiches an das Finanzamt gezahlt.

[5] RG, WarnRspr 1940, Nr. 65.

[6] BGH, WM 1965,496/498.

[7] In der Zeitschrift Betriebsberater wurde diese Entscheidung verkürzt und sinnentstellend wiedergegeben: BB 1964,818. Die Literatur kam daraufhin zum Teil zu dem Schluß, der Bundesgerichtshof vertrete die Auffassung, daß mit Vornahme der Hinterlegung erfüllt werde: *Schneider*, JurBüro 1964,779, vgl. auch *Haug*, DNotZ 1982,539/551, Fn. 65). Diese Schlußfolgerung beruhte jedoch auf der mißverständlichen Wiedergabe der Entscheidung: s. auch *König*, Darlehensvalutierung über Notaranderkonto, S. 155, Fn. 66); *Zimmermann*, DNotZ 1980,451/459, Fn. 25).

In der Grundsatzentscheidung vom 25.03.1983 hat der Bundesgerichtshof die Frage der Leistungsbewirkung analog § 378 BGB und die Analyse der Erfüllungsbestimmung der Beteiligten in den Vordergrund gestellt.[8]

1. Leistungsbewirkung nach § 378 BGB?

Grundsätzlich ist es die Aufgabe der Vertragsparteien, eine Einigung zu treffen, wie die Leistung bewirkt werden soll.

Die Erfüllung der Verbindlichkeit kann jedoch auch außerhalb der vereinbarten Erfüllungsart erreicht werden, etwa mittels gerichtlicher Hinterlegung. Die notarielle Hinterlegung ist keine Hinterlegung im technischen Sinne. Der Notar gehört nicht zu den in § 1 Abs. 2 HinterlegungsO bestimmten Hinterlegungsstellen. Zur Begründung des Erfüllungseintritts mit Einzahlung auf Notaranderkonto könnte jedoch auf eine Entsprechung zur gerichtlichen Hinterlegung unter Rücknahmeverzicht (§ 378 BGB) verwiesen werden.

Die Zahlungspflicht würde danach erfüllt, wenn sich der Kaufpreisschuldner mit der vorgenommenen Hinterlegung

- jeder Verfügungsmöglichkeit über den Kaufpreis entäußerte und
- den Betrag gemäß der gemeinsam mit dem Gläubiger abgegebenen Hinterlegungsanweisung zur Verfügung des Notars stellte.[9]

Die sinngemäße Anwendung des § 378 BGB ist aber unter verschiedenen Gesichtspunkten abzulehnen.

Im Gegensatz zur Hinterlegung i. S. d. §§ 372 ff BGB, die von ihren Voraussetzungen und Rechtsfolgen her determiniert ist, handelt es sich bei der notariellen Hinterlegung um eine vielseitig ausformbare Betreuungstätigkeit, die der Notar als Organ der vorsorgenden Rechtspflege wahrnimmt.[10] Der amtlich überwachte Vermögenstransfer, den der Notar übernimmt, unterscheidet sie sich deshalb im Wesentlichen von der gerichtlichen Hinterlegung.

Im übrigen würde selbst die Übertragung der Vorschriften über die gerichtliche Hinterlegung hier nicht zu einer Anwendung des § 378 BGB führen: Die gerichtliche Hinterlegung unter Rücknahmeverzicht stellt ein Erfüllungssurrogat dar. Gem. § 378 BGB hat die Hinterlegung unter Rücknahmeverzicht Erfüllungswirkung. § 378 BGB findet allerdings dann keine Anwendung, wenn

---

[8] BGHZ 87,156/162 ff.

[9] *Reithmann*, WuB VIII A. § 19 BNotO 3.90; *ders.*, WM 1991,1493/1497.

[10] BGH, DNotZ 1965,343/345; s. auch OLG Nürnberg, JurBüro 1980,1103; *Reithmann*, Vorsorgende Rechtspflege, S. 210, 219; *Volhard*, DNotZ 1987,523/525.

die gerichtliche Hinterlegung selbst die geschuldete Leistung ist. In diesem Fall tritt mit Vollzug der Hinterlegung Erfüllung nach § 362 BGB ein.[11]

Die notarielle Hinterlegung ist kein Erfüllungssurrogat, sondern eine Modalität zur Bewirkung der geschuldeten Leistung, also zur Begleichung der Kaufpreisforderung. Demnach kann § 378 BGB auf den Vollzug der notariellen Hinterlegung nicht angewandt werden.[12] Es bleibt den Vertragsparteien überlassen, welche Wirkung sie der notariellen Hinterlegung im Rahmen ihrer Leistungsbeziehungen geben wollen.

2. *Erfüllungsbestimmung der Vertragsparteien*

Die Frage, ob mit Einzahlung auf Notaranderkonto Erfüllung der Zahlungsverpflichtung eintritt, ist im Wege der Auslegung zu klären. Mit der Einzahlung des Geldes auf Notaranderkonto tritt nur dann Erfüllung ein, wenn die Parteien vereinbart haben, daß bereits die Hinterlegung bei einem Notar als der vom Schuldner zu erbringende Leistungserfolg anzusehen ist.[13] Die Rechtsprechung sowie die h. A. in der Literatur sehen in der Hinterlegung zu Recht noch keine Bewirkung des Leistungserfolges, es sei denn, die Vertragsparteien hätten ausdrücklich etwas anderes vereinbart, §§ 133, 157 BGB.[14]

---

[11] RG, Recht 1921, Nr. 2777; *Bräu*, Verwahrungstätigkeit des Notars, Rz. 141; *Erman / H.P. Westermann*, BGB Vorb zu §§ 372 ff, Rz. 1; *Gernhuber*, Die Erfüllung und ihre Surrogate, § 15 I. 1. b); *Medicus*, Schuldrecht AT, § 25 I. 1. b); *Soergel / Zeiss*, BGB Vorbem zu §§ 372 ff, Rz. 2: *Staudinger / Kaduk*, BGB Vorbem zu §§ 372 ff, Rz. 4; vgl. auch *Erman / Battes*, BGB Vor § 372, Rz. 1: Wenn Hinterlegung geschuldete Leistung ist, braucht § 378 BGB nicht mehr angewandt zu werden.

[12] BGH, DNotZ 1965,343/345; ebenso: BGHZ 87,156/160; LG Köln, DNotZ 1974,436/437; *Bräu*, Verwahrungstätigkeit des Notars, Rz. 141; *Erman / H.P. Westermann*, BGB Vorbem zu §§ 372 ff, Rz. 1; *König*, Darlehensvalutierung über Notaranderkonto, S. 142 f; *Palandt / Heinrichs*, BGB Einf v § 372, Rz. 4; *Soergel / Zeiss*, BGB Vorbem zu §§ 372 ff, Rz. 1; *Staudinger / Kaduk*, BGB, Vorbem zu § 372 ff, Rz. 5; s. auch *Peter*, BWNotZ 1984,86/88; *Seybold / Hornig*, BNotO § 23, Rz. 6.

[13] Medicus sieht es als zweifelhaft an, daß mit Überweisung auf ein Treuhandkonto des Notars nach Ansicht des BGH (BGHZ 87,156/162) der geschuldete Leistungserfolg noch nicht bewirkt sein soll: *Medicus*, Schuldrecht AT § 23 III. 1.

[14] BGHZ 87,156/162; BGH, DNotZ 1965,343/345; OLG Köln, DNotZ 1989,257/261; OLG Düsseldorf, DNotZ 1991,536; LG Köln, DNotZ 1974,436/437; s. auch BGH, WM 1965,496/198; *Albrecht*, in: *Reithmann / Röll / Geßele*, Rz. 344; *Brambring*, DNotZ 1990,615/633; *Fikentscher*, Schuldrecht, § 39 II. 6.; *Haug*, Die Amtshaftung des Notars, Rz. 692; *Peter*, BWNotZ 1984,86/88; *Schneider*, JurBüro 1964,779; *Soergel / Zeiss*, BGB § 362, Rz. 13; *Tönnies*, in: Beck'sches Notarhandbuch, A I, Rz. 367; *Volhard*, DNotZ 1987,513/525 f; *Zimmermann*, DNotZ 1980,451/459 f; *ders.*, DNotZ 1983,552; vgl. auch OLG Celle, DNotZ 1968,504/505; LG Köln, DNotZ 1974,436/437; OLG Hamm, OLGZ 84,387/398. Entsprechend zur Darlehensvalutierung über Notaranderkonto: BGH, DNotZ 1990,661/664; DNotZ 1987,155/156 f; DNotZ 1985,637/638.

Die Erfüllung der Verbindlichkeit mit Zahlung auf Notaranderkonto wirkte sich nachteilig für beide Vertragsparteien aus und würde demzufolge dem Sicherungsziel der notariellen Hinterlegung nicht gerecht.

- Würde die Kaufpreisforderung bereits mit der Hinterlegung erlöschen, käme es zu einer Vorleistung des Käufers, die durch die treuhänderische Einschaltung des Notars gerade verhindert werden soll.[15]

- Im Konkursfall des Verkäufers würde der Käufer, wenn der Konkursverwalter gem. § 17 KO die Vertragserfüllung ablehnte, wegen der Rückerstattung seiner bereits erbrachten Leistungen auf die Konkursquote verwiesen.[16]

- Umgekehrt kann auch im Interesse des Gläubigers ein Erlöschen der Verbindlichkeit erst dann angenommen werden, wenn er eine gesicherte Verfügungsmacht über den geschuldeten Geldbetrag erlangt hat.[17] Dem Gläubiger einer durch Zahlung auf Notaranderkonto zu begleichenden Kaufpreisforderung wird aber die Befugnis, als Treugeber über die Verwendung des Hinterlegungsbetrages zu entscheiden, regelmäßig erst dann eingeräumt, wenn die vertraglich vereinbarten Auszahlungsvoraussetzungen vorliegen. Bis zu diesem Zeitpunkt fehlt es an einer gesicherten Verfügungsmacht des Gläubigers.

Das heißt, daß die Einzahlung auf Notaranderkonto in erfüllungsrechtlicher Hinsicht grundsätzlich unerheblich ist. Zur Leistungsbewirkung muß ein Vermögenstransfer über Notaranderkonto stattfinden.

III. Leistungsbewirkung unter Einbeziehung eines Treuhänders

Der Bundesgerichtshof hat in der grundlegenden Entscheidung vom 25.03.1983 ausdrücklich offen gelassen, wie die Leistung über Notaranderkonto bewirkt wird.[18]

Bei der Kaufpreiszahlung über Notaranderkonto wird ein Dritter, der Notar, bei der Abwicklung des Geschäftes einbezogen. Eine solche Dreiecksbeziehung ist nicht ungewöhnlich. Die Erfüllung i. S. v. § 362 BGB setzt nicht voraus, daß die Leistung unmittelbar an den Gläubiger bewirkt wird. Das Bürgerliche Recht kennt verschiedene Konstellationen, in denen ein Dritter bei der

[15] vgl. LG Köln, DNotZ 1974,436/438.

[16] BGHZ 87,156/162; OLG Hamm, OLGZ 1984,387/399; zustimmend: OLG Düsseldorf, DNotZ 1991,536/537; *Peter*, BWNotZ 1984,86/88; *Zeiss*, JR 1983,410.

[17] vgl. *Esser / Schmidt*, Schuldrecht AT, § 17 V. 2.; MünchKomm / *Heinrichs*, BGB § 362, Rz. 18; s. auch *Hefermehl*, FS für Möhring, S. 381/387.

[18] BGHZ 87,156/162 ff.

Erfüllung in irgendeiner Weise mitwirkt.[19] Hierbei sind die Fälle, bei denen der Gläubiger die Leistung gegenüber dem Dritten (Leistung an einen Dritten) erbringt, von solchen zu unterscheiden, bei denen der Gläubiger die Leistungshandlung unter Vermittlung des Dritten (Leistung über einen Dritten) unternimmt, gleichwohl aber die Leistung unmittelbar dem Gläubiger zugute kommt. Kennzeichnendes Merkmal der ersten Fallgruppe ist es, daß der Leistungsgegenstand in die Vermögenssphäre des Dritten gelangt. Typischerweise hat der Dritte auch ein eigenes Interesse an der Verfügungsmacht über den Leistungsgegenstand. Wird die Leistung über einen Dritten bewirkt, befindet sich der Leistungsgegenstand rechtlich in der Sphäre des Gläubigers selbst. Der Dritte ist eine neutrale Figur. Seine Mitwirkung beschränkt sich auf den technischen Abwicklungsvorgang.

1. Erfüllung durch Leistung an einen Dritten

Unter dem Oberbegriff der "Leistung an einen Dritten" lassen sich verschiedene Formen der Leistungsbewirkung zusammenfassen.

a) 1. Möglichkeit: Vertreter oder Empfangsbote

Der Gläubiger kann den Dritten zum Vertreter oder zum Empfangsboten bestellen.[20]

Der Notar würde also gleichsam als verlängerter Arm des Gläubigers tätig. Diese Auffassung wird von der ganz h.M. kategorisch abgelehnt: Der Notar bekleide eine Treuhänderstellung im Interesse beider Vertragsparteien.[21] Eine zivilrechtliche "Bevollmächtigung" des Notars komme im übrigen schon deshalb nicht in Betracht, weil der Notar als Organ der Vorsorgenden Rechtspflege nicht in ein zivilrechtliches Rechts- bzw. Pflichtenverhältnis zu einer der Parteien treten könne.[22] Er werde kraft seiner Amtsstellung für sämtliche Be-

---

[19] vgl. *Müller.Laube*, Die Empfangszuständigkeit im Zivilrecht, S. 74 ff ("Empfangsapparat" des Gläubigers); *Fikentscher*, Schuldrecht, § 38 II. 4. und folgende Fußnoten; *Weitnauer*, FS für v.Caemmerer, S. 255/279 ff.

[20] *Enneccerus / Lehmann*, § 61 2. I. 1.; *Erman / H.P.Westermann*, BGB § 362, Rz. 14; *Fikentscher*, Schuldrecht, § 38 II. 4.; *Larenz*, Schuldrecht AT, § 18 II. 1; MünchKomm / *Heinrichs*, BGB § 362, Rz. 12; *Soergel / Zeiss*, BGB § 362, Rz. 13.

[21] *Schmidt*, BWNotZ 1967,98/99; vgl. auch BGH, DNotZ 1987,155/156; DNotZ 1985,637/639 (Darlehensvalutierung); *Peter*, BWNotZ 1984,86/90.

[22] Davon zu unterscheiden ist die Vertretung, die der Notar gem. § 24 Abs. 1 S. 2 BNotO übernimmt; dabei handelt um die Vertretung eines Beteiligten gegenüber staatlichen Stellen.

teiligte tätig.[23] Außerdem widerspräche es dem Berufsbild des Notars als eines unabhängigen und neutralen Parts bei der Vertragsabwicklung, ihn als "Vertreter" einer Partei anzusehen.[24]

b) 2. Möglichkeit: Empfangsbefugnis des Notars

Die Leistung an einen Dritten führt gem. § 362 Abs. 2 i. V. m. § 185 BGB zum Erlöschen der Verbindlichkeit, wenn der Dritte zwar nicht den Gläubiger vertritt, aber zum Empfang der Leistung im eigenen Namen ermächtigt ist.[25] Die "Ermächtigung" des Dritten zum Empfang der Leistung enthält auch die Vereinbarung der Vertragsparteien, daß der Schuldner die Leistung gegenüber dem Dritten erbringen soll. Es handelt sich hierbei um den Fall des sog. unechten oder ermächtigenden Vertrages zugunsten eines Dritten, bei dem der Dritte kein eigenes Forderungsrecht gegen den Schuldner erwirbt.[26] Dem Schulder kann gleichermaßen einseitig gestattet werden, an den Dritten mit Wirkung gegen den Gläubiger zu leisten.[27] Mit der Leistung an den empfangsermächtigten Dritten erfüllt der Schuldner seine Verbindlichkeit gegenüber dem Gläubiger.[28]

---

[23] RG, JW 1930,753 (ebenso *Sternberg* JW 1930,2043); WarnRspr 1940, Nr. 65; BGH, DNotZ 1965,343/345; OLG Hamm, DNotZ 1961,220; DNotZ 1968,504; BayObLG, DNotZ 1963,429; *Arndt*, BNotO § 23, Anm. II. 1.; *Daimer*, Die Prüfungs- und Belehrungspflicht des Notars, S. 331; *Lüke*, ZIP 1992,150/152; *Rings*, MittRhNotK 1957,873/874; *Zimmermann*, DNotZ 1983,552/553; a.A. *König*, Darlehensvalutierung über Notaranderkonto, S. 105; vgl. auch *Seybold / Hornig*, BNotO § 23, Rz. 7: Auffassung der Vorauflage, Notar nehme die hinterlegten Gegenstände nicht als Bevollmächtigter eines Beteiligten entgegen, gelte nicht immer.

[24] vgl. auch LG Köln, DNotZ 1974,436/437.

[25] *Enneccerus / Lehmann*, § 61 2. I. 2.; *Erman / H.P.Westermann*, BGB § 362, Rz. 14; *Fikentscher*, Schuldrecht, § 38 II. 4.; *Larenz*, Schuldrecht AT § 18 II. 1.; MünchKomm / *Heinrichs*, BGB § 362, Rz. 12; *Soergel / Zeiss*, BGB § 362, Rz. 13; RGRK / *Weber*, BGB § 362, Rz. 43; *Staudinger / Kaduk*, BGB § 362, Rz. 70,73; s. auch *Medicus*, Schuldrecht AT § 23 II. 2.; vgl. BGHZ 32,357/360 (Bank nahm Zahlungen nicht als Zahlstelle für den Gläubiger, sondern im eigenen Interesse entgegen.).

[26] *Enneccerus / Lehmann*, § 34 IV. 1.; *Erman / H.P.Westermann*, BGB Vor § 328, Rz. 2; *Esser / Schmidt*, Schuldrecht AT, § 17 IV.; *Fikentscher*, Schuldrecht, § 37 I. 2. a); *Larenz*, Schuldrecht AT, § 17 I. a); *Medicus*, Schuldrecht AT, § 66 II. 1.; MünchKomm / *Gottwald*, BGB § 328; Rz. 5; *Soergel / Hadding*, BGB § 328, Rz. 4.

[27] *Enneccerus / Lehmann*, § 61 2. II.; *Erman / H.P.Westermann*, BGB § 328, Rz. 4; *Larenz*, Schuldrecht AT § 18 II. 2.; RGRK / *Weber*, BGB § 362, Rz. 43; *Soergel / Zeiss*, BGB § 362, Rz. 13; *Staudinger / Kaduk*, BGB § 328, Rz. 37; vgl. auch RGZ 87,36/39; BGHZ 33,302/307; 60,108/110 (finanzierter Abzahlungskauf). Die Abgrenzung zur Zahlung über einen Dritten ist hier nicht immer eindeutig: vgl. *Enneccerus / Lehmann*, § 61 2. II. 1.; *Esser / Schmidt*, Schuldrecht AT, § 17 IV.; *Larenz*, Schuldrecht AT § 18 II. 2.

[28] *Larenz*, Schuldrecht AT § 18 II. 1.; *Staudinger / Kaduk*, BGB § 362, Rz. 75.

Bei der Beantwortung der Frage, ob es sich bei der Zahlung auf Notaranderkonto um eine Leistung an einen Dritten handelt, ist ein übergreifender Gesichtspunkt von Bedeutung: Es kommt darauf an, ob der Notar zur Entgegennahme des Verwahrungsgegenstandes mit Erfüllungswirkung gegen den Verkäufer "befugt" sein soll.[29] Demgemäß begründen die Rechtsprechung und die Stimmen in der Literatur, die eine Erfüllung durch Leistung an den Notar als Dritten befürworten, diese Ansicht mit dem Hinweis auf die Empfangsermächtigung des Notars i. S. v. §§ 362 Abs. 2, 185 BGB.[30]

c) Stellungnahme

Den Bedenken, die die h.M. gegen eine Vertretung des Gläubigers durch den Notar vorträgt, kann nur zum Teil gefolgt werden. Zweifellos geht der Notar kein zivilrechtliches Pflichtenverhältnis ein. Die Möglichkeit, daß der Notar auf der Seite einer Vertragspartei tätig wird, wird allerdings zu kategorisch abgelehnt. An dieser Stelle sei noch einmal darauf hingewiesen, daß der Notar bei der Hinterlegung eine Doppelfunktion als Treuhänder ausfüllt. Er ist zum einen neutraler Herr der Treuhandverfahrens im Interesse aller Beteiligter. Er ist aber zugleich der amtliche Verwahrer des Hinterlegungsbetrages, und das nur für den jeweiligen wirtschaftlichen Eigentümer. Im Kernpunkt geht es aber gar nicht darum, auf wessen Seite der Notar steht, sondern in wessen Einflußbereich sich der Leistungsgegenstand befindet. Die Parteien wollen den Geldbetrag nicht in die wirtschaftliche Sphäre des Notars als Dritten gelangen lassen.[31] Das Anderkontengeld wird schließlich nur rechtlich Teil des Geschäftsvermögens des Notars. Es bleibt für ihn aber "fremdes" Gut.[32] Wirtschaftlich betrachtet gehört das Anderkontengeld solange zum Vermögen des Hinterlegers, bis er seine Eigentümerstellung daran zugunsten des Gläubigers aufgibt. Ist Auszahlungsreife eingetreten und stimmt der Hinterleger dem Übergang auf den Gläubiger zu, übt der Gläubiger die Treugeberbefugnisse aus.[33] Die Inanspruchnahme des Notars als Hinterlegungsstelle bedeutet des-

---

29 Eine detaillierte Erörterung der Fallgruppen finden sich bei: *König*, Darlehensvalutierung über Notaranderkonto, S. 106 ff.

30 MünchKomm / *Heinrichs*, BGB § 362, Rz. 12; *Soergel / Zeiss*, BGB § 362, Rz. 13; s. auch OLG Hamm, OLGZ 1984,387/398 f; OLG Düsseldorf, DNotZ 1991,536/537; vgl. BayObLG, DNotZ 1963,429/430. König diskutiert die verschiedenen Möglichkeiten, ohne einer Ermächtigungsform den Vorzug zu geben: s. *König*, Darlehensvalutierung über Notaranderkonto, S. 105 ff.

31 vgl. *Gernhuber*, Das Schuldverhältnis, § 20 I. 5., Fn. 15).

32 BGHZ 76,9/13; BGH, DNotZ 1980,496/498; WM 1990,483/484; NJW 1990,1733/1743; *Coing*, FS für Cohn (1975), S.231/235 f; *Haug*, DNotZ 1987,564/566; *Weingärtner*, DONot § 11, Rz. 147; vgl auch BGHZ 11,37/43.

33 vgl. BGH, NJW 1990,1733/1734; OLG Stuttgart, DNotZ 1970,552/554; LG Köln, DNotZ 1974,436/438 (im Grundsatz); *Reithmann*, WM 1991,1493/1495.

halb nicht Einschaltung des Notars als Person, sondern Abwicklung über den Notar als Institution.[34]

Die Rechtsfigur der "Leistung an einen Dritten" wird der funktionalen Bedeutung der Hinterlegungsabrede nicht gerecht. Sie ist in erster Linie auf Fallkonstellationen zugeschnitten, in denen der Leistungsgegenstand dem Dritten zugute kommen soll. Die Verpflichtung des Dritten zur Weiterleitung an den Gläubiger kann sich nur aufgrund von entsprechenden Vereinbarungen im Innenverhältnis ergeben. Bei der Zahlung auf Notaranderkonto soll dagegen mit Aufgabe der Treugeberstellung des Hinterlegers - wirtschaftlich betrachtet - eine Vermögensposition des Gläubigers begründet und nicht das Vermögen des Notars, wenn auch nur vorübergehend, gemehrt werden. Die Zahlung auf Notaranderkonto stellt deshalb keine Leistung an einen Dritten dar.

2. *Erfüllung durch Leistung über einen Dritten*

Als im BGB nicht geregeltes, aber gleichwohl anerkanntes Instrumentarium zur Herbeiführung des Leistungserfolges kommt die Zahlung über einen Dritten in Betracht.[35]

Unter Anlehnung an die Rechtsfigur des sog. solutionis causa adiectus wird die Leistung über einen Dritten dann angenommen, wenn dem Schuldner gestattet ist, die Leistungshandlung gegenüber einem Dritten vorzunehmen. Hierbei leistet der Schuldner nicht an den Dritten, sondern unmittelbar an den Empfänger. Der Dritte steht außerhalb des Abwicklungsverhältnisses und fungiert als Zahl- bzw. Empfangsstelle.[36] Als Beispiel für diese Form der Erfüllung unter Einschaltung eines Dritten kann die kontoführende Bank als Zahlstelle genannt werden.[37]

---

[34] vgl. *Bohrer*, Berufsrecht der Notare, Rz. 87.

[35] so *Bräu*, Verwahrungstätigkeit des Notars, Rz. 142; *Gernhuber*, Die Erfüllung und ihre Surrogate, § 23 3.; *Zimmermann*, DNotZ 1983,552/554.

[36] AK-BGB / *Dubischar*, § 362, Rz. 6; *Gernhuber*, Die Erfüllung und ihre Surrogate, § 23 3.; RGRK / *Weber*, BGB § 362, Rz. 20; *Staudinger / Kaduk*, BGB § 362, Rz. 76 f; vgl. auch BGHZ 53,139/142; BGH, NJW 1978,2294; WM 1965,496 (Auszahlung des Darlehens an einen Dritten); *Larenz*, Schuldrecht AT § 18 II. 2.

[37] BGHZ 53,139/142; 72,316/318; BGH, NJW 1974,456/458; NJW 1985,2700; OLG Hamm, NJW 1988,2115/2116; AK-BGB / *Dubischar*, § 362, Rz. 6; *Canaris*, Bankvertragsrecht, Rz. 475; *Hefermehl*, FS für Möhring, S. 381/386; *Palandt / Heinrichs*, BGB § 362, Rz. 9; *Schlegelberger / Hefermehl*, HGB Anh. § 365, Rz. 105; *Staudinger / Kaduk*, BGB § 362, Rz. 77; vgl. auch *Larenz*, Schuldrecht AT § 18 II. 2.; kritisch: *Gernhuber*, Die Erfüllung und ihre Surrogate, § 23 3.; Abgrenzung zu Zahlungen im Interesse der Bank: BGHZ 32,357/360.

Bei der notariellen Hinterlegung soll der Leistungsgegenstand wie bei der Leistung unter Einschaltung einer Zahlstelle wirtschaftlich in das Vermögen des Gläubigers gelangen. Im übrigen ist die Rechtsfigur der Leistung über einen Dritten nicht der gleichen Kritik ausgesetzt wie das Erklärungsmodell der Leistung an einen Dritten. Die Neutralität des Notars wird bei der Leistung über den Notar als Dritten gewahrt.[38] Die Lösung ist deshalb in notarrechtlicher Hinsicht unbedenklich.

Die Anwendung der Grundsätze der Zahlung über einen Dritten bietet aber noch keine Erklärung, wie der Schuldner faktisch in den Genuß des Leistungsgegenstandes kommt. Die Zahlung über einen Dritten kann nur dann bzw. erst dann als Leistung an den Gläubiger selbst angesehen werden, wenn sie dem Gläubiger eine konkrete Vermögensposition verschafft.

§ 12 Der Auszahlungsanspruch gegen den Notar als Leistungsgegenstand

I. Der geschuldete Leistungserfolg bei Vereinbarung der notariellen Hinterlegung

Die Erfüllung einer Geldschuld setzt voraus, daß der Gläubiger über den geschuldeten Geldbetrag eine gesicherte Verfügungsmacht erlangt hat.[39] Die Begleichung einer Geldzahlungsschuld[40] kann grundsätzlich in zwei Formen vorgenommen werden: Der Berechtigte kann zum einen die unmittelbare und tatsächliche Verfügungsgewalt ausüben. Das ist dann der Fall, wenn er den geschuldeten Betrag ausgezahlt bekommt. Das Geld wird Eigentum des Gläubigers. Daneben kommt die bargeldlose Zahlung in Betracht. Vereinbaren die Parteien bargeldlose Zahlung,[41] so erlischt die Forderung mit der Gutschrift

---

[38] s. auch *Zimmermann*, DNotZ 1983,552/554.

[39] BGHZ 6,121/124; BGH, WM 1971,110/111; *Esser / Schmidt*, Schuldrecht AT, § 17 V. 2.; MünchKomm / *Heinrichs*, BGB § 362, Rz. 18; vgl. auch *Canaris*, Bankvertragsrecht, Rz. 410.

[40] in Abgrenzung zur Geldsachschuld: vgl. *Gernhuber*, Die Erfüllung und ihre Surrogate, § 11, 1. und 2.

[41] Auf die Streitfrage, ob die Banküberweisung Erfüllung der Verbindlichkeit oder Leistung an Erfüllungs Statt bedeutet, kommt es insoweit nicht an: vgl. dazu BGH, NJW 1953,897; BGHZ 58,108/109; OLG Hamm, NJW 1988,2115; *Canaris*, Bankvertragsrecht, Rz. 467; *Soergel / Zeiss*, BGB § 362, Rz. 4 (Leistung an Erfüllungs Statt); *Esser / Schmidt*, Schuldrecht AT, § 17 V.; *Gernhuber*, Die Erfüllung und ihre Surrogate, § 10 Nr. 7; *Larenz*, Schuldrecht AT, § 18 IV.; MünchKomm / *Heinrichs*, BGB § 362, Rz. 17; *Palandt / Heinrichs*, BGB § 362, Rz. 9 (Erfüllung).

des Betrages auf dem Konto des Gläubigers.[42] Durch die Gutschrift erlangt der Kontoinhaber das "Buchgeld", dessen Übertragung die Übereignung von Bargeld ersetzen soll.[43] Der Gläubiger wird Inhaber einer Forderung gegen das Kreditinstitut.[44] Die wirtschaftliche Gleichwertigkeit der Gutschrift mit der Barzahlung wird durch die gesicherte Position, die der Kontoinhaber gegenüber dem Kreditinstitut einnimmt, gerechtfertigt.[45] Der Gläubiger trägt mit erfolgter Gutschrift allerdings das Risiko der Zahlungsunfähigkeit der Bank.[46] Diese Grundsätze können auf die notarielle Hinterlegung übertragen werden.

1. Erste Möglichkeit: Leistungsbewirkung durch Auszahlung des Hinterlegungsbetrages

Vereinbaren die Parteien, daß der Schuldner seine Zahlungspflicht mit Auszahlung des Hinterlegungsbetrages an den Gläubiger erfüllt, dann ist der geschuldete Geldbetrag der Leistungsgegenstand.

In erfüllungsrechtlicher Hinsicht ist es unerheblich, ob der Gläubiger auch einen Auszahlungsanspruch gegen den Notar erwirbt. Der Eintritt der Auszahlungsvoraussetzungen ist jedoch nicht nur für den Erwerb des Auszahlungsanspruchs von Bedeutung. Soll die Erfüllung der Geldschuld mit Auszahlung des Hinterlegungsbetrages bewirkt werden, markiert der Eintritt der Auszahlungsreife den Zeitpunkt, an dem der Schuldner die Einflußnahme über den Hinterlegungsbetrag verliert und der Hinterlegungsbetrag seinem Willen nach zur

---

[42] BGHZ 6,121/122 f; 58,108/109; BGH, NJW 1953,897; WM 1971,110/111; s. auch NJW 1959,1176; RGZ 134,73/76; 141,287/289; *Canaris*, Bankvertragsrecht, Rz. 476; *Erman / H.P.Westermann*, BGB § 362, Rz. 8; *Esser / Schmidt*, Schuldrecht AT, § 17 V. 2.; *Fikentscher*, Schuldrecht, § 39 I. 3.; *Gernhuber*, Die Erfüllung und ihre Surrogate, § 11 4. a); *Larenz*, Schuldrecht AT, § 18 IV., S. 249; *Meyer-Cording*, Recht der Banküberweisung, S. 130; *Palandt / Heinrichs*, BGB § 362, Rz. 9; RGRK / *Weber*, BGB § 362, Rz. 22; *Schlegelberger / Hefermehl*, HGB Anh. zu § 365, Rz. 105; *Soergel / Zeiss*, BGB § 362, Rz. 4.

[43] *Canaris*, Bankvertragsrecht, Rz. 410.

[44] RGZ 141,287/289; BGHZ 26,167/171 (abstraktes Forderungsrecht gegenüber der Bank); BGH, NJW 1951,437; *Erman / H.P.Westermann*, BGB § 362, Rz. 8; *Fikentscher*, Schuldrecht, § 39 I. 3.; *Gernhuber*, Die Erfüllung und ihre Surrogate, § 11 4. a); *Soergel / Zeiss*, BGB § 362, Rz. 4.

[45] abstraktes Schuldversprechen der Bank zugunsten des Überweisungsempfängers (h.M.): BGH, NJW 1951,437; WM 1970,751/752; 1971,110/111; vgl. auch BGHZ 6,121/124; 26, 167/171; RGZ 134,73/76; 141,287/289; *Canaris*, Bankvertragsrecht, Rz. 415 m. w. N:; *Meyer-Cording*, Recht der Banküberweisung, S. 48; MünchKomm / *Heinrichs*, BGB § 362, Rz. 18; *Schönle*, Bank- und BörsenR, § 31 3. c); *Schlegelberger / Hefermehl*, HGB Anh. zu § 365, Rz. 57.

[46] *Esser / Schmidt*, Schuldrecht AT, § 17 V. 2.; *Hefermehl*, FS für Möhring, S. 381/394 f; *Soergel / Zeiss*, BGB § 362, Rz. 4.

Schuldtilgung verwendet werden soll. Deshalb hängen die Tilgungswirkung der Auszahlung und der Übergang der Übermittlungsgefahr von dem Eintritt der Auszahlungsvoraussetzungen ab.

a) Auszahlung vor Eintritt der Auszahlungsreife

In der notariellen Praxis kann es vorkommen, daß der Notar dem Drängen des Gläubigers auf vorzeitige Auszahlung nachgibt. Hier stellt sich die Frage, ob der Leistungserfolg auch dann mit Auszahlung eintritt, wenn der Notar über den Hinterlegungsbetrag zugunsten des Gläubigers verfügt, ohne daß die Auszahlungsvoraussetzungen vorliegen.

Diese Auffassung hat der Bundesgerichtshof in einer Entscheidung zur Darlehensvalutierung über Notaranderkonto vertreten.[47] Bei der vorzeitigen Auszahlung entgegen den Vertragsvereinbarungen fehlt es jedoch an der erforderlichen Tilgungsbestimmung des Schuldners. Wenn der Schuldner den Notar anweist, erst bei Eintritt bestimmter Voraussetzungen an den Gläubiger auszuzahlen, dann will er vorher nicht an den Gläubiger leisten.

Der Notar gerät in eine prekäre Situation, wenn der Schuldner nicht - ausdrücklich oder konkludent - eine nachträgliche Tilgungsbestimmung trifft, weil der Vertrag mit dem Gläubiger gescheitert ist und rückabgewickelt werden muß. Erstattet der Gläubiger den erhaltenen Betrag anstandslos zurück, hat die vorzeitige Auszahlung weder für den Hinterleger noch für den Notar negative Folgen. Dagegen ist die Rechtslage für den Notar kritisch, wenn der Gläubiger nicht rückerstatten will oder nicht rückerstatten kann.

Der Hinterleger kann von dem Notar die Rückzahlung des Hinterlegungsbetrages verlangen. Hat der Notar bereits über das Anderkontengeld verfügt, bleibt dem Hinterleger der Schadensersatzanspruch gem. § 19 Abs. 1 BNotO.[48]

Für den Notar ist es in dieser Situation von Interesse, den Gläubiger auf Rückerstattung in Anspruch nehmen zu können. Für ihn kommt ein in Anlehnung an das zivilrechtliche Bereicherungsrecht entwickelter *öffentlich-rechtlicher Erstattungsanspruch* in Betracht.

Zahlt der Notar vor Auszahlungsreife und damit gegen den Willen des wirtschaftlichen Eigentümers aus, greift er in ein Vermögensrecht des Hinterlegers ein. Bildlich gesprochen "enteignet" er den Hinterleger. Über den "enteigneten" Vermögenswert verfügt der Notar bei vorzeitiger Auszahlung an den Gläubiger wie über eine eigene, öffentlich-rechtliche Vermögensposition. Das

---

[47] vgl. BGH, DNotZ 1987,560/561.

[48] Wegen der wissentlichen Pflichtverletzung muß der Notar mit einem Verlust seines Versicherungsschutzes rechnen, § 4 Ziff. 5 der Allgemeinen Versicherungsbedingungen: vgl. *Gruber*, DNotZ 1989,658/666.

heißt, daß der Notar selbst an den Gläubiger leistet. Für diese Vermögensverschiebung fehlt es an einem Rechtsgrund. Deshalb kann der Notar den öffentlich-rechtlichen Erstattungsanspruch gegen den Gläubiger geltend machen.

Hieran knüpft die Frage an, wer Kondiktionsschuldner ist, wenn der Notar bei der Kaufpreiszahlung über Notaranderkonto nicht an den Verkäufer selbst, sondern im Interesse des Verkäufers an einen Dritten vorzeitig ausgezahlt hat. In diesem Fall weist der Verkäufer den Notar an, obwohl er - noch - nicht auszahlungsberechtigt ist und ihm noch keine Weisungsbefugnis zusteht. Er geriert sich aber, als sei er zu Anweisungen an den Notar berechtigt. Zwischen dem - unbefugt - anweisenden Verkäufer, dem Notar und dem Dritten besteht ein fehlerhaftes Anweisungsverhältnis, dessen Mangel im Deckungsverhältnis zwischen dem Verkäufer und dem Notar wurzelt.[49]

b) Gefahrübergang mit Eintritt der Auszahlungsreife

Gem. § 270 Abs. 1 BGB trägt bei Geldzahlungsschulden der Schuldner grundsätzlich die Übermittlungsgefahr. Eine vertragliche Gefahrtragungsregelung hat jedoch Vorrang vor der gesetzlichen Regelung des § 270 Abs. 1 BGB, gleichgültig, ob man die Norm als bloße Auslegungsregel[50] ansehen will oder als ergänzendes dispositives Gesetzesrecht[51] für den Fall, daß keinerlei Vereinbarungen getroffen wurden.

Vereinbaren die Parteien - zumindest stillschweigend -, daß der Gläubiger mit Auszahlungsreife über die Verwendung des Hinterlegungsbetrages entscheiden bzw. die Auszahlung beanspruchen kann, so hat der Schuldner mit der vertragsgemäßen Hinterlegung nicht nur die erforderliche Leistungshandlung vorgenommen. Er hat zugleich den geschuldeten Leistungsgegenstand in die Sphäre des Gläubigers gelangen lassen, wo er dessen alleiniger (mittelbarer) Verfügungsbefugnis unterliegt.

Mehr wird von dem Schuldner bei einer Banküberweisung nicht erwartet und ist auch im Falle notarieller Hinterlegung nicht von ihm zu erwarten, um ihn von der Übermittlungsgefahr zu entlasten. Folglich trägt der Gläubiger das

---

[49] vgl. Drittes Kapitel § 9 III. 2. a).

[50] BGHZ 28,123/127; MünchKomm / *Keller*, BGB § 270, Rz. 8; *Palandt / Heinrichs*, BGB § 270, Rz. 4; RGRK / *Alff*, BGB § 270, Rz. 2.

[51] *Gernhuber*, Die Erfüllung und ihre Surrogate, § 2 VII. 1. b); *Planck / Siber*, BGB § 270, Erl. 5; *Soergel / M.Wolf*, BGB § 270, Rz. 1; ähnlich: *Staudinger / Selb*, BGB § 270, Rz. 15.

Verlustrisiko, sobald er mit Eintritt der Auszahlungsreife die Berechtigung erworben hat, über den Hinterlegungsbetrag zu disponieren.[52]

2. Zweite Möglichkeit: Leistungsbewirkung durch Übertragung des Auszahlungsanspruchs gegen den Notar

Neben der Leistungsbewirkung durch Auszahlung des Hinterlegungsbetrages kommt bei der Kaufpreiszahlung über Notaranderkonto die Leistungsbewirkung mit Erwerb des unbedingten und fälligen Auszahlungsanspruchs gegen den Notar in Betracht.

Die Hinterlegung auf Notaranderkonto unterscheidet sich vom bargeldlosen Zahlungsverkehr. Sie hat nicht die Wirkung einer Gutschrift. Der Empfangsberechtigte erlangt kein "Buchgeld".[53] Der Notar ist vielmehr als Treuhänder zur Auszahlung des Hinterlegungsbetrages verpflichtet.

Die wirtschaftliche Zugehörigkeit des Hinterlegungsbetrages zum Vermögen des Treugebers, die sich in der Auszahlungspflicht des Notars niederschlägt, erlaubt es jedoch, den Auszahlungsanspruch gegen den Notar mit der Gutschrift des Kreditinstituts für den Kontoinhaber zu vergleichen.[54] Ist der Gläubiger erst einmal Inhaber des Auszahlungsanspruchs, hat er eine gesicherte Vermögensposition, die ihn nicht schlechter stellt als die unmittelbar Zahlung des Schuldners.

Das einzige Realisierungsrisiko liegt in der Gefahr der Veruntreuung durch den Notar.[55] Es ist bei der Qualifizierung des Auszahlungsanspruchs als Ver-

---

[52] LG Hamburg, DNotZ 1950,130/133 (wirtschaftlich Berechtigter trägt Risiko des zufälligen Untergangs); *Zimmermann*, DNotZ 1980,451/461; ausführlich: *Bräu*, Verwahrungstätigkeit des Notars, Rz. 156 f. Bräu diskutiert, ob abweichend von der gesetzlichen Risikoverteilung des § 270 BGB bei Verlust des Hinterlegungsbetrages eine Schadensteilung zu Lasten aller Beteiligter vorgenommen werden soll, kommt aber zu dem Ergebnis, daß eine derartige Vertragsanpassung von dem hypothetischen Parteiwillen grundsätzlich nicht gedeckt sei. Die Verlustgefhar wegen Veruntreuung, Auszahlungsfehlern oder Bankzusammenbruch sei kein im Zusammenhang mit der Verwahrung stehendes erhöhtes Risiko, sondern es ginge um typische Schadensereignisse, die im normalen Zahlungsverkehr, namentlich im Bankbereich, ebenso eintreten könnten: Bräu, Verwahrungstätigkeit des Notars, Rz. 158.

[53] vgl. OLG Hamm, OLGZ 1984,387/399: Der Schuldner, der "Buchgeld" leisten solle, erbringe nicht die geschuldete Leistung, wenn er auf Anderkonto hinterlege.

[54] vgl. *Canaris*, FS für Flume I, S. 371/417; zum rechtlichen Eigentum des Notars: BGHZ 76,9/13; BGH, DNotZ 1980,496/498; BGH, 1990,483/484; *Haug*, DNotZ 1987,564/566; *Weingärtner*, DONot § 11, Rz. 147; vgl. auch BGHZ 11,37/43.

[55] zur Veruntreuung der hinterlegten Gelder durch den Notar: vgl. RG, WarnRspr 1940, Nr. 65; BGHZ 87,256; BGH, DNotZ 1983,549; DNotZ 1987,155; OLG Hamm, DNotZ 1961,220/221; LG Köln, ZIP 1981,973.

mögenswert jedoch ebenso gering zu veranschlagen[56] wie der mögliche Liquiditätsverlust einer Bank.[57] Hier geht es um die bereits erörterte Frage, wer die Übermittlungsgefahr zu tragen hat, nicht um die Erfüllungstauglichkeit des Auszahlungsanspruchs.[58] Es bestehen demnach keine Bedenken hinsichtlich der Tauglichkeit des Auszahlungsanspruchs als Leistungsgegenstand.[59]

Im Gegensatz zur Gleichstellung von Bargeld und Buchgeld handelt es sich bei dem ausgezahlten Hinterlegungsbetrag und dem Auszahlungsanspruch gegen den Notar jedoch um verschiedene Leistungsgegenstände. Die Leistung kann deshalb nicht alternativ durch Auszahlung oder durch Verschaffen des Auszahlungsanspruchs bewirkt werden. Vielmehr muß im Wege der Vertragsauslegung geklärt werden, was die Parteien gewollt haben.

Für die notarielle Praxis stellt sich die Frage, ob die Kaufpreisforderung nach erfolgter Hinterlegung mit Auszahlungsreife oder erst mit Auszahlung erlischt.[60]

II. Die Übertragung des Auszahlungsanspruchs: Ersatzleistung oder Leistung erfüllungshalber?

Die auflagenabhängige Kaufpreisabwicklung über Notaranderkonto ist ein aufschiebend bedingter Vermögenstransfer über Notaranderkonto. Das heißt, daß der Verkäufer während der Verwahrung sowohl Inhaber der Kaufpreisforderung als auch Inhaber eines aufschiebend bedingten Auszahlungsanspruchs gegen den Notar ist. Mit Eintritt der Auszahlungsbedingungen erwirbt er den Auszahlungsanspruch gegen den Notar.

Ob damit zugleich die Kaufpreisforderung erlischt, hängt davon ab, welchen Leistungsgegenstand die Parteien bestimmt haben.

- Vereinbaren die Vertragsparteien, daß die geschuldete Leistung mit Übereignung der Zahlungsmittel an den Gläubiger bewirkt werden soll, so ist der Anspruch solange nicht erfüllt, wie der geschuldete Betrag noch von dem No-

---

56 vgl. BayObLG, DNotZ 1963,429/432.

57 Dieses Risiko läßt die Verkehrsanschauung bei der Definition des Buchgeldes als Zahlungsmittel ebenfalls außer Betracht.

58 *Zimmermann*, DNotZ 1989,262/263 f; vgl. auch: *Hüffer*, EWiR § 607 BGB 5/86,769; *Reithmann*, Vorsorgende Rechtspflege, S. 221 (Frage des Insolvenzrisikos).

59 vgl. *Albrecht*, in: *Reithmann / Röll / Geßele*, Rz. 344.

60 Der Bundesgerichtshof hat die Beantwortung der Frage, ob im Falle notarieller Hinterlegung die Erfüllungswirkung bereits mit Auszahlungsreife oder erst mit der endgültigen Auskehrung an den Gläubiger eintritt, ausdrücklich offen gelassen: BGHZ 87,156/164 f.

tar verwahrt wird. Der Erwerb des Auszahlungsanspruchs gegen den Notar kann in diesem Fall nur als *Leistung erfüllungshalber* qualifiziert werden.[61]

- Wollen die Parteien, daß die geschuldete Leistung bereits dann bewirkt ist, wenn der Gläubiger den Auszahlungsanspruch gegen den Notar erworben hat, so tritt der Auszahlungsanspruch quasi als "Ersatz" an die Stelle der Zahlung. Die Hinterlegungsvereinbarung hat in diesem Fall Ähnlichkeit mit der Vereinbarung einer *Ersetzungsbefugnis* (facultas alternativa). Allerdings räumt der Verkäufer dem Käufer im Rahmen der Hinterlegungsvereinbarung nicht lediglich die Befugnis zur Ersetzung ein. Die Ersatzleistung, also der Auszahlungsanspruch, wird vielmehr primär geschuldet.

1. Der Auszahlungsanspruch als Leistung erfüllungshalber

Durch die Vereinbarung einer Leistung erfüllungshalber erlangt der Gläubiger eine zusätzliche Befriedigungsmöglichkeit.[62] Eine Änderung des eigentlichen Schuldinhalts tritt nicht ein.[63] Vielmehr wird der Gläubiger Inhaber zweier Forderungen, die auf dasselbe Ziel gerichtet sind.[64]

Als Rechtsfolge in erfüllungsrechtlicher Hinsicht ergibt sich, daß nicht die Leistung erfüllungshalber, sondern erst der Erhalt der geschuldeten Leistung aus dem erfüllungshalber hingegebenen Gegenstand das Erlöschen der Schuld bewirkt.[65] Der Gläubiger ist gehalten, aus dem erfüllungshalber hingegebenen Gegenstand Befriedigung zu suchen.[66] Die h.M. sieht in der Vereinbarung der Leistung erfüllungshalber in diesem Sinne zugleich eine Stundung der Forde-

---

[61] s. auch *Volhard*, DNotZ 1987,523/544, Fn. 90).

[62] AK-BGB / *Dubischar*, § 364, Rz. 2; *Erman / H.P.Westermann*, BGB § 364, Rz. 10; *Gernhuber*, Die Erfüllung und ihre Surrogate, § 9 I. 1.; *Larenz*, Schuldrecht AT § 18 IV., S. 250; MünchKomm / *Heinrichs*, BGB § 362, Rz. 11; RGRK / *Weber*, BGB § 364, Rz. 9; *Staudinger / Kaduk*, BGB § 364, Rz. 33.

[63] *Gernhuber*, Bürgerliches Recht, § 50 III. 1. a).

[64] *Fikentscher*, Schuldrecht, § 39 I. 2; *Larenz*, Schuldrecht AT, § 18 IV., S. 250.

[65] BGH, WM 1974,570/571; BGHZ 96,182/186 (Wechsel); s. auch: RGZ 65,79/81; *Erman / H.P.Westermann*, BGB § 362, Rz. 11; MünchKomm / *Heinrichs*, BGB § 362, Rz. 14. Auch dieser Grundsatz wird heute jedoch im Einzelfall dahin relativiert, daß die unbedingte Erfüllung bereits dann eintreten soll, wenn dem Gläubiger der Erlös endgültig sicher ist: *Gernhuber*, Bürgerliches Recht, § 50 III. 1. h) unter Berufung auf BGHZ 96,182/186 (Grundforderung erlischt ausnahmsweise, wenn Gläubiger durch Weitergabe des Wechsels einen Gegenwert erhalten hat.).

[66] RGZ 65,79/81; BGHZ 96,182/193; OLG Celle, OLGZ 1970,450/451; *Erman / H.P.Westermann*, BGB § 364, Rz. 11; *Medicus*, Schuldrecht AT, § 24 I. 1. b); MünchKomm / *Heinrichs*, BGB § 364, Rz. 12.

rung.[67] Die Forderung kann dann wieder geltend gemacht werden, wenn der Versuch der Befriedigung aus dem erfüllungshalber hingegebenen Gegenstand fehlschlägt.[68]

Vereinbaren die Vertragsparteien, daß der Gläubiger mit Auszahlung des Hinterlegungsbetrages befriedigt werden soll, so heißt das, daß der Gläubiger den geschuldeten Geldbetrag letztendlich im Wege der Realisierung des Auszahlungsanspruchs gegen den Notar erhält. Solange die Hinterlegung nicht endgültig fehlgeschlagen ist, kann er keine andere Form der Erfüllung von seinem Schuldner verlangen. Bis zur "Einlösung" des Anspruchs, also bis zur Auszahlung des Hinterlegungsbetrages, muß von einer Duplizität der Kaufpreisforderung und des Auskehrungsanspruch ausgegangen werden.

2. Der Auszahlungsanspruch als Ersatzleistung

Vereinbaren die Parteien eine Ersetzungsbefugnis des Schuldners (facultas alternativa), dann hat der Schuldner das Recht, sich durch die Ersatzleistung von der ursprünglichen Schuld zu befreien.[69] Im Gegensatz zur Leistung erfüllungshalber bewirkt das Erbringen der anderen Leistung bereits ein Erlöschen der Schuld.[70] Bei Unmöglichkeit der Ersatzleistung bleibt die ursprüngliche Leistungspflicht bestehen. Das gleiche gilt, wenn die vereinbarte Ersatz-

---

[67] RGZ 65,79/81; 166,1; BGH, BB 1969,698; WM 1974,570/571; NJW 1974,1336; 1986,426; OLG Hamburg, WM 1986,384; *Erman / H.P.Westermann*, BGB § 364, Rz. 11; MünchKomm / *Heinrichs*, BGB § 364, Rz. 13. Nach a.A. soll die Auslegung vielfach lediglich einen Ausschluß der Klag- oder Vollstreckbarkeit ergeben: *Köhler*, WM 1977,242/247; *Medicus*, Schuldrecht AT § 24 II. 1.; MünchKomm / *Heinrichs*, BGB § 364, Rz. 13. Gernhuber sieht in der Leistung erfüllungshalber eine arteigene Einrede, mit der die Verwertungs- und Tilgungsabrede abgedeckt wird: *Gernhuber*, Bürgerliches Recht, § 50 III. 1. e); *ders.*, Die Erfüllung und ihre Surrogate, § 9 I. 9. a).

[68] *Medicus*, Schuldrecht AT, § 24 II. 1.; MünchKomm / *Heinrichs*, BGB § 364, Rz. 13; *Palandt / Heinrichs*, BGB § 364, Rz. 9; s. auch RG 65,79/81.

[69] *Enneccerus / Lehmann*, § 10; *Esser / Schmidt*, Schuldrecht AT, § 14 II. 2.; *Gernhuber*, Das Schuldverhältnis, § 29 I. 1.; *Larenz*, Schuldrecht AT, § 11 III.; *Medicus*, Schuldrecht AT, § 19 IV. 1.; MünchKomm / *Heinrichs*, BGB § 364, Rz. 2; MünchKomm / *Keller*, BGB § 262, Rz. 7; RGRK / *Alff*, BGB § 262, Rz. 5; *Soergel / M.Wolf*, BGB § 262, Rz. 20; *Staudinger / Kaduk*, BGB § 364, Rz. 15.

[70] Auf die Streitfrage, ob es sich dabei um Erfüllung oder um eine Leistung an Erfüllungs Statt handelt, kommt es für die hier vorgenommene Vergleichsbildung nicht an; vgl. zum Streitstand: BGHZ 46,338/342; 89,126/128; *Fikentscher*, Schuldrecht, § 28 V. 2.; MünchKomm / *Heinrichs*, BGB § 364, Rz. 2; RGRK / *Weber*, BGB § 364, Rz. 2; *Soergel / M.Wolf*, BGB § 262, Rz. 19; *Soergel / Zeiss*, BGB § 364, Rz. 1; *Staudinger / Werner*, BGB Vor § 262, Rz. 9; *Staudinger / Kaduk*, BGB § 364, Rz. 5 (Leistung an Erfüllungs Statt); a.A. *Gernhuber*, Die Erfüllung und ihre Surrogate, § 5 I. 2. b) (Erfüllung einer zuvor durch einseitigen Akt geänderten Schuld); *Larenz*, Schuldrecht AT § 11 III. a) (Ersatzleistung steht der geschuldeten Leistung gleich).

leistung nur bei Eintritt einer Bedingung möglich ist und diese Bedingung endgültig ausfällt.[71]

Vereinbaren die Parteien, daß der Schuldner seiner Zahlungspflicht dadurch nachkommen kann, daß er dem Gläubiger einen fälligen Auszahlungsanspruch gegen den Notar verschafft, so enthält ihre Vereinbarung die Abrede einer Ersetzung des Leistungsgegenstandes. Zwei alternative und gleichermaßen erfüllungstaugliche Leistungswege kommen für den Schuldner in Betracht, um sich von seiner Schuld zu befreien: an erster Stelle die Verschaffung eines fälligen und unbedingten Auszahlungsanspruchs gegen den Notar und an zweiter Stelle - falls die Durchführung des Hinterlegungsgeschäfts fehlschlägt - die anderweitige Begleichung der geschuldeten Forderung.

Tritt der Schuldner dem Gläubiger seinen Auszahlungsanspruch gegen den Notar aufschiebend bedingt ab, so erwirbt der Gläubiger mit Bedingungseintritt den Leistungsersatz.[72] Das heißt, daß mit Auszahlungsreife die vertragliche Forderung erlischt. Bis dahin bestehen beide Ansprüche - die Kaufpreisforderung einerseits und der bedingte Auszahlungsanspruch andererseits - nebeneinander.

3. Auslegung der Erfüllungsabrede bei der Vereinbarung notarieller Hinterlegung

Ob die geschuldete Leistung mit Erwerb des Auszahlungsanspruchs oder erst mit Auszahlung des Geldes bewirkt werden soll, sollten die Parteien ausdrücklich vereinbaren. Fehlt es an einer klarstellenden Klausel im Vertrag, ist im Wege der Auslegung zu ermitteln, welche Form der Erfüllung die Parteien vorgesehen haben.

Im Vordergrund des Interesses steht hier der Standardfall der notariellen Hinterlegung, die Kaufpreiszahlung über Notaranderkonto mit der Weisung an den Notar, den Hinterlegungsbetrag bei Eintritt bestimmter Voraussetzungen (Auszahlungsreife) an den Verkäufer oder einen von ihm bestimmten Dritten auszuzahlen. In Rechtsprechung und Literatur ist umstritten, wie die Vereinbarung notarieller Hinterlegung hier grundsätzlich zu bewerten ist. Der Streit konzentriert sich auf die Frage, ob bei notarieller Hinterlegung die Erfüllung

---

[71] *Enneccerus / Lehmann*, § 10 I. 2.; RGRK / *Alff*, BGB § 262, Rz. 6; s. auch RGZ 94,58/60; *Larenz*, Schuldrecht AT, § 11 III. a).

[72] Das BayObLG maß in seinem Beschluß vom 16.03.1962, in dem es um die Ablösung einer Hypothekenforderung im Rahmen einer Umschuldung ging, der Zahlung auf Anderkonto eine "aufschiebend bedingte Erfüllungswirkung" zu. Mit dem Eintritt der Auszahlungsbedingungen sollte die Hypothekenforderung beglichen sein: BayObLG, DNotZ 1963,429/432.

mit Auszahlung des Hinterlegungsbetrages oder bereits mit Auszahlungsreife eintritt.

a) Erfüllung mit Auszahlung des Hinterlegungsbetrages

Die wohl überwiegende Ansicht in der Rechtsprechung und der notarrechtlichen Literatur sieht in jeder Hinterlegungsvereinbarung die Abrede, daß die geschuldete Leistung (Zahlung eines Geldbetrages) erst mit der Auszahlung des hinterlegten Geldes an den Gläubiger oder einen von ihm bestimmten Dritten bewirkt wird.

Sie stützt ihre Auffassung in erster Linie auf die neutrale Mittlerposition des Notars.[73] Der Grundsatz, daß bei Leistung an einen gemeinsamen Treuhänder vor Weitergabe an den Empfänger keine Erfüllung bewirkt wird,[74] gilt nach dieser Ansicht uneingeschränkt auch für die notarielle Hinterlegung.[75] Ferner argumentiert die h.M., daß Gründe der Rechtssicherheit und Rechtsklarheit für die Erfüllung mit Auszahlung des Hinterlegungsbetrages sprechen.[76]

Die h.M. führt somit zu der Konsequenz, daß jede Hinterlegung lediglich eine Leistung erfüllungshalber darstellt.

b) Erfüllung bei Eintritt der Auszahlungsreife

Die - im Vordringen befindliche - Mindermeinung vertritt den Standpunkt, daß bei vereinbarter Leistung mittels notarieller Hinterlegung die Erfüllungswirkung grundsätzlich mit Auszahlungsreife eintritt.[77] Nur wenn besondere

---

[73] RG, JW 1930,753 (vgl. bereits RG, JW 1906,714); OLG Köln, DNotZ 1989,257/261; *Daimer*, Die Prüfungs- und Belehrungspflicht des Notars, S. 331 f; unter Berücksichtigung des Interessenausgleichs im zugrundeliegenden Einzelfall: LG Köln, DNotZ 1974,436/439; *Erman / H.P.Westermann*, BGB § 362, Rz. 12 a; *Gernhuber*, Die Erfüllung und ihre Surrogate, § 15 I. 2. a); *ders.*, Schuldverhältnis, § 20 I. 5., Fn 15); *Jauernig / Stürner*, BGB § 362, Anm. 4) a); MünchKomm / *Heinrichs*, BGB § 362, Rz. 12; *Palandt / Heinrichs*, BGB Einf v § 362, Rz. 4; *Peter*, BWNotZ 1984,86/88; *Weingärtner*, DONot § 12, Rz. 177.

[74] vgl. BGH, NJW 1986,2947.

[75] *Jauernig / Stürner*, BGB § 362, Anm. 4) a).

[76] *Peter*, BWNotZ 1984,86/88 f; *Weingärtner*, DONot, § 12, Rz. 177.

[77] *Brambring*, DNotZ 1990,615/633; *Bräu*, Verwahrungstätigkeit des Notars, Rz. 145 ff; *Tönnies*, in: Beck'sches Notarhandbuch, A I, Rz. 367; *Volhard*, DNotZ 1987,523/526; *Zimmermann*, DNotZ 1983,552/555; *ders.*, DNotZ 1985,640/641 (Darlehensvalutierung); *ders.*, DNotZ 1987,571/573; *ders.*, DNotZ 1989,262/264; keine eindeutige Stellungnahme, aber Berufung auf Zimmermann bei: *Reithmann*, Vorsorgende Rechtspflege, S. 220, Fn. 36 (Spätestens mit Auszahlungsreife!); vgl. auch BFH, BFHE 146,59/61 (zur Frage, wer Treugeber des Guthabens i. S. v. § 11 Nr. 2 StAnpG, § 39 Abs. 2 Nr. 1 AO ist).

Anhaltspunkte für eine andere Regelung vorliegen, soll der Erfüllungszeitpunkt hinausgeschoben werden. Haben die Parteien etwa die Vereinbarung getroffen, daß der Besitz und die Nutzung des Grundstücks erst mit der Auszahlung des Geldes an den Verkäufer auf den Käufer übergehen soll, so spricht diese Regelung für die Vereinbarung der Erfüllung durch Auszahlung des Hinterlegungsbetrages.[78]

Das Erlöschen der Verbindlichkeit mit dem Eintritt der Auszahlungsreife wird mit dem Wegfall des Sicherungsinteresses des Schuldners/Hinterlegers begründet. Nach Übergang des Auszahlungsanspruchs auf den Gläubiger verwahre der Notar für diesen den Hinterlegungsbetrag.[79] Der Hinterleger habe keine Einwirkungsmöglichkeit mehr, wenn der Empfänger die Position des Treugebers ausübe.[80] Der Gläubiger müsse deshalb "redlicherweise" den Auszahlungsanspruch als Leistungsgegenstand anerkennen.[81]

Diese Ansicht führt zu der Konsequenz, daß der Schuldner bei Vereinbarung notarieller Hinterlegung seine Leistungspflicht dadurch erfüllt, daß er dem Gläubiger einen unbedingten Auszahlungsanspruch gegen den Notar verschafft. Der Erwerb des wirtschaftlichen Eigentums an dem Hinterlegungsbetrag ersetzt - erfüllungstechnisch - die sachenrechtliche Übereignung der Zahlungsmittel.

c) Stellungnahme

Die Argumente, die die h.M. für die Erfüllung erst mit Auszahlung des Hinterlegungsbetrages vorträgt, können nicht geteilt werden.

Als amtlicher Verwahrer zivilrechtlichen Treugutes verwahrt der Notar das Hinterlegungsgut nicht für beide Beteiligte, sondern für den jeweiligen Treugeber. Er übt unter diesem Gesichtspunkt keine neutrale Mittlerposition aus. Auch der Grundsatz, daß bei Leistung über einen Treuhänder die Leistung erst

---

[78] vgl. LG Köln, DNotZ 1974,436/439.

[79] *Zimmermann*, DNotZ 1980,451/461; *ders.*, DNotZ 1983,552/555; vgl. auch *Brambring*, DNotZ 1990,615/633; *Bräu*, Verwahrungstätigkeit des Notars, Rz. 147.

[80] Tendenziell in diese Richtungen führen auch die Entscheidungen zur Darlehensvalutierung über Notaranderkonto, die bei der Prüfung des Darlehensempfangs darauf abstellen, inwieweit noch Verfügungsbeschränkungen seitens des Hinterlegers vom Notar zu berücksichtigen sind oder nicht: BGH, ZIP 1985,16 (Darlehensempfang bei Zahlung auf Notaranderkonto fraglich, wenn Darlehensgeberin Verfügungen von ihrer vorherigen Einwilligung abhängig macht und sich Rückforderung vorbehält.); DNotZ 1985,637/638; DNotZ 1987,155; LG Köln, ZIP 1981,973; i. E. auch OLG Koblenz, WM 1984,926/928; zur Schlußfolgerung, daß für den Darlehensempfang die Auszahlungsreife entscheidend sei: *Zimmermann*, DNotZ 1985,640/641; vgl. auch BGH, DNotZ 1990,661/664; DNotZ 1987,155/156 f.

[81] *Bräu*, Verwahrungstätigkeit des Notars, Rz. 147.

mit der Herausgabe des Treugutes an den Gläubiger bewirkt wird, trifft für die notarielle Hinterlegung nicht zu. Der Grundsatz geht davon aus, daß bis zur Herausgabe der Schuldner Treugeber bleibt. Bei der notariellen Hinterlegung tritt dagegen der Gläubiger in die Treugeberposition ein, wenn der Schuldner seine Rechte an dem Hinterlegungsgut zu seinen Gunsten aufgibt. Der Hinweis der h.M., daß es sich bei dem Erwerb des Auszahlungsanspruchs mit Auszahlungsreife um einen rein internen Vorgang handele, der von Außenstehenden nicht überprüft werden könne,[82] spricht nicht gegen den Erfüllungseintritt. Wenn mit Eintritt der Auszahlungsreife der Gläubiger Treugeber werden soll, verliert der Hinterleger jegliche Verfügungsmacht. Dabei ist es unschädlich, daß der Übergang der Treugeberposition vom Schuldner auf den Gläubiger nicht nach außen tritt. Da es hier nicht um einen sachenrechtlichen Übertragungsakt, sondern um den Übergang "wirtschaftlichen" Eigentums geht, findet der Publizitätsgrundsatz keine strikte Anwendung. Die fehlende Nachprüfbarkeit durch Außenstehende zwingt nicht dazu, aus Gründen der Rechtssicherheit die Erfüllungswirkung mit Eintritt der Auszahlungsreife zu verneinen. Der Notar kann und muß feststellen, ob die Treugeberposition auf den Gläubiger übergegangen ist. Sein Verhalten unterliegt der Kontrolle.[83]

In Übereinstimmung mit der Mindermeinung ist es sachgemäßer, den Auszahlungsanspruch als vereinbarte Ersatzleistung anzuerkennen.

Grundsätzliche Bedenken, die gegen die Erfüllungstauglichkeit des Auszahlungsanspruchs als Ersatzleistung sprechen und eine Leistung erfüllungshalber nahelegen, sind bei der notariellen Hinterlegung auszuschließen. Derartige Bedenken basieren darauf, daß der hingegebene Gegenstand nicht den gleichen Vermögenswert hat wie die ursprünglich geschuldete Leistung. Eine Forderung, deren Durchsetzbarkeit noch in Frage steht, ist kein Leistungsgegenstand, der sich wertmäßig mit der Übereignung gesetzlicher Zahlungsmittel vergleichen ließe. Der Auszahlungsanspruch gegen den Notar ist jedoch eine sichere Vermögensposition für den Gläubiger, die einer Bankgutschrift wertmäßig nicht nachsteht.

Nur wenn der Leistungserfolg mit Erwerb des unbedingten Auszahlungsanspruchs eintritt, hat die notarielle Hinterlegung als solche eine wirkliche Transferfunktion. Würde der Leistungserfolg erst mit Auszahlung an den Gläubiger oder einen von ihm bestimmten Dritten bewirkt, würde sich die Bedeutung der Hinterlegung in der Sicherung der Forderung erschöpfen. Diese Folge entspricht aber nicht dem Zweck, den die Vertragsparteien mit der notariellen Hinterlegung verfolgen. Der Leistungsaustausch soll Zug um Zug mit

---

[82] so *Peter*, BWNotZ 1984,86/88.

[83] *König*, Darlehensvalutierung über Notaranderkonto, S. 203 f; ebenso: *Bräu*, Verwahrungstätigkeit des Notars, Rz. 149.

Eintritt der Auszahlungsreife vollzogen werden. Das bedeutet, daß die Forderung des Gläubigers mit Erwerb des unbedingten Auszahlungsanspruchs gegen den Notar erfüllt wird, sofern die Parteien nicht ausdrücklich einen späteren Erfüllungseintritt vereinbart haben.

III. Das Verhältnis des Kaufpreisanspruchs zu dem bedingten Auszahlungsanspruch gegen den Notar

Da bis zum Erwerb des unbedingten Auszahlungsanspruchs gegen den Notar durch den Verkäufer die Kaufpreisforderung und der aufschiebend bedingte Auszahlungsanspruch nebeneinander bestehen, stellt sich die Frage, ob diese beiden Ansprüche rechtlich unabhängig voneinander sind. Hierbei ist es praktisch bedeutsam, ob die Abtretung der Kaufpreisforderung automatisch die Abtretung des aufschiebend bedingten Auszahlungsanspruchs nach sich zieht. Umgekehrt stellt sich das Problem, ob der bedingte Auszahlungsanspruch isoliert oder nur zusammen mit der Kaufpreisforderung abgetreten werden kann.

1. Abtretung der Kaufpreisforderung

Tritt der Verkäufer seine Kaufpreisforderung an einen Dritten ab, so kann der Zessionar vom Käufer nur die Zahlung über Notaranderkonto, also letztendlich die Leistung des Auszahlungsanspruchs als Ersatz verlangen, dagegen keine Barzahlung. Er muß sich die Anderkontenabrede gem. § 404 BGB entgegenhalten lassen.[84]

Hat der Käufer den geschuldeten Kaufpreis bereits auf Notaranderkonto eingezahlt, ist es für den Zessionar von Interesse, zugleich mit der Kaufpreisforderung den bedingten Auszahlungsanspruchs des Verkäufers gegen den Notar zu erwerben.

a) Analoge Anwendung des § 401 BGB?

In der notarrechtlichen Literatur wird vorgeschlagen, den bedingten Auszahlungsanspruch gegen den Notar als unselbständiges Nebenrecht zu behandeln mit der Folge, daß der Anspruch bei Abtretung der Kaufpreisforderung analog § 401 BGB auf den Zessionar überginge.[85]

---

[84] *Lüke*, ZIP 1992,150/157.

[85] so *Lüke*, ZIP 1992,150/158.

Unter § 401 BGB fallen jedoch nur solche Rechte, die selbständig keinen Bestand haben können. Eine analoge Anwendung kommt nur für andere akzessorische Nebenrechte in Betracht.[86] Das trifft auf den bedingten Auszahlungsanspruch gegen den Notar aber nicht zu.[87] Auch der Umstand, daß der bedingte Auszahlungsanspruch zunächst Sicherheit und dann Leistungsgegenstand im Hinblick auf die Kaufpreisforderung ist, macht ihn nicht zu einem unselbständigen Nebenrecht der Kaufpreisforderung.

b) Stillschweigende Abtretung des bedingten Auszahlungsanspruchs?

Demgegenüber besteht die Möglichkeit, daß der Verkäufer als Zedent der Kaufpreisforderung den bedingten Auszahlungsanspruch zugleich mit der Kaufpreisforderung - stillschweigend - abtritt. Diese Folge ergibt sich nicht kraft Gesetzes, sondern aus dem Abtretungsvertrag. Der Zessionar erwirbt die Kaufpreisforderung in der Gestalt, die die Kaufvertragsparteien ihr gegeben haben. Hat der Käufer/Hinterleger dem Verkäufer seinen Auszahlungsanspruch gegen den Notar aufschiebend bedingt abgetreten, so gehört dieser Anspruch zu der Kaufpreisforderung. Die Zession der "Kaufpreisforderung mit Hinterlegungsvereinbarung" beinhaltet deshalb zugleich eine Abtretung des bedingten Auszahlungsanspruchs. Gegenüber dem Notar behält allerdings der Verkäufer die Empfangszuständigkeit - das wäre auch bei direkter Anwendung des § 401 BGB der Fall -, bis er den Notar zur Auszahlung an den Zessionar anweist. Demzufolge ergibt sich aus der Abtretungsvereinbarung die vertragliche Verpflichtung, durch entsprechende Weisung an den Notar gem. § 12 Abs. 3 DONot die Empfangszuständigkeit des Zessionars für die Entgegennahme des Hinterlegungsbetrages zu begründen.

Besteht zwischen dem Zedenten und dem Zessionar Streit darüber, wem der Betrag zusteht, ist der Streit untereinander auszutragen. Im Zivilprozeß wird entschieden, welcher der beiden Forderungsprätendenten der Auszahlung an den anderen zuzustimmen hat.[88] Es ist nicht Aufgabe des Notars, die materielle Berechtigung des Zessionars festzustellen.

---

[86] *Jauernig / Stürner*, BGB § 401, Anm. 2. a); *Medicus*, Schuldrecht AT, § 62 II. 2.; MünchKomm / *Roth*, BGB § 401, Rz. 3,10; RGRK / *Weber*, BGB § 401, Rz. 1,10; *Soergel / Zeiss*, BGB § 401, Rz. 1.

[87] Auch Lüke sieht den Auskehrungsanspruch als selbständig verwertbaren und abtretbaren Anspruch an: *Lüke*, ZIP 1992,150/157.

[88] OLG Frankfurt, JurBüro 1987,593; DNotZ 1992,61 f.

2. Abtretung des Auszahlungsanspruchs durch den Verkäufer

Bezüglich der Abtretung des Auszahlungsanspruchs gegen den Notar durch den Verkäufer sind verschiedene Abwicklungsstadien des Kaufvertrages zu unterscheiden. Bevor der Hinterlegungsbetrag auszahlungsreif ist und demzufolge dem Verkäufer zusteht, kann der Verkäufer nur entweder über den bedingten Auszahlungsanspruch oder über seinen künftigen - unbedingten - Auszahlungsanspruch verfügen.

a) Gleichzeitige Abtretung von Kaufpreisforderung und bedingtem Auszahlungsanspruch

Die isolierte Abtretung des bedingten Auszahlungsanspruchs bringt die Gefahr der Divergenz von Kaufpreisforderung und Auskehrungsanspruch mit sich. Es stellt sich die Frage, ob die Abtretung ohne gleichzeitige Abtretung der Kaufpreisforderung überhaupt zulässig ist.

Gem. § 399 1. Alt. BGB ist die Abtretung eines Anspruchs ausgeschlossen, wenn die Forderung durch die Zession ihren Leistungsinhalt änderte. Der Gesichtspunkt, daß sich Beschränkungen der Abtretungsfähigkeit eines Anspruchs durch seine Inhaltsbestimmung ergeben können, ist auch dann zu berücksichtigen, wenn es um die separate Abtretungsfähigkeit eines selbständigen Nebenrechts neben der Hauptforderung geht.[89]

Der Käufer tritt seinen Auszahlungsanspruch gegen den Notar nur mit der Maßgabe aufschiebend bedingt an den Verkäufer ab, daß die gegen ihn gerichtete Kaufpreisforderung erlischt, wenn der Verkäufer den Auszahlungsanspruch nunmehr unbedingt erwirbt und gegen den Notar durchsetzen kann. Die Bestimmung, daß bei Erwerb des unbedingten Auszahlungsanspruchs durch den Verkäufer die Kaufpreisforderung erlischt, gehört zum wesensmäßigen Inhalt des aufschiebend bedingten Auszahlungsanspruchs. Sie ist zugleich als Gegenstand der Erfüllungsabrede mit der Kaufpreisforderung verbunden. Das bedeutet, daß die Kaufpreisforderung und der bedingte Auszahlungsanspruch in einer Hand liegen müssen.

Der aufschiebend bedingte Auszahlungsanspruch gegen den Notar kann deshalb seine Bestimmung nur dann erfüllen, wenn er zusammen mit der Kaufpreisforderung zediert wird. Eine isolierte Abtretung bedeutete eine Inhaltsänderung i. S. v. § 399 BGB. Ihr muß aus diesem Grund die Wirksamkeit versagt werden.

---

[89] Für unselbständige Nebenrechte ergibt sich ihre Unabtretbarkeit bereits aus der Akzessorietät zur Hauptforderung: *Palandt / Heinrichs*, BGB § 401, Rz. 1; RGRK / *Weber*, BGB § 401 Rz. 1; *Soergel / Zeiss*, BGB § 401, Rz. 1.

b) Abtretung des künftigen Auszahlungsanspruchs

Will der Verkäufer nicht die Kaufpreisforderung, sondern nur den Auszahlungsanspruch gegen den Notar an einen Gläubiger zedieren, so kommt lediglich die Abtretung des künftigen - nunmehr unbedingten - Auszahlungsanspruchs in Betracht.

Unbestritten können auch künftige, erst in Zukunft entstehende Forderungen abgetreten werden, wenn sie zum Zeitpunkt der antizipierten Abtretung bereits hinreichend bestimmt sind.[90] Der Verkäufer wird mit Eintritt der Auszahlungsreife Inhaber eines unbedingten Auszahlungsanspruchs gegen den Notar werden. Diesen künftigen Anspruch kann er abtreten. Hier wäre eine gleichzeitige Abtretung der Kaufpreisforderung sinnlos, da mit Erwerb des unbedingten Auszahlungsanspruchs die Kaufpreisforderung ohnehin erlischt.

---

[90] BGHZ 7,365/367 f; 26,185/188; 32,367/369; 53,60/63; 88,205/206; 108,98/104; MünchKomm / *Roth*, BGB § 398, Rz. 60; *Palandt / Heinrichs*, BGB § 398. Rz. 11; RGRK / *Weber*, BGB § 398, Rz. 10; *Soergel / Zeiss*, BGB § 398, Rz. 7.

Fünftes Kapitel

Vertragsstörungen und ihre Auswirkungen auf die notarielle Hinterlegung

§ 13 Die einvernehmliche Rückabwicklung

I. Vertragliche Vereinbarung als Kausalgeschäft für das Hinterlegungsverfahren

Zu einem Hinterlegungsverfahren gehören - außer dem Notar - mindestens zwei Beteiligte, die die wirtschaftliche Zielsetzung des Verfahrens bestimmen. Untereinander haben sich die Beteiligten vertraglich gebunden, den Leistungs- oder Sicherheitenaustausch unter Mitwirkung des Notars zu vollziehen. Dieses Vertragsverhältnis ist die Grundlage des Hinterlegungsverfahrens. Vertragszweck und Verfahrensziel sind untrennbar miteinander verbunden.

- Entfällt mit dem Vertrag aus irgendeinem Grund die Basis für das Hinterlegungsverfahren, so kann das Hinterlegungsverfahren nicht mehr abgewickelt werden: Ohne Verfahrensziel kein procedere. Wie das Rechtsgeschäft sich in ein Rückabwicklungsschuldverhältnis umwandelt, so muß auch die Hinterlegung rückgängig gemacht werden.

- Ändern die Vertragsparteien ihre Zielsetzungen, so ändert sich auch das Verfahrensziel. Das Hinterlegungsverfahren muß den neuen Anforderungen gerecht werden.

Diese evident erscheinenden Grundsätze sind nicht so unproblematisch, wie es auf den ersten Blick scheint. Jede Änderung des Hinterlegungsverfahrens unternimmt der Notar nicht aus eigener Machtvollkommenheit, sondern im Einverständnis mit den Beteiligten. Er muß den Beteiligten bei Konsensverlusten helfen, aus der Sackgasse herauszufinden, ohne seine Verpflichtung zur Neutralität zu verletzen. Angesichts der kontroversen Ansichten darüber, wie der Notar sich in einem solchen Fall zu verhalten hat, und der daraus resultierenden unsicheren Rechtslage ist es für den Notar manchmal beinahe ein Kunststück, sich nicht amtspflichtwidrig zu verhalten.

Die verfahrenstechnischen Schwierigkeiten, die bei einem Konsensverlust der Beteiligten auf den Notar zukommen, sind nicht auf den Fall der echten Abwicklungsstörung beschränkt. Selbst bei einer einvernehmlichen Rückabwicklung des Vertrages divergieren die Ansichten, wie das Hinterlegungsverfahren zu beenden ist.

II. Rückabwicklung der Hinterlegung bei Verlust des Verfahrensziels

Die notarielle Hinterlegung kann für die Vertragsparteien aus verschiedenen Gründen ihren Sinn verlieren. Diese Gründe können zum einen in der Hinterlegung selbst liegen, wenn die Parteien kein Interesse mehr an der Hinterlegung haben. Sie können sich zum anderen daraus ergeben, daß der der Hinterlegung zugrunde liegende Vertrag nicht (mehr) besteht, weil die Parteien ihn aufgehoben haben, ein Vertragsteil mit Zustimmung des anderen den Rücktritt oder die Wandelung erklärt hat oder weil die Parteien sich einig sind, daß der Vertrag nicht wirksam zustande gekommen ist. In diesen Fällen hat die notarielle Hinterlegung keinen Zweck mehr.

1. Beachtlichkeit des Zweckverlustes für den Notar

Besteht für den Notar kein Zweifel, daß das Hinterlegungsgeschäft seinen Zweck, also die Sicherung der vertraglichen Leistungen und Gegenleistungen, nicht mehr erfüllen kann, so darf er das Hinterlegungsverfahren nicht mehr wie vorgesehen durchführen. Das Verfahren hat seinen spezifischen Zweck verloren. Hat keiner der Beteiligten mehr ein Interesse an der vorgesehenen Abwicklung, so ergibt sich die zwingende Konsequenz, das Hinterlegungsverfahren zu beenden, bereits aus dem Grundsatz, daß der Notar keine Betreuungstätigkeit gegen den Willen der Beteiligten durchführen darf.

2. Das Problem des Austauschs der Verfahrensziele

Der Verlust des Verfahrensziels besagt noch nicht ohne weiteres, daß der Notar nunmehr nur noch eine einseitige Treuhandtätigkeit für den Hinterleger ausübt und auf dessen Anforderung den Hinterlegungsbetrag unverzüglich zurückzuzahlen hat. Vielmehr muß die Möglichkeit des Austauschs des Verfahrenszwecks in die Überlegungen einbezogen werden.

Bei der Rückabwicklung von Grundstückskaufverträgen hat beispielsweise der Verkäufer ein Interesse daran, den Hinterlegungsbetrag solange weiterverwahren zu lassen, bis der Käufer die Löschungsbewilligung für die zu seinen Gunsten eingetragene Auflassungsvormerkung erteilt hat.[1]

a) Einseitige Treuhandtätigkeit nach Wegfall des primären Sicherungszwecks

Das OLG Hamm berief sich in seiner Erörterung dieser Problematik ausschließlich auf den ursprünglichen Sicherungszweck der notariellen Hinterlegung. Danach kommt es darauf an, welche Rechtsmacht die Beteiligten dem Notar verleihen wollten. Die vertragliche Abrede über die Zahlung des Kaufpreises über Notaranderkonto soll dem Notar nach Ansicht des Senates nicht ohne weiteres stets eine besondere Rechtsmacht zur Vertragsabwicklung verleihen. Sie diene im Normalfall allein dazu, das Interesse beider Parteien an einer gleichzeitigen und wechselseitigen Vertragserfüllung zu sichern und beiden Vertragsparteien das Risiko der Vorleistung abzunehmen.

Konsequent sah der Senat nach dem Wegfall dieses Sicherungszwecks die Hinterlegung als hinfällig an und verwies den Notar auf die einseitigen Weisungen des Käufers/Hinterlegers. Er begründete diese Entscheidung damit, daß der Notar seine Unparteilichkeitspflicht verletzte, wenn er einseitig dem Sicherungsinteresse des Verkäufers Rechnung tragen würde, obwohl die Zweckbestimmung der Hinterlegung nach übereinstimmender Auffassung beider Vertragsteile weggefallen sei.[2]

b) Weiterverwahrung unter Berücksichtigung der Sicherungsinteressen des Verkäufers

Im Schrifttum ist die Auffassung des OLG Hamm auf Kritik gestoßen. Die Gegenansicht verlangt, daß der Notar dem einseitigen Rückzahlungsverlangen des Käufers nicht folgen darf, wenn dies zu einer Benachteiligung des Verkäufers führen würde.[3] Begründet wird die Verpflichtung des Notars, Vorleistungen notfalls nur Zug um Zug zu erstatten, damit, daß die Sicherungsinteressen der Beteiligten auch im Rückabwicklungsschuldverhältnis zu beachten seien.[4]

---

[1] vgl. *Brambring*, DNotZ 1990,615/642 f.

[2] OLG Hamm, DNotZ 1987,574/576; zustimmend: *Haug*, EWiR § 23 BNotO 1/87,239.

[3] *Brambring*, DNotZ 1990,615/642; s. auch *Bräu*, Verwahrungstätigkeit des Notars, Rz. 132; vermittelnd: *Frisinger*, WuB VIII. C. § 17 BeurkG 1.88 (Pflicht des Notars, nicht an den Hinterleger zurückzuzahlen, ergebe sich daraus, daß dieser etwa die Voraussetzungen für ein vertragliches Rücktrittsrecht in treuwidriger Weise herbeigeführt habe.).

[4] *Bräu*, Verwahrungstätigkeit des Notars, Rz. 132.

Ferner beruft sich die Gegenansicht auf die Entscheidungen des Bundesgerichtshofs vom 29.10.1987[5] und vom 28.10.1988.[6] In diesem Sinne legt sie auch die Hinterlegungsvereinbarung dahin aus, daß die Hinterlegung auf Notaranderkonto notfalls auch der Sicherung von Ansprüchen des Verkäufers für den Fall der Nichtdurchführung des Vertrages dienen könne.[7]

c) Stellungnahme

Die obengenannten Entscheidungen des Bundesgerichtshofs rechtfertigen keinen Austausch des Verfahrenszwecks zugunsten eines Beteiligten im notariellen Hinterlegungsverfahren, wenn die Beteiligten übereinstimmend die Rückabwicklung wünschen.

In der Entscheidung des IX. Zivilsenats vom 29.10.1987 ging es um einen Vertrag, in dem dem Käufer ein einseitiges Rücktrittsrecht zugebilligt wurde. Nach Ansicht des Senates hätte der Notar darauf hinwirken müssen, die Rückzahlung des hinterlegten Kaufpreises im Rücktrittsfall nicht nur von der Vorlage der Löschungsbewilligungen für die zur Sicherung des Kaufpreises eingetragenen Grundpfandrechte, sondern auch von der Vorlage der Löschungsbewilligung für eine zugunsten des Käufers eingetragene Auflassungsvormerkung abhängig zu machen. Die Schlußfolgerung, die die Gegenansicht zieht, wird durch diese Entscheidung strenggenommen nicht gerechtfertigt. Der Senat erkannte zwar, daß der Notar es pflichtwidrig versäumt hatte, eine Verknüpfung zwischen der Rückzahlung des Hinterlegungsbetrages und der Vorlage der Löschungsbewilligung herbeizuführen. Der Verkäufer lief Gefahr, einen Vermögensnachteil zu erleiden, indem der Notar auf die einseitige Weisung des Käufers hin den Betrag an diesen auszahlte.[8] Als Amtspflichtverletzung sah der Bundesgerichtshof aber in der Tat nur dieses Versäumnis und nicht etwa die Weisungsbefolgung als solche an. Er machte vielmehr deutlich, daß der Notar im Falle pflichtgemäßer Vertragsgestaltung keine Auszahlung des hinterlegten Kaufpreises vor der Vorlage der Löschungsbewilligung vorgenommen hätte.[9] Die Entscheidung ist deshalb so zu verstehen, daß ohne eine solche Vertragsgestaltung keine Pflicht des Notars besteht, mit der Auszahlung innezuhalten, um eine zu befürchtende Benachteiligung des Verkäufers auszuschließen.

---

[5] BGH, DNotZ 1988,383.

[6] BGH, DNotZ 1989,760.

[7] *Brambring*, DNotZ 1990,615/642 f.

[8] BGH, DNotZ 1988,383/385.

[9] BGH, DNotZ 1988,383/387.

In der Entscheidung vom 28.10.1988 erkannte der V. Zivilsenat, daß der Verkäufer neben dem Schadensersatzanspruch aus § 326 BGB einen Anspruch auf Löschung der Auflassungsvormerkung gegen den Käufer geltend machen könne; gegenüber diesem Anspruch stehe dem Käufer wegen eines bereits geleisteten Kaufpreisteils ein Zurückbehaltungsrecht gem. § 273 Abs. 1 BGB zu. Diese Entscheidung rechtfertigt ebenfalls nicht den Schluß, daß der Verkäufer die Weiterverwahrung des Hinterlegungsbetrages bis zur Erteilung der Löschungsbewilligung verlangen kann. Sie betrifft insoweit ausschließlich den materiellen Anspruch auf Löschung der Auflassungsvormerkung. Die Entscheidung für die Abgabe der Löschungsbewilligung Zug um Zug gegen Rückzahlung des Kaufpreisteils basierte auf dem Zurückbehaltungsrecht des Käufers. Hierin kann kein "Rückabwicklungsmodell" gesehen werden, daß zu einem Weiterverwahrungsanspruch des Verkäufers führte, den das Hinterlegungsverfahren nach der überstimmenden Zwecksetzung der Beteiligten nicht vorsieht.

Dem Notar das Recht und die Pflicht einzuräumen, trotz Wegfalls des primären Sicherungszwecks mit der Rückzahlung zu warten, um eventuellen Sicherungsinteressen des Verkäufers zu entsprechen, heißt im Grunde, ihm das Recht und die Pflicht zu einer - eigenmächtigen - nachträglichen Vertragskorrektur zu geben. Die Beteiligten haben schließlich nicht selbst abschließende Vereinbarungen für den Fall der Rückabwicklung getroffen. Für ein solches Recht des Notars könnte seine Pflicht zur fürsorgerischen Betreuung der Beteiligten und zur Schadensvermeidung sprechen. Diese Pflicht führt allerdings dazu, daß der Notar auf eine entsprechende Ausgestaltung der Hinterlegungsmodalitäten hinwirken muß. Versäumt er diese Pflicht, kann er sein Versäumnis nicht nachträglich dadurch korrigieren, daß er eine Rückabwicklung vornimmt, wie sie eigentlich hätte geregelt werden sollen. Der Verkäufer, dessen Rechte im Vertrag nicht genügend abgesichert wurden, trägt das Risiko, den Schaden zu erleiden, der aus der mangelhaften Absicherung entstehen kann. Er kann jedoch den Notar wegen des Pflichtversäumnisses bei der Vertragsgestaltung gem. § 19 BNotO in Anspruch nehmen. Ist der spezifische Verfahrenszweck des Treuhandverfahrens entfallen, so übt der Notar nur noch eine Amtstätigkeit für den Hinterleger aus. Ein Austausch des Verfahrenszwecks findet nicht statt. Der Verkäufer kann keine Weiterverwahrung verlangen, um sie als Druckmittel gegen den Käufer einzusetzen. Auch Ansprüche wegen Leistungsstörungen, beispielsweise Schadensersatz wegen Nichterfüllung oder Verzugszinsen, können nicht durch die Fortsetzung des Hinterlegungsverfahrens gesichert werden.[10]

---

[10] *Bräu*, Verwahrungstätigkeit des Notars, Rz. 132; *Reithmann*, Vorsorgende Rechtspflege, S. 226.

§ 14 Einseitig behauptete Vertragsstörungen

I. Störungen des der Hinterlegung zugrundeliegenden Rechtsgeschäfts und ihre Auswirkungen auf das Hinterlegungsverfahren

Der schuldrechtliche Vertrag, der unter Einschaltung des Notars abgewickelt werden soll, und das notarielle Betreuungsverfahren unterscheiden sich in ihrer Rechtsnatur. Bei der praktischen Durchführung der notariellen Hinterlegung tritt diese Doppelnatur für die Beteiligten nicht in Erscheinung. Für sie steht die Vertragsabwicklung unter materiell-rechtlichen Gesichtspunkten im Vordergrund. Die Inanspruchnahme des Notars ist lediglich ein Mittel zum Zweck und hat für die Beteiligten eher den Charakter einer untechnischen Hilfestellung als eines eigenständigen Verfahrenstypus. Daß sich hinter der vertraglichen Vereinbarung der Kaufpreiszahlung über Notaranderkonto mit der vertragstypischen Formel "Der Notar wird angewiesen, den Hinterlegungsbetrag auszuzahlen ..." zugleich eine verfahrensrechtliche Erklärung verbirgt, ist ihnen in der Regel nicht bewußt und für sie auch nicht von Interesse.

Soweit der Kaufvertrag problemlos abgewickelt wird, kann der Grundstücksverkäufer mit dem Eintritt der Auszahlungsreife des Hinterlegungsbetrages auch nach materiellem Recht den Kaufpreis einredefrei beanspruchen. Die Vertragsabwicklung wirft hier keine besonderen notarrechtlichen Probleme auf. Häufig ergeben sich aber Divergenzen zwischen der verfahrensrechtlichen Regelung der Vertragsabwicklung und der materiellrechtlichen Grundlage der notariellen Hinterlegung. Das Verfahrensziel wird nicht mehr durch den Willen aller Beteiligter gedeckt.

Bsp.: Die Parteien eines Grundstückskaufvertrages haben vereinbart, daß der Käufer den Kaufpreis zu einem bestimmten Termin auf Notaranderkonto zu hinterlegen hat. Der Notar wird angewiesen, den Hinterlegungsbetrag an den Verkäufer auszuzahlen, wenn eine Auflassungsvormerkung zugunsten des Käufers eingetragen ist und die Bestätigung der Gemeinde vorliegt, daß Vorkaufsrechte nicht ausgeübt werden. Der Käufer widerspricht der Auszahlung mit der Begründung,

- er habe den Kaufvertrag einschließlich der Hinterlegungsvereinbarung wirksam wegen arglistiger Täuschung angefochten,
- er wandele den Kaufvertrag wegen gravierender Mängel des Kaufobjektes,
- er mache Minderungsansprüche geltend.

Die notarielle Treuhandtätigkeit dient dem Zweck, gerade den Ausgleich der Interessen und Risiken zu gewährleisten, den die Vertragsparteien vorgesehen haben. Diese Kongruenz ist dann nicht mehr gewährleistet, wenn ein Beteiligter sich auf Vertragsstörungen beruft. Dabei sind zwei Fallgruppen zu unterscheiden. Zum einen kann die Unwirksamkeit des Kausalgeschäftes behauptet werden. Zum anderen kommen Störungen in Betracht, die die Wirksamkeit des Kausalgeschäftes unberührt lassen.

II. Einseitige Berufung auf die Unwirksamkeit des Vertrages

Eine Partei des Urkundsgeschäftes behauptet das Vorliegen eines Nichtigkeits- oder Anfechtungsgrundes. Hier stellt sich die Frage, ob sich die behauptete Unwirksamkeit des Vertrages - mittelbar oder unmittelbar - auf das Hinterlegungsverfahren auswirkt.

Unbestritten ist, daß die Unwirksamkeit des Kausalgeschäfts nicht automatisch auch das Hinterlegungsansuchen an den Notar unwirksam macht.[11] Das Hinterlegungsverfahren bleibt anhängig. Welche Konsequenzen die behauptete Unwirksamkeit des Vertrages für das Hinterlegungsverfahren hat, wird demgegenüber kontrovers beurteilt.

Die Ansichten, die hierzu vertreten werden, lassen zwei unterschiedliche Tendenzen erkennen. Ein Teil der Rechtsprechung und der notarrechtlichen Literatur geht von einer mehr oder minder starken, direkten oder indirekten Beeinflussung des Hinterlegungsverfahrens durch den Bestand und die Entwicklung des zugrundeliegenden materiellen Geschäfts aus. Daraus ergibt sich - mehr oder weniger ausdrücklich - eine Interdependenz zwischen dem Grundgeschäft und der Durchführung der notariellen Hinterlegung. Die Gegenansicht verlangt eine generelle Abstraktion von Grundgeschäft und Notarverfahren.

1. Die Wechselwirkungslehren: Beeinflussung der Hinterlegungstätigkeit durch den Bestand des Vertrages

Die Kaufpreisabwicklung über Notaranderkonto setzt sich aus schuldrechtlichen Elementen und aus Elementen des Notarverfahrensrechtes zusammen. Wer eine Wechselwirkung dieser beiden Komponenten bejaht, kommt zu dem Schluß, daß der Wegfall des der Hinterlegung zugrundeliegenden Vertrages die Hinterlegungstätigkeit mittelbar beeinflußt. Im Hinblick auf die dogmatische Begründung der Wechselwirkung und die Folgen für die notarielle Tätigkeit, werden jedoch im Detail unterschiedliche Auffassungen vertreten.

a) Lehre vom Doppeltatbestand

Unter Berufung auf die Wechselbeziehung zwischen Vertrag und Betreuungstätigkeit vertreten die Senate einiger Oberlandesgerichte und Teile der notarrechtlichen Literatur die Ansicht, daß der Notar das Hinterlegungsge-

---

[11] KG, DNotZ 1987,169; *Zimmermann*, DNotZ 1980,451/456,467.

schäft nicht mehr abwickeln dürfe, wenn der zugrundeliegende Vertrag unwirksam oder nichtig sei.[12]

Gestützt wird diese Ansicht durch die Qualifikation der notariellen Hinterlegung als "Doppeltatbestand". Der Begriff ist auf die zivilprozessuale Lehre vom Doppeltatbestand des Prozeßvergleichs zurückzuführen.[13] Zwar soll die Unwirksamkeit des materiellen Teils nicht automatisch die Unwirksamkeit der Verfahrenserklärungen nach sich ziehen. Wegen der Zweckbestimmung der notariellen Hinterlegung durch das materielle Rechtsgeschäft sei das Hinterlegungsansuchen "hinfällig" bzw. das Hinterlegungsgeschäft "nicht vollziehbar", wenn die Unwirksamkeit des Vertrages feststehe.[14]

Die enge Beziehung zwischen der Hinterlegungsvereinbarung und dem entsprechenden Ansuchen an den Notar stellt sich nach der Lehre vom Doppeltatbestand als funktionale Verknüpfung dar. Die schuldrechtliche Hinterlegungsvereinbarung und das verfahrensrechtliche Hinterlegungsansuchen bildeten danach einen "Doppeltatbestand, der Wechselwirkungen erzeugt".[15] Das Hinterlegungsansuchen sei implizit in der Hinterlegungsvereinbarung enthalten. Es handele sich um eine "Hinterlegungsvereinbarung mit verfahrensrechtlicher Wirkung".[16]

Das Hinterlegungsansuchen teile als verfahrensrechtliche Erklärung grundsätzlich nicht das Rechtsschicksal des zu vollziehenden Vertrages. Auch eine Anwendung des § 139 BGB wird mit dem Hinweis auf die Rechtsnatur des Hinterlegungsansuchens ausgeschlossen: Als Verfahrenshandlung unterliege das Ansuchen nicht den materiell-rechtlichen Wirksamkeitsvoraussetzungen.[17]

Trotzdem soll die Unwirksamkeit des Kausalgeschäftes das Hinterlegungsgeschäft für den Notar undurchführbar machen.[18]

---

[12] OLG Hamm, DNotZ 1983,702/703; OLG Frankfurt, DNotZ 1969,513/515; LG Braunschweig, DNotZ 1983,778/779; *Brambring*, DNotZ 1990,615/640; *Hädrich-Riedenklau*, Notarielle Rechtsbetreuung, S. 119; *Tönnies*, in Beck'sches Notarhandbuch, A I, Rz. 363; *Zimmermann*, DNotZ 1980,451/467.

[13] *Zimmermann*, DNotZ 1980,451/455 f.

[14] *Zimmermann*, DNotZ 1980,451/467; ebenso: *Hädrich-Riedenklau*, Notarielle Rechtsbetreuung, S. 119.

[15] OLG Hamm, OLGZ 1984,387/394; KG, DNotZ 1985,51/53; KG, DNotZ 1987,169; *Weingärtner*, DONot § 11 Rz. 146; *Zimmermann*, DNotZ 1980,451/456.

[16] *Zimmermann*, DNotZ 1980,451/455.

[17] *Zimmermann*, DNotZ 1980,451,455.

[18] *Zimmermann*, DNotZ 1980,451/467.

b) Modifizierte Lehre vom Doppeltatbestand

In Anbetracht der unterschiedlichen Rechtsnatur des schuldrechtlichen Vertrages und des Hinterlegungsverfahrens kann die Lehre vom Doppeltatbestand nicht vermeiden, innere Widersprüche in Kauf zu nehmen. Die Annahme einer "Wechselwirkung" beinhaltet keine konsequente Weiterentwicklung des Gedankens des Doppeltatbestandes.[19] Die behauptete "Hinfälligkeit" des Hinterlegungsansuchens bei Unwirksamkeit des Kausalgeschäfts steht im Widerspruch zu dem theoretischen Ansatz der rechtlichen Unabhängigkeit der beiden Tatbestände.[20] Das Abstraktionsprinzip wird faktisch auch dann aufgegeben, wenn die Unwirksamkeit des Kausalgeschäftes die Hinterlegungsanweisung "hinfällig" respektive "nicht vollziehbar" macht.

Diese Inkonsequenz vermeidet die modifizierte Lehre vom Doppeltatbestand. Das Hinterlegungsansuchen wird danach nicht als verfahrensrechtliche Erklärung verstanden, sondern als Treuhandauftrag im Sinne eines Antrages auf Übernahme einer Betreuungstätigkeit.[21]

Die Hinterlegungsvereinbarung und der Treuhandauftrag können nach dieser Auffassung nicht voneinander getrennt werden. Sie bildeten notwendig ein Ganzes, weil sie sich wechselseitig bedingten. Das Hinterlegungsgeschäft bei der Abwicklung eines Grundstückskaufvertrages wird in diesem Sinne als "Hinterlegungsvereinbarung unter Übernahme entsprechender Betreuungstätigkeit durch den Notar" definiert.[22] Beispielsweise enthalte die Vertragsklausel "Der Notar wird angewiesen, aus dem hinterlegten Kaufpreis zunächst die nicht übernommenen Belastungen in der von den Gläubigern angeforderten Höhe abzulösen und den Restbetrag an den Verkäufer auf dessen Konto ... auszuzahlen" zum einem die rechtsgeschäftliche Hinterlegungsvereinbarung zwischen Käufer und Verkäufer; zum anderen lege sie im Einvernehmen mit dem Notar seine Betreuungstätigkeit fest.

Jede Änderung der Einzelheiten der vom Notar übernommenen Betreuungstätigkeit, d.h. jede Weisung des Hinterlegers, setze folglich eine Änderung der Hinterlegungsvereinbarung voraus. Fehle es wegen der Unwirksamkeit der Vertrages zugleich an einer Hinterlegungsvereinbarung, sei damit auch der notariellen Betreuungstätigkeit die Grundlage entzogen. Daraus ergibt sich nach Auffassung der modifizierten Lehre vom Doppeltatbestand für den Notar die Amtspflicht, zur Verhinderung eines weiteren Schadens den nichtigen

---

[19] *Lüke*, ZIP 1992,150/154.

[20] kritisch insoweit: *Lüke*, ZIP 1992,150/154.

[21] *Brambring*, DNotZ 1990,615/625; i. E. auch *Tönnies*, in: Beck'sches Notarhandbuch,, A I, Rz. 363.

[22] *Brambring*, DNotZ 1990,615/625 f.

Vertrag nicht mehr durchzuführen, d.h. keine Anträge mehr beim Grundbuchamt zu stellen[23] und keine Zahlungen aus dem Anderkonto vorzunehmen.[24]

c) Konsequenzen der Wechselwirkungslehre bei einseitig behaupteter Unwirksamkeit des Vertrages

Im Streitfall steht es regelmäßig nicht fest, ob der behauptete Nichtigkeits- oder Unwirksamkeitsgrund tatsächlich vorliegt. Der Notar, dem sich die Frage stellt, ob das Verwahrungsgeschäft im Sinne der Wechselwirkungslehren "vollziehbar" ist, hat demnach die Sach- und Rechtslage dahin zu beurteilen, ob er den behaupteten Nichtigkeitsgrund annehmen will oder nicht. Folgerichtig verstehen die Wechselwirkungslehren den Fall der einseitigen Behauptung der Nichtigkeit als ein Problem der Reichweite der notariellen Prüfungsbefugnis.

Der Notar darf durch seinen Entschluß, auszuzahlen oder weiterzuverwahren, einerseits nicht faktisch den Streit zwischen den Beteiligten entscheiden. Auf der anderen Seite soll der Notar nicht gezwungen werden, bei berechtigten Zweifeln an der Wirksamkeit des Vertrages das Hinterlegungsverfahren wie vorgesehen durchzuführen und damit einen offensichtlich unrichtigen Rechtszustand herbeizuführen.[25] Die Wechselwirkungslehren helfen sich damit, daß sie von dem Notar nur verlangen, in einer Art summarischer Schlüssigkeitsprüfung die Berechtigung des Vorbringens zu überprüfen und bei Zweifeln über die Wirksamkeit des Kausalgeschäfts mit der Abwicklung innezuhalten.[26]

Die Rechtsprechung ist dieser Ansicht in einigen Punkten gefolgt. Das KG berief sich in seinem Beschluß vom 23.03.1984 auf die Erheblichkeit der Wirksamkeit des Kausalgeschäfts. Der Senat ging im Anschluß an die Lehre vom Doppeltatbestand vom Grundsatz der Hinfälligkeit der Hinterlegungsanweisung aus, wenn der zugrundeliegende Vertrag unwirksam sei oder die Wirksamkeit von einem Beteiligten in Frage gestellt werde. Diese Ansicht wurde damit begründet, daß die Zweckbestimmung der notariellen Hinterle-

---

[23] BGH, DNotZ 1987,558 f.

[24] *Brambring*, DNotZ 1990,615/640.

[25] *Zimmermann*, DNotZ 1980,451/468. Bereits das Reichsgericht sah den Notar in diesem Sinne als verpflichtet an, den Widerruf der anfechtungsberechtigten Vertragspartei zu beachten, wenn ihm die Anfechtbarkeit des Geschäftes bekannt war. Es stützte seine Argumentation im Schwerpunkt aber nicht auf die Nichtigkeitsfolge als solche, sondern auf die mögliche Gefährdung des Anfechtungsberechtigten wegen der persönlichen Unzuverlässigkeit des Anfechtungsgegners: RG, DNotZ 1937,259/261.

[26] *Zimmermann*, DNotZ 1980,451/468; so auch LG Braunschweig, DNotZ 1983,778; im Prinzip zustimmend: *Haug*, DNotZ 1982,592/595.

gung entfalle, wenn beide oder auch nur eine Partei den Vertrag nicht mehr gelten lassen oder ihn rückabwickeln wolle.[27] Die Problematik der eingeschränkten Prüfungsbefugnis des Notars und der möglichen Kollision mit der unparteiischen Stellung des Notars wurde gesehen, aber nicht entschieden. Der Senat ließ offen, ob der Notar das Vorbringen der sich widersprechenden Beteiligten auf seine Schlüssigkeit hin zu prüfen oder sogar den Sachverhalt aufzuklären habe oder ob er schon auf die bloße begründungslose Behauptung eines Nichtigkeits- oder Anfechtungsgrundes mit der Durchführung der Hinterlegung innehalten müsse.[28]

Das OLG Düsseldorf sah die Weigerung des Notars, die weitere Abwicklung der Verwahrungstätigkeit vorzunehmen, nur dann als berechtigt an, wenn sich für den Notar "ernsthafte Bedenken" gegen die Wirksamkeit des Kausalgeschäfts ergeben hätten.[29]

Die Unsicherheit, in welchen Fällen von einer Unwirksamkeit des Vertrages auszugehen ist, setzt den Notar einem nicht unerheblichen Haftpflichtrisiko aus. Die Forderung nach einer summarischen Schlüssigkeitsprüfung wird deshalb von einem Teil der notarrechtlichen Literatur eingeschränkt. Die Bewertung, wie im Einzelfall vorzugehen ist, soll dem pflichtgemäßen Ermessen des Notars überlassen bleiben.[30] Die Verhaltensregeln für den Notar werden danach ausgerichtet, wie er trotz unsicherer Rechtslage das Haftpflichtrisiko gering halten kann.[31] Das heißt, daß der Notar sich daran orientieren muß, wie er den einem Vertragsteil drohenden Schaden möglichst begrenzen kann.[32]

Der Reformvorschlag der Bundesnotarkammer knüpft an die Wechselwirkungslehren an, ohne dem Notar eine Entscheidungspflicht aufzubürden. Nach § 53 c Abs. 3 S. 1 des Entwurfes soll der Notar sich bei einseitigem Widerruf einer von mehreren Anweisenden erteilten Verwahrungsanweisung jeder Verfügung über das Verwahrungsgut enthalten, wenn der Widerruf darauf gegründet wird, daß das mit der Verwahrung durchzuführende Rechtsverhältnis aufgehoben, unwirksam oder rückabzuwickeln ist.[33]

---

[27] KG, DNotZ 1985,51/54.

[28] KG, DNotZ 1985,51/54.

[29] OLG Düsseldorf, MittRhNotK 1988,48/49; so auch *Brambring*, DNotZ 1990,615/640.

[30] *Haug*, DNotZ 1982,592/595.

[31] *Brambring*, DNotZ 1990,615/640; *Haug*, Die Amtshaftung des Notars, Rz. 713.

[32] *Brambring*, DNotZ 1990,615/641.

[33] Vorschläge der BNotK zur Reform des notariellen Berufsrechts, S. 60.

2. Die Abstraktionslehren: Abwicklung des Hinterlegungsverfahrens unabhängig von der Wirksamkeit des Vertrages

Neben den Wechselwirkungslehren wird in der notarrechtlichen Literatur auch der konträre Lösungsansatz vertreten, die generelle Abstraktion von Vertrag und Hinterlegungsverfahren. Der Notar hat eine verfahrensimmanente Lösung anzustreben, ohne daß er vorab die Frage nach der Wirksamkeit des Vertrages beurteilen müßte.[34]

Die Kritik an den Wechselwirkungslehren stützt sich auf praktische Erwägungen. Der Notar sei häufig gar nicht imstande, sich auch nur ein annähernd zutreffendes Bild von der Rechtslage zu machen und ohne Verletzung seiner Unparteilichkeitspflicht Stellung zu beziehen.[35] Theoretisch bedarf die Abstraktionslösung keiner komplizierten Erklärungsmuster. Sie kann sich schlicht auf die unterschiedlichen Rechtsnaturen von Vertrag und Hinterlegungsverfahren berufen. Der Vergleich mit Klageantrag und Klagegrund ist nur einmal zur Verdeutlichung herangezogen worden.[36] Weniger eindeutig sind allerdings die praktischen Ergebnisse der Abstraktionslehren.

a) Fortführung des Verfahrens trotz materiell-rechtlicher Einwendungen

Ein Teil der Literatur kommt zu dem Ergebnis, daß der Notar die Behauptung der Unwirksamkeit des Vertrages unberücksichtigt zu lassen habe. Lediglich zur Gewährung rechtlichen Gehörs sei er veranlaßt, die Durchführung des Vertrages vorübergehend auszusetzen, alle Beteiligten von den Zweifeln zu verständigen und ihnen die Möglichkeit zur Stellungnahme zu geben.[37]

b) Beeinflussung des Hinterlegungsverfahrens unabhängig von der materiell-rechtlichen Begründung

Die Abstraktion des Hinterlegungsverfahrens von dem zugrundeliegenden Vertrag rechtfertigt ebenso die gegenteilige Lösung: Die Beteiligten könnten allein aufgrund ihrer Verfahrensposition vom Notar verlangen, mit der Abwicklung des Hinterlegungsverfahrens innezuhalten. Es käme danach über-

---

[34] *Reithmann*, Vorsorgende Rechtspflege, S. 230 f; insoweit auch *Lüke*, ZIP 1992,150/156.

[35] *Volhard*, DNotZ 1987,523/530.

[36] *Volhard*, DNotZ 1987,523/529.

[37] OLG Hamm, DNotZ 1983,702; *Becker-Berle*, DNotZ 1959,516/519; DNOtZ 1961,468; *Custodis*, DNotZ 1976,697; *Reithmann*, Vorsorgende Rechtspflege, S. 21 m. w. N.; *Peter*, BWNotZ 1984,92.

haupt nicht darauf an, ob der Beteiligte sein Begehren mit der Unwirksamkeit des Vertrages oder mit einer bloßen Vertragsstörung begründete.[38]

3. Stellungnahme: Das Verhältnis von vertraglicher Grundlage und Hinterlegungsverfahren

Das Hinterlegungsverfahren basiert nach Ziel und Inhalt auf dem zugrundeliegenden schuldrechtlichen Geschäft. Mit der Vertragsgrundlage entfällt der Zweck der notariellen Hinterlegung. Die Gewähr notarieller Rechtsfürsorge setzt die Kongruenz zwischen der materiellen Rechtslage und der Hinterlegungstätigkeit voraus. Die Feststellung der Inkongruenz ist jedoch nicht Aufgabe des Notars.

a) Problematik der Überprüfung materiell-rechtlicher Fragen

Wer den Bestand des Vertrages als Voraussetzung für die Vollziehbarkeit des Hinterlegungsverfahrens ansieht, erklärt die Prüfung eines materiell-rechtlichen, außerhalb des Hinterlegungsverfahrens liegenden Sachverhalts zu einer Amtspflicht des Notars. Zwar relativieren die Vertreter dieser Auffassung mit Rücksicht auf die Neutralitätsverpflichtung des Notars und die daraus resultierende eingeschränkte Prüfungskompetenz die Pflicht insoweit, daß

- eine "summarische Prüfung" genügen müsse,

- der Notar mit der Auszahlung zu warten habe, wenn die Unwirksamkeit für ihn "erkennbar" sei oder

- ihm "ernsthafte Bedenken" bezüglich der Wirksamkeit des Vertrages kämen.

Diese Kriterien geben dem Notar aber keine Handhabe, wie er konkret zu verfahren hat, wenn ein Beteiligter die Unwirksamkeit des Vertrages behauptet. Auch die richterliche Überprüfbarkeit seiner Entscheidung ist nicht unproblematisch. Hier stellt sich die Frage, wann die Unwirksamkeit für den Notar "erkennbar" ist. Bei der Beurteilung der Amtspflichtmäßigkeit des Verhaltens legt der Richter seine eigene Bewertung des Sachverhalts zugrunde. Er muß die materiell-rechtliche Frage vorher für sich entschieden haben, bevor er die Erkennbarkeit für den Notar beurteilen kann. Hierbei besteht die Gefahr, daß der Richter nicht den Entscheidungsprozeß des Notars, sondern das Ergebnis bewertet. Das geschieht dann, wenn er aus seiner Beurteilung des Sachverhalts den Schluß auf die Erkennbarkeit der Unwirksamkeit für den

---

[38] *Lüke*, ZIP 1992,150/156; *Volhard*, DNotZ 1987,523/530.

Notar zieht. Die Überprüfung, ob der Notar sich amtspflichtgemäß verhalten hat, dürfte dagegen nur darauf zielen, ob der Notar ordnungsgemäß den Bedenken gegen die Wirksamkeit des Kausalgeschäfts nachgegangen ist.

b) Keine Ermessensentscheidung des Notars

Die Kritik an der begrenzten Prüfungspflicht kann auch nicht dadurch entkräftet werden, daß man die Entscheidung in das Ermessen des Notars stellt.

Eine Entscheidung kann nämlich nur dann in das Ermessen des Notars gestellt werden, wenn er einen entsprechenden Entscheidungsspielraum hat und Zweckmäßigkeitserwägungen anstellen darf. Die Frage, ob der Notar das zugrundeliegende materielle Rechtsgeschäft für wirksam hält oder nicht, fordert aber eine juristische Entscheidung, die nach den Kriterien "richtig" oder "falsch" zu bewerten ist. Hat der Notar diese Entscheidung einmal getroffen, sieht er also etwa den Vertrag als unwirksam an, dann müßte er die entsprechenden Konsequenzen ziehen. Es gibt insoweit keinen Ermessensspielraum, sondern nur eine klare Entscheidung für oder gegen die Wirksamkeit des Vertrages.

Gefordert ist demnach eine grundsätzliche Entscheidung, ob bzw. inwieweit die Prüfungspflicht des Notars mit seiner neutralen Position zu vereinbaren ist.

c) Erfordernis einer verfahrensimmanenten Lösung

Der Notar ist keinesfalls befugt, wie ein Richter zu entscheiden.[39] Die Beschränkung der notariellen Prüfungsbefugnis gibt zugleich die Grenzen des Hinterlegungsverfahrens vor. Entscheidungen über Sachverhalte, die außerhalb des Verfahrens liegen, sind mit der Stellung des Notars nicht vereinbar. Materiell-rechtliche Fragen können vom Notar bei der Durchführung des Hinterlegungsverfahrens auch im Rahmen einer bloßen Schlüssigkeitsprüfung nicht entschieden werden. Deshalb ist es erforderlich, daß gerade bei Abwicklungsschwierigkeiten verfahrensimmanente Lösungen gefunden werden.[40]

---

[39] *Bräu*, Verwahrungstätigkeit des Notars, Rz. 109; *Lüke*, ZIP 1992,150/156; s. auch *Tönnies*, in: Beck'sches Notarhandbuch, A I, Rz. 361, der aber feststellt, daß der Notar häufig rein tatsächlich an einer Entscheidung nicht vorbeikommt.

[40] vgl. Sechstes Kapitel: Abwicklungsstörungen im Hinterlegungsverfahren.

III. Vertragsstörungen, die den Bestand des Vertrages nicht berühren

Die Kaufvertragsparteien vereinbaren die notarielle Hinterlegung, um einen interessengerechten, wechselseitigen Austausch von Leistung und Gegenleistung zu gewährleisten. Dabei sind sie an einer möglichst schnellen und reibungslosen Abwicklung des Kaufvertrages interessiert.

Der Vertragsvollzug soll nicht durch einseitige Änderungswünsche gefährdet, das komplizierte Vertragsgleichgewicht nicht aus der Balance gebracht werden.[41] Aus diesem Grund darf der Verkäufer z.B die Abwicklung des Vertrages nicht mit der Begründung verzögern, der Ablösebetrag eines Grundpfandrechtsgläubigers sei falsch berechnet.[42]

Materiell-rechtliche Einwendungen des Käufers sind unter Umständen durch die Hinterlegungsabrede im Interesse einer reibungslosen Vertragsabwicklung abbedungen.

Bsp.: Der Verkäufer eines Baugrundstücks hat sich zur Errichtung eines Bauwerks auf dem verkauften Grundstück verpflichtet. Die Vertragsparteien haben den Zahlungsplan nach § 3 MBVO vereinbart, wobei die letzten beiden Raten auf Notaranderkonto hinterlegt werden sollen.

Der Käufer widerspricht der Auszahlung, weil die Ausführung des Bauwerks so mangelhaft sei, daß er

- ein Zurückbehaltungsrecht ausübe,
- in Höhe der Raten mindere,
- mit Schadensersatzansprüchen aufrechne.

Derartige Einwendungen hindern die Vollziehbarkeit der notariellen Hinterlegung nicht. Gleichwohl stellt sich die Frage, ob auch solche Einwendungen zu einer Abwicklungsstörung des Hinterlegungsverfahrens führen oder ob ihre Beachtlichkeit bereits durch die Hinterlegungsvereinbarung und die Zwecksetzungen der Beteiligten ausgeschlossen ist.

1. Die Berufung auf ein Zurückbehaltungsrecht

Das Zurückbehaltungsrecht setzt voraus, daß der Zurückhaltende sich des Leistungsgegenstandes noch nicht endgültig begeben hat. Der Käufer, der zum Fälligkeitszeitpunkt den Kaufpreis hinterlegt hat, hat bereits das seinerseits Erforderliche getan. Die weitere Abwicklung ist seinem Einfluß insoweit ent-

---

[41] *Brambring*, DNotZ 1990,615/624.

[42] *Brambring*, DNotZ 1990,615/624.

zogen. Er kann seine Leistungshandlung nicht mehr rückgängig machen.[43]

Die Kaufpreishinterlegung bietet für den Gläubiger nur dann eine Sicherheit, wenn der Kaufpreis für ihn bereit liegt und er sich auf die Auszahlung nach Eintritt der Auszahlungsvoraussetzungen verlassen kann. Der Sicherungszweck der notariellen Hinterlegung verbietet deshalb die Berücksichtigung der Geltendmachung eines Zurückbehaltungsrechts bei der Durchführung des Hinterlegungsverfahrens.

2. *Die Aufrechnungserklärung des Hinterlegungsschuldners*

Die Aufrechnung ist als Erfüllungssurrogat solange möglich, wie der Erfüllungsanspruch noch besteht. Wäre der Kaufpreisanspruchs bereits mit der Hinterlegung des geschuldeten Betrages erloschen, so ginge eine Aufrechnungserklärung des Käufers von vorneherein ins Leere. Da der Kaufpreisanspruch mit Einzahlung auf Notaranderkonto aber nur dann erlischt, wenn die Parteien diese Rechtsfolge ausnahmsweise vereinbart haben, stehen sich der Kaufpreisanspruch des Verkäufers und der behauptete Anspruch des Käufers bis zum Eintritt der Auszahlungsvoraussetzungen grundsätzlich aufrechenbar gegenüber.

a) Stillschweigendes Aufrechnungsverbot

Die Aufrechenbarkeit wird im Regelfall durch die Vereinbarung der notariellen Hinterlegung stillschweigend ausgeschlossen.[44] Mit der Vereinbarung der notariellen Hinterlegung haben die Vertragsparteien eine bestimmte Art der Erfüllung gewählt. Damit ist die Erfüllung mittels eines Erfüllungssurrogats ausgeschlossen.[45] Die verbindliche Wahl der notariellen Hinterlegung als Erfüllungsmodalität bedeutet, daß die Art der Vertragserfüllung der einseitigen Einflußnahme der Beteiligten entzogen werden soll.[46] Durch die Berücksichtigung des Aufrechnungseinwandes würde diese Vereinbarung weitgehend

---

[43] OLG Frankfurt, DNotZ 1969,513/515; LG Lüneburg, DNotZ 1989,651 f; *Zimmermann*, DNotZ 1980,451/470 m. w. N.; a.A. *Bräu*, Verwahrungstätigkeit des Notars, Rz. 117: Hinterleger soll durch Verzögerung der Auszahlung Druck auf Vertragspartner ausüben können; falsch: OLG Schleswig, DNotZ 1975,371; vgl. ferner *Höfer / Huhn*, Allgemeines Urkundenrecht, § 38, S. 229.

[44] OLG Frankfurt, DNotZ 1969,513/515; KG, DNotZ 1987,577/579; LG Köln, MittRhNotK 1986,173/175; LG Braunschweig, DNotZ 1983,778/779; *Weingärtner*, DONot § 11, Rz. 148 o; *Zimmermann*, DNotZ 1980,451/470.

[45] *Bräu*, Verwahrungstätigkeit des Notars, Rz. 116.

[46] KG, DNotZ 1987,577/579; OLG Düsseldorf, MittRhNotK 1988,48/49; *Reithmann*, WuB VIII A. § 24 BNotO 1.87; s. auch KG, DNotZ 1985,51/54.

vereitelt.[47] Außerdem würde durch die Aufrechnung die rechtliche Verzahnung von Leistung und Gegenleistung nivelliert. Die Aufrechnung ersetzt nicht die Hinterlegung der geschuldeten Summe. Bei der Aufrechnung trägt nämlich der Gläubiger das Risiko, daß die zur Aufrechnung gestellte Gegenforderung des Hinterlegers auch tatsächlich besteht. Dieses Risiko kann nicht in Kauf genommen werden, wenn die Vertragsparteien zur gegenseitigen Sicherung ausdrücklich die notarielle Hinterlegung vereinbart haben.

b) Ausnahmsweise Zulässigkeit der Aufrechnung

Die Aufrechnung widerspricht demgegenüber dann nicht der Erfüllungsvereinbarung der Kaufvertragsparteien, wenn die notarielle Hinterlegung nicht den Sicherungsinteressen des Verkäufers dienen sollte.[48] Wollte er hier gleichwohl darauf beharren, daß der Käufer nur mittels der notariellen Hinterlegung und nicht durch Aufrechnung erfüllen darf, so wäre diese Haltung wegen Fehlens eines eigenen Interesses als treuwidrig anzusehen.[49]

Das OLG Düsseldorf hat es in diesem Sinne ausreichen lassen, daß das wesentliche Motiv der Vereinbarung der notariellen Hinterlegung die sichere Ablösung bestehender Grundpfandrechte und nicht die besondere Sicherung des Verkäufers war.[50] Diese Entscheidung ist allerdings nur beschränkt verallgemeinerungsfähig. Bei der Kaufpreiszahlung über Notaranderkonto können verschiedene Sicherungsinteressen betroffen sein, die die strikte Abwicklung unter Ausschluß der Aufrechnungsmöglichkeit für den Käufer erforderlich machen.

3. Die Berufung auf Gewährleistungsrechte durch den Hinterlegungsschuldner

Die Abwicklung des Kaufvertrages wird gestört, wenn der Kaufpreisschuldner Gewährleistungsrechte geltend macht und aus diesem Grund die Zahlung

---

[47] vgl. KG DNotZ 1987,577/579 (Möglichkeit einer anderen Beurteilung in Ausnahmefällen ausdrücklich offen gelassen).

[48] OLG Düsseldorf, MittRhNotK 1989,175/176.

[49] Treuwidrig handelt, wer auf Durchsetzung eines Rechtes beharrt, an dem er keinerlei schützenswertes Interesse hat. Aus diesem Grund ist etwa die Ausnutzung von Sicherungsrechten unzulässig, wenn im Einzelfall nach Lage der Dinge ein Sicherungsbedürfnis nicht anzuerkennen ist: RGZ 85,133/138; 137,324/354; RG, JW 1928,2437/2438; BGHZ 90,287/292; BGH, Betrieb 1988,2245; WM 1989,1496/1498; MünchKomm / *Roth*, BGB § 242, Rz. 415, 433; *Palandt / Heinrichs*, BGB § 242, Rz. 50; *Soergel / Teichmann*, BGB § 242, Rz. 292.

[50] OLG Düsseldorf, MittRhNotK 1989,175/176.

verweigert oder nach erfolgter Hinterlegung den Notar anweist, nur mit seiner Zustimmung an den Gläubiger auszuzahlen.

- Wenn der Käufer bereits die Hinterlegung des fälligen Kaufpreises auf Notaranderkonto verweigert, betrifft diese Vertragsstörung nicht das Hinterlegungsverfahren. Es handelt sich um einen allein nach materiellem Recht zu beurteilenden Streitpunkt zwischen den Vertragsparteien.

- Hat der Käufer den Kaufpreis bereits hinterlegt, stellt sich die Frage, ob die Geltendmachung von Gewährleistungsrechten das Hinterlegungsverfahren berührt.

Hierzu wird vielfach die These vertreten, daß die Behauptung von Sachmängeln die Abwicklung des Hinterlegungsverfahrens nicht beeinträchtigen dürfe. Begründet wird diese Auffassung mit dem Sicherungszweck der notariellen Hinterlegung und dem Gebot reibungsloser Vertragsabwicklung.[51]

Die Vertreter dieser Ansicht stellen den Gewährleistungsfall der Geltendmachung eines Zurückbehaltungsrechts und der Aufrechnungserklärung gleich. Bei genauerer Betrachtung der vertraglichen Grundlage zeigt sich aber, daß der Gewährleistungsfall eher eine Parallele zu der ersten Fallgruppe, der Unwirksamkeit des Vertrages, bildet.

Die Hinterlegungsvereinbarung hat keinen materiell-rechtlichen Gewährleistungsverzicht zur Folge.

- Mit dem Vollzug der Wandelung wandelt sich das Vertragsverhältnis in ein Rückabwicklungsschuldverhältnis um. Es gilt also bezüglich der Abwicklung des Hinterlegungsverfahrens nicht anderes als für den Fall der Anfechtung.

- Mit dem Vollzug der Minderung reduziert sich die geschuldete Kaufpreisforderung auf den geminderten Betrag. Hat der Käufer noch nicht gezahlt, bewirkt die Minderung das teilweise Erlöschen des Kaufpreisanspruchs. Andernfalls kann er zurückverlangen, was er zuviel bezahlt hat.[52] Die Kaufpreisminderung kann deshalb auch nicht mir der Begründung zurückgewiesen werden, daß die vereinbarte Erfüllungsmodalität eine Minderung verbiete.[53] Die Erfüllung setzt voraus, daß eine zu erfüllende Schuld in der Höhe des Hinterlegungsbetrages noch besteht. Das ist aber in Höhe des geminderten Kaufpreisteils nicht mehr der Fall. Für den Kaufpreisteil, der der Minderung unterfällt, besteht keine Hinterlegungsvereinbarung.

---

[51] *Brambring*, DNotZ 1990,615/624 f; *Wagner / Zimmermann*, Verwahrungsgeschäfte, S. 72.

[52] MünchKomm / *H.P.Westermann*, BGB § 472, Rz. 1, 2; *Palandt / Putzo*, BGB § 462, Rz. 13; *Soergel / Huber*, BGB § 462, Rz. 57; § 472, Rz. 1.

[53] so *Bräu*, Verwahrungstätigkeit des Notars, Rz. 116.

Das bedeutet, daß die Berufung auf Gewährleistungsrechte wie die Berufung auf die Nichtigkeit des Vertrages berücksichtigt werden muß. Der Vollzug der Gewährleistungsrechte hat einen - zumindest teilweisen - Zweckverlust des Hinterlegungsverfahrens zur Folge. Der Notar kann die Berechtigung des Gewährleistungsanspruchs aber ebensowenig feststellen wie er das Vorhandensein eines Nichtigkeits- oder Anfechtungsgrundes feststellen kann. Für ihn ergibt sich das Problem, wie die Abwicklungsstörung des Hinterlegungsverfahrens zu bewältigen ist. Die Entscheidung der materiell-rechtlichen Berechtigung können die Parteien nur vor den ordentlichen Gerichten klären lassen.

Sechstes Kapitel

Abwicklungsstörungen im Hinterlegungsverfahren

§ 15 Widerruf und Änderung der Auszahlungsanweisung

I. Einführung in die Problematik

Bei der Durchführung der Treuhandtätigkeit ist der Notar strikt an die Weisungen des Auftraggebers gebunden.[1] Treten vor Auszahlung des Hinterlegungsbetrages Vertragsstörungen auf, versucht der Käufer häufig, den Notar zum Einhalten der Abwicklung oder sogar zur Rücküberweisung des Hinterlegungsbetrages zu veranlassen. Behauptet der Käufer einseitig die Unwirksamkeit des Vertrages, liegt es außerdem nicht mehr in seinem Interesse, daß der Notar über den Hinterlegungsbetrag zur Ablösung von auf dem verkauften Grundstück lastenden Grundpfandrechten verfügt. Auch in diesem Fall wird der Käufer intervenieren und den Notar ersuchen, mit der Lastenfreistellung zu warten.

Kaum eine Frage im Zusammenhang mit der notariellen Hinterlegung ist so kontrovers diskutiert worden, wie die Problematik des nachträglichen einseitigen Weisungswiderrufs in mehrseitigen Treuhandverhältnissen. Der Streit geht zurück auf die Entscheidung des Bundesgerichtshofs vom 21.12.1959.[2] Auf diese Entscheidung stützen sich die Befürworter einer einseitigen Widerrufsmöglichkeit in erster Linie.[3] Der III. Zivilsenat führte unter Berufung auf seine Entscheidung von 1.7.1957[4] aus, daß der Notar den von mehreren Beteiligten übernommenen Auftrag zum Vollzug eines von ihm beurkundeten Geschäfts grundsätzlich nicht mehr ausführen dürfe, wenn nur einer der mehreren Beteiligten seine Erklärungen und damit den dem Notar gemeinsam er-

---

[1] BGH, DNotZ 1986,406/409 (Fälligkeitsbestätigung); OLG Celle, DNotZ 1989,55/57; *Reithmann*, Vorsorgende Rechtspflege, S. 221; *Rinsche*, Die Haftung des Rechtsanwalts und Notars, Rz. II 70.

[2] BGH, DNotZ 1960,265/268; s. auch OLG Hamm, DNotZ 1961,220.

[3] *Arndt*, BNotO § 23 Anm. II. 3.; *Höfer / Huhn*, Allgemeines Urkundenrecht, § 45, S. 258; RGRK / *Kreft*, BGB § 839, Rz. 403.

[4] BGH, DNotZ 1958,29.

teilten Vollzugsauftrag zurücknehme oder widerrufe. Der Notar dürfe seine Amtstätigkeit nicht gegen den Willen des Beteiligten durchführen.[5] Auch ein einzelner Beteiligter eines mehrseitigen Geschäfts könne den Notar allein um eine weitere Amtstätigkeit in seinem Interesse bitten und einen solchen Auftrag jederzeit durch einseitige Erklärung gegenüber dem Notar zurücknehmen.[6] Der Senat räumte jedoch ein, daß es auch Rechtsverhältnisse geben könne, in denen der Grundsatz der freien Widerrufbarkeit eingeschränkt werden müsse.[7] Eine abschließende Entscheidung des Bundesgerichtshofs zu dieser Frage steht bis heute aus. Die notarielle Praxis regt an, den Widerruf in Grundsätzen gesetzlich zu regeln.[8]

II. Verfahrensrechtliche Bindungen der Beteiligten

Die Möglichkeit, Verfahrensanträge oder Weisungen rückgängig zu machen oder zu widerrufen, kann eingeschränkt werden, wenn sich die Beteiligten selbst in verfahrensrechtlich relevanter Weise einer solchen Einschränkung unterworfen haben. Der Verlust der Widerrufsmöglichkeit kommt hier unter zwei Gesichtspunkten in Betracht.

- Es stellt sich zum einen die Frage, ob die Beteiligten einen für das Verfahren erheblichen *Widerrufsverzicht* erklären können.

- Zum anderen kann sich die Unbeachtlichkeit des einseitigen Widerrufs bereits aus der Natur der Sache ergeben, wenn das Ansuchen bzw. die Weisung als *gemeinsames Ansuchen* bzw. *gemeinsame Weisung* zu behandeln ist.

1. Die Rechtsfolgen der "unwiderruflichen" Anweisung

Vor allem Teile der Rechtsprechung sehen in einem von den Parteien vereinbarten Widerrufsverzicht die Grundlage für die Einschränkung der Weisungsbefugnis des Hinterlegers.[9]

Materiell-rechtlich ist der Widerrufsverzicht als Teil der Hinterlegungsvereinbarung zulässig. Er rechtfertigt sich durch das Sicherungsinteresse des Hin-

---

[5] BGH, DNotZ 1960,265/268.

[6] BGH, DNotZ 1960,265/269.

[7] vgl. BGH, DNotZ 1960,265/270; *Arndt*, BNotO § 23, Anm. II. 3.

[8] vgl. Vorschläge der BNotK zur Reform des notariellen Berufsrechts, S. 60.

[9] OLG Düsseldorf, MittRheinNotK 1988,48/49; KG, DNotZ 1985,51/53; OLG Hamm, DNotZ 1987,574/576; LG Berlin, DNotZ 1981,318/319.

terlegungsgläubigers. Umstritten ist dagegen, ob der Widerrufsverzicht auch das verfahrensrechtliche Ansuchen an den Notar erfaßt.

a) Keine verfahrensrechtliche Wirkung des Widerrufsverzichts

Teilweise wird ein verfahrensrechtlich wirksamer Widerrufsverzicht unter Berufung auf den Grundsatz der freien Widerrufbarkeit von Verfahrenshandlungen verneint.[10] Es fehle an der Regelung des Widerrufsverzichts im Prozeßrecht. Der vertragliche Widerrufsverzicht gestalte das Verfahren nicht und könne deshalb auch den Inhalt der notariellen Amtspflichten nicht beeinflussen.[11]

b) Einseitige Verzichtserklärung im Verfahren der freiwilligen Gerichtsbarkeit

Die Gegenansicht, die insbesondere das KG in seiner Entscheidung vom 23.03.1984 vertreten hat, lehnt eine nur schuldrechtliche Wirkung des Widerrufsverzichts ab. Es sei kein einleuchtender Grund vorhanden, daß der Verzicht auf den Widerruf nicht zugleich auch das verfahrensrechtliche Ansuchen an den Notar erfassen solle.[12] Dem Verfahren der freiwilligen Gerichtsbarkeit sei der einseitige Verzicht auf die Abgabe verfahrensrechtlicher Erklärungen keineswegs unbekannt.[13]

c) Stellungnahme

Vertragliche Bindungen sind von verfahrensrechtlichen Bindungen, die aus der Unterwerfung der Beteiligten unter den Verfahrenszweck resultieren, zu unterscheiden.

---

[10] *Bräu*, Verwahrungstätigkeit des Notars, Rz. 106; vgl. auch *Ertl*, MittBayNotV 1989,53/56 bzgl. einer "unwiderruflichen" Grundschuldbestellung oder Eintragungsbewilligung (Die Formulierung könne allenfalls als schuldrechtliche Verpflichtung zur Unterlassung des Widerrufs und der Antragsrücknahme ausgelegt werden; einen verfahrensrechtlichen Schutz erlange der Gläubiger dadurch nicht.).

[11] *Volhard*, DNotZ 1987,523/528 f.

[12] KG, DNotZ 1985,51/53; OLG Düsseldorf, MittRhNotK 1988,48/49; OLG Schleswig, DNotZ 1992,67/68; *Hädrich-Riedenklau*, Notarielle Rechtsbetreuung, S. 117 f; *Rings*, MittRhNotK 1957, 873/886; s. auch *Tönnies*, in: Beck'sches Notarhandbuch, A I, Rz. 363.

[13] KG, DNotZ 1985,51/54 (verweist darauf, daß ein Rechtsmittel dann unzulässig sei, wenn der Beteiligte gegenüber dem Gericht auf das Beschwerderecht verzichtet habe).

Das Verfahrensrecht sieht den Widerrufsverzicht grundsätzlich nicht als das probate Mittel an, um die Verwirklichung des Verfahrenszwecks zu gewährleisten. Eine Ausnahme ist hier nicht geboten. Das Hinterlegungsverfahren ist viel zu flexibel, als daß es durch ein so unbewegliches Mittel wie den Widerrufsverzicht gesteuert werden könnte. Verfahrensrechtlich wird der Beteiligte nicht durch den Widerrufsverzicht des anderen Teils geschützt, sondern durch seine Stellung als Beteiligter des Hinterlegungsverfahrens. Der Notar ist ihm gegenüber zu fürsorgerischer Rechtsbetreuung verpflichtet.[14]

Indem der Vermögenstransfer in das Hinterlegungsverfahren integriert wird, wirkt sich der verfahrensrechtliche Schutz des Beteiligten auch auf die Weisungs- und Dispositionsbefugnis des Hinterlegers aus. Sie kann unter Umständen eingeschränkt werden, wenn und soweit der Sicherungszweck der Hinterlegung zugunsten des anderen Beteiligten eine solche Einschränkung gebietet. Der vertraglich vereinbarte Widerrufsverzicht hat demgegenüber nur schuldrechtliche Bedeutung.[15] Verstöße dagegen können eine Verletzung der vertraglichen Pflichten sein, haben aber keine Auswirkung auf die Abwicklung des Hinterlegungsverfahrens.[16]

2. Voraussetzungen und Rechtsfolgen des "gemeinsamen" Ansuchens

Nach wohl h.M. handelt es sich bei der Erteilung des Treuhandauftrags in mehrseitigen Treuhandverhältnissen um ein gemeinsames Ansuchen der Hinterlegungsbeteiligten.

Zum größten Teil wird der Treuhandauftrag als gemeinschaftliches Ansuchen verstanden, ohne daß auf die Frage der wirtschaftlichen Zuordnung des Hinterlegungsbetrages zum Vermögen eines Beteiligten eingegangen wird.[17]

Die vertragliche Hinterlegungsklausel inklusive der Auszahlungsanweisung enthält nach dieser Ansicht einen einheitlichen Antrag an den Notar. Demge-

---

[14] vgl. auch § 54 c Abs.1 des Entwurfes der BNotK, wonach der Notar einen Widerruf beachten soll, soweit er dadurch Dritten gegenüber bestehende Amtspflichten nicht verletzt: Vorschläge der BNotK zur Reform des notariellen Berufsrechts, S. 60.

[15] vgl. zur Unbeachtlichkeit des Widerrufsverzichts im grundbuchrechtlichen Eintragungsverfahren: OLG Düsseldorf, NJW 1956,876/877; BayObLG 1972,204/215; 1985,153/158; *Ertl*, DNotZ 1975,644/649 f; *ders.*, Rpfleger 1980,41/42; *Haegele / Schöner / Stöber*, Grundbuchrecht, Rz. 88, 93; *Haegele*, Rpfleger 1957,293; *Hermann*, in: *Kuntze / Hermann / Ertl / Eickmann*,, GBO § 13, Rz. 20, 50; *Horber / Demharter*, GBO § 13, Anm. 12 d); *Meikel / Sieveking*, GBO § 13, Rz. 40; *Nieder*, NJW 1984,329/330; *Wörbelauer*, DNotZ 1965,518/529 f.

[16] *Bräu*, Verwahrungstätigkeit des Notars, Rz. 106; *Volhard*, DNotZ 1987,523/529.

[17] KG, DNotZ 1987,577/578 f; LG Berlin, DNotZ 1981,318 f; LG Lüneburg, DNotZ 1989,651; *Brambring*, DNotZ 1990,615/636; *Zimmermann*, DNotZ 1980,451/454; ähnlich: *Becker-Berle*, DNotZ 1961,469/470; vgl. auch OLG Schleswig, DNotZ 1992,67/69.

genüber wird auch die Ansicht vertreten, daß die Hinterlegungsanweisung sich aus zwei parallelen, gleichlautenden Anträgen der Hinterlegungsbeteiligten zusammensetze.[18] Häufig fehlt es an der ausdrücklichen gemeinschaftlichen Anweisung der Beteiligten oder an der Zusammenfassung gleichlautender Anträge. In diesen Fällen greift die h.M. auf den materiell-rechtlichen Beteiligtenbegriff zurück. Anweisender sei danach jeder, dessen Sicherungsinteressen mit der Hinterlegung verfolgt werde. Ohne seine Zustimmung sollen Abweichungen vom Treuhandauftrag nicht möglich sein.[19] Es stellt sich nun die Frage, ob bzw. inwieweit durch ein gemeinsames Ansuchen verfahrensrechtliche Bindungen der Beteiligten erzeugt werden können.

a) Gleichlautende, parallele Ansuchen der Beteiligten

Die Auffassung, die das Hinterlegungsansuchen als Zusammenfassung zweier paralleler Ansuchen zu einem gemeinsamen Ansuchen ansieht, lehnt sich an die Zusammenfassung mehrerer Eintragungsanträge im Grundbuchrecht an. Bei dem Eintragungsantrag handelt es sich um eine reine Verfahrenshandlung.[20] Antragsberechtigt sind diejenigen unmittelbaren Beteiligten, deren Rechtsposition durch die Eintragung einen Verlust erleidet oder einen Gewinn erfährt.[21] Der Antragsteller kann von ihm selbst oder seinem Vertreter gestellte Anträge bis zur Vollendung der Eintragung jederzeit zurücknehmen.[22]

---

[18] *Reithmann*, Vorsorgende Rechtspflege, S. 230.

[19] *Zimmermann*, DNotZ 1980,451/465.

[20] OLG Düsseldorf, NJW 1956,876/877; BayObLGZ 1976,180/186; *Ertl*, Rpfleger 1980,41/42; *Haegele / Schöner / Stöber*, Grundbuchrecht. Rz. 93; *Haegele*, Rpfleger 1957,293; *Hermann*, in: *Kuntze / Hermann / Ertl / Eickmann*, GBO § 13, Rz. 20; *Meikel / Sieveking*, GBO § 13, Rz. 5.

[21] BayObLGZ 1969,284/288; OLG Dresden, OLGZ 4,78; OLG Hamm, Rpfleger 1990,157; *Haegele / Schöner / Stöber*, Grundbuchrecht, Rz. 83; *Hermann*, in: *Kuntze / Hermann / Ertl / Eickmann*, GBO § 13, Rz. 55; *Horber / Demharter*, GBO § 13, Anm. 13 a); *Meikel / Sieveking*, GBO § 13, Rz. 67; *Nieder*, NJW 1984,329 f. Wirtschaftliche Vor- oder Nachteile, schuldrechtliche Verpflichtungen oder ein rechtliches Interesse reichen zur Begründung der Antragsberechtigung nicht aus: BayOblGZ 1969,284/288 f; OLG Dresden, OLGZ 4,78; *Haegele / Schöner / Stöber*, Grundbuchrecht, Rz. 83; *Hermann*, in: *Kuntze / Hermann / Ertl / Eickmann*, GBO § 13, Rz. 56; *Meikel / Sieveking*, GBO § 13, Rz. 67.

[22] OLG Düsseldorf, NJW 1956,876/877; *Ertl*, DNotZ 1975,644/649; *Haegele / Schöner / Stöber*, Grundbuchrecht, Rz. Rz. 93; *Haegele*, Rpfleger 1957,293; *Hermann*, in: *Kuntze / Hermann / Ertl / Eickmann*, GBO § 13, Rz. 20; *Horber / Demharter*, GBO § 13, Anm. 12 a), b); *Meikel / Sieveking*, GBO § 13, Rz. 40; *Nieder*, NJW 1984,329; *Wörbelauer*, DNotZ 1965,518/530.

Die Rücknahme von Eintragungsanträgen, die andere Beteiligte aufgrund der gleichen Urkunde gestellt haben, ist nicht zulässig, so daß diese Grundlage für die Entscheidung des Grundbuchamtes bleiben.[23] Die übrigen Beteiligten können sich also dadurch, daß sie selbst einen Eintragungsantrag stellen, vor den Folgen der Antragsrücknahme durch den bewilligenden Antragsteller schützen.[24]

Sieht man in der Hinterlegungsanweisung mehrere zusammenstimmende Ansuchen, die zu einem "gemeinsamen Ansuchen" zusammengefaßt werden, so hat die Weisung eines Beteiligten ebenfalls nur beschränkte Wirkung. Er kann nur seinen eigenen Antrag ändern oder widerrufen, nicht die gleichlautenden Anträge der anderen Beteiligten.[25]

b) Gemeinschaftliches Ansuchen der Beteiligten

Nach anderer Ansicht wird das Hinterlegungsverfahren nicht durch gemeinsame, selbständige Ansuchen initiiert, sondern durch ein gemeinschaftliches Ansuchen der Beteiligten. Strenggenommen können die Beteiligten nach dem gemeinschaftlichen Ansuchen an den Notar dieses Ansuchen auch nur gemeinschaftlich ändern oder zurücknehmen. Diese Schlußfolgerung wird auch von der herrschenden Ansicht gezogen.[26]

Die Kritik verweist darauf, daß es sich hier um einen Antrag im Bereich der vorsorgenden Rechtspflege handelt. Ein solcher Antrag könne, auch wenn er von mehreren gemeinsam gestellt worden sei, einseitig zurückgenommen werden.[27]

Der Streit um die Rechtsfolgen des gemeinschaftlichen Ansuchens tritt nicht nur hier in Bezug auf die Hinterlegungsanweisung auf. Er wird ebenfalls im Zusammenhang mit § 53 BeurkG ausgefochten.

---

[23] OLG Schleswig, SchlHA 1959,197/198 (Antragsrücknahme durch den Notar); BayObLGZ 1972,204/215; *Haegele*, Rpfleger 1957,293; *Hermann*, in: *Kuntze / Hermann / Ertl / Eickmann*, GBO § 13, Rz. 53; *Horber / Demharter*, GBO § 13, Anm. 12 b); *Meikel / Sieveking*, GBO § 13, Rz. 41; *Wörbelauer*, DNotZ 1965,518/531.

[24] *Haegele / Schöner / Stöber*, Grundbuchrecht, Rz. 93; *Haegele*, Rpfleger 1957,293; *Hermann*, in: *Kuntze / Hermann / Ertl / Eickmann*, GBO § 13, Rz. 49; *Horber / Demharter*, GBO § 13, Anm. 12 d); *Wörbelauer*, DNotZ 1965,518/529, s. auch LG Hannover, Rpfleger 1985,146.

[25] *Reithmann*, Vorsorgende Rechtspflege, S. 230.

[26] *Brambring*, DNotZ 1990,615/636; *Huhn / v.Schuckmann*, Beurkundungsrecht in Deutschland, DONot § 12, Rz. 15; *Tönnies*, in: Beck'sches Notarhandbuch, A I, Rz. 363; *Wagner / Zimmermann*, Verwahrungsgeschäfte, S. 26.

[27] *Volhard*, DNotZ 1987,523/529 unter Berufung auf *Amelung*, in: *Keidel / Kuntze / Winkler*, FGG § 12, Rz. 13.

Die Beteiligten können dem Notar für die Urkundenvorlage besondere Weisungen erteilen, durch die der Notar von seiner Einreichungspflicht aus § 53 BeurkG (einstweilen) befreit wird.[28]

Ein Teil der Literatur differenziert hier zwischen gemeinsamen und einseitigen Weisungen[29] der Beteiligten. Bei der gemeinsamen Weisung hätte der Notar nur von einem Beteiligten getroffene Weisungsänderungen nicht zu beachten.[30]

Nach a.A. ändert auch die Beteiligung mehrerer nichts daran, daß jeder Beteiligte individuell auf den Vollzug einwirken, d.h. vor allem seinen Vollzugsauftrag einseitig widerrufen kann.[31]

Der Streit zeigt, daß allein aufgrund der Qualifikation des Hinterlegungsansuchens als eines "gemeinschaftlichen" Antrages noch keine eindeutige verfahrensrechtliche Bindung der Beteiligten erzeugt werden kann. Auch diese formal elegante Lösung muß sich mit der Frage auseinandersetzen, ob und in welchen Grenzen die Verfahrensrechte der Beteiligten in einem mehrseitigen Treuhandverfahren eingeschränkt werden können.

c) Stellungnahme

Das Problem der verfahrensrechtlichen Bindung der Beteiligten in mehrseitigen Treuhandverhältnissen kann nicht undifferenziert behandelt werden.

Zunächst geht es um die Berechtigung, auf das Hinterlegungsverfahren als solches Einfluß zu nehmen. Es stellt sich die Frage, ob ein Beteiligter das Verfahrensansuchen zurücknehmen und den Notar damit zur Rückabwicklung des Verfahrens veranlassen kann oder ob er verfahrensrechtlich gebunden ist. Wird eine verfahrensrechtliche Bindung bejaht, schließt sich die Frage an, ob diese Bindung auch die Auszahlungsanweisung des Hinterlegers erfaßt. Kann der Hinterleger seine Auszahlungsanweisung widerrufen und die Weiterver-

---

[28] BGH, DNotZ 1958,29/31; DNotZ 1983,450/451 mit Anm. *Becker-Berle*, S. 453; OLG Hamm, OLGZ 1975,294/299; *Jansen*, BeurkG § 53, Rz. 14; *Winkler*, in: *Keidel / Kuntze / Winkler*, BeurkG § 53, Rz. 17.

[29] In welchen Fällen eine Weisung als "gemeinsame Weisung" qualifiziert werden muß, ist jedoch ebenfalls nicht unbestritten. So sieht z.B. Winkler in der Hypothekenbestellung eine einseitige Erklärung, die durch einen Beteiligten widerrufen werden kann, auch wenn mehrere die Erklärung unterzeichnet haben: *Winkler*, in: *Keidel / Kuntze / Winkler*, BeurkG § 53, Rz. 20. Nach Ansicht von Jansen genügt es dagegen, daß mehrere an der Beurkundung mitgewirkt haben, um eine gemeinsame Weisung, Weisungsänderung bzw. Weisungsrücknahme der Beteiligten zu fordern: *Jansen*, BeurkG § 53, Rz. 17.

[30] *Jansen*, BeurkG § 53, Rz. 17; *Winkler*, in: *Keidel / Kuntze / Winkler*, BeurkG § 53, Rz. 19.

[31] *Höfer / Huhn*, Allgemeines Urkundenrecht, S. 257 f.

wahrung verlangen? Kann er den Notar nachträglich anweisen, die Auszahlung nur nach Erteilung seiner Zustimmung vorzunehmen? Kann er eventuell sogar die Rückzahlung des Hinterlegungsbetrages verlangen?

aa) Gemeinsames Ansuchen als gemeinsamer Antrag auf Eröffnung des Hinterlegungsverfahrens

Das Hinterlegungsverfahren kann seinen Zweck, die divergierenden Interessen der Beteiligten zu sichern, nur erfüllen, wenn jeder Beteiligter eine Antragsberechtigung hat. Nicht nur der Hinterleger, sondern auch der Empfänger muß es in der Hand haben können, durch sein Ansuchen das Treuhandverfahren aufrecht zu erhalten.

In dieser Hinsicht lassen sich Parallelen zu § 13 Abs. 2 GBO ziehen. Der Vollzugsauftrag an den Notar, für Veräußerer und Erwerber eines Grundstücks den Antrag beim Grundbuchamt zu stellen, beruht auf den verschiedenen Berechtigungen des Veräußerers und des Erwerbers (§ 13 Abs. 2 1. Alt. GBO bzw. § 13 Abs. 2 2. Alt GBO), nicht auf der gemeinsamen Zuordnung des Rechtes an dem Grundstück zu beiden Beteiligten. Dabei genügt es, daß sich die Antragsberechtigung des Erwerbers auf ein dingliches Anwartschaftsrecht stützt.[32]

Das Hinterlegungsverfahren basiert auf einer ähnlichen Grundlage. Auch hier beruht die Verfahrensposition der Beteiligten nicht auf der gemeinschaftlichen, sondern auf unterschiedlichen Berechtigungen:

- Der Hinterleger ist der wirtschaftliche Eigentümer des Hinterlegungsgutes. Sein Interesse, die Berechtigung an dem Hinterlegungsbetrag nur nach Erfüllung der Treuhandauflagen und ohne Gefährdung seiner Vermögenslage zu verlieren, gibt ihm ein Antragsrecht.

- Der Empfänger leitet aus seiner künftigen Berechtigung ein Antragsrecht ab.

Diese unterschiedlichen Berechtigungen haben zur Folge, daß das gemeinsame Ansuchen der Beteiligten rechtstechnisch nicht als gemeinschaftliches Ansuchen, sondern als Zusammenfassung zweier gleichlautender Ansuchen zu qualifizieren ist. Das heißt, daß der einzelne Beteiligte das Treuhandverfahren als solches nicht mehr beeinflussen kann:

- Treuhandauflagen können nicht einseitig geändert oder ergänzt werden. Erteilt ein Beteiligter eine Weisung, die auf die Änderung der Treuhandaufla-

---

[32] OLG Hamm, DNotZ 1975,488; BayObLGZ 1976,180/186; *Hermann*, in: *Kuntze / Hermann / Ertl / Eickmann*, GBO § 13, Rz. 54; *Meikel / Sieveking*, GBO § 13, Rz. 67.

gen hinausläuft, so bleibt das bisherige Hinterlegungsverfahren anhängig. Wegen der widersprechenden Auflagen kann es aber weder aufgrund der ursprünglichen noch aufgrund der neuen Weisungen abgewickelt werden. Der Wille der Beteiligten führt als Handlungsmaßstab nicht mehr weiter. An dieser Stelle ist eine Krisenkonzept zu entwickeln, das dem Notar Handlungsmaßstäbe für den Fall widersprechender Weisungen vorgibt (dazu unten § 16).[33]

- Trotz des Rückzugs eines Beteiligten bleibt das Hinterlegungsverfahren wegen des Ansuchens des anderen Beteiligten weiter anhängig. Ein Beteiligter kann den Notar durch den Widerruf seines Ansuchens nicht zur Rückabwicklung des Hinterlegungsverfahrens veranlassen. Der Hinterleger kann von dem Notar namentlich nicht die Rückzahlung des bereits hinterlegten Geldes verlangen. Auch in diesem Fall hilft nur ein Konzept für die Abwicklung des Hinterlegungsverfahrens bei widersprechenden Weisungen weiter.

bb) Die Frage der "gemeinsamen" Auszahlungsanweisung

Das Problem des stagnierenden Hinterlegungsverfahrens mit widersprechenden Weisungen würde vielfach vermieden, wenn auch die konkrete Auszahlungsanweisung von den Beteiligten gemeinsam und für den anderen bindend abgegeben werden könnte.[34] Die Auszahlungsanweisung muß jedoch in ihrer rechtlichen Bedeutung von dem gemeinsamen Ansuchen auf Durchführung des Hinterlegungsverfahrens unterschieden werden. Hier geht es nicht mehr um die verfahrensrechtliche Stellung der Beteiligten, sondern um die wirtschaftliche Berechtigung an dem Hinterlegungsgut. Die "gemeinschaftliche" Auszahlungsanweisung scheidet deshalb aus, weil die Beteiligten keine gemeinschaftliche Berechtigung an dem Hinterlegungsgut haben. Gegenstand der Hinterlegung ist der Übertragungsakt, also die sukzessive Berechtigung.

Zum gemeinsamen Vollzugsauftrag bei der Übertragung eines Grundstücksrechts bestehen äußerliche Ähnlichkeiten, aber auch gravierende Unterschiede. Die Antragsberechtigung des Begünstigten im Grundbuchrecht ist ein rein prozessuales Recht.[35] Sie berührt die Rechte des Grundstückseigentümers in keiner Weise. Die Weisungsbefugnis des Hinterlegers tritt dagegen an die Stelle seiner Verfügungsbefugnis, die er mit der Übertragung des Treuguts auf den Notar verloren hat. Ihre Bedeutung geht über den verfahrensrechtlichen Gesichtspunkt hinaus. Mit der Weisungsberechtigung vor Auszahlungsreife

---

[33] vgl. auch § 54 c des Entwurfs der BNotK: Vorschläge der BNotK zur Reform des notariellen Berufsrechts, S. 60.

[34] vgl. *Huhn / v.Schuckmann*, Beurkundungsrecht in Deutschland, DONot § 12, Rz. 15.

[35] BayObIG 1976,180/186; *Hermann*, in: *Kuntze / Hermann / Ertl / Eickmann*, GBO § 13, Rz. 54.

würde der künftige Empfänger strenggenommen bereits zum Teil die Rechtsmacht über das Hinterlegungsgut ausüben. Diese Rechtsfolge widerspricht jedoch der sukzessiven Berechtigung am Hinterlegungsgut. Demzufolge ist die Rechtsfigur der gemeinsamen Auszahlungsanweisung abzulehnen.

III. Widerruf der Auszahlungsanweisung in mehrseitigen Treuhandverhältnissen

20 Jahre nach der grundlegenden Entscheidung des Bundesgerichtshofs hat sich die notarrechtliche Literatur erstmals ausführlich mit der Problematik des einseitigen Widerrufs eines Beteiligten im mehrseitigen Treuhandverfahren befaßt.[36] Es wurden Grundsätze aufgestellt, die zum größten Teil akzeptiert und weiterentwickelt werden konnten, wenn auch kritische Stimmen nicht ausblieben. Die Streitfrage schien theoretisch wie praktisch gelöst zu sein. Erst im Zuge der streng verfahrensrechtlichen Analysen der notariellen Hinterlegung wurden diese Grundsätze wieder in Frage gestellt und auf der Basis verfahrenstheoretischer Überlegungen neue Lösungsansätze entwickelt. Die Diskussion um die Beachtlichkeit oder Unbeachtlichkeit des einseitigen Weisungswiderrufs hat dadurch völlig neue Impulse bekommen.

Die Bundesnotarkammer regt eine gesetzliche Regelung des Widerrufs an.[37] Nach ihrem Vorschlag soll der Notar den Widerruf einer Anweisung beachten, soweit er dadurch Dritten gegenüber bestehende Amtspflichten nicht verletzt (§ 54 c Abs. 1). Sei die Verwahrungsanweisung von mehreren Anweisenden erteilt, so sei der Widerruf darüber hinaus nur zu beachten, wenn er durch alle Anweisenden erfolge (§ 54 c Abs. 2). Erfolge der Widerruf nach Abs. 2 nicht durch alle Anweisenden und werde er darauf gegründet, daß das mit der Verwahrung durchzuführende Rechtsverhältnis aufgehoben, unwirksam oder rückabzuwickeln sei, solle sich der Notar jeder Verfügung über das Verwahrungsgut enthalten. Der Widerruf werde jedoch unbeachtlich, wenn

a) eine übereinstimmende Anweisung vorliege oder

b) der Widerrufende nicht innerhalb einer von dem Notar festzusetzenden angemessenen Frist dem Notar nachweist, daß ein gerichtliches Verfahren zur Herbeiführung einer übereinstimmenden Anweisung rechtshängig ist; oder

c) dem Notar nachgewiesen wird, daß die Rechtshängigkeit der nach b) eingeleiteten Verfahren entfallen ist (§ 54 c Abs. 3).

---

[36] *Zimmermann*, DNotZ 1980,451.

[37] Vorschläge der BNotK zur Reform des notariellen Berufsrechts, S. 60.

Die Bundesnotarkammer räumt ein, daß die Formulierung in § 54 c Abs. 1 des Entwurfes durch die Bezugnahme auf entgegenstehende Amtspflichten allgemein gehalten sei. Diese allgemeine Formulierung sei aber notwendig, um der Vielzahl der möglichen Fälle gerecht zu werden.[38] Die Regelung des Widerrufs bei mehrseitigen Verwahrungen sei § 53 BeurkG angeglichen worden.[39] Mit der Obliegenheit des Widerrufenden, seinen behaupteten Anspruch, der zur Beachtlichkeit des Widerrufs geführt habe, gerichtlich geltend zu machen, solle erreicht werden, daß nicht mit der bloßen Behauptung, daß zugrundeliegende Rechtsgeschäft sei unwirksam etc., die Durchführung der notariellen Verwahrung auf Dauer gehindert sei.[40]

Angesichts der Unsicherheit, wie der Notar bei einem einseitigen Weisungswiderruf verfahren soll, ist eine klarstellende gesetzliche Regelung zu begrüßen. Es stellt sich allerdings die Frage, ob diese Regelung geeignet ist, einen endgültigen Schlußstrich unter die Diskussion um die Beachtlichkeit des Widerrufs in mehrseitigen Treuhandverhältnissen zu ziehen. Dazu muß sie eine praktikable und unter Berücksichtigung des Streitstandes dogmatisch überzeugende Lösung bieten.

1. Die Streitfrage: Beachtlichkeit des einseitigen Weisungswiderrufs in mehrseitigen Treuhandverhältnissen?

Bei der notariellen Hinterlegung sind nach dem hier vertretenen bifunktionalen Treuhandbegriff zwei unterschiedliche Weisungsarten zu unterscheiden:

- Der Hinterleger übt als Treugeber das Weisungsrecht im Hinblick auf die Verwendung des Hinterlegungsgutes aus.

- Die Beteiligten des Hinterlegungsverfahrens gestalten durch ihre Weisungen das mehrseitige Treuhandverhältnis.

Wie bereits bei der Erörterung des Treuhandbegriffes dargelegt wurde, unterscheiden Rechtsprechung und Lehre - von wenigen Ausnahmen abgesehen - nicht zwischen der Auszahlungsanweisung des Hinterlegers und sonstigen Weisungen der Beteiligten im Hinterlegungsverfahren. Demzufolge konzentriert sich die Auseinandersetzung auf die Streitfrage, ob der einseitige Weisungswiderruf in mehrseitigen Treuhandverhältnissen vom Notar beachtet werden muß oder nicht. Die Auszahlungsanweisung wird ausschließlich als Weisung innerhalb des Treuhandgeschäftes verstanden.

---

[38] Vorschläge der BNotK zur Reform des notariellen Berufsrechts, S. 63 f.

[39] Vorschläge der BNotK zur Reform des notariellen Berufsrechts, S. 64.

[40] Vorschläge der BNotK zur Reform des notariellen Berufsrechts, S. 64 f.

a) Verlust der Widerrufsmöglichkeit aufgrund rechtsgeschäftlicher Bindung

Vereinzelt wird in der notarrechtlichen Literatur die rechtsgeschäftliche Bindung der Parteien des Verwahrungsgeschäftes als Grundlage für die Bindung des Notars an die gemeinschaftlich erteilten Weisungen angesehen. Diese materiell-rechtliche Theorie löst die Problematik des einseitigen Weisungswiderrufs in Anlehnung an das bürgerlichrechtliche Auftragsrecht.[41]

Im Auftragsrecht gilt der Grundsatz, daß jedem von mehreren Auftraggebern ein selbständiges (einseitiges) Widerrufsrecht zukommt.[42] Die Auftraggeber können sich untereinander und im Verhältnis zum Beauftragten Bindungen auferlegen. Ein Gesamtwiderruf der Weisungen ist nur dann erforderlich, wenn er im Außenverhältnis mit dem Beauftragten vereinbart wurde.[43]

Für die notarielle Hinterlegung ergibt sich folgende Konsequenz: Bei der Prüfung, ob der Notar innerhalb eines mehrseitigen Treuhandverhältnisses eine Einzelweisung zu beachten hat, muß beurteilt werden, ob die Beteiligten einen solchen Bindungswillen gegenüber dem Notar ausdrücklich oder konkludent zum Ausdruck gebracht haben. Es handelt sich also um eine Frage der Vertragsauslegung.

b) Freie Widerrufbarkeit als Folge der verfahrensrechtlichen Qualität der Weisungen

Die Rechtsprechung und die ganz überwiegende Ansicht in der Literatur gehen von der verfahrensrechtlichen Natur der Weisungen an den Notar aus. Die Vertreter einer formaljuristischen Lösung stützen sich auf den Grundsatz der freien Widerrufbarkeit einer Verfahrenserklärung.

Das OLG Düsseldorf entschied sich unter Berufung auf die grundlegende Entscheidung des Bundesgerichtshofs vom 21.12.1959 für die Zulässigkeit des einseitigen Widerrufs der Auszahlungsanweisung durch den Kaufpreisschuldner. Der Senat begründete diese Entscheidung mit dem Grundsatz der freien Widerrufbarkeit von Anträgen und Ersuchen im Bereich der vorsorgenden

---

[41] so *König*, Darlehensvalutierung über Notaranderkonto, S. 83. Eine Anwendung des Auftragsrechts auf die Verwahrungstätigkeit wird im Hinblick auf den einseitigen Weisungswiderruf angesprochen, aber nicht durchgeführt: *König*, Darlehensvalutierung über Notaranderkonto, S. 87.

[42] RG, DNotV 1932,728 Nr. 5; RGZ 160,122/126; BGH, BB 1964,699, *Enneccerus / Lehmann*, Recht der Schuldverhältnisse, § 163, Anm. 1); *v. Hippel*, DR 1939,1529/1530 f; *Staudinger / Wittmann*, BGB § 671, Rz. 10.

[43] RGZ 160,122/127; BGH, BB 1964,699; *Staudinger / Wittmann*, BGB § 671, Rz. 10.

Rechtspflege und der freiwilligen Gerichtsbarkeit.[44] In der notarrechtlichen Literatur wird diese Ansicht nur unter Einschränkungen geteilt.[45]

- Die einseitige Änderung oder der einseitige Widerruf der Verfahrenserklärung soll solange möglich sein, wie andere Beteilige im Vertrauen auf die ihnen bekannten Weisungen noch keine für die Durchführung der Verwahrung relevanten Dispositionen getroffen haben.[46] Diese Argumentation basiert auf dem Grundsatz, daß auch eine Verfahrenshandlung dann nicht mehr frei widerrufen werden darf, wenn das Interesse eines anderen an der Bindung des Handelnden schutzwürdig ist.

- Der einseitige Weisungswiderruf soll außerdem ausnahmsweise dann unbeachtlich sein, wenn er unter Berücksichtigung der Gesamtumstände treuwidrig ist, etwa weil keine substantiierte Begründung für das einseitige Änderungsbegehren vorgetragen wird.[47]

c) Bindung an die ursprünglich erteilte Weisung in mehrseitigen Treuhandverhältnissen

Die heute wohl herrschende Ansicht entscheidet die Frage nach der Zulässigkeit des einseitigen Weisungswiderrufs nach dem Sinn und Zweck des Hinterlegungsverfahrens. Trotz der grundsätzlichen Widerrufbarkeit von Verfahrenshandlungen soll die Widerrufbarkeit in mehrseitigen Treuhandverhältnissen eingeschränkt werden.

Ein einseitiger Widerruf ist nach h.M. unbeachtlich, wenn durch die Hinterlegung der Vertragspartner begünstigt werden sollte und die Parteien deshalb eine gemeinsame Hinterlegungsanweisung erteilt haben.[48] Die Bindung der Beteiligten an ihre ursprünglich erteilte Hinterlegungs- und Auszahlungsanweisung ist Ausdruck des funktionalen Verständnisses der notariellen Hinterlegung: Der Schuldner soll dadurch gehindert werden, gegen seine Leistungspflicht zu verstoßen bzw. seine Leistung zurückzuhalten.[49] Die "verzahnte gegenseitige Sicherheit", die die Beteiligten mit der notariellen Hinterlegung bezweckten, würde scheitern, wenn der Notar den einseitigen Widerruf einer

---

44 OLG Düsseldorf, MittRhNotK 1989,175.

45 *Volhard*, DNotZ 1987,523/529; s. auch *Musielak*, WuB VIII A. § 23 BNotO 1.92.

46 *Bohrer*, Berufsrecht der Notare, Rz. 77.

47 *Volhard*, DNotZ 1987, 522/530 f.

48 *Rings*, MittRhNotK 1957,873/886; Vergleich zur unwiderruflichen Vollmacht: *Haug*, Die Amtshaftung des Notars, Rz. 710; *Weingärtner*, DONot, § 11 Rz. 152 b.

49 KG, DNotZ 1987,577/579; *Tönnies*, in: Beck'sches Notarhandbuch, A I, Rz. 363; *Zimmermann*, DNotZ 1980,451; ähnlich: *Hädrich-Riedenklau*, Notarielle Rechtsbetreuung, S. 117 f; *Haug*, Die Amtshaftung des Notars, Rz. 710.

Anweisung beachten müßte.[50] Zur Sicherung dieses gemeinschaftlich vereinbarten Zwecks hätten sich die Beteiligten ihrer Dispositionsbefugnis über das Verwahrungsgut begeben und diese Rechtsmacht dem Notar übertragen. Ein einseitiges Widerrufsrecht würde den Verfahrenszweck der notariellen Treuhandtätigkeit vereiteln.[51]

Bei der praktischen Behandlung des einseitigen Widerrufs in mehrseitigen Treuhandverhältnissen unterscheidet die h.M. zwei Fallgruppen:

- Berufe sich der Widerrufende auf die *Unwirksamkeit* des der Hinterlegung zugrundeliegenden Vertrages, so fehle es an der Vollziehbarkeit des Hinterlegungsverfahrens. Der Weisungswiderruf sei deshalb beachtlich.[52]

- Erhebe der Widerrufende lediglich einen die *Wirksamkeit des Vertrages nicht berührenden Einwand* (Aufrechnung, Minderung usw.), sei der Weisungswiderruf grundsätzlich unbeachtlich.[53]

Nach Ansicht des OLG Schleswig muß der Notar den einseitigen Widerruf jedoch dann beachten, wenn er bei der Befolgung der ursprünglichen Weisung an der Erreichung unerlaubter und unredlicher Zwecke mitwirken oder wenn dem widerrufenden Beteiligten ein nicht mehr gutzumachender Schaden drohen würde.[54]

Jedes Ansuchen muß also zunächst von Amts wegen anhand der beiden Kategorien der Widerrufsgründe überprüft werden. Dabei hat der Notar den Vortrag des Widerrufenden auf seine ausreichende Substantiierung hin zu untersuchen.[55]

---

[50] *Haug*, Die Amtshaftung des Notars, Rz. 711; s. auch OLG Schleswig, DNotZ 1992,67/69.

[51] *Reithmann*, Vorsorgende Rechtspflege, S. 228.

[52] KG, DNotZ 1987,577/579; OLG Düsseldorf, MittRhNotK 1988,48/49; OLG Schleswig, DNotZ 1992,67/69; LG Berlin, DNotZ 1981,318; LG Braunschweig, DNotZ 1983,778; *Hädrich-Riedenklau*, Notarielle Rechtsbetreuung, S. 117 f; *Haug*, DNotZ 1982,592/594; *Tönnies*, in: Beck'sches Notarhandbuch, A I, Rz. 361; *ders.*, DNotZ 1992,70; *Weingärtner*, DONot § 11 Rz. 152 d; *Zimmermann*, DNotZ 1980, 451/467; anders: *Reithmann*, Vorsorgende Rechtspflege, S. 230.

[53] KG, DNotZ 1987,577/579; LG Berlin, DNotZ 1981,318 f; LG Braunschweig, DNotZ 1983,778 f; LG Lüneburg, DNotZ 1989,651 f; *Hädrich-Riedenklau*, Notarielle Rechtsbetreuung, S. 119 f; *Haug*, DNotZ 1982,592/594; *Tönnies*, in: Beck'sches Notarhandbuch, A I, Rz. 361; *ders.*, DNotZ 1992,70; *Weingärtner*, DONot § 11, Rz. 152 c; *Zimmermann*, DNotZ 1980, 451/469 f.

[54] OLG Schleswig, DNotZ 1992,67/69; ähnlich: *Hädrich-Riedenklau*, Notarielle Rechtsbetreuung, S. 122; kritisch im Hinblick auf die Unbestimmtheit dieser Kriterien: *Tönnies*, DNotZ 1992,70.

[55] *Haug*, DNotZ 1982,592/594.

Diese Leitprinzipien sollen aber nicht als strenge Normen angewandt werden.[56] Der Notar müsse stets eine die Besonderheiten des Einzelfalls berücksichtigende Lösung anstreben. Der Gesichtspunkt der Schadensvermeidung steht dabei im Vordergrund.

d) Beachtlichkeit des einseitigen Widerrufs unter dem Gesichtspunkt der notariellen Rechtsfürsorge

Unter Berücksichtigung des Rechtsfürsorgegedankens wird die Auffassung vertreten, daß der Widerruf einer Weisung für den Notar immer dann beachtlich sei, wenn Gesichtspunkte der Rechtssicherheit und Schadensvermeidung die Beachtung erforderten. Diese Auffassung begründet sich damit, daß die Verzögerung des weiteren Vollzugs für die Beteiligten weniger schadensträchtig sei als die Auszahlung, deren mangelnde Berechtigung sich nachträglich herausstellte.[57] Wenn das Geld auf Anderkonto verbleibe, drohe regelmäßig nur ein Zinsschaden. Bei vertraglich vereinbartem Widerrufsverzicht könne der Vertragspartner außerdem Schadensersatzansprüche gegen den zu Unrecht Widerrufenden geltend machen.[58]

Auch die Unparteilichkeitspflicht des Notars halte ihn von einer faktischen Entscheidung in der Sache ab. Dieser Pflicht komme der Notar am ehesten nach, wenn er nicht durch die Verfügung über den Hinterlegungsbetrag vollendete Tatsachen schaffe, sondern sich bei auftretenden Meinungsverschiedenheiten auf die Sicherung durch vorübergehende Weiterverwahrung beschränke.[59]

e) Freie Widerrufbarkeit im Rahmen des Sicherungszwecks des Hinterlegungsverfahrens

Der Sicherungszweck der notariellen Hinterlegung ist auch der Anknüpfungspunkt für die neue Lehre der kombinierten Treuhandtätigkeit (Sicherungstreuhand plus Verwaltungstreuhand). Sie fordert jedoch keine generelle Unbeachtlichkeit der einseitigen Weisungsänderung in mehrseitigen Treuhandverhältnissen, sondern differenziert danach, ob durch die Weisungsänderung schutzwürdige Sicherungsinteressen des anderen Beteiligten konkret be-

---

[56] *Haug*, DNotZ 1982,592/595; s. auch *Weingärtner*, DONot § 11, Rz. 152 d.

[57] *Bräu*, Verwahrungstätigkeit des Notars, Rz. 108; *Volhard*, DNotZ 1987,523/531; vgl. auch *Huhn / v.Schuckmann*, Beurkundungsrecht in Deutschland, DONot § 12, Rz. 16.

[58] *Bräu*, Verwahrungstätigkeit des Notars, Rz. 108.

[59] *Bräu*, Verwahrungstätigkeit des Notars, Rz. 109; ähnlich: *Peter*, BWNotZ 1984,86/92.

einträchtigt werden oder nicht. Bezüglich der Kaufpreiszahlung über Notaranderkonto gelten nach dieser Auffassung folgende Grundsätze:

- Solange der Notar den Hinterlegungsbetrag ausschließlich für den Käufer/Hinterleger verwahre, habe er dessen Weisungen zu folgen. Auf einseitige Anforderung müsse er den Hinterlegungsbetrag zurückzahlen (Verwaltungsinteresse des Käufers).

- Der Notar habe die Weisungen des Käufers ferner zu beachten, soweit sie die Sicherungsinteressen des Verkäufers nicht beeinträchtigten und damit die gesamte vertragliche Konstruktion in Frage stellten.[60] Da diese Theorie ausschließlich die Vermeidung des Vorleistungsrisikos als schutzwürdiges Sicherungsinteresse des Verkäufers ansieht, ist für sie das Auszahlungsverbot des Käufers beachtlich. Der Notar sei lediglich zur Mitteilung an den Verkäufer verpflichtet.

- Halte der Verkäufer gleichfalls seine Leistung zurück, könne der Käufer die Rückzahlung des Hinterlegungsbetrages verlangen. Bestehe aber ein Sicherungsbedürfnis des Verkäufers, etwa weil er den Eintragungsantrag zur Übereignung des Kaufobjektes bereits gestellt oder dem Käufer vorzeitig den Besitz überlassen habe, so könne der Käufer den Notar zwar anweisen, den Hinterlegungsbetrag nicht auszuzahlen, nicht aber, den Betrag zurückzuzahlen. Ein solches Verlangen würde mit dem Sicherungsbedürfnis des Verkäufers kollidieren.[61]

f) Stellungnahme

Da die notarielle Hinterlegung insgesamt als Hinterlegungsverfahren zu qualifizieren ist, kommt die Lösung der Widerrufsproblematik in Anlehnung an das bürgerlichrechtliche Auftragsrecht nicht in Betracht. Der Beauftragte richtet sich nach dem Willen seiner Auftraggeber. Die Verpflichtung des Notars kann weitergehen. Wenn die Beteiligten sich nicht mehr einig sind, ist er ihnen gegenüber zur fürsorgerischen Betreuung verpflichtet.

Der Gesichtspunkt der Rechtsfürsorge verbietet jede schematische Lösung. Aus diesem Grund ist auch die generelle Beachtlichkeit jeder Weisungsänderung im Rahmen eines Hinterlegungsverfahrens abzulehnen, wenn dadurch der Zweck der Hinterlegung gefährdet wird. Der Gesetzesentwurf der Bundes-

---

[60] *Lüke*, ZIP 1992,150/155; vgl. auch *Hädrich-Riedenklau*, Notarielle Rechtsbetreuung, S. 118; für den Fall des Widerrufs der Hinterlegungsanweisung durch das finanzierende Kreditinstitut: vgl. *Musielak*, WuB VIII A. § 23 BNotO 1.92.

[61] *Lüke*, ZIP 1992,150/156.

notarkammer trägt diesem Gesichtspunkt mit der Bezugnahme auf entgegenstehende notarielle Amtspflichten gegenüber Dritten Rechnung.

Das Argument, der Notar dürfe seine Amtstätigkeit nicht gegen den Willen der Beteiligten ausüben, kann auf die Abwicklung mehrseitiger Treuhandverhältnisse nicht übertragen werden. Wollte der Notar dem einseitigen Widerruf Folge leisten, um keine Amtstätigkeit gegen den Willen des Hinterlegers vorzunehmen, würde er nämlich gerade umgekehrt die Amtstätigkeit gegen den Willen des anderen Beteiligen verweigern, ohne daß sich die Bevorzugung des Widerrufenden von dem formalrechtlichen Standpunkt aus begründen ließe.[62]

Auch der Hinweis, der Notar würde bei der Nichtbeachtung des einseitigen Widerrufs in den Streit der Beteiligten unzulässigerweise hineingezogen,[63] kann nicht geteilt werden. Die Lösung der Widerrufsproblematik darf nicht auf Kosten der Rechtsfürsorge gehen.[64] Zwar ist der Notar nicht berufen, faktisch einen Rechtsstreit zwischen den Beteiligten zu entscheiden. Er kann sich aber auch nicht völlig aus dem Streit heraushalten. Als Organ der vorsorgenden Rechtspflege ist er im Konfliktfall angehalten, der wirtschaftlichen Gefährdung eines Beteiligten entgegenzuwirken. Außerdem darf nicht außer Acht gelassen werden, daß auch das Verfahrensrecht Fälle kennt, in denen die grundsätzliche Rücknahmemöglichkeit einer Verfahrenshandlung eingeschränkt wird,[65] nämlich dann, wenn durch die Rücknahme der Verfahrenshandlung schutzwürdige Interessen eines anderen Beteiligten betroffen werden. Der Schutz berechtigter Sicherungsinteressen kann auch im notariellen Hinterlegungsverfahren die Einschränkung der Weisungsbefugnis des Hinterlegers rechtfertigen, wenn der Widerrufsgegner eine schützenswerte Verfah-

---

[62] vgl. KG, DNotZ 1987,577/578; DNotZ 1985,51/52; *Becker-Berle*, DNotZ 1961,468/470.

[63] OLG Düsseldorf, MittRhNotK 1989,175; vgl. auch BGH, DNotZ 1960,265/269; *Höfer / Huhn*, Allgemeines Urkundenrecht, § 45, S. 258: Hier ginge es um die Rechtsverhältnisse der Beteiligten untereinander, die für Inhalt und Umfang der notariellen Amtstätigkeit irrelevant seien.

[64] vgl. *Haug*, Die Amtshaftung des Notars, Rz. 714: Der Notar könne sich bei Zugrundelegung dieser Auffassung leichter jeder Verantwortung und Haftpflicht entziehen und die Parteien ihrem Schicksal überlassen.

[65] MünchKomm / *Lüke*, ZPO Einl. Rz. 277; vgl. etwa für die Klagerücknahme § 269 Abs.1 S.2 ZPO bzw. § 92 Abs.1 S. 2 VwGO; str. im Hinblick auf die Streitverfahren der freiwilligen Gerichtsbarkeit: Die Einwilligung des Antragsgegners fordern: OLG Düsseldorf, NJW 1980,349; *Amelung*, in: *Keidel / Kuntze / Winkler*, FGG § 12, Rz. 14; *Bassenge / Herbst*, FGG Einl. VI. 2. a); *Brehm*, Freiwillige Gerichtsbarkeit, § 16 II. 1.; *Grunsky*, Grundlagen des Verfahrensrechts, § 8 II. 2. a); *Habscheid*, Freiwillige Gerichtsbarkeit, § 19 I. 1. d); *Lindacher*, Rpfleger 1965,41 f; *ders.*, JuS 1978,577/579; *Weirich*, Freiwillige Gerichtsbarkeit, §§ 11 III., 15 II.; a.A.: OLG Hamm, RdL 1961,205/206; *Bärmann*, Freiwillige Gerichtsbarkeit und Notarrecht, § 18 I. 1. b); *Jansen*, FGG Vorbem. §§ 8-18, Rz. 20; *Pikart / Henn* D. I. 2. b).

rensposition innehat. Das ist vornehmlich dann der Fall, wenn er bereits seinerseits Dispositionen getroffen hat.[66]

- Der Grundstücksverkäufer bewilligt und beantragt beispielsweise eine Auflassungsvormerkung zugunsten des Käufers, um eine Auszahlungsvoraussetzung zu erfüllen,

- oder der Grundstücksverkäufer verpflichtet sich zur Mitwirkung bei der Finanzierung. Er läßt eine Grundschuld auf seinem Grundstück bestellen, mit der der Käufer vorzeitig das Kaufpreisdarlehen sichert.

Die notarielle Hinterlegung dient nicht nur dem einseitigen Zweck, daß der Hinterleger die Hinterlegungssumme erst mit Eintritt der Auszahlungsreife verliert, sondern sie sichert auch den Empfänger, der zur Herbeiführung der Auszahlungsreife seinerseits Leistungen erbringen muß. Die h.M. betont deshalb zu Recht, daß in einem mehrseitigen Treuhandverfahren der Widerruf der einzelnen Weisung die Interessen des anderen Beteiligten berühren kann, die ebenfalls durch das Hinterlegungsverfahren geschützt werden sollen. Die Konsequenzen, die aus dieser Bewertung gezogen werden, sind jedoch unter zwei Gesichtspunkten bedenklich.

Indem die h.M. danach unterscheidet, ob der Widerrufende sich auf die Unwirksamkeit des Vertrages beruft oder sonstige Vertragsstörungen geltend macht, zwingt sie den Notar zum einen zu einer materiell-rechtlichen Prüfung, die er nicht leisten kann.[67] Dieses Problem kann natürlich durch eine gesetzliche Regelung ausgeschaltet werden, die an die einseitige Behauptung des Widerrufsgrundes und nicht an die Beurteilung der Rechtslage durch den Notar anknüpft.

Die Betonung der Sicherungsinteressen der Beteiligten rechtfertigt zum anderen noch nicht den Schluß, daß die Bindung des Notars an die übereinstimmenden Weisungen der Beteiligten nötig ist[68] und die Abwicklung von späteren Willensänderungen eines Beteiligten nicht betroffen sein solle.[69] Die grundsätzliche Unbeachtlichkeit des einseitigen Weisungswiderrufs in mehrseitigen Treuhandverhältnissen läßt sich mit der verfahrensrechtlichen Regel, daß eine Verfahrenshandlung *ausnahmsweise* dann bindend ist, wenn berechtigte Interessen Dritter die Bindung verlangen, nicht mehr vereinbaren. Es fehlt die ausdrückliche Differenzierung danach, ob im Einzelfall durch den Weisungswiderruf tatsächlich die Interessen des Betroffenen berührt werden.

---

[66] ebenso *Bohrer*, Berufsrecht der Notare, Rz. 77; s. auch *Hegmanns*, WuB VIII A. § 19 BNotO 2.90.

[67] dazu Fünftes Kapitel, § 14.

[68] so aber: *Louis*, VersR 1979,988/990; *Reithmann*, Vorsorgende Rechtspflege, S. 214; *Zimmermann*, DNotZ 1980,451/465; s. auch KG, DNotZ 1987,577/579.

[69] so aber: OLG Düsseldorf, MittRhNotK 1988,48/49.

Der pauschale Ausschluß des einseitigen Widerrufsrechts kann nur unter der Voraussetzung begründet werden, daß der ungestörte Ablauf des einmal eingeleiteten Hinterlegungsverfahrens ein eigenständiges Verfahrensziel ist. Aus der schuldrechtlichen Verpflichtung des Käufers zur Kaufpreishinterlegung läßt sich aber keine Unterwerfung unter den Verfahrenszweck "störungsfrei abzuwickelndes Hinterlegungsverfahren" ableiten.

Der Käufer, der die Auszahlung der Hinterlegungssumme - unter Umständen aus guten Gründen - verweigert, ist genauso zu behandeln wie der Käufer, der nicht, nicht fristgemäß oder unter einer unzulässigen Bedingung hinterlegt. Er verhält sich auf den ersten Blick schlicht vertragswidrig. Es ist nicht die Aufgabe des Notars, ihn von einer Vertragswidrigkeit abzuhalten.[70] Demnach läßt sich die grundsätzliche Unbeachtlichkeit des einseitigen Weisungswiderrufs nach geltender Rechtslage verfahrensrechtlich nicht begründen.

Das Recht zur einseitigen Änderung oder zum einseitigen Widerruf kann also auch nicht unter Hinweis auf den Zweck der notariellen Hinterlegung ausgeschlossen werden. Lediglich Einschränkungen des Weisungsrechts sind möglich, wenn der Sicherungszweck der Hinterlegung oder der Gesichtspunkt der Schadensvermeidung sie gebieten. In diesem Sinne hilft die Differenzierung danach, ob der Hinterleger mit seinem Widerruf nur die Auszahlung des Hinterlegungsbetrages verhindern oder an seine ausdrückliche Zustimmung binden will oder ob er die Rückzahlung des Hinterlegungsbetrages verlangt, einen Schritt weiter. Die Rückzahlung des Hinterlegungsbetrages kann der Hinterleger ohne Zustimmung des anderen Verfahrensbeteiligten nicht verlangen. Beachtet werden muß aber auch, daß der künftige Empfänger, der seinerseits schon Dispositionen getroffen hat, nicht nur ein Interesse daran hat, daß der Hinterlegungsbetrag für ihn "sicherungshalber" bereit liegt. Er hat auch ein Interesse daran, daß er ihn mit Eintritt der Auszahlungsvoraussetzungen tatsächlich erhält. Auf der Grundlage ihrer Unterscheidung zwischen dem beachtlichen und dem unbeachtlichen Widerruf gibt die h.M. dem Auszahlungsinteresse des Gläubigers immer dann Vorrang, wenn der Widerrufende sich nicht auf die Notwendigkeit der Rückabwicklung des zugrundeliegenden Rechtsverhältnisses (z.B. wegen Unwirksamkeit) beruft. In ähnlicher Weise berücksichtigt auch der Gesetzesentwurf der Bundesnotarkammer das Auszahlungsinteresse des Gläubigers, indem der Notar nur bei einem beachtlichen Widerruf gehalten ist, das Hinterlegungsgut weiterzuverwahren, und der Widerruf zunächst nur einen Auszahlungsaufschub auslöst. Der Gesetzgeber kann in diesem Sinne regeln, daß die Auszahlung unter bestimmten Umständen trotz des Widerrufs des Hinterlegers vorgenommen werden kann. Ohne eine solche gesetzliche Bestimmung des Rechtsinstituts "notarielle Hinterle-

---

[70] anders wohl *Zimmermann*, DNotZ 1980,451: Der Schuldner habe sich mit dem freiwilligen Verzicht auf seine Verfügungsbefugnis über das Treugut der Möglichkeit begeben, gegen seine Leistungspflicht zu verstoßen.

gung" greift die Auszahlung in das wirtschaftliche Eigentum des Hinterlegers ein. Die Fallgruppen, in denen das Auszahlungsinteresse des Gläubigers nach dem Gesetzesentwurf der Bundesnotarkammer zunächst einmal zurücktreten soll, orientieren sich an dem "mit der Verwahrung durchzuführenden Rechtsverhältnis". Wenn der behauptete Widerrufsgrund besteht, entfällt das Auszahlungsinteresse des Hinterlegungsgläubigers. Es entfällt aber auch dann, wenn die Schuld des Hinterlegers aus anderen Gründen nicht (mehr) oder nicht (mehr) in voller Höhe besteht (z.B. Kaupreisreduzierung, Minderung).[71] Diesem Gesichtspunkt sollte eine gesetzliche Regelung ebenfalls Rechnung tragen.

Widerruft der Hinterleger die Auszahlungsanweisung, muß der Notar nach geltender Rechtslage zunächst einmal weiterverwahren. Soll es sich dabei nur um eine kurzfristige Weiterverwahrung handeln, bis vertragsinterne Probleme beseitigt sind, ist die Weiterverwahrung nicht unzumutbar. Die vorübergehende Weiterverwahrung ist jedenfalls die sicherste Lösung, um eventuellen Schäden der Beteiligten vorzubeugen. Da die Verwahrung aber zügig beendet werden soll, muß möglichst schnell eine Einigung zwischen den Beteiligten oder eine gerichtliche Entscheidung herbeigeführt werden. Hier zeigt sich die Schwäche der differenzierenden Lösung e), die nur das Sicherungsinteresse, nicht aber das Auszahlungsinteresse des Gläubigers berücksichtigt. Sie bürdet die Initiativlast in jedem Fall dem Gläubiger des Hinterlegungsbetrages auf, der die Zustimmung des Hinterlegers in die Auszahlung notfalls gerichtlich betreiben muß. Daran ändert sich auch dann nichts, wenn während der Weiterverwahrung die Auszahlungsvoraussetzungen eintreten. Der Gläubiger könnte sich nicht auf die Mißbräuchlichkeit der Auszahlungverweigerung berufen, denn sein Verfahrensrecht - die sichernde Weiterverwahrung - bliebe gewahrt.

Dem kann nicht gefolgt werden. Da die notarielle Hinterlegung nicht nur ein Sicherungsmittel, sondern auch ein Instrument der Vermögensübertragung ist, ist auch das Auszahlungsinteresse des Gläubigers zu berücksichtigen. Bei der bedingten Abtretung des Auszahlungsanspruchs wird der Empfänger als Zessionar anal. § 162 Abs. 2 BGB vor treuwidrigen Vereitelungen des Bedingungseintritts bewahrt.[72] Das Interesse des künftigen Empfängers, den Auszahlungsanspruch zu erhalten, muß auch verfahrensrechtlich geschützt werden. Demzufolge muß die Zustimmung zur Auszahlung gewissermaßen als erteilt angesehen werden, wenn der Hinterleger in treuwidriger Weise die Auszahlung widerruft. Das heißt noch nicht, daß der Notar in einem solchen Fall den Hinterlegungsbetrag ohne weiteres auszahlen müßte. Er hätte aber jedenfalls dem Hinterleger die Initiativlast aufzubürden, seine Berechtigung zur Zustimmungsverweigerung gerichtlich feststellen zu lassen.

---

[71] vgl. Fünftes Kapitel § 14 III. 3.

[72] vgl. Drittes Kapitel § 9 II. 2. b).

Es stellt sich nun die Frage, wann der Auszahlungswiderruf treuwidrig ist. Hierbei kann an die Grundsätze, die im Hinblick auf die Auswirkungen einer Vertragsstörung auf die notarielle Hinterlegung entwickelt wurden,[73] angeknüpft werden. Danach ist der Auszahlungswiderruf dann treuwidrig, wenn der Widerrufende sich auf einen Einwand beruft, der nach der Hinterlegungsvereinbarung unbeachtlich ist (Zurückbehaltungsrecht, Aufrechnungseinwand). Wenn der Widerrufende mit einem solchen Einwand den Erfolg der gemeinschaftlich vereinbarten Hinterlegung vereiteln will, handelt er widersprüchlich.

2. Die Bedeutung der Widerrufsproblematik für den Vermögenstransfer über Notaranderkonto

Bei der notariellen Hinterlegung muß zwischen der

- quasidinglichen und der
- verfahrensrechtlichen Komponente

unterschieden werden. Bei der Bewältigung des einseitigen Widerrufs oder der einseitigen Änderung der Auszahlungsanweisung müssen beide Komponenten hinreichend berücksichtigt werden.

Die Weisungsbefugnis des Hinterlegers ist zum einen Ausdruck seiner treugeberischen Berechtigung an dem Hinterlegungsgut. Das hat zur Folge, daß der Notar gegen seinen Willen grundsätzlich keine Auszahlungen vornehmen darf. Die Auszahlungsanweisung ist daneben unerläßlich für die Übertragung des wirtschaftlichen Eigentums an dem Hinterlegungsbetrag. Der Hinterleger erfüllt damit eine Voraussetzung für die notarrechtlich wirksame Abtretung des Auszahlungsanspruchs an den Empfänger. Unter den strengen Voraussetzungen, die § 162 Abs. 2 BGB für die Fiktion des Bedingungseintritts aufstellt, kann auch die Auszahlungsanweisung in Ausnahmefällen fingiert werden.

Die Auszahlungsanweisung ist ferner in das notarielle Hinterlegungsverfahren eingebunden. Das Widerrufsrecht kann zur Sicherung des Verfahrenszwecks eingeschränkt werden. Die Rückzahlung des Hinterlegungsbetrages kommt deshalb ohne Zustimmung des sicherungsbedürftigen Gläubigers nicht in Betracht. Widerruft der Hinterleger die Auszahlungsanweisung, ist das Hinterlegungsverfahren gestört. Der Nctar kann nicht über den Hinterlegungsbetrag verfügen. Der übereinstimmende Wille der Beteiligten ist für den Notar

[73] vgl. Fünftes Kapitel § 14 II., III.

keine Richtschnur mehr, wie das Hinterlegungsverfahren abzuwickeln ist. Für ihn stellt sich die schwierige Aufgabe, trotz divergenter Anweisungen der Beteiligten das Verfahrensziel im Auge zu behalten und auf eine Einigung der Beteiligten hinzuarbeiten.

§ 16 Abwicklung des Hinterlegungsverfahrens bei Konsensverlust der Hinterlegungsbeteiligten

I. Notarielle Rechtsfürsorge bei Abwicklungsstörungen des Hinterlegungsverfahrens

Im Fall widersprechender Weisung hat der Notar keine eindeutige Handhabe mehr, wie das Hinterlegungsverfahren durchzuführen ist. Er könnte natürlich abwarten, bis die Beteiligten von selbst mit Lösungsvorschlägen oder mit einem gerichtlichen Titel kommen. Diese Haltung läßt sich jedoch mit der Stellung des Notars als Organ der vorsorgenden Rechtspflege nicht vereinbaren. Auch bei divergenten Weisungen der Beteiligten bleibt es das Ziel des Notars, das Hinterlegungsverfahren zu einem für alle Beteiligten befriedigenden Abschluß zu führen.

Hierbei sind zwei Fallgruppen für den weiteren verfahrenstechnischen Ablauf zu unterscheiden:

- Die Abwicklungsstörung tritt vor Eintritt der Auszahlungsbedingungen ein. Der Hinterleger fordert die Rückzahlung des Hinterlegungsbetrages. Er widerruft die Auszahlungsanweisung oder macht die Auszahlung von seiner ausdrücklichen Zustimmung abhängig.

- Die Abwicklungsstörung tritt mit oder nach Eintritt der Auszahlungsbedingungen ein. Der Weisungswiderruf des Hinterlegers geht ins Leere, weil der Empfänger bereits weisungsbefugt ist. Die weitere Verwahrung auf Notaranderkonto trotz Auszahlungsreife kann aber aus Gesichtspunkten der *notariellen Rechtsfürsorge* gerechtfertigt sein. In Zweifelsfällen ist die Weiterverwahrung bis zur Klärung der streitigen Punkte sogar das gebotene Mittel, mit dem regelmäßig wirtschaftlich das geringste Risiko für alle Beteiligten eingegangen wird.[74]

---

[74] OLG Hamm, DNotZ 1983,702/703; *Bräu*, Verwahrungstätigkeit des Notars, Rz. 108; *Wagner / Zimmermann*, Verwahrungsgeschäfte, S. 74.

1. Abwicklungsstörung vor Eintritt der Auszahlungsvoraussetzungen

Bis zur Auszahlungsreife des Hinterlegungsbetrages ist der Hinterleger selbst der wirtschaftliche Eigentümer und als solcher grundsätzlich weisungsbefugt. Auf diese Position kann er sich dann berufen, wenn er seine Leistung bei Eintritt einer Vertragsstörung zurückhalten will.

a) Widerruf der Auszahlungsanweisung

Tritt vor Auszahlungsreife eine Abwicklungsstörung im Vertragsverhältnis ein, so hat der Hinterleger ein einfaches Mittel, um sich zumindest vor dem ungerechtfertigten Verlust des Hinterlegungsbetrages zu schützen. Er kann die Auszahlungsanweisung widerrufen bzw. die Auszahlung von seiner ausdrücklichen Zustimmung abhängig machen. Die Rückzahlung des Hinterlegungsbetrages kann er nur dann verlangen, wenn seine treugeberische Weisungsbefugnis keinen Beschränkungen innerhalb des notariellen Hinterlegungsverfahrens unterliegt:

- Die Weisungsbefugnis ist nicht eingeschränkt, wenn die Hinterlegung nicht in ein Hinterlegungsverfahren integriert ist, wenn der Notar also nur eine einseitige Treuhandtätigkeit für den Hinterleger wahrnimmt.[75]

- Ferner ist die Rückzahlung des Hinterlegungsbetrages auch innerhalb des Hinterlegungsverfahrens zulässig, wenn das Sicherungs- und Auszahlungsinteresse des Gläubigers dadurch nicht beeinträchtigt wird. Der Wegfall des Interesses ist dann angezeigt, wenn sich der Gläubiger selbst mit der Rückzahlung an den Hinterleger einverstanden erklärt.[76]

In allen anderen Fällen bleibt dem Notar nichts anderes übrig, als den Hinterlegungsbetrag vorläufig weiterverwahren, und zwar auch dann, wenn die ursprünglich vereinbarten Auszahlungsvoraussetzungen zwischenzeitlich eingetreten sind.

b) Behandlung durch den Notar

Der Notar muß den durch die Weiterverwahrung betroffenen anderen Beteiligten umgehend unterrichten, daß eine Abwicklungsstörung eingetreten ist.

---

[75] vgl. Drittes Kapitel § 10 I. 3. a).

[76] *Lüke*, ZIP 1992,150/156.

Diese Notwendigkeit ergibt sich bereits aus dem Gebot der Gewährung rechtlichen Gehörs.[77]

Desweiteren hat der Notar auf eine einvernehmliche Lösung der Konfliktsituation hinzuwirken oder die Beteiligten zu motivieren, eine gerichtliche Klärung herbeizuführen. Die Weiterverwahrung soll letztendlich kein Dauerzustand werden. Ein probates Mittel, um ein wenig Druck auf die Beteiligten auszuüben, die Vertragsabwicklung zu einem akzeptablen Ende zu führen, ist der *notarielle Vorbescheid*. Der Notar kann den Vorbescheid mit der Ankündigung einer bestimmten Verhaltensweise erlassen.[78] Er verschafft den Beteiligten damit einen Überblick über seine rechtliche Würdigung. Inzidenter gibt der Notar den Beteiligten Anhaltspunkte für ihre weitere Handlungsweise. Den Beteiligten wird die Gelegenheit gegeben, Rechtsmittel zu ergreifen und entweder ihre verfahrensrechtliche Stellung gegenüber dem Notar oder ihre materiell-rechtliche Stellung gegenüber dem Vertragspartner durchzusetzen. Im Rahmen des Vorbescheides muß der Notar die Entscheidung treffen, wem die Initiativlast aufzubürden ist.

- Der Notar kann zum einen ankündigen, daß er den Betrag nicht auszahlen wird, bis ihm eine dahingehende gerichtliche oder übereinstimmende Weisung der Beteiligten erteilt wird oder der Hinterlegungsgläubiger seine materielle Berechtigung durch gerichtliche Entscheidung nachweist. In diesem Fall trägt der Gläubiger die Initiativlast, sein Auszahlungsinteresse zu behaupten.

- Der Notar kann zum anderen einen Vorbescheid des Inhalts erlassen, daß er zu einem bestimmten Termin den Hinterlegungsbetrag an den Gläubiger auskehren wird, es sei denn, daß ihn die Beteiligten übereinstimmend zur vorübergehenden Weiterverwahrung anweisen, eine gerichtliche Anweisung zur Weiterverwahrung getroffen wird oder ein gerichtliches Urteil vorliegt, in dem die fehlende materielle Berechtigung des Hinterlegungsgläubigers festgestellt wird. In diesem Fall trägt der Hinterleger die Initiativlast zur Verhinderung der Auszahlung.

Durch eine angemessene Fristsetzung können die Beteiligten gezwungen werden, ein Verfahren vor den ordentlichen Gerichten gegen den anderen Beteiligten anhängig zu machen. Von Seiten der Praxis wird eine Frist nicht länger als zwei Wochen vorgeschlagen.[79] Widerruft der Hinterleger seine Auszahlungsanweisung vor Eintritt der Auszahlungsvoraussetzungen, so trägt grundsätzlich der Gläubiger die Initiativlast. In Ausnahmefällen kommt eine

---

[77] *Peter*, BWNotZ 1984,86/91; allgemein: *Albrecht*, in: *Reithmann / Röll / Geßele*, Rz. 345; *Lüke*, ZIP 1992,150/153; ähnlich: *Hädrich-Riedenklau*, Notarielle Rechtsbetreuung, S. 122.

[78] *Haug*, DNotZ 1992,18/22; *Peter*, BWNotZ 1984,86,92; *Reithmann*, Vorsorgende Rechtspflege, S. 231; *Weingärtner*, DONot § 11, Rz. 152 d.

[79] *Peter*, BWNotZ 1984,86/92.

Umkehr der Initiativlast in Betracht, wenn während der Weiterverwahrung die ursprünglich vereinbarten Auszahlungsbedingungen eingetreten sind und der Widerruf der Auszahlungsanweisung treuwidrig ist. Hierfür gelten die gleichen Grundsätze wie für die treuwidrige Vereitelung des Bedingungseintritts, § 162 Abs. 1 BGB.

Nach dem Vorschlag der Bundesnotarkammer soll sich die Obliegenheit, ein gerichtliches Verfahren anhängig zu machen, unmittelbar aus dem Gesetz ergeben. Eine gesetzliche Regelung, wie der Vorschlag der Bundesnotarkammer sie vorsieht, bringt den Vorteil einer einheitlichen Rechtspraxis mit sich. Der Vorbescheid bietet jedoch die Möglichkeit zur größeren Flexibilität im Hinblick auf die Initiativlast eines Beteiligten. Bei der Formulierung der Norm gilt es abzuwägen, ob dem Gesichtspunkt der Rechtssicherheit oder der Einzelfallgerechtigkeit der Vorrang gegeben werden soll.

Allerdings ist unter der Prämisse, daß der Hinterleger wirtschaftlicher Eigentümer des Hinterlegungsgutes ist, nicht ohne weiteres einsichtig, warum gerade der Hinterleger als der Widerrufende die Initiativlast tragen soll. Kommt der widerrufende Hinterleger der Obliegenheit, ein gerichtliches Verfahren anhängig zu machen, nicht nach, so wird der Notar nach § 54 Abs. 3 S. 2 des Entwurfes der Bundesnotarkammer zur Auszahlung des Hinterlegungsbetrages gegen den ausgesprochenen Willen des Hinterlegers ermächtigt. Damit wird dem Notar die Befugnis eingeräumt, zugunsten des Empfängers in die Rechtsposition des Hinterlegers einzugreifen. Worauf sich diese Ermächtigung stützt, wird in der Begründung des Entwurfs nicht vorgetragen. Die Verfasser führen lediglich aus, daß bezweckt werde, Widerrufsmißbräuche zu unterbinden.[80] Mit dieser Begründung kann aber nur gerechtfertigt werden, dem Hinterleger im Falle treuwidriger, also rechtsmißbräuchlicher Verhinderung der Auszahlung die Initiativlast aufzubürden.

2. Abwicklungsstörung nach Eintritt der Auszahlungsvoraussetzungen

Macht der Hinterleger nach Eintritt der Auszahlungsvoraussetzungen, aber vor der Auszahlung des Hinterlegungsbetrages die Vertragsstörung geltend, kann ihm der Widerruf der Auszahlungsanweisung als solcher nichts mehr nützen. Der Widerruf der Auszahlungsanweisung geht ins Leere, wenn der Gläubiger bereits Inhaber des Auszahlungsanspruchs gegen den Notar ist und seinerseits die Weisungsbefugnis ausübt.[81]

---

[80] vgl. Vorschläge der BNotK zur Reform des notariellen Berufsrechts, S. 65.

[81] *Rings*, MittRhNotK 1957,873/886.

Will der Hinterleger nach Eintritt der Auszahlungsbedingungen noch die Auszahlung verhindern, so kann er sich nur noch auf die fehlende - materielle - Berechtigung des Hinterlegungsgläubigers berufen.

Dieses Vorbringen ist vom Notar nur in beschränktem Umfang zu berücksichtigen. Dem Notar kommt schließlich keine quasirichterliche Prüfungs- und Entscheidungsbefugnis zu.[82] Ebensowenig darf er durch mittelbare Entscheidungen vollendete Tatsachen schaffen.[83] Einwendungen des Hinterlegers, die nur noch die materielle Berechtigung des Gläubigers zum Gegenstand haben, sind für den Notar deshalb nur dann ein Grund, mit der Auszahlung innezuhalten, wenn der rechtsfürsorgerische Zweck der Hinterlegung eine solche Vorgehensweise gebietet.

a) Auszahlungsaufschub unter dem Gesichtspunkt der Schadensvermeidung

Zwar hat die Hinterlegung nach Eintritt der Auszahlungsvoraussetzungen ihren primären Sicherungszweck erfüllt. Solange der Notar aber noch der amtliche Verwahrer des Hinterlegungsgutes ist, gebietet der Gesichtspunkt der Schadensvorsorge, daß der Notar nicht wider besseres Wissen Auszahlungen vornimmt. Der Notar muß deshalb mit der Auszahlung warten, wenn er erkennt, daß sich bei weiterer Abwicklung ein Schaden für einen Beteiligten ergeben würde.[84] Diese Pflicht folgt bereits aus der Stellung des Notars als Organ der vorsorgenden Rechtspflege. Der Grundsatz ist dahin auszuweiten, daß der Notar die Abwicklung im Konfliktfall danach richtet, wie die Gefährdung eines Beteiligten nach Möglichkeit ausgeschlossen werden kann.[85]

b) Verhinderung zweckverfehlender Auszahlungen

In Fällen, in denen der Gesichtspunkt der Schadensvermeidung noch keinen Auszahlungsstop gebietet, stellt sich die Frage, ob die einseitige Behauptung einer Vertragsstörung die Weiterverwahrung trotz Auszahlungsreife erforder-

---

[82] *Bräu*, Verwahrungstätigkeit des Notars, Rz. 109; *Lüke*, ZIP 1992,150/156.

[83] *Peter*, BWNotZ 1984,86/92.

[84] BGH, VersR 1969,902/903; DNotZ 1987,558/559; DNotZ 1978,373/374; KG, DNotZ 1985,51/52; OLG Hamm, DNotZ 1983,702/703; *Bräu*, Verwahrungstätigkeit des Notars, Rz. 100; *Hädrich-Riedenklau*, Notarielle Rechtsbetreuung, S. 122; *Haug*, Die Amtshaftung des Notars, Rz. 716; *Huhn / v.Schuckmann*, Beurkundungsrecht in Deutschland, DONot § 12, Rz. 16; *Louis*, VersR 1979,988/989; *Reithmann*, Vorsorgende Rechtspflege, S. 230; *Tönnies*, in: Beck'sches Notarhandbuch, A I, Rz. 95; *Wagner / Zimmermann*, Verwahrungsgeschäfte, S. 74.

[85] ähnlich: *Bräu*, Verwahrungstätigkeit des Notars, Rz. 108.

lich machen kann. Es wurde bereits erörtert, daß Störungen der Vertragsgrundlage das Hinterlegungsverfahren prinzipiell unberührt lassen, gleichgültig, ob die Unwirksamkeit des Vertrages behauptet wird oder nicht. Unter dem Aspekt der Rechtsfürsorge ist die Weiterverwahrung in Ausnahmefällen nur damit zu begründen, daß der Notar nicht dabei mitwirken soll, durch die Auszahlung des Hinterlegungsbetrages die Rückgewähr einer offensichtlich rechtsgrundlosen oder zweckverfehlten Leistung zu erschweren. Mit der Stellung des Notars als Organ der vorsorgenden Rechtspflege ist es nicht vereinbar, daß er wider Wissen und Überzeugung eine zweckverfehlende Amtstätigkeit durchführt.[86]

- Die Weiterverwahrung trotz Auszahlungsreife kann deshalb geboten sein, wenn die Unwirksamkeit der Hinterlegungsvereinbarung nach Auffassung des Notars zutreffend behauptet wird. Fehlt der durch den Notar vermittelten Vermögensübertragung die materiell-rechtliche Grundlage, ist der Käufer nach Auszahlung an den Verkäufer auf Bereicherungsansprüche, gegebenenfalls auch Schadensersatzansprüche, gegen den Verkäufer angewiesen. Der Notar muß in diesem Fall die möglicherweise gefährdeten Interessen gegeneinander abwägen. Spricht seiner Ansicht nach viel für einen richtigen Vortrag des Käufers, so daß er bei strikter Auszahlung des Betrages nach sicherer Überzeugung ein Rückabwicklungsschuldverhältnis provozieren würde oder hat er berechtigte Bedenken, daß mögliche Rückgewähransprüche des Käufers mangels Zahlungsfähigkeit des Verkäufers gefährdet würden, so hat er aus Gründen der Rechtsfürsorge von der Auszahlung abzusehen, bis eine Klärung der Sachlage vorliegt.

- Die Weiterverwahrung kann auch geboten sein, wenn der Hinterleger sich nicht auf die Unwirksamkeit des Vertrages beruft, sondern eine bloße Einwendung geltend macht.[87] Rückzahlungsansprüche des Hinterlegers entstehen beispielsweise auch dann, wenn sein Recht auf Wandelung oder Minderung vollzogen ist.

c) Konsequenzen des Auszahlungsaufschubs für den Notar

Die Besorgnis des Notars, daß die Auszahlung an den - formell berechtigten - Gläubiger im Einzelfall nicht gerechtfertigt ist, darf nicht dazu führen, daß er mit seiner Entscheidung, vorerst nicht auszuzahlen, eine endgültige Rechtsfolge setzt. Wie im Fall des Auszahlungswiderrufs muß er deshalb auch hier dafür sorgen, daß die Beteiligten alsbald eine Einigung erzielen oder eine

---

[86] ähnlich: *Bräu*, Verwahrungstätigkeit des Notars, Rz. 113.

[87] *Bräu*, Verwahrungstätigkeit des Notars, Rz. 115; *Lüke*, ZIP 1992,150/156.

gerichtliche Entscheidung herbeiführen. Ist der Notar gezwungen, Vorbescheide zu erlassen, stellt sich für ihn wiederum die Frage, welchem Beteiligten die Initiativlast aufzubürden ist.

Nach Auszahlungsreife hat der Hinterleger seine Berechtigung verloren. Deshalb ist es grundsätzlich angemessen, ihm das Risiko aufzubürden, die fehlende materielle Berechtigung des Gläubigers feststellen zu lassen. Der Notar wird also in einem Vorbescheid die Auszahlung an den Empfänger ankündigen, wenn ihm bis zu einem bestimmten Zeitpunkt keine andere Weisung übereinstimmend erteilt wird oder der Hinterleger einen gerichtlichen Titel vorweist bzw. nachweist, daß er ein gerichtliches Verfahren zur Herbeiführung einer übereinstimmenden Anweisung anhängig gemacht hat.

Bis zur Erteilung der übereinstimmenden Weisung respektive bis zur Vorlage der gerichtlichen Entscheidung muß der Notar das Hinterlegungsgut weiterverwahren.[88] Es widerspräche der Zweckbindung, wenn der Notar in Streitfällen von sich aus eine andere Hinterlegungsform wählte. Er darf deshalb das Anderkontengeld nicht bei einem Amtsgericht hinterlegen, sondern muß es auch bei unklarer Rechtslage weiter auf dem Anderkonto verwahren.[89]

Der über einen längeren Zeitraum dauernde Auszahlungsaufschub kann für den Gläubiger des Hinterlegungsbetrages eine nicht unerhebliche wirtschaftliche Belastung bedeuten, wenn er auf die Barmittel angewiesen ist. Es stellt sich deshalb die Frage, ob der Schutz des Hinterlegers vor der Gefährdung seiner Rückzahlungsansprüche nicht auch in anderer Form berücksichtigt werden kann, etwa durch Sicherheitsleistung.[90] Die Anregung der Sicherheitsleistung ist nicht dadurch ausgeschlossen, daß die Vertragsparteien gerade die notarielle Hinterlegung als Sicherungsmittel gewählt haben. Mit dem Eintritt der Auszahlungsreife ist der Verfahrenszweck erreicht. Wenn der Notar gleichwohl die Auszahlung verweigert, um Schutzinteressen des Hinterlegers zu wahren, so begeht er strenggenommen bereits dadurch eine Eigenmächtigkeit, die sich nur aufgrund seiner Stellung als Organ der vorsorgenden Rechtspflege rechtfertigen läßt. Dann muß es aber auch in seinem Ermessen stehen, wie er seiner Verpflichtung zur staatlichen Rechtsfürsorge am besten

---

[88] *Haug*, Die Amtshaftung des Notars, Rz. 719.

[89] OLG Frankfurt, DNotZ 1969,513/514; OLG Köln, DNotZ 1971,599/601; OLG Köln, MittRhNotK 1980,503; OLG Hamm DNotZ 1983,61/74; *Haug*, Die Amtshaftung des Notars, Rz. 719; *Huhn / v.Schuckmann*, Beurkundungsrecht in Deutschland, DONot § 12, Rz. 16; *Peter*, BWNotZ 1984,86/92; *Reithmann*, Vorsorgende Rechtspflege, S. 225; *Weingärtner*, DONot § 11, Rz. 152 d; *Zimmermann*, DNotZ 1980,451/473; vgl. auch *Brambring*, DNotZ 1990,615/648; *Bräu*, Verwahrungstätigkeit des Notars, Rz. 287; OLG Hamm, DNotZ 1983,61/64 (ausnahmsweise gerichtliche Hinterlegung, wenn trotz pflichtgemäßer Beratung seitens des Notars nicht zu klären ist, wer berechtigter Gläubiger ist).

[90] vgl. § 709 ZPO zur vorläufigen Vollstreckbarkeit eines Urteils.

nachkommt, ob durch Weiterverwahrung oder durch Anregung eines anderen Sicherungsmittels.

Bsp.: Die Parteien eines Kaufvertrages über ein Grundstück mit schlüsselfertig herzustellendem Wohnhaus einigen sich über die Kaufpreiszahlung nach Bauabschnitten. Die Kaufpreiszahlung soll auf ein Anderkonto des Notars erfolgen. Der Verkäufer benötigt die jeweiligen Beträge, um das Bauvorhaben vorantreiben zu können. Der Käufer verweigert die Auszahlung eines Kaufpreisteils mit der Begründung, daß er Gewährleistungsrechte geltend mache und die Gefahr bestehe, daß der Verkäufer seiner Verpflichtung nicht nachkomme.

Der Verkäufer, der auf die Auszahlung der hinterlegten Gelder angewiesen ist, kann die Auszahlung verlangen, wenn er dem Käufer Sicherheit leistet, etwa durch die selbstschuldnerische Bürgschaft einer Bank oder Sparkasse.

Natürlich darf nicht übersehen werden, daß das Rückzahlungsbegehren des Hinterlegers leichter erfüllt werden kann, wenn der streitige Betrag auf Notaranderkonto verbleibt. In Fällen, in denen der Notar ohnehin schon Rückgewähransprüche für wahrscheinlich hält, ist deshalb grundsätzlich die vorübergehende Weiterverwahrung das probate Mittel, um den Anforderungen der notariellen Rechtsfürsorge gerecht zu werden.

II. Rechtsbehelfe der Hinterlegungsbeteiligten

Ergeben sich Abwicklungsschwierigkeiten bei der Durchführung der notariellen Hinterlegung, die nicht einvernehmlich behoben werden können, muß den Beteiligten Gelegenheit gegeben werden, Rechtsbehelfe zur Durchsetzungen ihrer Rechte zu ergreifen.

- Hierbei kommt zum einen die Beschwerde nach § 15 Abs. 1 S. 2 BNotO gegen den Notar in Betracht, wenn ein Beteiligter die Vorgehensweise des Notars beanstandet. Die Grenzen des Beschwerdeverfahrens zeigen sich dann, wenn es den Beteiligten mit ihrem Rechtsschutzbegehren im Grunde um die Entscheidung materiell-rechtlicher Streitigkeiten geht.[91]

- Für Streitigkeiten über materielle Ansprüche steht den Beteiligten ausschließlich das ordentliche Zivilverfahren zur Verfügung.

Folglich gibt es bei Abwicklungsstörungen im Hinterlegungsverfahren nicht "den" Rechtsweg. Die Beteiligten müssen sich vorab darüber im Klaren sein, welches Ziel sie mit der Einlegung eines Rechtsmittels verfolgen. Danach richtet sich, ob die Notarbeschwerde erhoben oder der Zivilprozeß anhängig gemacht werden muß.

---

[91] vgl. Vorschläge der BNotK zur Reform des notariellen Berufsrechts, S. 65.

1. Verpflichtung zur Vornahme einer Amtshandlung gem. § 15 Abs. 1 S. 2 BNotO

Für die Fälle notarieller Amtsverweigerung sieht die Bundesnotarordnung die Beschwerde gem. § 15 Abs. 1 S. 2 vor. In diesem Beschwerdeverfahren nimmt der Notar die Stelle einer ersten Instanz ein.[92] Die im Rahmen des Beschwerdeverfahrens abgewickelten Streitfälle betreffen ausschließlich die notarielle Amtstätigkeit.

a) Weisung zur Auszahlung des Hinterlegungsbetrages nach § 15 Abs. 1 S. 2 BNotO

Hat der Notar eine Betreuungstätigkeit i. S. v. § 24 BNotO übernommen, so handelt es sich um eine Amtstätigkeit, deren Durchführung nur im Wege der Beschwerde gem. § 15 Abs. 1 S. 2 BNotO erzwungen werden kann.[93] Mit dieser Begründung wendet die h.M. § 15 Abs. 1 S. 2 BNotO auch auf das notarielle Hinterlegungsverfahren an. Die Kritiker sehen die Auszahlung des Hinterlegungsbetrages demgegenüber nicht als Amtstätigkeit i. S. d. Norm an.[94] Der h.M. ist ohne Einschränkung zu folgen. Soweit nicht besondere Rechtsschutzmöglichkeiten geschaffen sind, ist der Beschwerdeweg gem. § 15 Abs. 1 S. 2 BNotO für alle möglichen Fälle der Amtsverweigerung eröffnet.[95] Da es

---

[92] KG DNotZ 1971,494/496; OLG Köln, DNotZ 1989,257/258; OLG Hamm, DNotZ 1989, 648/649; OLGZ 1984,387/393; OLG Schleswig, DNotZ 1992,67/68; *Haug*, DNotZ 1992,18/19; *Peter*, BWNotZ 1984,86/92; *Seybold / Hornig*, BNotO § 15, Rz. 71. Ein früherer Notar kann aber im Beschwerdeverfahren nach § 15 Abs. 1 S. 2 BNotO dann die Stellung eines Verfahrensbeteiligten einnehmen, wenn er zu einer Leistung aus seinem Privatvermögen verpflichtet worden ist: BGH, DNotZ 1992,56/57. Außerdem ist der Notar dann Verfahrensbeteiligter, wenn er die Verweigerung einer bestimmten, von ihm verlangten Amtshandlung auf eigene Rechte, insbesondere auf eigene Gebührenansprüche stützt: OLG Düsseldorf, DNotZ 1991,557/558; OLG Hamm, DNotZ 1991,686/687.

[93] BGHZ 76,9/13 f (grundlegend); BGH, NJW 1990,1733/1734; KG, DNotZ 1985,51/55; DNotZ 1987,577 f; OLG Hamm, OLGZ 1984,387/392; DNotZ 1989,647; DNotZ 1983,61/62; OLG Düsseldorf, DNotZ 1983,703/704; MittRhNotK 1988,48; OLG Stuttgart, DNotZ 1982,644 (läßt offen, ob § 15 Abs. 1 S. 2 BNotO auch für das begehrte Unterlassen einer Amtshandlung gilt); OLG Köln, DNotZ 1978,751/752; OLG Celle, OLGZ 1976,482/483; DNotZ 1984,256 (im Grundsatz, abgelehnt dagegen bei Beschwerde eines Gläubigers des Auftraggebers); LG Lüneburg, DNotZ 1989, 651; *Brambring*, DNotZ 1990,615/647; *Haug*, DNotZ 1982,594/601; *ders.*, DNotZ 1992,18/20; *Reithmann*, Vorsorgende Rechtspflege, S. 232.

[94] *Custodis*, DNotZ 1976,694/696; *Jansen*, Freiwillige Gerichtsbarkeit, BeurkG § 54, Rz. 12; *Seybold / Hornig*, BNotO § 15, Rz. 87; vgl auch *Reithmann*, DNotZ 1974,6/7; 1975,325 (schließt sich heute der h.M. an, siehe oben).

[95] vgl. OLG Hamm, OLGZ 1984,387/392; OLG Düsseldorf, MittRhNotK 1988,48; *Peter*, BWNotZ 1984,86/92; *Reithmann*, Vorsorgende Rechtspflege, S. 232; *Volhard*, DNotZ 1987,523/526.

sich bei der notariellen Verwahrung um eine Amtstätigkeit handelt, können keine "Erfüllungsansprüche" gegen den Notar vor den Zivilgerichten eingeklagt werden.[96] Der verfassungsrechtlich verankerte Grundsatz des lückenlosen Rechtsschutzes (Art. 19 Abs. 4 GG) verlangt also die Eröffnung anderer Rechtswege.[97] Gegen den Notar kann der Beteiligte nur aufgrund öffentlichrechtlicher Spezialnormen vorgehen, d.h. im Wege der Beschwerde gem. § 15 Abs. 1 S. 2 BNotO oder mit einem Amtshaftpflichtprozeß basierend auf § 19 Abs. 1 BNotO. Da der Anspruch auf Auskehrung des Hinterlegungsbetrages gegen den Notar sich zu einem Zahlungsanspruch konkretisiert, muß dieser Anspruch auch unmittelbar durchsetzbar sein, nicht nur über den "Umweg" der Amtshaftung gem. § 19 BNotO bei Unterlassen der Amtshandlung.[98] Der Begriff der Amtsverweigerung i.S.v. § 15 Abs. 1 S. 2 BNotO ist deshalb weit zu fassen.[99] Auch wenn der Notar die weisungsgemäße Auszahlung hinterlegter Gelder verweigert, verweigert er also - zu Recht oder Unrecht - eine Amtshandlung. Die Ausführung der Amtshandlung kann im Wege der Beschwerde nach § 15 Abs. 1 S. 2 BNotO verfolgt werden.[100] Die Beschwerde setzt allerdings voraus, daß dem Notar die Vornahme der pflichtgemäßen Amtshandlung noch möglich ist. Hat er die Amtshandlung bereits versäumt oder in pflichtwidriger Weise vorgenommen, etwa entgegen der Weisung des Weisungsberechtigten ausgezahlt, kann er nicht im Beschwerdeweg zur Neuvornahme der bereits abgeschlossenen Amtstätigkeit angehalten werden. Der Geschädigte ist vielmehr auf den Amtshaftungsanspruch gegen den Notar gem. § 19 Abs. 2 BNotO zu verweisen.[101]

---

[96] *Reithmann*, Vorsorgende Rechtspflege, S. 232; *Zimmermann*, DNotZ 1980,451/472; vgl. BGH, DNotZ 1980,496; OLG Köln, DNotZ 1980,503; DNotZ 1989,257/258; OLG Hamm, DNotZ 1983,61/62.

[97] OLG Köln, DNotZ 1978,751/752; OLG Hamm, OLGZ 1984,387/393; OLG Düsseldorf, MittRhNotK 1988,48; OLG Celle, OLGZ 1976,482/483.

[98] *Zimmermann*, DNotZ 1980,451/471.

[99] Der Entwurf der Bundesnotarkammer sieht vor, die Notarbeschwerde künftig in § 15 Abs. 2 BNotO zu regeln. Dadurch soll schon optisch verdeutlicht werden, daß die Notarbeschwerde sich auf alle Fälle der notariellen Amtsverweigerung bezieht: Vorschläge der BNotK zur Reform des notariellen Berufsrechts, S. 26.

[100] OLG Hamm, DNotZ 1991,686/688; OLG Köln, DNotZ 1989,257; OLG Düsseldorf, MittRhNotK 1988,48; OLG Schleswig, DNotZ 1992,67/68; *Albrecht*, in: *Reithmann / Röll / Geßele*, Rz. 344; *Haug*, Die Amtshaftung des Notars, Rz. 718; *ders.*, DNotZ 1992,18/22; *Reithmann*, Vorsorgende Rechtspflege, S. 233; *Rinsche*, Die Haftung des Rechtsanwalts und Notars, Rz. II 76; *Volhard*, DNotZ 1987,523/528; *Zimmermann*, DNotZ 1980,451/471 f; s. auch LG Köln, MittRhNotK 1986,173/174: Amtsverweigerung könnte in der weiteren Verwahrung liegen (i. E. offen gelassen).

[101] BGH, DNotZ 1990,661; NJW 1990,1733/1734; OLG Hamm, DNotZ 1989,647; *Brambring*, DNotZ 1990,615/648; *Haug*, DNotZ 1987,565 f; *Hegmanns*, WuB VIII A. § 19 BNotO 1.90; *Reithmann*, Vorsorgende Rechtspflege, S. 233; a.A. OLG Düsseldorf, DNotZ 1987,562/563 f.

b) Grenzen des Beschwerdeverfahrens

Das Beschwerdeverfahren hat nur die Beurteilung der notariellen Pflichten zum Gegenstand.[102] Es kann nicht dazu dienen, Streitigkeiten zwischen den Beteiligten zu beheben. Ergeben sich bei der Abwicklung des Hinterlegungsverfahrens Schwierigkeiten, stellt sich die zentrale Frage, ob es bei Differenzen um die Auszahlungspflicht des Notars um einen Streit um Amtspflichten oder um einen verkappten Streit der Beteiligten um Rechte und Pflichten aus dem Vertrag geht.

Das LG Frankfurt unterschied hierzu zwischen Beschwerden, die mit dem Ziel eingelegt werden, den Notar zu einer bestimmten Amtshandlung anzuhalten und solchen, die vorgenommen werden, um den Notar an einer bestimmten Amtshandlung zu hindern. Mit dieser Differenzierung stand das LG Frankfurt im Gegensatz zur Ansicht des OLG Hamm, das den Beschwerdeweg über § 15 Abs. 1 S. 2 BNotO auch dann zuließ, wenn die Beschwerde mit dem Ziel eingelegt wurde, dem Notar die Auszahlung hinterlegter Gelder zu versagen.[103] Die Weigerung, den Hinterlegungsbetrag weiterzuverwahren, sah das LG Frankfurt nicht als einen Fall der Amtsverweigerung an. Die Beteiligten verlangten vom Notar ein "schlichtes Nichtstun". In einem solchen Fall sollten die streitigen Fragen - es ging um Mängel aus dem Kaufvertrag - zwischen den Beteiligten selbst ausgetragen werden.[104]

Gegen diese Differenzierung sprechen zwei Gesichtspunkte:

Zum einen kann das "Einbehalten von Geldern" nicht als schlichtes Nichtstun bezeichnet werden, wenn die weisungsgemäße Auszahlung gerade Amtspflicht des Notars ist.[105]

Zum anderen besteht kein Grund, den Beteiligten, der die Auszahlung verlangt, formell anders zu behandeln als den anderen, der die Auszahlung verhindern will.

Die Beschwerde gem. § 15 Abs. 1 S. 2 BNotO ist das einzige Verfahren, das zur Verfügung steht, um den Notar zu amtspflichtgemäßem Verhalten anzuhalten. Es ist deshalb immer dann einzuleiten, wenn der Notar zu einer seinen Amtspflichten entsprechenden Handlung angewiesen werden soll, gleichgültig, ob es darum geht, eine bestimmte Handlung vorzunehmen oder sie zu unterlassen. Die formale Differenzierung des LG Frankfurt führt deshalb nicht weiter. Erforderlich ist vielmehr eine an den Rechtsschutzzielen der Beteiligten orientierte Unterscheidung, wann eine Entscheidung über Amtspflichten

---

[102] vgl. *Brambring*, DNotZ 1990,615/649; *Tönnies*, DNotZ 1992,70.

[103] OLG Hamm, OLGZ 1984,387/392 f; ebenso: OLG Frankfurt, DNotZ 1992,61.

[104] LG Frankfurt, DNotZ 1989,650; bestätigt: NJW 1990,2139/2140.

[105] *Haug*, DNotZ 1992,18/22.

des Notars anliegt und wann die Beteiligten über den Weg der Notarbeschwerde im Grunde eigene Streitigkeiten austragen wollen.

Mit der Notarbeschwerde können nur die notariellen Akte durchgesetzt werden, über deren Vornahme oder Unterlassen der Notar im Rahmen des Notarverfahrens eigenständig entscheiden kann. Fragen, die außerhalb des Notarverfahrens liegen und für die dem Notar die Entscheidungskompetenz fehlt, können auch nicht Gegenstand einer Notarbeschwerde sein, bei der der Notar als erste Instanz auftritt. Soweit der Notar also in seiner Prüfungsbefugnis beschränkt ist, ist auch das Beschwerdegericht in seiner Anweisungsbefugnis an den Notar beschränkt. Das Gericht darf nur die Überlegungen anstellen, die der Notar seiner Auffassung nach hätte anstellen müssen.

2. *Rechtsbehelfe gegen den anderen Vertragsteil*

Die Beurteilung materiell-rechtlicher Fragen ist nicht Gegenstand des Beschwerdeverfahrens nach § 15 Abs. 1 S. 2 BNotO. Auch eine Schlüssigkeitsprüfung, wie sie häufig zur Frage der Beachtlichkeit des einseitigen Widerrufs gefordert wird, kann aus diesem Grund nicht in das Beschwerdeverfahren integriert und damit auf einem Umweg zu einer notariellen Amtspflicht gemacht werden. Die sachliche Beschränktheit des notariellen Beschwerdeverfahrens führt dazu, daß die Beteiligten Streitigkeiten, die ihren Grund im materiellen Recht haben, untereinander austragen müssen.[106] Der Notar hat einen gerichtlichen Titel bei der Abwicklung des Hinterlegungsverfahrens zu berücksichtigen.[107] In beschränktem Umfang können die Beteiligten darüberhinaus vorläufigen Rechtsschutz in Anspruch nehmen. Hier kommt als Rechtsbehelf gegen andere Verfahrensbeteiligte die einstweilige Verfügung gem. § 935 ZPO in Betracht.[108]

a) Vorläufige Abgabe einer Erklärung

Der Gläubiger will die Zustimmung des Hinterlegers zur Auszahlung erreichen. Der Hinterleger will bei angekündigter Auszahlung die Weiterverwahrung sichern. Er verfolgt das Ziel, daß dem anderen Vertragsteil die Einziehung des Hinterlegungsbetrages untersagt wird und er den Notar zu einer Wei-

---

[106] *Lüke*, ZIP 1992,150/156; *Reithmann*, Vorsorgende Rechtspflege, S. 233; s. auch OLG Köln, DNotZ 1980,503; OLG Frankfurt, JurBüro 1987,593; DNotZ 1992,61/62; *Custodis*, DNotZ 1976,694/697.

[107] *Becker-Berle*, DNotZ 1961,469/471; vgl. *Reithmann*, Vorsorgende Rechtspflege, S. 233 (zur einstweiligen Verfügung).

[108] *Brambring*, DNotZ 1990,615/649; *Huhn / v.Schuckmann*, Beurkundungsrecht in Deutschland, DONot § 12, Rz. 16; *Lüke*, ZIP 1992,150/156.

terverwahrung anweisen muß. Der Rechtsschutzsuchende ist also in jedem Fall an der Abgabe einer Erklärung durch den Gegner interessiert.

Damit stellt sich die Frage, ob die Beteiligten ihre Interessen überhaupt im Wege des vorläufigen Rechtsschutzes verfolgen können. Eine Regelungsverfügung auf Abgabe einer Willenserklärung darf nach überwiegender Ansicht grundsätzlich nicht erlassen werden.[109] Die Vollstreckung der Erklärungsabgabe ist gem. § 894 ZPO nur aufgrund eines rechtskräftigen Titels zulässig. Die einstweilige Verfügung darf dagegen erlassen werden, wenn sie sich lediglich auf eine vorläufige Sicherung beschränkt.[110] Die dahingehende Sicherungsverfügung ist nicht zu beanstanden, wenn im Hinblick auf ein bedrohtes Recht oder einen gefährdeten Anspruch das Vermögensinteresse, nicht das Interesse an der betreffenden Individualleistung, im Vordergrund steht.[111]

Vor diesem Hintergrund muß die Anweisung zur Auszahlung des Hinterlegungsbetrages im vorläufigen Rechtsschutzverfahren von vorneherein ausscheiden. Die einstweilige Verfügung kann dagegen mit dem Ziel verfolgt werden, die weitere Verwahrung auf Notaranderkonto bis zur endgültigen Klärung des Streits über den Zeitpunkt der Auszahlungsreife hinaus zu erreichen. Da mit Auszahlungsreife die Weisungsbefugnis bezüglich des Hinterlegungsbetrages auf den Empfänger übergeht, richtet sich der Antrag auf Erlaß der einstweiligen Verfügung auf die Anordnung, daß der andere Vertragsteil die Einziehung des Hinterlegungsbetrages zu unterlassen und den Notar zu einer weiteren Verwahrung anzuweisen habe.[112]

Die Zulässigkeit scheitert nicht daran, daß das Verfahren der einstweiligen Anordnung nicht geeignet ist, um die Abgabe einer solchen Erklärung anzuordnen.[113] Soll der Empfänger des Hinterlegungsbetrages zu einer Zustimmung zur Weiterverwahrung veranlaßt werden, geht es nur sekundär um die Abgabe der Willenserklärung. Der Antragsteller will die Zustimmungserklärung nur als Mittel zum Zweck, um die Weiterverwahrung zur Sicherung sei-

---

[109] OLG Hamburg, NJW-RR 1991,382; OLG Hamm, MDR 1971,401; *Baumbach / Lauterbach / Hartmann*, ZPO § 938 Rz. 17; *Baur / Stürner*, Zwangsvollstreckungsrecht, Rz. 925; *Gerhardt*, Vollstreckungs- und Insolvenzrecht, § 18 III. 2. b); *Stein / Jonas / Grunsky*, ZPO Vor § 735, Rz. 50 f; *Zöller / Vollkommer*, ZPO § 935, Rz. 9.

[110] OLG Stuttgart, NJW 1973,908; *Baur / Stürner*, Zwangsvollstreckungsrecht, Rz. 925; *Jauernig*, ZZP 79 (1966),321/342; *Thomas / Putzo*, ZPO § 938, Anm. 2.; *Zöller / Stöber*, ZPO § 894, Rz. 3.

[111] *Zöller / Vollkommer*, ZPO § 939, Rz. 1.

[112] *Lüke*, ZIP 1992,150/156; Stimmen, die von einer gemeinschaftlichen Hinterlegungsanweisung der Vertragsparteien ausgehen, formulieren entsprechend, daß der andere Vertragsteil in eine weitere Verwahrung einzuwilligen habe: KG, DNotZ 1985,51/55; LG Berlin, DNotZ 1983, 318/319; *Brambring*, DNotZ 1990,615/649; *Weingärtner*, DONot § 11, Rz. 152 d.

[113] vgl. *Zimmermann*, DNotZ 1980,451/472; zweifelnd auch: *Bräu*, Verwahrungstätigkeit des Notars, Rz. 272.

ner Vermögensinteressen zu erreichen. Die Anordnung, den Notar zur Weiterverwahrung anzuweisen, bezweckt dabei nichts anderes als die vorläufige Sicherung, bis nach materiellem Recht geklärt ist, wem der streitige Hinterlegungsbetrag zusteht.[114]

b) Vorläufige Anordnung eines Erwerbsverbotes

Grundsätzlich kann im vorläufigen Rechtsschutzverfahren gegenüber dem Gläubiger auch das Verbot ausgesprochen werden, den Hinterlegungsbetrag entgegenzunehmen (Erwerbsverbot).[115] Fraglich ist aber, ob das Erwerbsverbot die gleiche Effektivität hat wie die vorläufige Zustimmung zur Weiterverwahrung.

Zum Teil wird das Erwerbsverbot nicht als verbindlich für den Notar angesehen. Der Notar muß dieser Ansicht zufolge in eigener Verantwortung die Berechtigung des Empfängers prüfen.[116] Der unmittelbare Wert des Verbotes erschöpfe sich darin, daß der Empfänger durch die drohende Vollstreckung nach § 890 ZPO angehalten werde, die Auszahlung nicht zu verlangen.[117] Dieser Auffassung kann nicht gefolgt werden. Dem Notar ist die Auszahlung unter Nichtachtung des gerichtlichen Erwerbsverbotes gem. § 14 BNotO als Mitwirkung zu einem unerlaubten Zweck verboten.[118] Die Entscheidung des Notars kann also gar nicht anders lauten, als von einer Auszahlung vorläufig abzusehen. Außerdem ist der Notar nach der hier vertretenen Ansicht in seiner Entscheidungsbefugnis beschränkt. Er darf über materiell-rechtliche Fragen nicht entscheiden, und zwar auch nicht im Rahmen einer Schlüssigkeitsprüfung. Die Überprüfung der einstweiligen Anordnung ist nach § 925 Abs. 1 ZPO allein eine Angelegenheit des Beschwerdegerichts.

---

[114] *Brambring*, DNotZ 1990,615/650; s. auch *Lüke*, ZIP 1992,150/156.

[115] *Zimmermann*, DNotZ 1980,451/472; s. auch *Bräu*, Verwahrungstätigkeit des Notars, Rz. 272; *Reithmann*, Vorsorgende Rechtspflege, S. 233; *Weingärtner*, DONot § 11, Rz. 152; [vgl. Erwerbsverbot im Grundstücksrecht, d. h. Verbot an den Käufer eines Grundstücks, den Antrag auf Änderung des Eigentums beim Grundbuchamt zu stellen oder sich das Eigentum an dem aufgelassenen Grundstück zu verschaffen: RGZ 117,287/290; 120,118/119; KG, JW 1923,763; JW 1924,2047; JFG 1,383/386; BayObLG, Rpfleger 1978,306; OLG München, OLGZ 1969,196/198; *Rosenberg / Gaul / Schilken*, Zwangsvollstreckungsrecht, § 76 II. 1. a)].

[116] so *Zimmermann*, DNotZ 1980,451/472 f.

[117] *Zimmermann*, DNotZ 1980,451/472.

[118] *Bräu*, Verwahrungstätigkeit des Notars, Rz. 272; *Reithmann*, Vorsorgende Rechtspflege, S. 233.

c) Folgen der einstweiligen Verfügung

Sieht der potentielle Empfänger die einstweilige Verfügung als ungerechtfertigt an, kann er gem. §§ 936, 924 Abs. 1 ZPO Widerspruch einlegen und so die gerichtliche Entscheidung über die Rechtmäßigkeit der einstweiligen Verfügung erreichen. Die Anweisung zur Weiterverwahrung hat der Notar bis zur endgültigen Aufhebung der Verfügung zu beachten, also auch dann, wenn der Antragsgegner Widerspruch eingelegt hat.

Gem. § 939 ZPO kann die Aufhebung der einstweiligen Verfügung gegen Sicherheitsleistung gestattet werden kann. Sollte die notarielle Hinterlegung auch dem Zweck dienen, dem Empfänger eine Sicherheit für die termingerechte Auszahlung zu geben, etwa weil er auf die Auszahlung zur Weiterführung des Bauvorhabens angewiesen ist, kann eine solche Gestattung angemessen sein.

3. Die Auswahl des "richtigen" Rechtsbehelfs

Für die Beteiligten des Hinterlegungsverfahrens ergeben sich zwei von ihren Voraussetzungen und Zielsetzungen her völlig unterschiedliche Rechtsbehelfswege, die sich zudem gegen zwei verschiedene Adressaten richten,

- gegen den Notar und
- gegen den anderen Hinterlegungsbeteiligten.

Das zentrale Problem ist demnach, mit welchem Rechtsbehelf der Rechtsschutzsuchende im Einzelfall zum Ziel gelangen kann.

Die Beschwerde gem. § 15 Abs. 1 S. 2 BNotO führt grundsätzlich nur zum Erfolg, wenn der Antragsteller vom Notar die Vornahme einer bestimmten Amtshandlung verlangt, die der Notar ohne Zustimmung des anderen Beteiligten durchführen kann. In allen anderen Streitfällen müssen die Beteiligten den ordentlichen Rechtsweg beschreiten. Je nachdem, welches Ziel sie verfolgen, kommt die Klage auf

- Erteilung der Zustimmung gegenüber dem Notar oder auf
- Leistung bzw. Feststellung des materiellen Rechts

in Betracht.

a) Rechtsmittel vor Eintritt der Auszahlungsreife

Vor Eintritt der Auszahlungsbedingungen steht dem Hinterleger die Weisungsbefugnis des Treugebers zu.

- Verlangt er von dem Notar die Rückzahlung des Hinterlegungsbetrages, ist folgende Differenzierung zu treffen: In einseitigen Treuhandverhältnissen darf der Notar zurückzahlen, ohne die Zustimmung des Gläubigers abzuwarten. Das gleiche gilt für Hinterlegungsverfahren, in denen Sicherungsinteressen des anderen Beteiligten durch die Rückzahlung nicht berührt werden. Der Hinterleger kann gem. § 15 Abs. 1 S. 2 BNotO den Notar zur Rückzahlung anweisen lassen. Der Empfänger, der nach materiellem Recht berechtigt ist, von dem Widerrufenden die Erfüllung der Leistungspflicht im Wege der notariellen Hinterlegung zu verlangen, kann diesen Anspruch nur vor den ordentlichen Gerichten durchsetzen.[119] Muß der Notar dagegen vor der Rückzahlung die Zustimmung des anderen Beteiligten einholen, kommt der Hinterleger nur zum Ziel, wenn er die verweigerte Zustimmung einklagt oder gerichtlich feststellen läßt, daß der andere Beteiligte kein Recht hat, von ihm die weitere Hinterlegung zu verlangen.

- Hält der Hinterleger die Auszahlungsreife entgegen der Auffassung des Notars für noch nicht gegeben, so kann er gem. § 15 Abs. 1 S. 2 BNotO den Notar zur weiteren Verwahrung, bis die seiner Ansicht nach fehlende Auszahlungsvoraussetzung eingetreten ist, anweisen lassen.[120]

- Kündigt der Notar trotz des Auszahlungswiderrufs die Auszahlung des Hinterlegungsbetrages nach Eintritt der Auszahlungsvoraussetzungen an, ist die Beschwerde gem. § 15 Abs. 1 S. 2 BNotO das richtige Mittel für den Hinterleger, um die Weiterverwahrung durch den Notar zu erreichen.[121] Der Notar kann den Hinterlegungsbetrag ohne Zustimmung des Gläubigers weiterverwahren.

- Der Gläubiger, der die Auszahlung erreichen will, bedarf der Zustimmung des Hinterlegers. Die Verpflichtung des Hinterlegers dazu ergibt sich aus dem Vertrag. Der Empfänger muß sein materielles Recht gegenüber dem Hinterleger vor den ordentlichen Gerichten durchsetzen.

b) Rechtsmittel nach Eintritt der Auszahlungsbedingungen

Nach Eintritt der Auszahlungsbedingungen steht die ausschließliche treugeberische Weisungsbefugnis dem Gläubiger zu.

---

[119] vgl. OLG Frankfurt, DNotZ 1992,61/62 (Streit zwischen Verkäufer und Pfändungsgläubiger um Empfangsberechtigung).

[120] OLG Köln, DNotZ 1989,257; OLG Düsseldorf, MittRhNotK 1988,48; OLG Hamm, DNotZ 1991,686/688; *Haug*, Die Amtshaftung des Notars, Rz. 718; *ders.*, DNotZ 1992,18/22; *Reithmann*, Vorsorgende Rechtspflege, S. 233; *Rinsche*, Die Haftung des Rechtsanwalts und Notars, Rz. II 76; *Volhard*, DNotZ 1987,523/528; *Zimmermann*, DNotZ 1980,451/471f.

[121] OLG Schleswig, DNotZ 1992,67/68.

- Der Gläubiger kann seinen behaupteten Auszahlunganspruch gegen den Notar grundsätzlich gem. § 15 Abs. 1 S. 2 BNotO durchsetzen. Er wird mit der Beschwerde jedoch nur Erfolg haben, wenn die Weiterverwahrung durch den Notar pflichtwidrig ist. Stützt sich die Entscheidung des Notars für die vorläufige Weiterverwahrung auf berechtigte Bedenken im Hinblick auf die potentielle Rückzahlungsverpflichtung des Gläubigers, so handelt er amtspflichtgemäß. Dem Gläubiger bleibt also gar nichts anderes übrig, als diese Bedenken aus dem Weg zu räumen, indem er seine materielle Berechtigung feststellen läßt.

- Der Hinterleger, der die Auszahlung des Hinterlegungsbetrages trotz des formellen Eintritts der Auszahlungsvoraussetzungen verhindern will, kann sich nur noch auf die fehlende materielle Berechtigung des Empfängers berufen. Er muß die Zustimmung des Empfängers zur Weiterverwahrung erreichen. Hier ist der Antrag auf Erlaß der einstweiligen Verfügung das richtige Mittel, um schnell eine vorläufige Sicherung zu erzielen.[122]

[122] OLG Köln, DNotZ 1980,500; OLG Frankfurt, JurBüro 1987,593; *Lüke*, ZIP 1992,150/152; *Reithmann*, Vorsorgende Rechtspflege, S. 233; a.A. wohl OLG Schleswig, DNotZ 1992,67/68: § 15 Abs. 1 S. 2 BNotO.

Siebtes Kapitel

Vollstreckungsmaßnahmen Dritter und ihre Auswirkungen auf die notarielle Hinterlegung

§ 17 Die Pfändung des Auszahlungsanspruchs gegen den Notar

I. Die grundsätzliche Pfändbarkeit des Auszahlungsanspruchs

Der Auszahlungsanspruch des Hinterlegers gegen den Notar ist ein Vermögensrecht, das für seine Gläubiger als Vollstreckungsobjekt von Interesse ist. Erwirbt im Zuge der Kaufpreiszahlung über Notaranderkonto der Verkäufer den Auszahlungsanspruch, so kann er als Vollstreckungsobjekt für seine Gläubiger in Betracht kommen.[1] Die besondere Rechtsnatur des Auszahlungsanspruchs gegen den Notar verbietet es jedoch, unreflektiert von der Pfändbarkeit dieses Anspruchs auszugehen.

Die Pfändbarkeit des Auszahlungsanspruchs gegen den Notar ist in der Literatur zum Teil grundsätzlich in Frage gestellt worden.[2] Die Unpfändbarkeit des Auszahlungsanspruchs wird von dieser Ansicht damit begründet, daß der Anspruch weder als Zahlungsanspruch i.S.d. § 829 ff ZPO noch als sonstiges Vermögensrecht i.S.d. § 857 ZPO anzusehen sei. Ist der Auszahlungsanspruch gegen den Notar kein Zahlungsanspruch, so kann keine Forderungspfändung i. S. d. §§ 829 ff ZPO stattfinden.[3] Ist der Auszahlungsanspruch als Anspruch auf pflichtgemäße Amtsausübung kein sonstiges Vermögensrecht, so kommt auch die Pfändung der Rechtsposition nach § 857 ZPO nicht in Betracht.[4]

---

[1] *Volhard*, DNotZ 1987,523/544; s. bereits: *Opitz*, Rechtsgrundlagen des Anderkontos, S. 53.

[2] *Göbel*, DNotZ 1984,257/259 f; *Haug*, DNotZ 1982,592/602. Die Ansicht wurde später nicht mehr mit gleicher Deutlichkeit vertreten, aber auch nicht ausdrücklich aufgegeben: s. *Haug*, Die Amtshaftung des Notars, Rz. 722; so auch *Benckendorff*, WuB VIII A. § 19 BNotO 2.86; *Wagner / Zimmermann*, Verwahrungsgeschäfte, S. 71; vgl. auch MünchKomm / *Smid*, ZPO § 857, Rz. 8 (öffentlich-rechtliche Rechte nicht pfändbar); ähnlich: *Stein / Jonas / Münzberg*, ZPO § 829, Rz. 8, 23.

[3] *Göbel*, DNotZ 1984,256/259.

[4] *Göbel*, DNotz 1984,256/259.

Die Annahme der Unpfändbarkeit führte zu folgenden Konsequenzen: Der Gläubiger des Verkäufers könnte nur die Kaufpreisforderung pfänden.[5] Sollte dieser Anspruch mit der Hinterlegung vereinbarungsgemäß erlöschen, wäre kein pfändbarer Anspruch mehr vorhanden. Dem Gläubiger würde lediglich die Möglichkeit bleiben, gem. § 825 Abs. 1 S. 2 ZPO ein Gebot an den Schuldner zu bewirken, sich der Verfügung über die "Forderung" zu enthalten.[6] Als pragmatische Vorgehensweise zur Vermeidung des Haftpflichtrisikos für den Notar wird auch von Stimmen, die einen Zahlungsanspruchs gegen den Notar verneinen, empfohlen, die "Drittschuldnererklärung" abzugeben, darin jede Zahlungsverpflichtung abzulehnen und auf den Beschwerdeweg zu verweisen.[7]

Demgegenüber vertritt die h.M. zu Recht den Standpunkt, daß mit der Hinterlegung bei einem Notar keine "Vollstreckungsexklave" entstehen dürfe.[8]

Soll die notarielle Hinterlegung nicht zu einem Instrument werden, Geldbeträge dem Zugriff der Gläubiger zu entziehen, müssen Zwangsvollstreckungsmaßnahmen auch gegen den Notar in seiner Eigenschaft als Amtsträger zugelassen werden. Steht der Auszahlungsanspruch gegen den Notar nicht im Zusammenhang mit einer - pfändbaren - Kaufpreisforderung, wie es bei der einseitigen Hinterlegung oder der Hinterlegung mit Erfüllungswirkung der Fall ist, wäre das Anderkontengeld während der Dauer der Hinterlegung jedem Zugriff der Pfändungsgläubiger des Verkäufers entzogen. Eine so weitreichende Folgewirkung ist aber durch die wirtschaftliche Funktion des Anderkontos nicht mehr gerechtfertigt.

Für die Pfändbarkeit des Auszahlungsanspruchs spricht außerdem der Treuhandcharakter der notariellen Hinterlegung. Wirtschaftlich betrachtet gehört der Hinterlegungsbetrag zum Vermögen des Hinterlegers bzw. mit Auszahlungsreife zum Vermögen des Empfängers, also zum pfändbaren Schuldnervermögen. Da durch die besondere Ausgestaltung des Anderkontenverhältnisses der Notar der rechtliche Eigentümer der Gelder ist,[9] können Gläubiger des Treugebers nicht unmittelbar in das Verwahrungsgut vollstrecken. Die Zuord-

---

[5] *Göbel*, DNotZ 1984,257/259; *Wagner / Zimmermann*, Verwahrungsgeschäfte, S. 71; vgl. auch *Weingärtner*, DONot § 11, Rz. 147 b.

[6] *Göbel*, DNotZ 1984,257/259; *Wagner / Zimmermann*, Verwahrungsgeschäfte, S. 71; vgl. auch *Weingärtner*, DONot § 11, Rz. 147 c.

[7] *Haug*, DNotZ 1982,592/602; *Wagner / Zimmermann*, Verwahrungsgeschäfte, S. 71; *Weingärtner*, DONot § 11, Rz. 147 b.

[8] *Brambring*, DNotZ 1990,615/646; *Hansmeyer*, MittRhNotK 1989,149/157; *Luke*, ZIP 1992,150/158; s. auch OLG Celle, DNotZ 1984,256/257; *Bohrer*, Berufsrecht der Notare, Rz. 79; *Bräu*, Verwahrungstätigkeit des Notars, Rz. 231,239; vgl. insoweit auch *Haug*, Die Amtshaftung des Notars, Rz. 723.

[9] BGHZ 76,9/13; BGH, DNotZ 1980,496/498; WM 1990,483/484; *Haug*, DNotZ 1987, 564/566; *Weingärtner*, DONot § 11, Rz. 147; vgl. auch BGHZ 11,37/43.

nung des Verwahrungsgutes zum Schuldnervermögen ergibt sich vielmehr durch den entsprechenden Herausgabeanspruch gegen den Notar als Treuhänder. Demzufolge muß der Herausgabeanspruch bzw. Auszahlungsanspruch grundsätzlich als pfändbarer Vermögenswert für die Gläubiger des Treugebers angesehen werden.[10]

Die mangelnde Einklagbarkeit dieses Anspruchs hindert nicht daran, den Notar in dieser Hinsicht als Schuldner des Auszahlungsanspruchs und bei der Pfändung - trotz gebotener Rücksichtnahme auf den amtlichen Charakter seiner Tätigkeit - als "Drittschuldner" anzusehen. Der Umstand, daß der Anspruch gegen den Notar nicht auf dem Zivilrechtsweg einzuklagen, sondern mit der Beschwerde gem. § 15 Abs. 1 S. 2 BNotO zu verfolgen ist, bildet lediglich eine spezielle Rechtswegregelung, die keine Rückschlüsse auf die Pfändbarkeit des Anspruchs erlaubt.[11] Grundsätzlich ist also auch der Auszahlungsanspruch gegen den Notar ein taugliches Pfändungsobjekt.

II. Die Zwangsvollstreckung in die Anderkontenforderung

Die Gewißheit der grundsätzlichen Pfändbarkeit des Auszahlungsanspruchs gegen den Notar hilft dem Gläubiger des Hinterlegers oder des Empfängers noch nicht weiter. Er muß wissen, auf welche Art und Weise er in den Auszahlungsanspruch vollstrecken kann. Ferner ist die Stellung des Notar als Schuldner des Auszahlungsanspruchs und die Stellung des Pfändungsgläubigers im Vollstreckungsverfahren von Interesse.

1. Die Form der Pfändung: Forderungspfändung oder Pfändung eines sonstigen Rechts?

Die Eigenart des Auszahlungsanspruchs gegen den Notar, der zum einen auf die Zahlung eines Geldbetrages gerichtet ist, zum anderen die Vornahme einer Amtshandlung fordert, hat in Rechtsprechung und Literatur den Streit evoziert, ob der Anspruch wie eine Geldforderung nach § 829 ZPO oder als son-

---

[10] vgl. *Brambring*, DNotZ 1990,615/645; *Bräu*, Verwahrungstätigkeit des Notars, Rz. 236; *Göttlich*, JurBüro 1960,465/466; *Hansmeyer*, MittRhNotK 1989,149/156; *Lüke* ZIP 1992, 150/159; *Märker*, Rpfleger 1992,52; *Rings*, MittRhNotK 1957,873/881; *Rupp / Fleischmann*, NJW 1983,2368/2369; *Stein / Jonas / Münzberg*, ZPO § 809, Rz. 23; *Stöber*, Forderungspfändung, Rz. 1780; *Volhard*, DNotZ 1987,523/545 ff.

[11] *Rupp / Fleischmann*, NJW 1983,2368/2369; s. auch *Bräu*, Verwahrungstätigkeit des Notars, Rz. 240.

stiges Recht nach § 857 ZPO zu pfänden ist. Der Bundesgerichtshof hat diese Frage in der grundlegenden Entscheidung vom 30.06.1988 offen gelassen.[12]

a) Pfändung nach § 829 ZPO

Nach § 829 ZPO ist jede Geldforderung zu pfänden, gleichgültig auf welchem Rechtsgrund sie beruht. Die Pfändung gem. § 829 ZPO wäre zu befürworten, wenn es sich bei dem Auszahlungsanpruch gegen den Notar um eine öffentlich-rechtliche Geldforderung handelte und der Notar in diesem Sinne als Drittschuldner zu qualifizieren wäre.[13]

b) Pfändung nach § 857 ZPO

Nach § 857 ZPO werden sonstige Vermögensrechte gepfändet. Als Vermögensrecht könnte auch die Rechtsposition des an dem Verwahrungsgeschäft beteiligten Vertragspartners gegen den Notar angesehen werden. Insofern käme eine Drittschuldnerverpflichtung des Notars auch dann in Betracht, wenn die Hinterlegung dem Gläubiger keinen Zahlungsanspruch verschaffte, sondern einen Anspruch auf pflichtgemäße Amtsausübung. Der Notar hätte die Pfändung zu beachten und seine Amtspflichten nunmehr gegenüber dem Pfändungsgläubiger wahrzunehmen.[14]

c) Stellungnahme

Bei der Bestimmung der Rechtsgrundlage für die Vollstreckung in eine Forderung kommt es auf den Inhalt der Forderung an. Der Auszahlungsanspruch gegen den Notar ist ein Anspruch auf Vornahme einer Amtstätigkeit, der seinem Gegenstand nach auf eine Geldzahlung gerichtet ist. Der Anspruch auf pflichtgemäße Erfüllung der Amtspflichten ist als solcher kein Vermögens-

---

[12] BGHZ 105,60/64.

[13] LG Duisburg, MittRhNotK 1984,26/27; LG Wuppertal, MittRhNotk 1984, 149/150; vgl. auch OLG Köln, DNotZ 1989,257/262; *Göttlich*, JurBüro 1960,463/465 f; *Lüke*, ZIP 1992, 150/159; *Mümmler*, JurBüro 1984,1472; *Stöber*, Forderungspfändung, Rz. 1781, Fn. 7; *Reithmann*, Vorsorgende Rechtspflege, S. 225; *Rupp / Fleischmann*, NJW 1983,2368/2369; *Schneider*, JurBüro 1964,779/781 f; *Stein / Jonas / Münzberg*, ZPO § 829, Rz. 23; *Zöller / Stöber*, ZPO § 829, Rz. 33 (Notar).

[14] OLG Hamm, DNotZ 1983,61/63; DNotZ 1983,702; ähnlich: OLG Celle, DNotZ 1984,256/257 (Der Senat stellt lediglich einen Vergleich zu öffentlich-rechtlichen Geldforderungen auf, um die grundsätzliche Pfändbarkeit des Auskehrungsanspruchs zu begründen.); *Baumbach / Lauterbach / Hartmann*, ZPO § 857, Anm. 1) I. A.; *Weingärtner*, DONot § 11, Rz. 147 a.

recht.[15] Zu einem Vermögensrecht wird er erst durch die Konkretisierung zu einem Zahlungsanspruch. Das ausschlaggebende Moment ist im Hinblick auf die Pfändbarkeit nicht die Amtspflicht zur Auszahlung, sondern der Umstand, daß es sich bei dem Auszahlungsanspruch gegen den Notar um eine Geldforderung handelt. Normative Grundlage für Vollstreckungsmaßnahmen gegen den Notar als Hinterlegungsstelle ist deshalb § 829 ZPO.[16]

Im Gegensatz zu anderen öffentlich-rechtlichen Geldforderungen handelt es sich dabei nicht um einen Anspruch, der von Anfang an aus dem Staatsvermögen zu begleichen ist, sondern um einen Anspruch auf Auskehrung aus einen treuhänderisch verwahrten Sondervermögen.[17] Dieser Gesichtspunkt steht aber der Vergleichbarkeit mit anderen öffentlich-rechtlichen Geldforderungen nicht entgegen. Für die Pfändbarkeit des Anspruchs ist es unerheblich, ob sich der Anspruch auf Zahlung aus dem Staatsvermögen oder auf Zahlung aus einem amtlich verwahrten Sondervermögen richtet.[18]

2. Die Rechtsstellung des Pfändungsgläubigers

Bei der Pfändung des Auszahlungsanspruchs gegen den Notar ist zu berücksichtigen, daß der Schuldner des gepfändeten Anspruchs ein Amtsträger ist, der dem Schuldner gegenüber zu amtspflichtgemäßer Tätigkeit verpflichtet ist. Die Forderung, daß die Hinterlegung auf Notaranderkonto keine Vollstreckungsexklave bilden darf, kann nur dann erfolgreich durchgesetzt werden, wenn der Notar dem Pfändungsgläubiger gegenüber ebenso zu amtspflichtgemäßer Tätigkeit verpflichtet ist wie gegenüber dem Auszahlungsberechtigten. Die Beachtung dieser Amtspflichten kann der Pfändungsgläubiger im Verfahren nach § 15 Abs. 1 S. 2 BNotO durchsetzen.[19]

Diese Grundsätze gelten auch dann, wenn der Notar nicht nur die Interessen des Pfändungsschuldners zu berücksichtigen hat, sondern wenn der Transfer des Hinterlegungsbetrages Gegenstand des notariellen Hinterlegungsverfahrens ist. Auch als "(Dritt-) Schuldner" des gepfändeten Auszahlungsanspruchs ist der Notar in seiner Eigenschaft als Organ der vorsorgenden Rechtspflege zur Durchführung der Verwahrung im Interesse aller Beteiligten verpflich-

---

[15] vgl. LG Wuppertal, MittRhNotK 1984,149/150; *Bräu*, Verwahrungstätigkeit des Notars, Rz. 242; *Rupp / Fleischmann*, NJW 1983, 2369/2369.

[16] ebenso: *Bräu*, Verwahrungstätigkeit des Notars, Rz. 242.

[17] vgl. *Stein / Jonas / Münzberg*, ZPO § 829, Rz. 2.

[18] vgl. *Volhard*, DNotZ 1987,523/547, Fn 106).

[19] LG Duisburg, MittRhNotk 1984,26/27; LG Wuppertal, MittRhNotK 1984,149/150; *Haug*, DNotZ 1992,19/23; *Rupp / Fleischmann*, NJW 1983,2368/2369; *Volhard*, DNotZ 1987,523/542; s. auch *Bohrer*, Berufsrecht der Notare, Rz. 80.

tet.[20] Durch das Pfändungsverfahren darf einerseits nicht von außen in das Hinterlegungsverfahren eingegriffen werden. Andererseits soll durch die Abwicklung des Hinterlegungsverfahrens der Hinterlegungsgegenstand nicht der Vollstrekkung durch Gläubiger des Auszahlungsberechtigten entzogen werden. Dieser Konflikt kann nur durch Integration des Pfändungsgläubigers in das Hinterlegungsverfahren gelöst werden. Bei unmittelbaren Vollstrekkungsmaßnahmen gegen den Notar wird der Pfändungsgläubiger also Beteiligter des Hinterlegungsverfahrens.[21]

Daraus ergibt sich, daß die originären Rechte des Pfändungsgläubigers bei der Vollstreckung gegen den Notar ihren Niederschlag finden in entsprechenden Amtspflichten des Notars. Alle Rechte des Pfändungsgläubigers ergeben sich nur aus seiner Position als Verfahrensbeteiligter.[22]

3. Amtspflichten des Notars als "Drittschuldner"

Als Adressat des Pfändungs- und Überweisungsbeschlusses trifft den Notar wie jeden Drittschuldner das Zahlungsverbot und die Verpflichtung, an den Pfändungsgläubiger auszukehren. Die Befolgung dieser Pflicht kann für den Notar erhebliche Probleme aufwerfen. Häufig ist nicht klar, ob die Pfändung wirksam erfolgt ist. Verschiedene Pfändungsgläubiger beanspruchen den Hinterlegungsbetrag für sich. An wen muß der Notar auszahlen? Der Schuldner widerspricht der Auszahlung. Welche Konsequenzen hat dieser Widerspruch für den Notar?

a) Die formelle Prüfungspflicht des Notars

Zum Teil wird die Ansicht vertreten, daß der Notar den Widerspruch des Schuldners beachten müsse und nicht ohne weiteres an den Pfändungsgläubiger auszahlen dürfe. Er müsse den Pfändungsgläubiger von dem Widerspruch in Kenntnis setzen und beide Beteiligte auf den Beschwerdeweg gem. § 15 Abs. 1 S. 2 BNotO verweisen.[23]

---

[20] ähnlich: *Märker*, Rpfleger 1992,52/53.

[21] OLG Hamm DNotZ 1983,61/63; DNotZ 1983,702/703; LG Duisburg, MittRhNotK 1984,26/27; LG Wuppertal, MittRhNotK 1984,149/150; *Hansmeyer*, MittRhNotK 1989,149/156; *Volhard*, DNotZ 1987,523/542,547; i. E. auch *Weingärtner*, DONot § 11, Rz. 147 b; vgl. auch *Bohrer*, Berufsrecht der Notare, Rz. 80 [Vergleich zu dem dem Vollstreckungsrecht geläufigen Verfahrensbeitritt (vgl. § 27 ZVG)]; a.A. *Bräu*, Verwahrungstätigkeit des Notars, Rz. 243.

[22] vgl. auch *Bohrer*, Berufsrecht der Notare, Rz. 80.

[23] *Hansmeyer*, MittRhNotK 1989,149/156; *Volhard*, DNotZ 1987,523/542.

Diese Auffassung sollte nicht als allgemeinverbindliche Handlungsanweisung verstanden werden. Die Auszahlung des Hinterlegungsbetrages gegen den Willen des wirtschaftlichen Eigentümers stellt im Falle wirksamer Pfändung keinen widerrechtlichen Eingriff des Notars in die Treugeberposition des wirtschaftlich Berechtigten dar. Vielmehr wird die erforderliche Zustimmung zur Auszahlung durch den Pfändungs- und Überweisungsbeschluß ersetzt. Außerdem gehört es zu den Amtspflichten bei der Durchführung der notariellen Hinterlegung zu prüfen, an wen das Guthaben bei Auszahlungsreife auszukehren ist. Dieser Grundsatz gilt gleichermaßen, wenn ein Pfändungsgläubiger die Auszahlung beansprucht.[24] Dem Notar obliegt aus diesem Grund vor der Auszahlung an den Pfändungsgläubiger die formelle Prüfung,

- ob die Pfändung "ins Leere" gegangen ist,
- welche Gläubiger gegebenenfalls zu befriedigen und
- in welcher Reihenfolge die Gläubiger berechtigt sind.[25]

Nur wenn der Pfändungsschuldner oder der Pfändungsgläubiger die Auszahlungsentscheidung des Notars als fehlerhaft ansehen, können sie ihn gem. § 15 Abs. 1 S. 2 BNotO zu einer pflichtgemäßen Entscheidung anweisen lassen. Das Beschwerdegericht prüft in diesem Fall - wie vorher der Notar - lediglich die formellen Voraussetzungen für die Auszahlung.

Die Prüfungsbefugnis des Notars reicht nicht soweit, daß er eine Entscheidung über die materielle Berechtigung treffen könnte. Dahingehende Streitigkeiten müssen der Pfändungsschuldner und der Pfändungsgläubiger, falls keine außergerichtliche Einigung erzielt werden kann, vor den Zivilgerichten austragen.[26] Wenn die Beteiligten sich trotz Intervention des Notars um keine Klärung bemühen und der Notar bei unklarer Rechtslage die Frage nach der Auszahlungsberechtigung nicht entscheiden kann, ist er ausnahmsweise zur amtlichen Hinterlegung des verwahrten Geldes berechtigt.[27]

---

[24] OLG Hamm, DNotZ 1983,61/64; vgl. auch LG Duisburg, MittRhNotK 1984,26/27.

[25] OLG Frankfurt, DNotZ 1992,61/62; OLG Hamm, DNotZ 1983,61/63.

[26] OLG Frankfurt, JurBüro 1987,593; DNotZ 1992,61/62: Der Senat stellt unter Aufgabe seiner früheren Ansicht fest, daß die Zulässigkeit der Beschwerde durch einen Prätendentenstreit nicht berührt werde, die Beschwerde aber unbegründet sei, weil der Notar die Frage nach der materiellen Berechtigung nicht beantworten könne; vgl. auch: LG Duisburg, MittRhNotK 1984,26/27.

[27] BGH, DNotZ 1960,265/270; DNotZ 1969,513/514; OLG Frankfurt, DNotZ 1992,61/62; JurBüro 1987,593; OLG Hamm, DNotZ 1983,61/64; DNotZ 1963,635/636 f; OLG Köln, DNotZ 1971,599/600; vgl auch DNotZ 1980,503/504; *Haug*, DNotZ 1982,593/602 ff; *Weingärtner*, DONot § 12, Rz. 182; *Zimmermann*, DNotZ 1980,451/473.

b) Pflicht zur Abgabe einer Drittschuldnererklärung

Ob der Notar im übrigen spezifische Drittschuldnerpflichten, d.h. insbesondere die Auskunftspflicht gem. § 840 ZPO bzw. die Erklärungspflicht nach § 316 AO, zu erfüllen hat, muß unter Berücksichtigung der Stellung des Notars als Organ der vorsorgenden Rechtspflege entschieden werden. Vereinzelt wird die Drittschuldnerposition i. S. d. Zivilprozeßordnung - trotz der Pfändung des Auszahlungsanspruchs gem. § 829 ZPO - grundsätzlich abgelehnt.[28] Nach überwiegender Ansicht ist der Notar dagegen verpflichtet, auf Verlangen des Pfändungsgläubigers die Drittschuldnererklärung i. S. v. § 840 ZPO abzugeben.[29]

aa) Die Auskunftspflicht des Notars

Wie bereits erörtert, sind die Pflichten, die der Notar gegenüber dem Pfändungsgläubiger zu erfüllen hat, notarielle Amtspflichten. Ein Rückgriff auf Institute des Vollstreckungsrechts dient insofern lediglich der inhaltlichen Konkretisierung. Rechtsgrundlage für die Berechtigung des Vollstreckungsgläubigers ist aber das Notarrecht. Demzufolge kommt eine Auskunftspflicht des Notars nur entspr. § 840 Abs. 1 ZPO in Betracht. Die auf Verlangen des Gläubigers begründete Auskunftspflicht des Drittschuldners dient dem Zweck, dem Gläubiger Einblick über den Bestand der Forderung und mögliche Berechtigungen Dritter zu verschaffen.[30] Dieses Gläubigerschutzinteresse darf auch bei der notariellen Hinterlegung nicht vernachlässigt werden. Bedenken gegen die Auskunftspflicht des Notars ergeben sich nicht wegen seiner Geheimhaltungspflichten gegenüber den Hinterlegungsbeteiligten. Die Geheimhaltungspflicht bewirkt regelmäßig nur, daß der Pflichtige nicht mehr offenbaren darf, als die Auskunftspflicht nach § 840 Abs. 1 ZPO vorsieht.[31] Auch die Verschwiegenheitspflicht des Notars gegenüber den sonstigen Beteiligten steht deshalb dem Auskunftsanspruch des Pfändungsgläubigers gegen den Notar

---

[28] *Volhard*, DNotZ 1987,523/547; vgl. auch *Bohrer*, Berufsrecht der Notare, Rz. 80.

[29] *Brambring*, DNotZ 1990,615/646; *Bräu*, Verwahrungstätigkeit des Notars, Rz. 244; *Lüke*, ZIP 1992,150/159; *Haug*, in: Beck'sches Notarhandbuch, K Rz. 96; Weingärtner, DONot § 11, Rz. 147 b; s. auch LG Duisburg, MittRhNotK 1984,26/27; LG Wuppertal, MittRhNotK 1984,149/150.

[30] BGHZ 91,126/129; *Baumbach / Lauterbach / Hartmann*, ZPO § 840, Rz. 1; *Jauernig*, Zwangsvollstreckungsrecht, § 19 VII. 1. b); *Linke*, ZZP 87 (1974),284/286; *Mümmler*, JurBüro 1986,333; *Rosenberg / Gaul / Schilken*, Zwangsvollstreckungsrecht, § 55 I. 3. b); *Stein / Jonas / Münzberg*, ZPO § 840, Rz. 1; *Stöber*, Forderungspfändung, Rz. 627.

[31] *Stein / Jonas / Münzberg*, ZPO § 840, Rz. 2; Banken und Sparkassen: vgl. OLG München, WM 1974,957; *Bauer*, JurBüro 1973,698; *A. Blomeyer*, Vollstreckungsverfahren, § 55 Fn 97); *Liesecke*, WM 1975,314/319; *Mümmler*, JurBüro 1986,333; *Stöber*, Forderungspfändung, Rz. 627; Rechtsanwälte: OLG Karlsruhe, WM 1980,349/350.

nicht entgegen.[32] Kommt der Notar seiner Auskunftsverpflichtung nicht ordnungsgemäß nach und entsteht dem Pfändungsgläubiger dadurch ein Schaden, haftet der Notars gegebenenfalls gem. § 19 Abs. 1 BNotO, nicht nach § 840 Abs. 2 S. 2 ZPO.[33] § 840 Abs. 1 ZPO kann jedoch als Auslegungshilfe herangezogen werden. Der Drittschuldner wird dem Pfändungsgläubiger gegenüber ersatzpflichtig, wenn er die erforderliche Erklärung nicht, nicht vollständig, verspätet oder falsch abgibt und dem Gläubiger dadurch ein Schaden entsteht.[34] Bei der Prüfung des Amtshaftungsanspruchs kommt es darauf an, ob der Notar konkret eine Amtspflicht gegenüber dem Pfändungsgläubiger verletzt hat. Dabei ist zu berücksichtigen, daß der Notar auch den anderen Verfahrensbeteiligten gegenüber zur Wahrung ihrer Interessen verpflichtet ist.

bb) Die Durchsetzung des Auskunftsanspruchs gegen den Notar

Die Problematik, ob es sich bei den Pflichten des Notars gegenüber dem Pfändungsgläubiger um Drittschuldnerpflichten i. S. d. Zivilprozeßordnung oder um notarielle Amtspflichten gegenüber dem Pfändungsgläubiger mit vollstreckungsrechtlichem Inhalt handelt, setzt sich fort in der Frage nach der Durchsetzbarkeit dieser Pflichten.

Das OLG Celle hat insoweit die Drittschuldnerklage[35] gegen den Notar mit folgender Begründung zugelassen. Da dem Gläubiger des Auszahlungsbe-

---

[32] BNotK, DNotZ 1975,259; *Brambring*, DNotZ 1990,615/646.

[33] s. auch *Bräu*, Verwahrungstätigkeit des Notars, Rz. 244.

[34] RGZ 149,255 f; BGHZ 69,328/332; 79,275/277 f; MDR 1983,308; NJW 1987,64; s. auch BGHZ 98,291/294; OLG Düsseldorf, WM 1980,202/203; WM 1981,1147/1148; OLG München, NJW 1975,174/175; *Baumbach / Lauterbach / Hartmann*, ZPO § 840, Rz. 15; *Mümmler*, JurBüro 1986,333/338; *Stein / Jonas / Münzberg*, ZPO § 840, Rz. 21; *Stöber*, Forderungspfändung, Rz. 648.

[35] Ob der Pfändungsgläubiger generell gegen einen Drittschuldner Klage auf Erteilung der Auskunft erheben kann, ist in der zivilprozessualen Literatur nach wie vor umstritten. Nach Ansicht des Bundesgerichtshofs gibt die Auskunftspflicht keinen klagbaren Anspruch gegen den Drittschuldner, da den Gläubigerinteressen durch den Schadensersatzanspruch nach § 840 Abs. 2 S. 2 ZPO und den gegen den Schuldner einklagbaren Anspruch auf Auskunft nach § 836 Abs. 3 ZPO Genüge getan sei: BGHZ 91,126/129; zustimmend: *Brehm*, JZ 84,675; *Waldner*, JR 1984,468; dieselbe Ansicht vertreten: *Baumbach / Lauterbach / Hartmann*, ZPO § 840 Rz. 2; *Brox / Walker*, Zwangsvollstreckungsrecht, Rz. 624; *Mümmler*, JurBüro 1986,333/337; vgl. auch LG Nürnberg-Fürth, ZZP 96 (1983),118; LG Braunschweig, MDR 1955,490 sowie LAG Frankfurt, BB 1956,530; *Stein / Jonas / Münzberg*, ZPO § 840, Rz. 19; *Stöber*, Forderungspfändung, Rz. 652; a.A.: *A. Blomeyer*, Vollstreckungsverfahren, § 55 IV. 2. a); *Linke*, ZZP 87 (1974), 284/293; *Rosenberg / Gaul / Schilken*, Zwangsvollstreckungsrecht, § 55 I. 3. b); *Schreiber*, JR 77, 464; *Wieczorek / Wieczorek*, ZPO § 840, A; s. auch OLG Köln, OLGZ 1979,114/115; offengelassen: BGH, Betrieb 1980,830; BGHZ 69,289/292; 86,23/27; LG München, NJW 1965,1185.

rechtigten kein eigener Anspruch auf amtspflichtgemäßes Verhalten gegen den Notar zustehe, müsse er ohne die Drittschuldnerklage darauf verwiesen werden, seinen Schuldner zur Geltendmachung der Ansprüche gegen den Notar zu veranlassen. Das sei aber nicht nur ein umständlicher, sondern auch ein mit der Systematik des Zwangsvollstreckungsrechts nicht zu vereinbarender Weg.[36]

Diese Auffassung ist im Hinblick auf den Anspruch des Pfändungsgläubigers auf pflichtgemäße Amtstätigkeit des Notars abzulehnen. Die Pflichten, die dem Notar gegenüber dem Pfändungsgläubiger obliegen, sind Amtspflichten, die ihn als Organ der vorsorgenden Rechtspflege treffen, auch wenn sie vollstrekkungsrechtlichen Inhalt haben. Dementsprechend können Ansprüche gegen den Notar, in bestimmter Weise tätig zu werden, nur im Rahmen des notariellen Beschwerdeverfahrens verfolgt werden.

Entgegen der Ansicht der OLG Celle ist also die Drittschuldnerklage gegen den Notar als systemwidrig abzulehnen.[37] Auch das Auskunftsbegehren gegen den Notar hat der Pfändungsschuldner im Wege der Beschwerde gem. § 15 Abs. 1 S. 2 BNotO zu verfolgen.[38]

III. Erfolgsaussichten der Pfändung bei Vermögenstransfer über Notaranderkonto

Bei der Kaufpreiszahlung über Notaranderkonto ist zu beachten, daß die wirtschaftliche Berechtigung an dem Hinterlegungsbetrag mit Eintritt der Auszahlungsreife vom Käufer auf den Verkäufer wechselt. Dient die notarielle Hinterlegung der Vermögensübertragung, so kann keine eindeutige Zuordnung zum pfändbaren Vermögen der einen oder der anderen Partei vorgenommen werden. Vielmehr müssen die jeweiligen Abwicklungsphasen analysiert werden.

Ferner kommt bei einem Vermögenstransfer über Notaranderkonto nicht nur der aktuelle Auszahlungsanspruch als Pfändungsobjekt in Betracht. Im Fall der aufschiebend bedingten Zession kann auch der bedingte Auszahlungsanspruch ein taugliches Pfändungsobjekt sein. Das gleiche gilt für den künftigen, hinreichend bestimmten Auszahlungsanspruch des Verkäufers.

---

[36] OLG Celle, DNotZ 1984,256.

[37] so auch *Volhard*, DNotZ 1987,523/547.

[38] Für das auf Auskunftserteilung gerichtete Beschwerdeverfahren findet sich auch der Begriff eines "Drittschuldnerprozesses besonderer Art": s. LG Wuppertal, MittRhNotK 1984,149/150.

1. Pfändung des Rückerstattungsanspruchs des Hinterlegers

Bis zum Vollzug des Vermögenstransfers über Notaranderkonto ist der Hinterleger Inhaber des Auszahlungsanspruchs gegen den Notar. Dieser Auszahlungsanspruch gehört bei der Kaufpreiszahlung über Notaranderkonto gleichwohl nicht zum pfändbaren Schuldnervermögen des Käufers.

- Hat der Käufer den Auszahlungsanspruch aufschiebend bedingt an den Verkäufer abgetreten, so erwirbt der Verkäufer trotz der Pfändung mit Eintritt der Bedingung den Auszahlungsanspruch, § 161 Abs. 1 S. 2 BGB.

- Fehlt es ausnahmsweise an einer Zession des Auszahlungsanspruchs und hat der Käufer dem Verkäufer schlicht die Empfangszuständigkeit eingeräumt, so ist die Pfändbarkeit des Auszahlungsanspruchs wegen der Zweckbestimmung des Auszahlungsanspruchs eingeschränkt. Immer wenn der Auszahlungsanspruch Gegenstand eines amtlich überwachten Vermögenstransfers ist, unterliegt er einer Zweckbestimmung. Der Zahlungsanspruch des Hinterlegungsgläubigers gegen den Hinterleger soll durch die Empfangsberechtigung bezüglich des Anderkontengeldes getilgt werden. Beschränkungen der Pfändbarkeit wegen der Zweckbestimmung einer Forderung sind vollstreckungsrechtlich anerkannt.[39] Die Zweckbestimmung des Auszahlungsanspruchs führt zu der Konsequenz, daß nur der Verkäufer selbst als Hinterlegungsgläubiger den Auszahlungsanspruch pfänden kann.

Der Auszahlungsanspruch des Käufers gehört dann wieder zu seinem pfändbaren Vermögen, wenn die Berechtigung des Verkäufers entfällt. Sind die Parteien übereinstimmend an einem Vermögenstransfer über Notaranderkonto nicht mehr interessiert oder ist die mangelnde Berechtigung des Verkäufers gerichtlich festgestellt, kann der Käufer die Rückzahlung des Hinterlegungsbetrages verlangen. Dieser Rückzahlungsanspruch ist für seine Gläubiger ein taugliches Pfändungsobjekt.[40]

2. Doppelpfändung von Kaufpreisforderung und bedingtem Auszahlungsanspruch durch Gläubiger des Verkäufers

Gläubiger des Verkäufers können grundsätzlich Befriedigung dadurch suchen, daß sie seinen Zahlungsanspruch gegen den Käufer pfänden. Soll die

---

[39] *Baumbach / Lauterbach / Hartmann*, ZPO § 851, Rz. 3; MünchKomm / *Smid*, ZPO § 851, Rz. 6; *Stein / Jonas / Münzberg*, ZPO § 851, Rz. 21; *Zöller / Stöber*, ZPO § 851, Rz. 3; z.B. keine Pfändbarkeit des Auszahlungsanspruchs aus einem Sperrkonto, soweit das Guthaben nur für bestimmte Zwecke verwendet werden darf: *Stein / Jonas / Münzberg*, ZPO § 851, Rz. 21.

[40] vgl. *Rings*, MittRheinNotK 1957,873/888 f.

Hinterlegung des Kaufpreises - ausnahmsweise - Erfüllungswirkung haben, erlischt mit der Zahlung auf Notaranderkonto die Kaufpreisforderung als pfändbares Vermögensrecht. Den Gläubigern des Verkäufers bleibt nur die Pfändung des Auszahlungsanspruchs gegen den Notar.[41] Hat die Hinterlegung dagegen - wie im Regelfall - noch keine Erfüllungswirkung, so kommen bis zum Eintritt der Auszahlungsreife grundsätzlich zwei pfändbare Ansprüche in Betracht: die Kaufpreisforderung und der aufschiebend bedingte Auszahlungsanspruch gegen den Notar.[42]

Da der Pfändungsgläubiger die Vertragsinterna nicht kennt, ist es für ihn in jedem Fall von Interesse, auch den - unbedingten oder bedingten - Auszahlungsanspruch des Verkäufers gegen den Notar zu pfänden. Die Pfändung des bedingten Auszahlungsanspruchs ist nicht unbestritten. Insbesondere stellt sich die Frage, ob die Pfändung des bedingten Auszahlungsanspruchs des Verkäufers nur dann wirksam ist, wenn zugleich die Kaufpreisforderung gepfändet wird.

a) Bedeutung der Pfändung des bedingten Auszahlungsanspruchs neben der Pfändung des Kaufpreisanspruchs

Zum Teil wird in der Literatur die Auffassung vertreten, daß die Pfändung des bedingten Auszahlungsanspruchs des Verkäufers gegen den Notar verfehlt sei, weil der Notar die Funktion einer bloßen Hinterlegungsstelle ausübe.[43] Wird von Verfechtern der ausschließlichen Pfändung des Kaufpreisanspruchs die gleichzeitige Pfändung des Auszahlungsanspruchs gegen den Notar empfohlen, so begründen sie dieses Erfordernis damit, daß der Vollstreckungsgläubiger die Einzelheiten des Vertrages in der Regel nicht kennen wird und nicht weiß, inwieweit der Hinterlegung Erfüllungswirkung beigemessen wird und zu welchen Zeitpunkt dementsprechend die Kaufpreisforderung erlischt.[44] Die Doppelpfändung bezweckte danach lediglich die Rückabsicherung des

---

[41] *Brambring*, DNotZ 1990,615/645; *Schneider*, JurBüro 1964,779/780 f; *Stein / Jonas / Münzberg*, ZPO § 829, Rz. 23; *Stöber*, Forderungspfändung, Rz. 1781; *Volhard*, DNotZ 1987, 523/544.

[42] *Brambring*, DNotZ 1990,615/645; *Grunsky*, EWiR 1988,827 § 829 ZPO; zur Pfändbarkeit eines bedingten Anspruchs: RGZ 67,425; BGHZ 53,29/32; 80,172/181; *Baumbach / Lauterbach / Hartmann*, ZPO § 829, Rz. 1; *Jauernig*, Zwangsvollstreckungsrecht, § 19 IV.; MünchKomm / *Smid*, ZPO § 829, Rz. 9; *Rosenberg / Gaul / Schilken*, Zwangsvollstreckungsrecht, § 54 I. 1. a); *Stein / Jonas / Münzberg*, ZPO § 829, Rz. 3; *Stöber*, Forderungspfändung, Rz. 25; *Zöller / Stöber*, ZPO § 829, Rz. 33 (Notar).

[43] *Stein / Jonas / Münzberg*, ZPO § 829, Rz. 23 (unter der Prämisse, daß auch die Erfüllungswirkung mit Eintritt der Auszahlungsreife und damit die Existenz eines pfändbaren bedingten Rechtes des Verkäufers auf Auszahlung lediglich ein Ausnahmefall sei).

[44] *Rupp / Fleischmann*, NJW 1983,2368/2369; *Stein / Jonas / Münzberg*, ZPO § 829, Rz. 23; vgl. auch *Hansmeyer*, MittRhNotK 1989,149/157.

Pfändungsgläubigers, der die Vertragsinterna nicht kennt. Bestünde nur ein Auszahlungsanspruch, so hätte der Gläubiger diesen wirksam gepfändet. Wäre die Kaufpreisforderung dagegen noch nicht erloschen, so würde die Vollstrekkung abgewickelt, ohne daß aus der Separatpfändung des Auszahlungsanspruchs, sei es durch den Pfändungsgläubiger selbst, sei es durch einen Dritten, Rechte hergeleitet werden könnten.

Eine Lösung, die in dieser Weise die notarielle Hinterlegung als unselbständiges Abwicklungsinstrumentarium wertet und damit der Frage der kumulativen Verstrickung von Kaufpreisforderung und Auszahlungsanspruch aus dem Weg geht, wird der Rechtsnatur des Auszahlungsanspruchs nicht gerecht. Der Auszahlungsanspruch ist an sich ein verwertbarer und damit auch pfändbarer Vermögenswert.[45] Auch als bedingter Anspruch unterliegt er der Zwangsvollstreckung. Obwohl der Auszahlungsanspruch als Ersatz an die Stelle der - mit Auszahlungsreife erloschenen - Kaufpreisforderung tritt, ergibt sich aus seiner Rechtsnatur als selbständiger Anspruch gegen den Notar die Konsequenz eines unabhängigen Rechtsschicksals. Insofern unterscheidet der Auszahlungsanspruch sich von der Ersatzleistung im Rahmen einer Ersetzungsbefugnis. Bei der Ersetzungsbefugnis unterliegt nur die geschuldete Primärleistung der Vollstreckung, der Schuldner kann die Vollstreckung aber durch ordnungsgemäße Ersatzleistung abwenden.[46] Bei der notariellen Hinterlegung hat der Gläubiger demgegenüber einen Anspruch auf den Ersatz, der sich mit Eintritt der Auszahlungsreife zu der treugeberischen Stellung gegenüber dem Notar und damit zu einer gleichsam verdinglichten Rechtsposition verfestigt.[47] Konsequenterweise muß der Auszahlungsanspruch neben dem Kaufpreisanspruch gepfändet werden können und zwar nicht nur pro forma für den Fall, daß die Kaufpreisforderung bei Zustellung des Pfändungsbeschlusses an den Drittschuldner bereits erloschen ist, sondern grundsätzlich und mit der Wirkung der Verstrickung neben der Verstrickung der Kaufpreisforderung.[48]

b) Erforderlichkeit der Doppelpfändung

Die Möglichkeit, parallel die Kaufpreisforderung und den bedingten Auszahlungsanspruch gegen den Notar zu pfänden, schließt die Gefahr ein, daß die beiden Ansprüche von verschiedenen Gläubigern gepfändet werden bzw. daß ein Anspruch gepfändet und der andere an einen Dritten abgetreten wird.

---

[45] so auch *Stein / Jonas / Münzberg*, ZPO, § 829, Rz. 23.

[46] *Rosenberg / Gaul / Schilken*, Zwangsvollstreckungsrecht, § 48 II. 4. d) bb), *Stein / Jonas / Münzberg*, ZPO Vor § 803, Rz. 13.

[47] zur verdinglichten Rechtsposition des Treugebers: vgl. *Canaris*, Bankvertragsrecht Rz. 279.

[48] *Stöber*, Forderungspfändung, Rz. 1781.

Die Pfändung der Kaufpreisforderung ist auch ohne die gleichzeitige Pfändung des bedingten Auszahlungsanspruchs wirksam. Die Vereinbarung, daß der Käufer seine Verpflichtung im Wege der notariellen Hinterlegung zu erfüllen hat, gehört zu den Modalitäten der Kaufpreisforderung. Diese vereinbarte Leistungsmodalität schlägt auch dann durch, wenn ein Gläubiger des Verkäufers vor der Hinterlegung die Kaufpreisforderung des Verkäufers pfändet. Der Pfändungsgläubiger muß die Vereinbarungen bezüglich der Kaufpreishinterlegung entsprechend § 404 BGB gegen sich gelten lassen.[49]

Unterschiedliche Berechtigungen an der Kaufpreisforderung und an dem bedingten Auszahlungsanspruchs können strenggenommen nur dann vermieden werden, wenn der separaten Pfändung des bedingten Auszahlungsanspruchs die Wirksamkeit versagt wird. Diese Auffassung hat der Bundesgerichtshof in der als richtungsweisend verstandenen Entscheidung vom 30.06.1988 vertreten.[50] Der erkennende Senat begründete diese Ansicht damit, daß andernfalls trotz der Pfändung des gegen den Notar gerichteten Auszahlungsanspruchs des Verkäufers die Parteien des Kaufvertrages über den Kaufpreisanspruch weiter frei verfügen und der Verkäufer seine Kaufpreisforderung an Dritte abtreten könnte. Ein solches Ergebnis sei aber mit dem Gebot der Rechtssicherheit nicht vereinbar.

Gegen die Ansicht des Bundesgerichtshofs, einer Pfändung des bedingten Auszahlungsanspruchs die Wirksamkeit zu versagen, wenn nicht gleichzeitig die Kaufpreisforderung gepfändet wird, könnte die rechtliche Selbständigkeit des Auszahlungsanspruchs sprechen.[51] Die Wirksamkeit der Forderungspfändung kann grundsätzlich nicht von der gleichzeitigen Pfändung einer anderen Forderung abhängig gemacht werden. Zum Teil wird in diesem Zusammenhang auf die der Gesamtschuld vergleichbare Interessenlage verwiesen. Wie bei der Gesamtschuld keine rechtliche Notwendigkeit bestehe, die Ansprüche gegen alle Gesamtschuldner parallel zu pfänden, so könne auch der isolierten Pfändung des bedingten Auszahlungsanspruches nicht die Wirksamkeit versagt werden.[52] Diese Argumentation läßt aber außer acht, daß bei der Erfüllung mittels notarieller Hinterlegung ein außenwirksames Abhängigkeitsverhältnis zwischen den beiden Forderungen besteht, dem der Bundesgerichtshof mit dem Postulat der Doppelpfändung zu Lasten des Auszahlungsanspruchs Rechnung trägt. Im Hinblick auf die Pfändung des bedingten Auszahlungsanspruchs muß ferner berücksichtigt werden, daß mit dem Erwerb des unbeding-

---

[49] BGH, NJW 1985,1155/1157; *Baumbach / Lauterbach / Hartmann*, ZPO § 829, Rz. 56; *Brambring*, DNotZ 1990,615/646; *Bräu*, Verwahrungstätigkeit des Notars, Rz. 233,235; *Märker*, Rpfleger 1992, 52; *Rupp / Fleischmann*, NJW 1983,2368/2369; *Stöber*, Forderungspfändung, Rz. 1781; *Volhard*, DNotZ 1987,523/541.

[50] BGHZ 105,60/64, s. auch *Volhard*, DNotZ 1987,523/544, Fn 94).

[51] *Stöber*, Forderungspfändung, Rz. 1781.

[52] *Grunsky*, EWiR 1988,827/828 ZPO § 829.

ten Auszahlungsanspruchs durch den Verkäufer die Kaufpreisforderung erfüllt wird, so daß das Einziehungsrecht dem Pfändungsgläubiger der Kaufpreisforderung zusteht. Daraus ergibt sich die weitere Konsequenz, daß der Auszahlungsanspruch bei gleichzeitigem Bestand der Kaufpreisforderung nur in seiner Eigenschaft als Ersatzleistung gepfändet wird.[53] Die Beschränkungen, die sich im Hinblick auf die separate Abtretbarkeit des Auszahlungsanspruchs ergeben haben, gelten insoweit auch für den Fall der Pfändung.[54] Der Auskehrungsanspruch ist nach § 851 Abs. 1 ZPO nur insoweit der Pfändung unterworfen, wie es seiner Bestimmung zur Begleichung der Kaufpreisforderung entspricht, also nur gemeinsam mit der Kaufpreisforderung. Dieser Pfändungsbeschränkung steht auch § 851 Abs. 2 ZPO nicht entgegen. Das Erfordernis der kumulativen Pfändung von Kaufpreisforderung und Auszahlungsanspruch führt nicht dazu, daß den Gläubigern des Verkäufers ein Vollstrekkungsobjekt entzogen wird. Der Kaufpreis kann schließlich nur einmal verlangt werden. Insoweit ist dem Bundesgerichtshof zuzustimmen und ein Gleichlauf der Pfändungen des Kaufpreisanspruchs und des Auszahlungsanspruchs zu fordern, solange beide Ansprüche nebeneinander bestehen.[55] Haben zwei verschiedene Gläubiger die Kaufpreisforderung und den Auszahlungsanspruch gepfändet, ist der Pfändung des Auszahlungsanspruchs anal. §§ 851 Abs. 1 ZPO, 399 BGB die Wirksamkeit zu versagen.

3. Pfändung des künftigen Auszahlungsanspruchs des Verkäufers

Bei der Kaufpreiszahlung über Notaranderkonto erwirbt der Verkäufer mit Auszahlungsreife den Auszahlungsanspruch gegen den Notar. Dieser künftige, unbedingte Anspruch ist hinreichend bestimmt und deshalb von Gläubigern des Verkäufers vorzeitig pfändbar.[56] Da mit dem Erwerb des künftigen Auszahlungsanspruchs durch den Verkäufer die Kaufpreisforderung erlischt, ergibt sich hier nicht das Problem der Divergenz von Kaufpreisforderung und Auszahlungsanspruch. Den künftigen, unbedingten Auszahlungsanspruch können Gläubiger des Verkäufers deshalb separat pfänden. Die Pfändung des künftigen Auszahlungsanspruchs verspricht aber nur dann Erfolg, wenn

---

[53] vgl. *Stöber*, Forderungspfändung, Rz. 1781: Die Pfändung des Auskehrungsanspruchs berechtigt nur zur Einziehung des fälligen Anspruchs aus dem Kaufvertrag.

[54] vgl. Viertes Kapitel § 12 III. 2. a).

[55] so auch: *Brambring*, DNotZ 1990,615/645; *Bräu*, Verwahrungstätigkeit des Notars, Rz. 248; *Reithmann*, Vorsorgende Rechtspflege, S. 221; *Weingärtner*, DONot § 11, Rz. 147 b.

[56] BGHZ 20,127/131; 53,29/32; BGH, NJW 1955,544; Rpfleger 1959,273; NJW-RR 1989, 286/290; OLG Celle, OLGZ 1966,313/314; OLG Köln, OLGZ 1987,206/207; *Baumbach / Lauterbach / Hartmann*, ZPO § 829, Rz. 1; MünchKomm / *Smid*, ZPO § 829, Rz. 9, 10; *Zöller / Stöber*, ZPO § 829, Rz. 2.

- der Verkäufer den Auszahlungsanpruch tatsächlich erwirbt und

- wenn nicht bereits Pfändungspfandrechte anderer Gläubiger auf dem Anspruch lasten.

Hat der Verkäufer bereits seinen bedingten Auszahlungsanspruch zusammen mit der Kaufpreisforderung an einen Dritten abgetreten, so erwirbt bei Eintritt der Auszahlungsreife der Dritte den Auszahlungsanspruch. Die Pfändung geht ins Leere. Erwirbt der Verkäufer den Auszahlungsanspruch selbst mit einem Pfändungspfandrecht belastet, das aus der Pfändung von Kaufpreisforderung und bedingtem Auszahlungsanspruch resultiert, so geht dieses Pfandrecht vor. Der Gläubiger, der den künftigen Auszahlungsanspruch gepfändet hat, kann nur noch - teilweise - Befriedigung erlangen, wenn nach Befriedigung der vorrangig berechtigten Gläubiger ein Restbetrag für ihn zur Einziehung übrig bleibt.

§ 18 Die Pfändung der Kaufpreisforderung

I. Die Bedeutung der Hinterlegungsvereinbarung für die Pfändung der Kaufpreisforderung

Die Hinterlegungsvereinbarung der Parteien des Kaufpreisvertrages hindert nicht, daß Gläubiger des Verkäufers dessen Kaufpreisforderung pfänden.

- Bis zur Zahlung auf Notaranderkonto steht der Kaufpreisanspruch den Gläubigern jedenfalls als Pfändungsobjekt zur Verfügung.

- Nach erfolgter Hinterlegung ist zu differenzieren. Haben die Vertragsparteien ausnahmsweise vereinbart, daß mit der Hinterlegung die Kaufpreisforderung erfüllt sein soll, erlischt die Forderung und steht somit als Pfändungsobjekt nicht mehr zur Verfügung. Bewirkt die Hinterlegung noch keine Erfüllung der Kaufpreisforderung, können die Gläubiger des Verkäufers die Forderung auch nach erfolgter Hinterlegung noch pfänden.[57] - Drittschuldner ist der Käufer als Anspruchsgegner und nicht etwa der Notar.[58] - Da die Kaufpreisforderung mit Eintritt der Auszahlungsreife erfüllt wird, hat die Pfändung jedoch dann keinen Erfolg mehr, wenn vor Zustellung des Pfändungsbeschlusses an den Drittschuldner die Auszahlungsvoraussetzungen erfüllt wurden.[59] Ge-

---

[57] BGH, NJW 1985,1155/1157; *Brambring*, DNotZ 1990,615/646; *Bräu*, Verwahrungstätigkeit des Notars, Rz. 235; *Hansmeyer*, MittRhNotK 1989,149/156; *Märker*, Rpfleger 1992,52; *Stöber*, Forderungspfändung, Rz. 1781; *Volhard*, DNotZ 1987,523/544; vgl. auch *Stein / Jonas / Münzberg*, ZPO § 829 Rz. 23.

[58] vgl. *Rupp / Fleischmann*, NJW 1983,2368/2369; *Schneider*, JurBüro 1964,779; *Stöber*, Forderungspfändung, Rz. 1782.

[59] *Volhard*, DNotZ 1987,523/544.

genüber dem Käufer als Drittschuldner nimmt der Pfändungsgläubiger die gleiche Rechtsposition ein wie der Verkäufer. Er erlangt keine weiteren Rechte als der Verkäufer selbst. Demzufolge kann er nur die Hinterlegung der geschuldeten Summe verlangen mit der Maßgabe, daß er auch die getroffenen Vereinbarungen bezüglich der Auszahlungsvoraussetzungen und der treuhänderischen Verwendung des hinterlegten Geldes gegen sich gelten lassen muß.[60] Führt erst die Zahlung des Drittschuldners, die der Pfändungsgläubiger nicht gegen sich gelten lassen muß, zur Herbeiführung der Auszahlungsreife, so kann der Pfändungsgläubiger gleichwohl nicht nochmalige Zahlung an sich verlangen. Er würde sonst eine stärkere Rechtsposition ausüben als der Verkäufer selbst.

Bsp.: Die Parteien des Grundstückskaufvertrages treffen folgende Vereinbarung: 60 % des Kaufpreises sind sofort zur Hinterlegung auf Notaranderkonto fällig. Der Notar wird angewiesen, diesen Betrag nach Eintragung einer Auflassungsvormerkung zugunsten des Käufers an den Verkäufer auszuzahlen. Die restlichen 40 % des Kaufpreises sind nach Eintragung der Auflassungsvormerkung auf Notaranderkonto zu zahlen. Der Notar wird angewiesen, den Restbetrag nach lastenfreier Eigentumsumschreibung an den Verkäufer auszuzahlen. Vor Fälligkeit des zweiten Kaufpreisteils pfändet ein Gläubiger des Verkäufers die Kaufpreisforderung. Nach Zustellung des Pfändungsbeschlusses zahlt der Käufer nach Absprache mit dem Verkäufer den Restkaufpreis nicht vollständig auf Notaranderkonto ein, sondern löst mit einem Teilbetrag ein auf dem Kaufgrundstück haftendes Grundpfandrecht ab.

Durch die Ablösung des Grundpfandrechtes führt der Käufer die Voraussetzung für die Auszahlung des Hinterlegungsbetrages an den Verkäufer herbei. Der Bundesgerichtshof erkannte in einem vergleichbaren Fall, daß es Treu und Glauben widersprechen würde, wenn der Pfändungsgläubiger sich darauf beriefe, daß er die Zahlung zur Ablösung des Grundpfandrechtes zwar nicht gegen sich gelten lassen müsse, daß aber mit dem lastenfreien Eigentumsübergang die Voraussetzung für die freie Verfügungsbefugnis des Verkäufers über den Hinterlegungsbetrag und damit für die Auszahlung an ihn - den Pfändungsgläubiger - eingetreten sei.[61]

Im Hinterlegungsverfahren nimmt der Pfändungsgläubiger die gleiche Rechtsstellung ein wie der Verkäufer.[62] Er wird mit der Beschlagnahme der

---

[60] BGH, NJW 1985,1155/1157; DNotZ 1985,633/634; *Brambring*, DNotZ 1990,615/646; *Bräu*, Verwahrungstätigkeit des Notars, Rz. 235; *Hansmeyer*, MittRhNotK 1989,149/156; *Märker*, Rpfleger 1992,52; *Reithmann*, Vorsorgende Rechtspflege, S. 225; *Stöber*, Forderungspfändung, Rz. 1781; *Volhard*, DNotZ 1987,523/544; *Weingärtner*, DONot § 11, Rz. 147 b; s. auch: *Lüke*, ZIP 1992,150/158; *Rings*, MittRhNotK 1957,873/887 f; vgl. auch BGH, WM 1981,305 f (vereinbarte Zahlung auf Sperrkonto).

[61] BGH, WM 1981,305/306 (Zahlung auf Sperrkonto).

[62] vgl. OLG Frankfurt, DNotZ 1992,61 (Arrestgläubiger); LG Duisburg, MittRhNotK 1984, 26/27; LG Wuppertal, MittRhNotK 1984,149/159; *Rupp / Fleischmann*, NJW 1983,2368/2369; *Volhard*, DNotZ 1987,523/542; s. auch *Bohrer*, Berufsrecht der Notare, Rz. 80.

Kaufpreisforderung zum Verfahrensbeteiligten.[63] Der Notar ist ihm gegenüber ebenso zu amtspflichtgemäßem Verhalten verpflichtet wie gegenüber dem Verkäufer. Dem Pfändungsgläubiger steht demgemäß auch der Beschwerdeweg gem. § 15 Abs. 1 S. 2 BNotO offen.[64]

II. Rechtsfolgen der Vollstreckung bei notarieller Hinterlegung

Mit der Zustellung des Pfändungs- und Überweisungsbeschlusses treten die Rechtsfolgen der Forderungspfändung ein:

- Mit dem Pfändungsbeschluß wird dem Käufer untersagt, an den Verkäufer zu zahlen, § 829 Abs. 1 S. 1 ZPO. Der Verkäufer darf die Forderung nicht mehr einziehen, § 829 Abs. 1 S. 2 ZPO.

- An der gepfändeten Forderung entsteht ein Pfändungspfandrecht zugunsten des Pfändungsgläubigers.[65]

- Durch den Überweisungsbeschluß erwirbt der Pfändungsgläubiger die Berechtigung zur Einziehung der Forderung, § 836 Abs. 1 ZPO.

Bei der Abwicklung der Forderungspfändung muß berücksichtigt werden, daß die Stellung des Käufers als Drittschuldner durch die Pfändung nicht nachteilig verändert werden darf.[66] Das heißt, daß die Rechtsfolgen der Forderungspfändung auf die notarielle Hinterlegung abgestimmt werden müssen.

---

[63] OLG Hamm DNotZ 1983,61/63; DNotZ 1983,702/703; LG Duisburg, MittRhNotK 1984, 26/27; LG Wuppertal, MittRhNotK 1984,149/150; *Hansmeyer*, MittRhNotK 1989, 149/156; *Volhard*, DNotZ 1987,523/542,547; i. E. auch *Weingärtner*, DONot § 11, Rz. 147 b; a.A. *Bräu*, Verwahrungstätigkeit des Notars, Rz. 243.

[64] LG Duisburg, MittRhNotK 1984,26/27; LG Wuppertal, MittRhNotK 1984,149/150; *Haug*, DNotZ 1992,19/23; *Rupp / Fleischmann*, NJW 1983,2368/2369; *Volhard*, DNotZ 1987,523/542.

[65] *Baumbach / Lauterbach / Hartmann*, ZPO § 829, Rz. 45; MünchKomm / *Smid*, ZPO § 829, Rz. 33; *Stein / Jonas / Münzberg*, ZPO § 829, Rz. 70; *Stöber*, Forderungspfändung, Rz. 554; *Zöller / Stöber*, ZPO § 829, Rz. 1.

[66] *Baumann / Brehm*, Zwangsvollstreckungsrecht, § 6 II. 3. d); *Baur / Stürner*, Zwangsvollstreckungsrecht, Rz. 519; *Jauernig*, Zwangsvollstreckungsrecht, § 19 VII. 1.; *Märker*, Rpfleger 1992,52; vgl. auch BGHZ 105,358/360 f; *Brox / Walker*, Zwangsvollstreckungsrecht, Rz. 620.

1. Einhaltung des Zahlungsverbotes bei notarieller Hinterlegung

Das Zahlungsverbot gegen den Käufer als Drittschuldner führt nicht zu der Konsequenz, daß er den Kaufpreis nicht mehr auf Notaranderkonto einzahlen dürfte. Es entfaltet jedoch nur dann praktische Wirkung, wenn der Notar nach Eintritt der Auszahlungsbedingungen nicht an den Verkäufer auszahlt. Es kann nicht vom Käufer als Drittschuldner verlangt werden, zur Einhaltung des Zahlungsverbotes die Anweisung an den Notar, den Hinterlegungsbetrag an den Verkäufer auszuzahlen, zu widerrufen. Das Zahlungsverbot verpflichtet den Drittschuldner nicht zu einem aktiven Eingreifen.[67] Er braucht vorgenommene Leistungshandlungen nicht wieder rückgängig zu machen, um den Eintritt des Leistungserfolges noch zu verhindern.[68] Der Käufer hat mit der Einzahlung auf das Notaranderkonto und der Erteilung der Auszahlungsanweisung die von ihm geschuldete Leistungshandlung vorgenommen. Er muß nicht aktiv werden, um die Auszahlungsberechtigung des Verkäufers zu verhindern. Ferner gebietet der Grundsatz, daß der Drittschuldner durch die Pfändung nicht schlechter gestellt werden darf, daß der Käufer mit Auszahlungsreife wie vorgesehen von seiner Verbindlichkeit befreit wird. Das bedeutet, daß der Verkäufer mit Eintritt der Auszahlungsreife - ungeachtet der Pfändung - den Auszahlungsanspruch gegen den Notar erwirbt.

Der Erwerb des Auszahlungsanspruchs durch den Verkäufer ist im Hinblick auf das Zahlungsverbot zu Lasten des Käufers unschädlich, wenn gewährleistet ist, daß der Notar nicht an den Verkäufer auszahlt. Diese Gewähr ist bei Kenntnis des Notars von der Pfändung erfüllt.

- Der Notar muß das Zahlungsverbot zugunsten des Pfändungsgläubigers schon deshalb beachten, weil er gem. § 14 Abs. 2 BNotO seine Mitwirkung bei ungesetzlichen und unredlichen Handlungen versagen muß, also nicht gegen ein gerichtliches Verbot verstoßen darf.[69]

- Daneben ergibt sich auch gegenüber dem Drittschuldner die Verpflichtung des Notars, durch die Beachtung der Pfändung ein mögliches Schadensrisiko von ihm fernzuhalten.[70] Würde im Wege der Hinterlegung an den Verkäufer

---

[67] vgl. *Brambring*, DNotZ 1990,615/646; *Bräu*, Verwahrungstätigkeit des Notars, Rz. 235.

[68] BGHZ 105,358/360; OLG Düsseldorf, WM 1975,397/399; MünchKomm / *Roth*, BGB § 407, Rz 16.

[69] *Bräu*, Verwahrungstätigkeit des Notars, Rz. 235; *Hansmeyer*, MittRhNotK 1989,149/156; *Volhard*, DNotZ 1987,523/542.

[70] vgl. BGH, DNotZ 1978,373/374; OLG Hamm, DNotZ 1983,702/703; LG Braunschweig, DNotZ 1983,778; *Haug*, DNotZ 1982,592/595; *ders.*, Die Amtshaftung des Notars, Rz. 716; *Louis*, VersR 1979,988/989; *Reithmann*, Vorsorgende Rechtspflege, S. 230; *Zimmermann*, DNotZ 1980,451/469.

ausgezahlt, müßte der Käufer bei einem solchen Verstoß gegen das Zahlungsverbot unter Umständen noch einmal leisten.[71]

Zur Einhaltung des Zahlungsverbotes reicht es aus, ist aber auch dringend erforderlich, daß der Käufer dem Notar Kenntnis von der Pfändung verschafft. Außerdem ist der Käufer gem. § 840 Abs. 1 ZPO dem Pfändungsgläubiger gegenüber verpflichtet, auf die Hinterlegungsvereinbarung hinzuweisen.[72] Der Pfändungsgläubiger kann sich also der Sicherheit halber auch selbst an den Notar wenden.

2. Übergang des Pfändungspfandrechts an der Kaufpreisforderung auf den Auszahlungsanspruch

Der Pfändungsgläubiger erwirbt mit dem Pfändungspfandrecht an der Forderung die Berechtigung, sich durch die Einziehung der Forderung zu befriedigen. Bei der Erfüllung der Forderung mittels notarieller Hinterlegung ergibt sich folgendes Problem, wenn der Pfändungsgläubiger nicht zugleich mit der Kaufpreisforderung auch den bedingten Auszahlungsanspruch des Verkäufers gepfändet hat: Der Kaufpreisanspruch wird erfüllt, indem der Verkäufer den fälligen und unbedingten Auszahlungsanspruch gegen den Notar erhält. Mit dem Kaufpreisanspruch erlischt auch das Pfändungspfandrecht. Der Verkäufer erwirbt nur dann keinen unbelasteten Auszahlungsanspruch, wenn

- der Gläubiger mit dem Pfändungspfandrecht an der Kaufpreisforderung zugleich ein Pfändungspfandrecht an dem bedingten Auszahlungsanspruch erwirbt oder

- wenn sich das Pfändungspfandrecht an dem Kaufpreisanspruch an dem Auszahlungsanspruch des Verkäufers gegen den Notar fortsetzt.

a) Erstreckung des Pfändungspfandrechts auf den bedingten Auszahlungsanspruch?

Die Pfändung der Kaufpreisforderung könnte den bedingten Auszahlungsanspruch als "unselbständiges Nebenrecht" mitumfassen.[73] Dann würde mit der Kaufpreisforderung zugleich der bedingte Auszahlungsanspruch von der Pfandverstrickung erfaßt.[74] Mit dem Eintritt der Auszahlungsreife und dem Erlöschen der Kaufpreisforderung setzte sich das Pfandrecht an dem bedingten

---

71 *Hansmeyer*, MittRhNotK 1989,149/156; *Volhard*, DNotZ 1987,523/542.

72 vgl. *Märker*, Rpfleger 1992,52/53.

73 *Lüke*, ZIP 1992,150/158.

74 RGRK / *Weber*, BGB § 401, Rz. 36; *Stöber*, Forderungspfändung, Rz. 699.

Auszahlungsanspruch an dem - nunmehr unbedingten und fälligen - Auszahlungsanspruch gegen den Notar fort. Wie bereits im Zusammenhang mit der Zedierbarkeit des bedingten Auszahlungsanspruchs des Verkäufers erörtert, handelt es sich bei diesem Anspruch nicht um ein unselbständiges Nebenrecht.[75] Außerdem widerspricht die Theorie, daß der Pfändungsgläubiger gleichzeitig ein Pfändungspfandrecht an der Forderung und an dem bedingten Auszahlungsanspruch erwirbt, der Systematik der Forderungspfändung. Die Forderungspfändung zielt auf Befriedigung des Pfändungsgläubigers durch Einziehung der Forderung. Der Pfändungsgläubiger erhält kein Pfändungspfandrecht an dem Leistungsgegenstand.[76] Wenn die Kaufpreisforderung mit Erwerb des unbedingten Auszahlungsanspruch des Verkäufers erlöschen soll, ist der Auszahlungsanspruch gegen den Notar nichts anderes als der geschuldete Leistungsgegenstand. Die gleichzeitige Pfandverstrickung der Kaufpreisforderung und des bedingten Auszahlungsanspruchs ist deshalb abzulehnen.

b) Fortsetzung des Pfändungspfandrechts in dem Auszahlungsanspruch des Schuldners?

Die Pfandverstrickung des Auszahlungsanspruchs kann somit nur erreicht werden, wenn sich das Pfändungspfandrecht an der Kaufpreisforderung in einem Pfändungspfandrecht an dem Auszahlungsanspruch fortsetzt.

Das Vollstreckungsrecht kennt den Fall der Fortsetzung des Pfandrechts an der Forderung in dem Pfandrecht an einem Auszahlungsanspruch bei der gerichtlichen Hinterlegung. Gem. § 853 ZPO kann der Drittschuldner etwa bei Mehrfachpfändung einer Forderung den geschuldeten Betrag beim Amtsgericht mit befreiender Wirkung hinterlegen. Die Pfändungspfandrechte an der Forderung setzen sich in diesem Fall in dem Rückforderungsanspruch gegen die Hinterlegungsstelle fort.[77] Der Rechtsgedanke des § 853 ZPO ist auch für den Fall der notariellen Hinterlegung fruchtbar zu machen, wobei an die Stelle der gerichtlichen Hinterlegung die notarielle Hinterlegung zugunsten aller potentiell Auszahlungsberechtigten tritt. Der Drittschuldner will mit der Hinterlegung dann, wenn er den Notar von der Pfändung unterrichtet, eine doppelte Funktion erfüllen, nämlich zum einen von seiner Verbindlichkeit befreit werden und zum anderen dem Zahlungsgebot genügen.

Insofern ergibt sich eine der gerichtlichen Hinterlegung vergleichbare Situation. Der Pfändungsgläubiger erlangt durch seine Integration in das Hinterle-

---

[75] vgl. Viertes Kapitel § 12 III. 2. a).

[76] vgl. zu §§ 846 ZPO (Das Recht und nicht die Sache ist gepfändet.): *Thomas / Putzo*, ZPO §§ 846,847, Anm. 2. a); *Stein / Jonas / Münzberg*, ZPO § 846, Rz. 9; s. auch *Baumbach / Lauterbach / Hartmann*, ZPO § 846, Rz. 2.

[77] *Thomas / Putzo*, ZPO § 853, Anm. 2. a).

gungsverfahren in ähnlicher Weise die Berechtigung an dem Auszahlungsanspruch wie bei gerichtlicher Hinterlegung am Rückforderungsanspruch gegen die Hinterlegungsstelle. Aus der Beteiligtenstellung resultiert ein eigener Anspruch gegen den Notar auf amtspflichtgemäßes Tätigwerden, der sich zu einem Zahlungsanspruch konkretisieren kann. Obwohl der Verkäufer mit Auszahlungsreife wirtschaftlicher Eigentümer des Hinterlegungsbetrages wird, kann der Pfändungsgläubiger aus eigenem Recht die weitere Verwahrung verlangen und den Notar bei beabsichtigter Auszahlung an den Verkäufer über § 15 Abs. 1 S. 2 BNotO zur weiteren Verwahrung anweisen lassen. Demnach spricht nichts dagegen, daß sich das Pfändungspfandrecht an der Kaufpreisforderung in einem Pfändungspfandrecht an dem Auszahlungsanspruch gegen den Notar fortsetzt.

3. Die Überweisung zur Einziehung

Im Hinblick auf die zwangsweise Befriedigung des Pfändungsgläubigers stellt sich die Frage, aufgrund welcher Stellung der Pfändungsgläubiger, der gem. § 835 Abs. 1 ZPO zur Einziehung der Kaufpreisforderung berechtigt ist, die Auszahlung des Hinterlegungsbetrages an sich verlangen kann.

Indem der Pfändungsgläubiger mit der Pfändung und Überweisung der Kaufpreisforderung eine Verfahrensstellung einnimmt, in der er Rechte des Verkäufers geltend machen kann, ist er auch berechtigt, die Auszahlung des Hinterlegungsbetrages an sich zu verlangen.[78] Durch die Überweisung zur Einziehung wird die notarrechtliche Empfangszuständigkeit des Pfändungsgläubigers begründet. Die ursprüngliche Weisung des Käufers, bei Eintritt der Auszahlungsvoraussetzungen an den Verkäufer auszuzahlen, darf der Notar nicht mehr beachten. Die Empfangszuständigkeit des Pfändungsgläubigers tritt an die Stelle der Empfangszuständigkeit des Verkäufers. Sie aktualisiert sich demnach auch erst mit Auszahlungsreife des Hinterlegungsbetrages. Der Notar hat sie in gleicher Weise zu beachten, wie er die Weisung des Verkäufers, an einen Dritten auszuzahlen, befolgen müßte. Auch bei einer derartigen Weisung ist der Verkäufer der wirtschaftliche Eigentümer des Hinterlegungsbetrages; sein Anspruch erlischt aber mit der Auszahlung an den Dritten. Entsprechend erlischt der Auszahlungsanspruch, wenn der Notar die - durch den Überweisungsbeschluß fingierte - "Weisung" des Verkäufers ausführt, an den Pfändungsgläubiger auszuzahlen. Der Beschluß des Vollstreckungsgerichts tritt an die Stelle der Weisung des Schuldners an den Notar.

---

[78] vgl. *Bohrer*, Berufsrecht der Notare, Rz. 80.

III. Eingeschränkte Verwertung bei Ablösung bestehender Grundpfandrechte aus dem Hinterlegungsbetrag

Die Parteien eines Grundstückskaufvertrages treffen häufig die Vereinbarung, daß mit Hilfe des Hinterlegungsbetrages Grundpfandrechte, die der Käufer nicht übernehmen will, abgelöst werden sollen. Die Grundpfandrechtsgläubiger erteilen dem Notar den Treuhandauftrag, über die Löschungsunterlagen nur dann zu verfügen, wenn der zur Ablösung erforderliche Geldbetrag auflagenfrei zur Auszahlung an sie bereit liegt. Das hat zur Konsequenz, daß nicht nur der Verkäufer, der von seinen Schulden befreit werden soll, sondern auch der Käufer, der das Grundstück lastenfrei erwerben will, ein Interesse an der Erfüllung der Ablösungsvereinbarung hat.

Pfändet ein Gläubiger des Verkäufers dessen Kaufpreisanspruch, stellt sich die Frage, ob der Notar den Hinterlegungsbetrag wie vorgesehen zur Ablösung der Grundpfandrechte verwenden darf und damit die Voraussetzung für die Verfügung über die Löschungsunterlagen herbeiführen kann. Vereinzelt ist vorgeschlagen worden, den Grundsatz des § 404 BGB dann einzuschränken, wenn durch die Berücksichtigung der Hinterlegungsvereinbarung das Pfändungsrecht in der Art vereitelt würde, daß mit Ablösung der Grundpfandrechte Erfüllung zugunsten des Verkäufers einträte.[79] Dieser Satz kann nur unter der Prämisse bestehen, daß die Kaufpreisforderung ungeachtet der Ablösungsvereinbarung zwischen den Kaufvertragsparteien in voller Höhe und uneingeschränkt zum pfändbaren Vermögen des Verkäufers gehört. Es ist also entscheidend, welche Folgen die Ablösungsvereinbarung für die Pfändbarkeit der Forderung hat. Ablösungsvereinbarungen können einen Schuldbefreiungsanspruch des Verkäufers oder eine Zweckbindung des Hinterlegungsbetrages zum Inhalt haben.[80] Bei der ersten Variante stellt sich die Frage, ob der Pfändungsgläubiger auch den Schuldbefreiungsanspruch des Verkäufers pfänden kann oder ob nur der um den Schuldbefreiungsanspruch reduzierte Teil der Kaufpreisforderung seinem Vollstreckungszugriff unterliegt. Bei der zweiten Variante kommt es darauf an, ob die Pfändbarkeit des Kaufpreisanspruchs durch die Zweckbindung Einschränkungen unterworfen ist.

1. Pfändung des Schuldbefreiungsanspruchs des Verkäufers

Der Schuldbefreiungsanspruch könnte nach § 851 Abs. 1 ZPO pfändbar sein. Die Pfändbarkeit einer Forderung nach § 851 Abs. 1 ZPO setzt voraus,

---

[79] so *Schöner*, DNotZ 1974,327/335 f.

[80] vgl. Erstes Kapitel § 3 I. 4.

daß es sich um eine zedierbare Forderung i. S. d. §§ 398 ff BGB handelt. Die gleichen Gründe, die bei § 399 Fall 1 BGB für die Unabtretbarkeit einer Forderung sprechen, führen auch zur Unpfändbarkeit des Anspruchs.[81] Der Schuldbefreiungsanspruch (§ 329 BGB) ist gem. § 399 Fall BGB grundsätzlich nicht abtretbar, weil die Zession nicht ohne Veränderung des Forderungsinhalts durchgeführt werden könnte.[82] Damit unterliegt der Anspruch auch nicht der Pfändung gem. § 851 Abs. 1 ZPO, es sei denn, daß die Ausnahmeregelung des § 851 Abs. 2 ZPO eingreift.

Eine nicht zedierbare Forderung kann gem. § 851 Abs. 2 ZPO dem Vollstreckungszugriff unterliegen, wenn der geschuldete Gegenstand als solcher pfändbar ist. Durch diese Regelung soll ausgeschlossen werden, daß Schuldner und Drittschuldner durch die Vereinbarung eines Abtretungsverbotes die Zwangsvollstreckung vereiteln.[83] Auf den Fall der Ablösung bestehender Grundstücksbelastungen durch den Käufer ist § 851 Abs. 2 ZPO nicht anwendbar.[84] Der geschuldete Gegenstand ist hier nicht ein pfändbarer Geldbetrag, sondern die Schuldbefreiung als solche. Außerdem setzt die Ausnahmeregelung des § 851 Abs. 2 ZPO implizit voraus, daß das Interesse des Drittschuldners durch die Forderungspfändung nicht berührt wird.[85] Bei der Schuldbefreiung zur Lastenfreistellung des Grundstücks muß gewährleistet sein, daß der Hinterlegungsbetrag auch tatsächlich zur Lastenfreistellung verwendet wird. Der Schuldbefreiungsanspruch des Verkäufers und der Leistungsanspruch des Grundstückskäufers stehen nicht nur im vertraglichen Synallagma. Die Leistungsbeziehung ist so gestaltet, daß der Käufer die von ihm zu beanspruchende Leistung, den lastenfreien Erwerb des Grundstücks, nur dann erlangt, wenn er aus eigenen Mitteln die Lastenfreistellung betreibt. Der Käufer hat deshalb ein elementares Interesse daran, durch Ablösung der Grundpfandrechte die

[81] BGHZ 41,203/205; BGH, MDR 1978,747; NJW 1985,2263/2264; RGZ 80,183/184; KG, NJW 1986,1341 (Pfändung im Rahmen der Zweckbestimmung); LG Berlin, MDR 1972,153; *Baur / Stürner*, Zwangsvollstreckungsrecht, Rz. 390; *Mümmler*, JurBüro 1984,1472/1473; *Stein / Jonas / Münzberg*, ZPO § 851, Rz. 28; vgl. für den Fall, daß notarielle Hinterlegung nicht vereinbart wurde *Hoffmann*: NJW 1987,3153/3155.

[82] Der Anspruch auf Schuldbefreiung kann nur an den Gläubiger des zu tilgenden Anspruchs abgetreten werden und wandelt sich in diesem Fall in einen Zahlungsanspruch um: BGHZ 12, 136/141; 23,17/22; 35,317/325; 41,203/205; BGH, Betrieb 1975,445; WM 1975,1226/1227; VersR 1985,753/754; RGZ 158,6/12; *Erman / H.P.Westermann*, BGB § 399, Rz. 5; Münch-Komm / *Roth*, BGB, § 399, Rz. 12; *Palandt / Heinrichs*, BGB § 399, Rz. 4; *Soergel / Zeiss*, BGB § 399, Rz. 5.

[83] BGHZ 95,99/102; *Baumbach / Lauterbach / Hartmann*, ZPO § 851, Rz. 6; *Baur / Stürner*, Zwangsvollstreckungsrecht, Rz. 389; *Stein / Jonas / Münzberg*, ZPO § 851, Rz. 28; *Zöller / Stöber*, ZPO § 851, Rz. 6.

[84] a.A. *Schöner*, DNotZ 1974,327/335 (für den Bauträgerkauf).

[85] *Stein / Jonas / Münzberg*, ZPO § 851, Rz. 28 unter Bezugnahme auf Fn. 88); s. auch *Märker*, Rpfleger 1992,52.

weitere Vertragsabwicklung zu gewährleisten. Auch unter diesem Gesichtspunkt ist der Pfändung der Erfolg zu versagen.[86] Folglich unterliegt nur die restliche Kaufpreisforderung der Vollstreckung.

2. Pfändung bei Zweckbindung des Hinterlegungsbetrages

Haben die Parteien die Lastenfreistellung nicht im Wege des Schuldbefreiungsanspruchs geregelt, so richtet sich die Vollstreckung der Gläubiger des Verkäufers grundsätzlich auf den gesamten Kaufpreisanspruch. Hier kann sich die Unpfändbarkeit des zur Ablösung der Belastung vorgesehenen Kaufpreisteils aus der vereinbarten Zweckbestimmung ergeben.[87]

Eine Forderung unterliegt nur soweit dem Vollstreckungszugriff der Gläubiger, wie die Verwertung der Forderung ihrer Zweckgebundenheit nicht widerspricht. Das heißt, daß die Verwertung dem durch die Zweckbestimmung privilegierten Personenkreis zugute kommen muß. Die Pfändungsgläubiger des Verkäufers können demnach die Zwangsvollstreckung in die Kaufpreisforderung nur insoweit erfolgreich betreiben, wie die Lastenfreistellung dadurch nicht berührt wird. Dem steht nicht entgegen, daß der Kaufpreisanspruch sich auf Zahlung eines Geldbetrages richtet, der geschuldete Gegenstand also der Zwangsvollstreckung unterworfen ist. Die Schutzvorschrift des § 851 Abs. 2 ZPO greift jedenfalls dann nicht ein, wenn die Forderung einer auch im Drittschuldnerinteresse getroffenen Zweckbestimmung unterliegt.[88] Das ist hier der Fall, weil der Käufer ein eigenes Interesse daran hat, daß der Hinterlegungsbetrag zur Lastenfreistellung verwendet wird.

Der Notar muß also die Treuhandtätigkeit bis zum Eintritt der Auszahlungsreife wie vorgesehen durchführen. Das bedeutet insbesondere, daß er die erforderliche Lastenfreistellung des verkauften Grundstücks aus dem hinterlegten Kaufpreis betreibt. Der Pfändungsgläubiger muß die Tilgungsbestimmungen der Kaufvertragsparteien bezüglich der Ablösung bestehender Grundpfand-

---

[86] vgl. *Hoffmann*, NJW 1987,3153/3155. Das gleiche ergibt sich dann, wenn der Grundpfandrechtsgläubiger ein Kreditinstitut ist und anstelle des Anspruchs auf direkte Schuldbefreiung die Zahlung auf ein Zwischenkonto zur ansschließenden Verrechnung mit der Forderung vereinbart wird. Auch hier hat der Verkäufer keinen Anspruch auf Zahlung an sich, sondern auf Begründung einer Forderung gegen das Kreditinstitut. Auch dieser Anspruch kann nicht abgetreten werden, ohne ihn inhaltlich zu verändern und unterliegt folglich auch nicht der Zwangsvollstreckung; so auch: *Hoffmann*, NJW 1987,3153/3156.

[87] *Hansmeyer*, MittRhNotK 1989,149/156; *Hoffmann*, NJW 1987,3153/3156; *Märker*, Rpfleger 1992,52; vgl. auch *Albrecht*, in: *Reithmann / Röll / Geßele* , Rz. A 397.

[88] allgemein für zweckgebundene Ansprüche: BGH, NJW 1985,2263/2264.

rechte gegen sich gelten lassen.[89] Seinem Vollstreckungszugriff unterliegt nur der verbleibende Restbetrag.

[89] BGH NJW 1985,1155/1157; *Brambring*, DNotZ 1990,615/646; *Hansmeyer*, MittRhNotK 1989,149/156; *Mümmler*, JurBüro 1984,1472/1473; *Märker*, Rpfleger 1992,52; *Rupp / Fleischmann*, NJW 1983,2368/2369; *Stöber*, Forderungspfändung, Rz. 1781.

Achtes Kapitel

Kostenrechtliche Fragen der notariellen Hinterlegung

§ 19 Die Kostenforderung des Notars

I. Kosten des Hinterlegungsgeschäftes

Für die Durchführung von Betreuungstätigkeiten auf dem Gebiete der vorsorgenden Rechtspflege erhebt der Notar Kosten nach den §§ 145 ff KostO. Für einzelne Betreuungstätigkeiten wie die notarielle Hinterlegung finden sich kostenrechtliche Spezialtatbestände.

Soweit für eine Betreuungstätigkeit keine Gebühr bestimmt ist, stützt sich die Kostenforderung auf § 147 Abs. 2 KostO.

1. Die Hebegebühr

Für die Durchführung des Hinterlegungsgeschäftes erhält der Notar die Hebegebühr gem. § 149 KostO.[1] Mit der Hebegebühr werden die gesamten mit der Erhebung, Verwahrung und Ablieferung des Hinterlegungsbetrages verbundenen Tätigkeiten abgegolten.[2]

Bei der Durchführung des Hinterlegungsverfahrens gehören zu den abgegoltenen Nebentätigkeiten etwa:

---

[1] Die Hebegebühr gem. § 149 KostO kann allerdings nur für die Verwahrung von Geld, Wertpapieren und Kostbarkeiten erhoben werden. Wertpapiere i. d. S. sind nur die "echten" Wertpapiere, die Träger der Rechte sind und bei denen die Übertragung des Papiers zugleich die Übertragung des Rechtes bedeutet. Sparbücher, Hypothekenbriefe, Bürgschaftsurkunden usw. gehören nicht dazu. Ebensowenig kann für die Verwahrung von Löschungsunterlagen eine Hebegebühr berechnet werden: BayObLG, DNotZ 1985,101/102; OLG Düsseldorf, JurBüro 1980,119; DNotZ 1988,453; *Hartmann / Albers*, KostO § 149, Anm. 2); *Göttlich / Mümmler*, Hebegebühr, Anm. 2.2; *Klein*, DNotZ 1987,185/186; *Reimann*, in: *Korintenberg / Lappe / Bengel / Reimann*, KostO § 149, Rz. 1, 14.; *Rohs / Weweder / Rohs*, KostO § 149, Rz. 6.

[2] *Göttlich / Mümmler*, Hebegebühr, Anm. 8.; *Reimann*, in: *Korintenberg / Lappe / Bengel / Reimann*, KostO § 149, Rz. 7; *Rohs / Weweder / Rohs*, KostO § 149, Rz. 12; *ders.*, Geschäftsführung, § 149, Hebegebühr.

- das Anfordern des Hinterlegungsbetrages bzw. die Erstellung der Fälligkeitsmitteilung, wenn die vertraglichen Voraussetzungen für die Hinterlegung auf Notaranderkonto eingetreten sind,[3]

- die Überprüfung der Auszahlungsvoraussetzungen,[4]

- die Anzeige, daß der Käufer seinen Darlehensauszahlungsanspruch an den Verkäufer abgetreten hat,[5]

- die Durchführung der Treuhandaufträge, die der Verkäufer im Hinblick auf die zur Lastenfreistellung notwendigen Löschungen und Freigaben erteilt.[6]

Ferner werden alle Tätigkeiten, die mit der Verwaltung der Anderkonten in Zusammenhang stehen, von der Hebegebühr erfaßt, z.B. die Überwachung der Gutschriften und Lastschriften, der Schriftverkehr mit der kontoführenden Bank und die Ausstellung von Quittungen.[7]

Zusätzlicher Verwaltungsaufwand kommt mit dem Inkrafttreten des Gesetzes zur Neuregelung der Zinsbesteuerung v. 12.11.1992 (BGBl. I,1853) für die Verwahrung von Kapitalerträgen aus Sichteinlagen, für die ein höherer Zins oder Bonus als 1 % gezahlt wird, auf die Notariate zu. Die Kreditinstitute müssen die Steuerbescheinigung auf den Namen des Notars ausstellen und durch den Hinweis "Notaranderkonto" kennzeichnen. Der Notar leitet das Original der Steuerbescheinigung an denjenigen weiter, der nach der Verfahrensanweisung Anspruch auf die Auszahlung aufgelaufener Zinsen hat. Wenn die auf dem Notaranderkonto erzielten zinsabschlagspflichtigen Zinsen zeitanteilig auf Käufer und Verkäufer entfallen, hat der Notar eine der Anzahl der Berechtigten entsprechende Anzahl beglaubigter Abschriften der Originalbescheinigung herzustellen und auf der an den jeweiligen Beteiligten auszuhän-

---

[3] OLG Oldenburg, JurBüro 1986,429; OLG Hamm, JurBüro 1990,899 f; *Göttlich / Mümmler*, Hebegebühr, Anm. 9.22; *Reimann*, in: *Korintenberg / Lappe / Bengel / Reimann*, KostO § 149, Rz. 7; *Rohs / Weweder / Rohs*, KostO § 149, Rz. 12; a.A. *Klein*, Rechtspfleger 1988,178/180: keine Nebentätigkeit, sondern gem. § 147 Abs. 2 KostO gebührenpflichtige Tätigkeit.

[4] KG, DNotZ 1976,189/190; SchlHOLG, JurBüro 1981,915 f; OLG Oldenburg, JurBüro 1984,272 mit Anm. *Mümmler*; OLG Hamm, Rpfleger 1965,185; JurBüro 1987,420 f; OLG Frankfurt, JurBüro 1989,1141 f; OLG Düsseldorf, JurBüro 1992,823; LG Lübeck, JurBüro 1989,1429 f; *Göttlich / Mümmler*, Hebegebühr, Anm. 9.22; *Reimann*, in: *Korintenberg / Lappe / Bengel / Reimann*, KostO § 149, Rz.7; *Rohs / Weweder / Rohs*, KostO § 149, Rz. 12.

[5] OLG Düsseldorf, JurBüro 1992,822 mit abl. Anm. *Mümmler*.

[6] KG, DNotZ 1944,135/136; 1975,752/755; SchlHOLG, JurBüro 1981,915 f; OLG Köln, JurBüro 1984,271 f; 1986,1552 f; 1988,83 f; DNotZ 1987,183; OLG Hamm, JurBüro 1990,221 f; *Reimann*, in: *Korintenberg / Lappe / Bengel / Reimann*, KostO § 149, Rz. 7; *Rohs / Weweder / Rohs*, KostO § 149, Rz. 12; *Waldner*, in: Beck'sches Notarhandbuch, J Rz. 107; a.A. *Klein*, DNotZ 1987,185 f.

[7] *Göttlich / Mümmler*, Hebegebühr, Anm. 8.; *Rohs / Weweder / Rohs*, KostO § 149, Rz. 12; *ders.*, Geschäftsführung der Notare, § 149, Hebegebühr.

digenden Abschrift zu vermerken, in welcher Höhe er diesem Zinsen gutgeschrieben hat.[8] Die Mitwirkung wird für den Notar erschwert, wenn das kontoführende Kreditinstitut nicht für jede Hinterlegungsmasse eine Steuerbescheinigung ausstellt, sondern zum Jahresende eine Bescheinigung über alle Zinserträge, die im Laufe des Jahres auf einem Anderkonto angefallen sind, erteilt. In diesem Fall muß er - wie bei der anteiligen Verteilung der Zinsen auf Verkäufer und Käufer - beglaubigte Abschriften der Originalbescheinigung mit dem Vermerk der tatsächlichen Zinsgutschrift für den Berechtigten erstellen. Die Tätigkeit, die der Notar im Zusammenhang mit der Weiterleitung der Steuerbescheinigungen durchführen muß, gehört zum Verwaltungsaufwand und wird ebenfalls durch die Hebegebühr abgegolten.

2. Sonstige Gebühren für weitere Betreuungstätigkeiten

Übernimmt der Notar weitere Betreuungsaufgaben, die nicht in unmittelbarem Zusammenhang mit der Hinterlegung stehen, kann er dafür neben der Hebegebühr eine zusätzliche Gebühr gem. § 147 Abs. 2 KostO erheben.[9] Die Abgrenzung, wann eine Tätigkeit noch in unmittelbarem Zusammenhang mit der Hinterlegung steht, kann sich im Einzelfall als schwierig erweisen. Eine zusätzliche Betreuungstätigkeit in diesem Sinne ist z.B. die Prüfung der sog. Umschreibungsreife. Dazu muß der Notar prüfen, ob der Käufer bereits den gesamten geschuldeten Betrag hinterlegt hat. Diese Prüfung geht über die im Rahmen der Hinterlegung erforderliche Erhebung und die auflagengemäße Auszahlung hinaus. Sie wird deshalb nicht durch die Hebegebühr gem. § 149 KostO abgegolten.[10] Entsteht für eine Tätigkeit die Hebegebühr, so kann sie nicht aus dem Hinterlegungsgeschäft ausgegliedert und separat eine Gebühr nach § 147 Abs. 2 KostO erhoben werden, und zwar auch dann nicht, wenn das Verwahrungsgeschäft im Einzelfall eine überdurchschnittliche Belastung für den Notar mit sich bringt.[11] § 147 Abs. 2 KostO greift nur dann ein, wenn die Betreuungstätigkeit nicht bereits in einer anderen, speziellen Norm erfaßt ist.

---

[8] im einzelnen: Schreiben des Bundesministers der Finanzen vom 20.10.1992 und 19.11.1992 an die BNotK, abgedruckt DNotZ 1993, 2.

[9] vgl. *Reimann*, in: *Korintenberg / Lappe / Bengel / Reimann*, KostO § 149, Rz. 8,9 (mit Beispielen).

[10] OLG Köln, MittRhNotK 1991,89; OLG Düsseldorf, JurBüro 1992,823; KG, JurBüro 1986,903; OLG Hamm, JurBüro 1987,418; s. auch OLG Zweibrücken, JurBüro 1982,904; BayObLG, JurBüro 1984,273; *Göttlich / Mümmler*, Hebegebühr, Anm. 9.24.

[11] KG, DNotZ 1976,189/190; DNotZ 1980,59; OLG Stuttgart, DNotZ 1970,552/555; OLG Hamm, JurBüro 1965,305; 1987,418 und 426; 1990,899; OLG Köln, JurBüro 1986,1552; 1988,83; *Göttlich / Mümmler*, Hebegebühr, Anm. 9.1; *Mümmler*, JurBüro 1979,1879; *Reimann*, in: *Korintenberg / Lappe / Bengel / Reimann*, KostO § 149, Rz. 7; *Rohs / Weweder / Rohs*, KostO § 149, Rz. 12; *ders.*, Geschäftsführung, § 149, Hebegebühr.

II. Die Bestimmung des Kostenschuldners

Kostenschuldner des Notars ist derjenige, der die notarielle Tätigkeit veranlaßt hat.[12] Bei Hinterlegungsgeschäften ist das die Person, die mit dem Hinterlegungsansuchen an den Notar herangetreten ist und der gegenüber er sich zur Übernahme der Hinterlegungstätigkeit bereit erklärt hat.[13] Die Einigung kann auch konkludent erzielt werden.[14] Haben mehrere Beteiligte die Hinterlegungstätigkeit veranlaßt, so haften sie als Gesamtschuldner.[15]

Die Hinterlegungsvereinbarung der Kaufvertragsparteien sollte eine Regelung enthalten, wer in welchem Umfang für die Kosten der Hinterlegung haften soll. Nur im Rahmen einer ausdrücklichen Regelung kann der Grad der Kostenverursachung durch den jeweiligen Vertragspartner angemessen berücksichtigt werden.[16] Fehlt es an einer solchen Vereinbarung, so sind häufig beide Vertragsparteien als Veranlasser anzusehen.[17]

III. Die Beitreibung der Kosten

Das Kostenrecht der Notare kennt die Besonderheit, daß der Notar befugt ist, seine Kostenforderung selbst beizutreiben. Der Notar erstellt eine Kostenrechnung, die den Anforderungen des § 154 KostO genügen muß. Er kann selbst eine vollstreckbare Ausfertigung seiner Kostenrechnung ausstellen.[18] Zur Beitreibung der Kosten versieht der Notar die Kostenberechnung mit der Vollstreckungsklausel und seinem Dienstsiegel und läßt sie dem Kostenschuldner zustellen, § 155 KostO.[19] Der Kostenschuldner kann Einwendun-

---

[12] *Göttlich / Mümmler*, Hebegebühr, Anm. 7.1; *Reimann*, in: *Korintenberg / Lappe / Bengel / Reimann*, KostO § 149, Rz. 33; *Rohs / Weweder / Rohs*, KostO § 149, Rz. 19; *Waldner*, in: Beck'sches Notarhandbuch, J Rz. 11.

[13] KG, DNotZ 1941,465/466; BayObLGZ 1988,145/147; OLG Düsseldorf, Jurbüro 1987,1062; Kostenschuld des Hinterlegers: KG, MDR 1985,154; Kostenschuld des Verkäufers: BayObLGZ 1988,145/147; Kostenschuld des Käufers und des Verkäufers: LG Regensburg, JurBüro 1978,1233.

[14] *Rohs / Weweder / Rohs*, KostO § 149, Rz. 19.

[15] *Göttlich / Mümmler*, Hebegebühr, Anm. 7.2; *Rohs / Weweder / Rohs*, KostO § 149, Rz. 19.

[16] zur Kostenverteilung: vgl. *Tönnies*, in: Beck'sches Notarhandbuch, A I, Rz. 377.

[17] LG Regensburg, JurBüro 1978,1233 mit zust. Anm. *Mümmler*.

[18] OLG Hamm, MDR 1988,420; LG Dortmund, DNotZ 1984,454; *Hartmann / Albers*, KostO § 155, Anm. 2).

[19] Hierzu ist umstritten, ob nach Zustellung der vollstreckbaren Ausfertigung § 218 BGB entsprechend angewandt werden kann: vgl. OLG München, DNotZ 1992,114/115 mit kritischer Anmerkung von *Lappe*; zum Streitstand: OLG Hamm, JurBüro 1992,484 f mit dem Ergebnis, daß lediglich die kurze Verjährungsfrist des § 196 Nr. 15 BGB erneut in Lauf gesetzt werde.

gen gegen die Kostenberechnung im Wege der Kostenbeschwerde gem. § 156 KostO erheben.

§ 20 Die Entnahmebefugnis des Notars zur Befriedigung seiner Kostenforderung

I. Rechtliche Bedeutung der "Entnahme" aus dem Hinterlegungsbetrag

Gem. § 149 Abs. 1 S. 3 KostO darf der Notar die anfallende Hebegebühr dem hinterlegten Kaufpreis entnehmen. Will der Notar sich wegen weiterer Kostenforderungen, die ihm aus anderen Betreuungstätigkeiten gegen den Auszahlungsberechtigten zustehen, aus dem Hinterlegungsbetrag befriedigen, fehlt es an einer spezialgesetzlichen Grundlage.

Die Entnahmebefugnis des Notars ergibt sich nicht in entsprechender Anwendung des § 149 Abs. 1 S. 3 KostO. Es handelt sich hierbei um eine kostenrechtliche Spezialbestimmung, die nicht als abschließende Regelung der Befugnisse des Notars verstanden werden kann.[20] Die Entnahmebefugnis des Notars kann aber dann anerkannt werden, wenn er gegen den Auszahlungsanspruch des Berechtigten mit eigenen Kostenforderungen aufrechnen darf.[21]

II. Voraussetzungen der Aufrechnung mit einer Kostenforderung

Die zivilrechtliche Aufrechnung kommt für die Verrechnung mit einer Kostenforderung nicht in Betracht, weil sich mit dem Auszahlungsanspruch gegen den Notar und der Kostenforderung zwei öffentlich-rechtliche Ansprüche gegenüberstehen. Das Rechtsinstitut der Aufrechnung ist aber auch im öffentlichen Recht grundsätzlich anerkannt.[22] Die Vermeidung des unwirtschaftlichen Austausches gleichartiger Leistungen durch Verrechnung ist eine technische Erleichterung, die auch im Rahmen öffentlich-rechtlicher Rechtsbezie-

---

[20] so *Bräu*, Verwahrungstätigkeit des Notars, Rz. 205; *Zimmermann*, DNotZ 1987,571; s. auch OLG Köln, DNotZ 1989,257/258.

[21] OLG Köln, DNotZ 1989,257/260; *Bräu*, Verwahrungstätigkeit des Notars, Rz. 205; *Zimmermann*, DNotZ 1987,571/572; s. auch *Soergel / Zeiss*, BGB § 387, Rz. 13.

[22] vgl. BVerwG, DÖV 1958,419/420; DVBl. 1960,60; *Faber*, Verwaltungsrecht, § 18 IV.; *Forsthoff*, Verwaltungsrecht AT, § 14 2. a); *Ebsen*, DÖV 1982,389; *Kröger / Jakobs*, JA 1981,266.

hungen zur Verfügung stehen soll.[23] Voraussetzungen der Aufrechenbarkeit sind die Gleichartigkeit und Gegenseitigkeit der sich gegenüberstehenden Forderungen.

1. Gleichartigkeit der Forderungen

Bei der Verrechnung der Anderkontenforderung mit der Kostenforderung stehen sich nicht zwei schlichte Zahlungsansprüche gegenüber, sondern der Auszahlungsanspruch gegen den Notar, also ein Anspruch auf Herausgabe des Treuguts, und die Kostenforderung des Notars. Der Auszahlungsanspruch gegen den Notar entspricht seinem Inhalt nach dem Anspruch auf Herausgabe des Erlangten, den der Treugeber als Auftraggeber gem. § 667 BGB bzw. anal. §§ 675, 667 BGB gegenüber dem Treuhänder hat. Ob dieser Anspruch gleichartig mit einem anderen Zahlungsanspruch ist, wird kontrovers beurteilt.[24] Unter Zugrundelegung des Normzwecks des § 387 BGB und der Verkehrsanschauung steht der Verrechnung von zwei auf die Zahlung von Geld gerichteten Ansprüchen jedoch nichts entgegen.

Das Erfordernis der Gleichartigkeit bezieht sich ausschließlich auf den Gegenstand der Leistungsverpflichtung.[25] Zwar ist die Herausgabeverpflichtung des Treuhänders etwas anderes als die gewöhnliche Geldschuld;[26] die Verkehrsanschauung sieht aber auch in einem solchen Zahlungsanspruch einen möglichen Verrechnungsposten. Der Normzweck der Aufrechnungsregelung, ein unnötiges Hin- und Herschieben gleicher Leistungen zu vermeiden, rechtfertigt die Verrechnungsmöglichkeit. Auch bei einem Austausch des auf Geld gerichteten Herausgabeanspruchs gegen einen anderen Zahlungsanspruch geht es letztendlich um die Zahlung zweier Geldbeträge. Dementsprechend sind auch die Kostenforderung des Notars und der Auszahlungsanspruch des Be-

---

[23] *Buhmann*, MDR 1984,983; *Kolhosser*, FS für Lukes, S. 721/722; *Forsthoff*, Verwaltungsrecht AT, § 14 2. a).

[24] Gleichartigkeit bejahen bei Ansprüchen auf Geld: BGH, WM 1972,53/54; BGHZ 71, 380/382; OLG Celle, OLGZ 1970,5/8; *Gernhuber*, Die Erfüllung und ihre Surrogate, § 12 III. 8., S. 222; *Johannsen*, Anm. zu BGH, LM § 387, Nr. 13 a; *Palandt / Thomas*, BGB § 667, Rz. 9; *Palandt / Heinrichs*, BGB § 387, Rz. 8; MünchKomm / *Feldmann*, BGB § 387, Rz. 6 a; *Soergel / Zeiss*, BGB § 387, Rz. 6; *Staudinger / Wittmann*, BGB § 667, Rz. 20; *Schrader*, MDR 1978, 621/622; Gleichartigkeit wird verneint von: *Enneccerus / Lehmann*, § 70 IV.; *Esser / Schmidt*, Schuldrecht AT, § 18 III. 1. b); *Lüke / Huppert*, JuS 1971,165/167; RGRK / *Weber*, BGB § 387, Rz. 33; offen gelassen: RGZ 160,52/60; BGHZ 14,342/346.

[25] BGHZ 16,124/127; 54,244/246; RGZ 52,303/306; MünchKomm / *Feldmann*, BGB § 387, Rz. 6; RGRK / *Weber*, BGB § 387, Rz. 26; *Soergel / Zeiss*, BGB § 387, Rz. 5.

[26] BGHZ 28,128; 71,382.

rechtigten gleichartige Ansprüche.[27] Im Falle der Hinterlegung bei einem Anwaltsnotar gilt das auch für Kostenforderungen des Anwalts, da im Hinblick auf den Leistungsgegenstand kein qualitativer Unterschied zu der notariellen Kostenforderung besteht.[28]

2. Gegenseitigkeit der Forderungen

Wenn der Notar Notarkostenforderungen gegen den Auszahlungsberechtigten geltend macht, handelt es sich um gegenseitige Ansprüche. Anders ist es, wenn der Anwaltsnotar Gebühren aus einem Anwaltsgeschäft beitreiben will. Hier fehlt die Gegenseitigkeit der Ansprüche. Kostenforderungen erhebt der Notar nicht wie der Anwalt für die Erfüllung einer Geschäftsbesorgung, sondern als Amtsperson für die Erledigung eines Amtsgeschäfts. Rechtsanwalt und Notar sind deshalb trotz Personalunion nicht ein und derselbe Kostengläubiger.

3. Das Problem der eingeschränkten Aufrechnungsbefugnis des Treuhänders

Dem Treuhänder, der gezielt Fremdinteressen wahrzunehmen hat, ist es unter Berücksichtigung des Grundsatzes von Treu und Glauben (§ 242 BGB) verwehrt, aus Mitteln, die ihm zur Verfügung gestellt wurden, oder aus dem Ergebnis seiner Tätigkeit Deckung für nicht konnexe Forderungen zu suchen.[29] Die grundsätzliche Aufrechnungsmöglichkeit besagt deshalb noch nichts über die Entnahmebefugnis des Notars im Einzelfall. Die Entnahme zur Befriedigung von Kostenforderungen muß mit dem Sinn und Zweck der treuhänderischen Tätigkeit im Einklang stehen.

- Die Verfügung über den Hinterlegungsbetrag zur Begleichung von Kostenforderungen ist jedenfalls dann zulässig, wenn sie ausdrücklich mit dem empfangsberechtigten Kostenschuldner vereinbart wurde.[30]

---

[27] so auch: BGH, NJW 93,2041/2042; KG, DNotZ 1987,566/569; *Huhn / v.Schuckmann*, Beurkundungsrecht in Deutschland, DONot § 12, Rz. 17.

[28] offen gelassen: KG, DNotZ 1987,566/569; anders: *Zimmermann*, DNotZ 1985,5/15.

[29] RGZ 160,52/60; BGHZ 14,342; 54,244/247; 71,380/383; 95,109/113; BGH, NJW 1968, 594/595; 1991,839/840; WM 1960,842/843; *Coing*, Die Treuhand kraft privaten Rechtsgeschäfts, S. 152; *Erman / H.P.Westermann*, BGB § 387, Rz. 11; *Gernhuber*, Die Erfüllung und ihre Surrogate, § 12 VI 9 c, S. 257; *Jauernig / Stürner*, BGB § 387, Anm. 4 c) bb); *Larenz*, Schuldrecht AT/I, § 18 VI. b) 5.; *Soergel / Zeiss*, BGB § 387, Rz. 13.

[30] KG, DNotZ 1987,566/569; *Rohs / Weweder / Rohs*, KostO § 149, Rz. 19 h.

- Die Vereinbarkeit der Entnahmebefugnis mit der treuhänderischen Bindung wird regelmäßig auch dann angenommen, wenn der Notar Kosten wegen einer Tätigkeit erhebt, die aus dem Urkundsgeschäft resultiert, in dem die Hinterlegung vereinbart wurde.[31]

Dagegen ist es in Rechtsprechung und Literatur umstritten, ob der Notar auch die unabhängig vom durchzuführenden Hinterlegungsgeschäft entstandenen Gebühren aus anderen Notargeschäften mit dem Hinterlegungsbetrag verrechnen darf.

Bsp.:[32] Die Parteien eines Grundstückskaufvertrages vereinbaren, daß der Käufer den Kaufpreis nach Fälligkeitsmitteilung durch den Notar auf Notaranderkonto zu zahlen hat. Der Verkäufer tritt seinen Kaufpreisanspruch an einen Dritten ab. Dem Notar steht gegen den Verkäufer noch ein Gebührenanspruch in Höhe von 919,48.- DM für die Fertigung der Urkunde über eine Scheidungsfolgenvereinbarung zu. Er erteilt dem Verkäufer hierüber eine vollstreckbare Kostenrechnung und versucht erfolglos, diese Gebühr beizutreiben. Der Notar zahlt daraufhin den hinterlegten Kaufpreis nicht vollständig an den Zessionar aus, sondern verweigert die Auszahlung in Höhe von 919,48.- DM mit der Begründung, er dürfe die für die Errichtung der Urkunde über die Scheidungsfolgenvereinbarung entstandenen Gebühren von dem bei ihm geführten Anderkonto entnehmen.

a) Keine Entnahmebefugnis des Notars

Die wohl h.M. gestattet dem Notar grundsätzlich keine Entnahme zur Befriedigung seiner Kostenforderung.[33] Das KG erkannte in der Entscheidung vom 4.11.1986, daß die Entnahme im Widerspruch zu der treuhänderischen Stellung des Notars stünde und gegen das aus dem Zweck des Treuhandgeschäftes resultierende Aufrechnungsverbot verstieße.[34] Das KG sah insoweit § 149 Abs. 1 S. 3 KostO als einen normierten Ausnahmefall des Verbotes an. Am abschließenden Charakter dieser Regelung ändere auch der Umstand nichts, daß die DONot in § 12 Abs. 3 S. 5 Überweisungen auf ein Privat- oder

---

[31] BGH, NJW 1967,931/933; OLG Köln, DNotZ 1989,257/262; *Seybold / Hornig*, BNotO § 23, Rz. 15; *Weingärtner*, DONot § 12, Rz. 183. Das Kammergericht ließ i. E. nur die Entnahme der Hebegebühr zu. Der Berechtigte hatte sich aber mit dem Abzug der im Hinblick auf das betreffende Notariatsgeschäft offenen Kosten ausdrücklich einverstanden erklärt: s. KG, DNotZ 1987,566/570; ähnlich: LG Koblenz, WM 1986,1038/1039.

[32] LG Koblenz, WM 1986,1038.

[33] KG, DNotZ 1987,566/568 f; OLG Köln, DNotZ 1989,257/259; DNotZ 1989,257/260 f; *Göttlich / Mümmler*, Hebegebühr, Anm. 3.1; *Hartmann / Albers*, KostO § 149, Anm. 7); *Rohs / Weweder / Rohs*, KostO § 149, Rz. 19 g; *Waldner*, in: Beck'sches Notarhandbuch, J Rz. 107; *Weingärtner*, DONot § 12, Rz. 183 a; vgl. auch BGH, NJW 93,2041/2042 (Der BGH bejaht die Aufrechnungsbefugnis des Treuhänders, wenn die Interessen des Treugebers nicht schutzwürdig sind, weil er die Treuhandabrede eingesetzt hat, um gesetzlich verbotene Ziele zu erreichen.).

[34] KG, DNotZ 1987,566/568; s. auch LG Koblenz, WM 1986,1038/1039.

Geschäftskonto des Notars zur Bezahlung von Kostenforderungen zulasse.[35] Unter Berücksichtigung des Grundsatzes von Treu und Glauben sei aus dem notariellen Treuhandgeschäft zu folgern, daß dem materiell Berechtigten der hinterlegte Betrag ungekürzt zukommen müsse.[36] In der Annahme des Treuhandauftrages und der Verwahrung des zweckgebundenen Fremdgeldes durch den Notar liege bereits der stillschweigende Verzicht auf die Möglichkeit der Aufrechnung mit Forderungen gegen den Auszahlungsberechtigten.[37]

Mit ähnlicher Argumentation versagte auch der II. Zivilsenat des OLG Köln in seinem Beschluß vom 29.04.1988 dem Notar die Befugnis, seine in anderen Sachen entstandenen Gebühren aus dem bei ihm auf Notaranderkonto hinterlegten Grundstückskaufpreis zu entnehmen. Im Gegensatz zum Kammergericht sah der II. Zivilsenat des OLG Köln allerdings in § 149 Abs. 1 S. 3 KostO keine abschließende Regelung der Entnahmebefugnis des Notars, sondern überprüfte alle in Frage kommenden normativen Grundlagen. Dabei stellte der Senat zunächst fest, daß sich die Entnahmebefugnis jedenfalls nicht aus § 12 Abs. 3 S. 5 DONot ergebe, da diese Vorschrift lediglich die dienstrechtliche Zulässigkeit der Überweisung auf das Privat- oder Geschäftskonto zur Begleichung von Kostenforderungen regele und kein Recht des Notars zur Entnahme von Beträgen begründen könne, das nicht bereits aufgrund anderer - gesetzlicher oder vertraglicher - Regelungen bestünde.[38] Die Aufrechnungsbefugnis verneinte der Senat mit Hinweis auf die treuhänderische Stellung des Notars. Er sah dabei sowohl Parallelen zu dem aus dem Grundsatz von Treu und Glauben resultierenden Verbot der Aufrechnung für den fremdnützigen Treuhänder im Zivilrecht als auch - unter Berufung auf BGHZ 95,109/114 - auf das Aufrechnungsverbot zu Lasten des Staates bei der öffentlich-rechtlichen Hinterlegung.[39] Es widerspreche Treu und Glauben, wenn sich der Notar die ihm durch die Zahlung auf Notaranderkonto zugewiesene Position zunutze mache, um die in seinen Besitz gelangten Gelder aufrechnungsweise zur Tilgung eigener, nicht mit dem Kaufvertrag im Zusammenhang stehender Ansprüche zu verwenden, anstatt ihnen die von den Vertragsparteien beigegebene Zweckbestimmung zu belassen.[40] Insbesondere wies der Senat darauf hin, daß die Verrechnung von Notarkosten bei der Kaufpreiszahlung über Notaranderkonto den Käufer unzulässigerweise belaste. Ausgehend von der Prämisse, daß Erfüllung der Kaufpreisschuld erst mit Auszahlung an den Verkäufer erfolge, würde eine Entnahmebefugnis des Notars nach Ansicht des

---

[35] KG, DNotZ 1987,566/569.

[36] KG, DNotZ 1987,566/570.

[37] KG, DNotZ 1987,566/569.

[38] OLG Köln, DNotZ 1989,257/259; ebenso: *Weingärtner*, DONot § 12, Rz. 183 a.

[39] OLG Köln, DNotZ 1989,257/260.

[40] OLG Köln, DNotZ 1989,257/261; s. auch LG Koblenz, WM 1986,1038/1039.

Senats den Käufer mit dem Risiko belasten, ob die zur Aufrechnung gestellten Kostenforderungen tatsächlich (in voller Höhe) bestünden. Nur in diesem Fall könne mit der Aufrechnung zugleich der Anspruch des Verkäufers auf Kaufpreiszahlung erlöschen.[41] Der Senat kam zu dem Schluß, daß der Notar bei der Kaufpreiszahlung über Notaranderkonto beiden Parteien gegenüber die Verpflichtung übernommen habe, den Kaufpreis bei Eintritt der im Vertrag genannten Voraussetzungen ungeschmälert an den Verkäufer auszuzahlen.[42] Ferner wies der II. Zivilsenat darauf hin, daß der Notar im Wege der Zwangsvollstreckung auf den hinterlegten Betrag Zugriff nehmen könnte. Die Pfändung verstoße nicht gegen die von dem Notar treuhänderisch übernommenen Verpflichtungen.[43]

b) Zulässigkeit der Aufrechnung mit Kostenforderungen gegen den Auszahlungsanspruch

Im Gegensatz zum II. Zivilsenat des OLG Köln hatte der XV. Zivilsenat in der Entscheidung vom 10.01.1987 dem Notar die Entnahmebefugnis unter Hinweis auf § 12 Abs. 3 S. 5 DONot ausdrücklich zuerkannt.[44] Auch das Schrifttum, das sich mit dieser Streitfrage auseinandersetzt, spricht sich zu einem nicht unerheblichen Teil für die generelle Entnahmebefugnis des Notars aus.[45] Voraussetzung sei jedoch, daß die Kostenforderung gem. § 7 KostO fällig sei und eine gem. § 154 KostO ordnungsgemäß erstellte und mitgeteilte Kostenberechnung vorliege.[46]

Diese Ansicht kritisiert die Begründung des Aufrechnungsverbotes mit der treuhänderischen Stellung des Notars als zu pauschal. Die Grundsätze, die für die zivilrechtliche Treuhand entwickelt wurden, sollen nicht ohne weiteres auf die notarielle Treuhandtätigkeit übertragen werden können. Vielmehr müsse die Zulässigkeit der Aufrechnung im Einzelfall nach Maßgabe von Treu und

---

[41] OLG Köln, DNotZ 1989,257/261; s. auch LG Koblenz, WM 1986,1038/1039.

[42] OLG Köln, DNotZ 1989,257/262.

[43] OLG Köln, DNotZ 1989,257/262.

[44] OLG Köln, DNotZ 1987,571.

[45] *Brambring*, EWiR 1988,991; *ders.*, DNotZ 1990,615/633; *Bräu*, Verwahrungstätigkeit des Notars, Rz. 205; *Reithmann*, Vorsorgende Rechtspflege, S. 225 (anders noch WuB VIII. A. § 15 BNotO 1.86); *Soergel / Zeiss*, BGB § 387, Rz. 13; *Zimmermann*, DNotZ 1987,571; *ders.*, DNotZ 1989,262; wohl auch *Huhn / v.Schuckmann*, Beurkundungsrecht in Deutschland, DONot § 12, Rz. 17; *Seybold / Hornig*, BNotO § 23, Rz.15.

[46] *Huhn / v.Schuckmann*, Beurkundungsrecht in Deutschland, DONot § 12, Rz. 17; *Zimmermann*, DNotZ 1987,571/574; ebenso: *Weingärtner*, DONot § 12 Rz. 183 b (für die Fälle, in denen er eine Entnahmebefugnis bejaht).

Glauben mit Rücksicht auf die Verkehrssitte geprüft werden.[47] In diesem Zusammenhang wird insbesondere darauf hingewiesen, daß die Entnahme von hinterlegten Geldern zur Begleichung von Kostenforderungen eine nahezu gewohnheitsrechtlich übliche Verrechnungspraxis darstelle, die in § 12 Abs. 3 S. 5 DONot dienstrechtlich geregelt sei.[48] Die Entnahmebefugnis entspreche auch den praktischen Interessen namentlich des hinterlegenden Käufers daran, daß die Abwicklung nicht durch offenstehende Kostenforderungen verzögert oder er gar als Zweitschuldner in Anspruch genommen werde.[49]

Dem Argument des XV. Zivilsenats des OLG Köln, daß auch der Schutz des Käufers das Aufrechnungsverbot fordere, wird die Erfüllungswirkung der Aufrechnung entgegengehalten. Der Käufer laufe auch dann, wenn der Notar unbefugt aufrechne, nicht Gefahr, noch einmal in Anspruch genommen zu werden, weil der Verkäufer vorrangig im Wege der Beschwerde nach § 15 Abs. 1 S. 2 BNotO den Notar zur Auszahlung anweisen bzw. gegebenenfalls gem. § 19 Abs. 1 BNotO Schadensersatz von ihm verlangen könne.[50] Ferner wird auf die Gefahrtragungsregel des § 270 Abs. 1 BGB verwiesen. Selbst wenn man Erfüllung erst mit Auszahlung des hinterlegten Kaufpreises annehmen wollte, könnte dem Käufer jedenfalls die Übermittlungsgefahr nicht aufgebürdet werden.[51] Auch der Vorschlag des XV. Zivilsenats des OLG Köln, im Wege der Vollstreckung auf den hinterlegten Betrag Zugriff zu nehmen, wird kritisch aufgenommen. Die Pfändung sei wegen des Erfordernisses der Doppelpfändung von Kaufpreisforderung und Auszahlungsanpruch umständlich und zeitraubend.[52] Bedenken eröffne auch die Frage, ob der Notar überhaupt den gegen ihn selbst gerichteten Auszahlungsanspruch pfänden könne oder ob eine solche Pfändung nicht zumindest nach § 242 BGB unzumutbar sei. Zweifelhaft sei zudem, ob die Pfändung den Notar einer Haftung nach § 19 Abs. 1 BNotO enthebe, wo er doch zur unverzüglichen Auszahlung verpflichtet sei und infolge der mehrwöchigen Verzögerung durch die Pfändung pflichtwidrig, adäquat kausal und schuldhaft den Verlust der Empfangsposition des Verkäufers herbeiführe.[53]

---

[47] *Zimmermann*, DNotZ 1987,571/573; *ders.*, DNotZ 1989,262/263; ähnlich: *Bräu*, Verwahrungstätigkeit des Notars, Rz. 205.

[48] *Bräu*, Verwahrungstätigkeit des Notars, Rz. 205; *Zimmermann*, DNotZ 1987,571/573.

[49] *Zimmermann*, DNotZ 1987,571/573.

[50] *Brambring*, EWiR 1988,991/992.

[51] *Zimmermann*, DNotZ 1989,262/263 f.

[52] *Brambring*, EWiR 1988,991/992.

[53] *Zimmermann*, DNotZ 1989,262/265.

c) Stellungnahme

Bei der Frage der Entnahmebefugnis des Notars geht es um die Transformation der zivilrechtlichen Aufrechnung in das Notarrecht. Zivilrechtliche Institute können nur in das notarielle Verfahren integriert werden, soweit sie mit den Besonderheiten der notariellen Treuhand vereinbar sind, und bedürfen im übrigen einer entsprechenden Anpassung.[54] Es stellt sich somit die Frage, ob das Aufrechnungsverbot, das nach dem Sinn und Zweck der fremdnützigen Treuhand im Zivilrecht den Treuhänder trifft, auch die notarielle Hinterlegung erfaßt.

Das Aufrechnungsverbot beruht bei der zivilrechtlichen Treuhand darauf, daß der Zugriff auf das Treugut mit der Zweckbindung nicht vereinbar ist und dem Sinn und Zweck der Treuhand widerspricht, wonach der Treuhänder zur ungeschmälerten Herausgabe des Treuguts verpflichtet ist. Zur Widerlegung dieses Grundsatzes genügt nicht der Hinweis auf die entgegenstehende, in § 12 Abs. 3 S. 5 DONot formulierte Verkehrssitte bei der notariellen Treuhand. Es muß vielmehr nachgewiesen werden, daß das notarielle Treuhandgeschäft nach seinem Sinn und Zweck die ungeschmälerte Auszahlung des hinterlegten Geldes an den Kostenschuldner gerade nicht verlangt.[55] Im Hinblick auf die notarielle Hinterlegung ist zu differenzieren, ob die treuhänderische Bindung des Notars gegenüber den Beteiligten des Hinterlegungsverfahrens oder gegenüber dem wirtschaftlichen Eigentümer des Hinterlegungsbetrages zu berücksichtigen ist.

aa) Verrechnungsbefugnis des Notars mit Wegfall des Sicherungszwecks des Hinterlegungsverfahrens?

Der rechtsfürsorgerische Zweck des notariellen Hinterlegungsverfahrens ist nicht die Aufbewahrung und bestimmungsgemäße Auszahlung des Hinterlegungsbetrages, sondern die eigenständige und rechtskundige Überwachung und Überprüfung der Treuhandauflagen. Der Hinterlegungsbetrag unterliegt einer Zweckbindung. Der Notar darf nur dann weisungsgemäß darüber verfügen, wenn die entsprechenden Auflagen erfüllt sind.

Bis zu diesem Zeitpunkt ist dem Notar jede Entnahme zur Begleichung eigener Forderungen schon deshalb verwehrt, weil die Durchführung des Hinterlegungsverfahrens der Verrechnungsbefugnis entgegensteht. Wenn die Kaufpreisabwicklung über Notaranderkonto aber erfolgreich abgeschlossen ist, aus dem Kaufpreis zu tilgende Belastungen abgelöst sind und der verbleibende

---

[54] *Zimmermann* spricht von einer rechtsanalogen Anwendung der zivilrechtlichen Aufrechnungsbestimmungen, DNotZ 1987,571/572, geht aber i. E. ebenfalls von einer Anpassung aus.

[55] vgl. insoweit OLG Köln, DNotZ 1989,257/259; i. E. auch *Brambring*, EWiR 1988,991.

Hinterlegungsbetrag dem Verkäufer zusteht, erwachsen aus dem Zweck des Hinterlegungsverfahrens keine Einschränkungen der Verrechnungsbefugnis des Notars. Insbesondere verlangt die treuhänderische Bindung, der der Notar gegenüber den Beteiligten des Hinterlegungsverfahrens unterliegt, keine ungeschmälerte Auszahlung. Der Auszahlungsanspruch gegen den Notar, den der Verkäufer bei der Kaufpreisabwicklung über Notaranderkonto erwirbt, wird nicht dadurch weniger wert, daß der Notar mit seinen Kostenforderungen gegen diesen Anspruch aufrechnet. Nur dann, wenn der Notar sich aus dem Gesichtspunkt der Rechtsfürsorge trotz formeller Auszahlungsreife zur Weiterverwahrung gezwungen sieht, steht der fortdauernde Sicherungszweck der notariellen Hinterlegung der Verrechnung mit Kostenforderungen selbstverständlich entgegen.

bb) Verrechnungsbefugnis des Notars gegenüber dem wirtschaftlichen Eigentümer des Hinterlegungsbetrages?

Als amtlicher Verwahrer zivilrechtlichen Treuguts ist der Notar grundsätzlich zur ungeschmälerten Herausgabe des Hinterlegungsgutes gegenüber dem Treugeber verpflichtet. § 149 Abs. 1 S. 3 KostO normiert eine Ausnahme von diesem Grundsatz für die Entnahme der Hebegebühr. Die Verrechnungsbefugnis - wie die Möglichkeit der Vollstreckung - bezüglich weiterer Kostenforderungen hängt davon ab, ob die Auszahlungspflicht des Notars soweit geht, daß der Hinterlegungsbetrag dem Notar auch nicht für seine Forderungen haftet. Der II. Zivilsenat des OLG Köln hat diese Frage ohne nähere Ausführungen verneint und den Zugriff des Notars im Wege der Zwangsvollstreckung zugelassen.[56] In diesem Punkt ist dem Senat zuzustimmen. Die Verpflichtung des Treuhänders geht nicht soweit, daß der Treugeber sich ihm gegenüber auf eine Haftungsbeschränkung berufen könnte. Der Treuhänder kann gegen den Treugeber wie jeder andere Gläubiger auch seine Ansprüche zwangsweise durchsetzen. Das Treugut gehört zum haftenden Vermögen. Der Notar könnte demnach zur Befriedigung seiner Kostenforderungen auch den gegen ihn selbst gerichteten Auszahlungsanspruch pfänden. Wenn der Notar aber zur Befriedigung seiner Kostenforderungen auf den Hinterlegungsbetrag als solchen zurückgreifen darf, dann muß ihm auch die Entnahme von Geldern unter den gleichen Voraussetzungen grundsätzlich gestattet werden. Das Aufrechnungsverbot, dem der Treuhänder unterworfen ist, ist nur dann durchsetzbar, wenn der von ihm behauptete Anspruch streitig ist und der Treuhänder auch keinen Titel vorweisen kann. Gegenüber einem titulierten oder unstreitigen Anspruch ist die Berufung auf das Aufrechnungsverbot

---

[56] OLG Köln, DNotZ 1989,257/262.

treuwidrig.[57] Die Kostenforderung des Notars ist ein titulierter Anspruch, wenn der Notar eine den Anforderungen des § 154 KostO entsprechende Kostenrechnung erstellt hat. Der Notar verfügt aus eigener Befugnis über einen Titel und er hat gem. § 155 KostO das Recht, seine Forderung selbst einzutreiben. Die Verrechnung ist gegenüber der Pfändung der einfachere und unkompliziertere Weg, der dem Notar dann gestattet werden kann, wenn für den Kostenschuldner und dessen Gläubiger dadurch keine Nachteile erwachsen. Aus diesem Grund ist die Entnahme nur unter folgenden Voraussetzungen zu gestatten:

- Der Notar muß dem Kostenschuldner seine Absicht, mit Kostenforderungen zu verrechnen, vor der Entnahme mitteilen.

- Hat der Kostenschuldner Einwände gegen die Verrechnung, die bei der Beitreibung der Kostenforderung die Kostenbeschwerde gem. § 156 Abs. 1 KostO rechtfertigen würden, ist dem Notar die einfache Verrechnungsmöglichkeit zu versagen. Er muß in diesem Fall die Kosten förmlich beitreiben und sich gegebenenfalls der Kostenbeschwerde aussetzen.

- Der Notar darf die schnelle Verrechnungsmöglichkeit auf keinen Fall nutzen, um Pfändungsgläubigern zuvorzukommen. Die Entnahme zur Befriedigung eigener Kostenforderungen ist ihm erst gleichzeitig mit Überweisung des - verbleibenden - Hinterlegungsbetrages an den Auszahlungsberechtigten gestattet, also erst nachdem die Pfändungsgläubiger befriedigt sind.

Hat der Kostenschuldner den im Wege der notariellen Hinterlegung zu begleichenden Kaufpreisanspruch oder den Auszahlungsanspruch gegen den Notar an einen Dritten abgetreten, so muß der Notar die Abtretung gegen sich gelten lassen, und zwar auch dann, wenn nach Zustellung der Kostenrechnung abgetreten wird. Dem Zessionar kann der Notar nur die wirksame Pfandverstrickung der Anderkontenforderung entgegenhalten. Hat der Notar den Eindruck, daß der Kostenschuldner sich durch die Abtretung seiner Verpflichtung entziehen wollte, so bleibt ihm nur die Möglichkeit der Anfechtung nach dem AnfG oder - im Falle des Konkurses des Kostenschuldners - nach den §§ 30 ff KO.

Die Entnahmebefugnis gibt die Möglichkeit der vereinfachten technischen Abwicklung. Sie eröffnet dem Notar kein Vorzugsrecht bei unklarer Rechtslage oder kritischer Vermögenslage des Kostenschuldners.

---

[57] BGH, WM 1975,614/616; 1978,620/621; VersR 1969,733/734; *Palandt / Heinrichs*, BGB § 387, Rz. 17; RGRK / *Weber*, BGB § 387, Rz. 52; vgl. auch AGBG § 11 Nr. 3, BT DruckS 7/3919, S. 29.

Schlußbetrachtung

Die notarielle Hinterlegung ist nur ein kleiner Ausschnitt der notariellen Rechtsbetreuung. Es fällt auf, daß dieses in der notariellen Praxis normalerweise mehr oder weniger reibungslos zu handhabende Rechtsinstitut im Konfliktfall eine Flut von rechtlichen Problemen und divergierenden Lösungsansätzen mit sich bringt. Die dadurch hervorgerufene Rechtsunsicherheit stimmt angesichts der wirtschaftlichen Bedeutung dieses Sicherungsmittels bei der Abwicklung von Grundstückskaufverträgen bedenklich. Einzelne Probleme wie z.B. den einseitigen Widerruf einer Weisung kann und sollte der Gesetzgeber in den Grundzügen regeln. Allerdings darf die gesetzliche Regelung in Bereichen der notariellen Rechtsbetreuung nicht überschätzt werden. Der Notar in seinem Büro kann den Einzelfall besser beurteilen als der Gesetzgeber, der für eine Vielzahl der Fälle abstrakt-generelle Regelungen schaffen muß. Der Gesetzgeber schafft Rechtssicherheit; der Notar kann helfen, die Einzelfallgerechtigkeit zu verwirklichen. Es gilt also gerade im Bereich der notariellen Rechtsbetreuung, wohlüberlegte gesetzgeberische Grundsatzentscheidungen zu treffen, wann der Notar in seinem Handlungspotential Bindungen unterliegt. Im übrigen kann der Notar seiner Funktion als Organ der Vorsorgenden Rechtspflege nur gerecht werden, wenn ihm klar umgrenzte Ermessensspielräume eingeräumt werden.

Literaturverzeichnis

Achterberg, Norbert: Allgemeines Verwaltungsrecht, Heidelberg 1992

Allerkamp, Jürgen: Die sogenannte erweiterte Belehrungspflicht des Notars, Diss. Bonn 1989, Europäische Hochschulschriften, Frankfurt / Bern / New York / Paris 1990

Alternativkommentar zum Bürgerlichen Gesetzbuch, Band 2, Allgemeines Schuldrecht (§§ 241-432), Neuwied / Darmstadt 1979 (zitiert: AK-BGB / Bearbeiter)

Arndt, Herbert: Bundesnotarordnung, Kommentar, 2. Aufl. Köln / Berlin / Bonn / München 1982

Bärmann, Johannes: Freiwillige Gerichtsbarkeit und Notarrecht, Berlin / Heidelberg / New York 1982

Bassenge, Peter / *Herbst*, Gerhard: Gesetz über die Angelegenheiten der freiwilligen Gerichtsbarkeit, Rechtspflegergesetz, Kommentar, 6. Aufl. Heidelberg 1992

Basty, Gregor: Das Freigabeversprechen nach der Makler- und Bauträgerverordnung, DNotZ 1992, S. 131

Batsch, Karlludwig: Zum Bereicherungsanspruch bei Zweckverfehlung, NJW 1973, S. 1639

Bauer, Hellmuth: Der Umfang der Auskunftspflicht der Banken nach § 840 ZPO, JurBüro 1973, S. 698

Baumann, Jürgen / *Brehm*, Wolfgang: Zwangsvollstreckung, 2. Aufl. Bielefeld 1982

Baumbach, Adolf / *Lauterbach*, Wolfgang: Kommentar zur Zivilprozeßordnung mit Gerichtsverfassungsgesetz und anderen Nebengesetzen, begründet von Adolf Baumbach, fortgeführt von Wolfgang Lauterbach, nunmehr verfaßt von Jan Albers und Peter Hartmann, 51. Aufl. München 1993 (zitiert: Baumbach / Lauterbach / Bearbeiter)

Baur, Fritz: Der Begriff der Rechtsprechung und die freiwillige Gerichtsbarkeit, DNotZ 1955, S. 507

- Einige Bemerkungen zur "vollstreckbaren Urkunde", Festschrift für Heinrich Demelius, Wien 1973, S. 315

Baur, Fritz / *Stürner*, Rolf: Zwangsvollstreckungsrecht, 11. Aufl. der von Adolf Schönke begründeten systematischen Darstellung des Zwangsvollstreckungsrechts, Heidelberg 1983

Beck'sches Notarhandbuch: hrsg. von Prof. Dr. Günther Brambring und Dr. Hans-Ulrich Jerschke, München 1992 (zitiert: Bearbeiter, in: Beck'sches Notarhandbuch)

Becker-Berle, Reiner: Weisungen für den Urkundsvollzug, DNotZ 1959, S. 516

- Einseitige Weisungen für den Urkundsvollzug, DNotZ 1961, S. 468

- Anmerkung zu BGH, Urteil vom 26.10.1982, DNotZ 1983, S. 450

Behmer, Rüdiger: Das Freigabeversprechen im Konkurs der Gläubigerbank, DNotZ 1985, S. 195

Benckendorff, Hans-Peter: Anmerkung zu BGH, Urteil vom 31.01.1985, WuB VIII A. § 19 BNotO 2.86

Blomeyer, Arwed: Zivilprozeßrecht, Vollstreckungsverfahren, Berlin / Heidelberg / New York 1975

Böhle-Stamschräder, Aloys / *Kilger*, Joachim: Vergleichsordnung, Kommentar, bearbeitet von Joachim Kilger, 11. Aufl. des von A. Böhle-Stamschräder begründeten und bis zur 9. Aufl. fortgeführten Werkes, München 1986

Bohrer, Michael: Das Berufsrecht der Notare, München 1991

Brambring, Günther: Anmerkung zu OlG Düsseldorf, Beschluß vom 9.2.1977, DNotZ 1977, S. 572

- Die Bedeutung der Rechtssicherheit für die vorsorgende Rechtspflege, Sonderheft DNotZ, Deutscher Notartag 1985, S. 23
- Anmerkung zu OLG Köln, Beschluß vom 29.04.1988, EWiR § 23 BNotO 1/88,991
- Kaufpreiszahlung über Notaranderkonto, DNotZ 1990, S. 615

Bräu, Peter: Die Verwahrungstätigkeit des Notars, Freiburg / Berlin 1991

Brehm, Wolfgang: Freiwillige Gerichtsbarkeit, Stuttgart / München / Hannover 1988

- Anmerkung zu BGH, Urteil vom 17.04.1984, JZ 1984, S. 675

Brox, Hans / *Walker*, Wolf-D.: Zwangsvollstreckungsrecht, 3. Aufl. Köln / Berlin / Bonn / München 1990

Bruns, Rudolf / *Peters*, Egbert: Zwangsvollstreckungsrecht, 3. Aufl. München 1987

Buhmann, Robert: Probleme der Aufrechnung im öffentlichen Recht, MDR 1984, S. 983

Bundesnotarkammer: Notarbestätigung und Treuhandauftrag, DNotZ 1974, S. 643

- Vorschläge der Bundesnotarkammer zur Reform des notariellen Berufsrechts, hrsg. von der Bundesnotarkammer (K.d.ö.R.) - Deutsche Notar-Zeitschrift - Köln 1993

Bydlinski, Franz: Juristische Methodenlehre und Rechtsbegriff, 2. Aufl. Wien / New York 1988

von *Caemmerer*, Ernst: Bereicherung und unerlaubte Handlung, Festschrift für Ernst Rabel, Tübingen 1954, S. 333

- Bereicherungsansprüche und Drittbeziehungen, JZ 1962, S. 385

Canaris, Claus-Wilhelm: Bankvertragsrecht, 3. Aufl. Berlin / New York 1988

- Die Verdinglichung obligatorischer Rechte, Festschrift für Werner Flume, Band I, Köln 1978, S. 371
- Einwendungsausschluß und Bereicherungsausgleich im Girovertragsrecht, BB 1972, S. 774
- Inhaberschaft und Verfügungsbefugnis bei Bankkonten, NJW 1973, S. 825
- Anmerkung zu BGH, Urteil vom 25.09.1986, JZ 1987, S. 201

Capeller, R.: Die Pfändung von Fremdkonten, MDR 1954, S. 708

Coing, Helmut: Bemerkungen zum Treuhandkonto im deutschen Recht, Festschrift für Ernst J. Cohn, Heidelberg 1975, S. 231

- Die Treuhand kraft privaten Rechtsgeschäfts, München 1973
- Grundzüge der Rechtsphilosophie, 5. Aufl. Berlin / New York 1993

Custodis, Hans: Anmerkung zu OLG Celle, Urteil vom 19.05.1976, DNotZ 1976, S. 694

Daimer, Richard: Die Prüfungs- und Belehrungspflicht des Notars, Berlin / Köln 1955

Dietlein, Max Josef: Kreditsicherung der Banken und das neue AGBG, JZ 1977, S. 637

Dumoulin, Franz Josef: Besprechung von Reithmann / Röll / Geßele, Die Prüfungs- und Belehrungspflicht des Notars, DNotZ 1971, S. 502

Ebsen, Ingwer: Öffentlich-rechtliche Aufrechnung und Forderungsdurchsetzung durch Verwaltungsakt, DÖV 1982, S. 389

Ehmann, Horst: Die Gesamtschuld, Berlin 1972

Enneccerus, Ludwig / *Lehmann*, Heinrich: Recht der Schuldverhältnisse, 15. Bearbeitung von H. Lehmann, Tübingen 1958

Erman, Walter: Handkommentar zum Bürgerlichen Gesetzbuch, Band 1, 9. Aufl. Münster 1993 (zitiert: Erman / Bearbeiter)

Ertl, Rudolf: Verzicht auf das Antragsrecht nach § 13 Abs. 2 GBO - ein neuer Weg zum Schutz des Grundstücksverkäufers?, DNotZ 1975, S. 644

- Antrag, Bewilligung und Einigung im Grundstücks- und Grundbuchrecht, Rpfleger 1980, S. 41
- Die Grundschuldbestellung zur Kaufpreisfinanzierung, MittBayNotV 1989, S. 53

Esser, Josef / *Schmidt*, Eike, Schuldrecht, Allgemeiner Teil, Band I, Teilband 1, 7. Aufl. Heidelberg 1992

Esser, Josef / *Weyers*, Hans-Leo: Schuldrecht, Besonderer Teil, Band II, 7. Aufl. Heidelberg 1991

Faber, Heiko: Verwaltungsrecht, 3. Aufl. Tübingen 1992

Fikentscher, Wolfgang: Schuldrecht, 7. Aufl. Berlin / New York 1985

Flume, Werner: Die Vertragsfreiheit - Möglichkeit und Grenzen - aus der Sicht der Kautelarjurisprudenz, Sonderheft DNotZ, Deutscher Notartag 1969, S. 29

- Die Zahlungszuwendung im Anweisungs- und Dreiecksverhältnis und die Problematik der ungerechtfertigten Bereicherung, NJW 1984, S. 464

Forsthoff, Ernst: Lehrbuch des Verwaltungsrechts, Erster Band, Allgemeiner Teil, 10. Aufl. Müchen 1973

Frisinger, Jürgen: Anmerkung zu BGH, Urteil vom 29.10.1987, WuB VIII C. § 17 BeurkG 1.88

Ganter, Gerhard: Die Rechtsprechung des Bundesgerichtshofs zu den Belehrungs-, Hinweis- und Warnpflichten der Notare, WM Sonderbeilage Nr.1/1993, S. 3

Geimer, Reinhold: Anmerkung zu BGH, Urteil vom 31.01.1985, EWiR § 19 BNotO 3/85,585

- Anmerkung zu BGH, Urteil vom 11.02.1988, EWiR § 17 BeurkG 1/88,539

Gerhardt, Walther: Grundbegriffe des Vollstreckungs- und Insolvenzrechts, Stuttgart / Berlin / Köln / Mainz 1985

Gernhuber, Joachim: Bürgerliches Recht, 3. Aufl. München 1991

- Die Erfüllung und ihre Surrogate, Handbuch des Schuldrechts, Band 3, Tübingen 1983
- Das Schuldverhältnis, Handbuch des Schuldrechts, Band 8, Tübingen 1989
- Die fiduziarische Treuhand, JuS 1988, S. 355

Göbel, Wolfgang: Anmerkung zu OLG Celle, Beschluß vom 06.12.1983, DNotZ 1984, S. 257

Gonella, Robert: Die notarielle Urkunde als Instrument der Gerechtigkeit, der Rechtssicherheit und des Rechtsfriedens, DNotZ 1953, S. 453

- Wesen und Wandel der Aufgaben des Notars in rechtsstaatlicher Betrachtung, Sonderheft DNotZ, Deutscher Notartag 1956, S. 45

Göttlich, Walter: Pfändung von Forderungen aus dem Notaranderkonto, JurBüro 1960, S. 463

Göttlich, Walter / *Mümmler*, Alfred: Kommentar zur Kostenordnung, begründet von Walter Göttlich, fortgesetzt von Alfred Mümmler, 11. Aufl. Neuwied / Kriftel / Berlin 1992

Grohmann, Thomas: Die Rechtsstellung des Treuhänders und die Auswirkungen auf die Abwicklung eines Treuhandliquidationsvergleichs, Diss. Göttingen 1983

Gruber, Michael: Rückforderungsrechte im Mehrpersonenverhältnis bei verfehlten Zahlungen vom Notaranderkonto, DNotZ 1989, S. 658

Grunsky, Wolfgang: Grundlagen des Verfahrensrechts, 2. Aufl. Bielefeld 1974

- Anmerkung zu BGH, Urteil vom 30.06.1988, EWiR § 829 ZPO 2/88,827

Gummer, Peter: Anmerkung zu BGH, Urteil vom 14.12.1989, BGH, Beschluß vom 14.12.1989 und OLG Hamm, Beschluß vom 29.01.1990, DNotZ 1991, S. 689

Habscheid, Walther J.: Freiwillige Gerichtsbarkeit, 7. Aufl. des von Friedrich Lent begründeten Werkes, München 1983

- Anmerkung zu LG Aachen, Beschluß vom 25.02.1953, MDR 1953, S. 627

Hädrich-Riedenklau, Ulrike: Notarielle Rechtsbetreuung, Diss. Bielefeld 1989, Europäische Hochschulschriften, Frankfurt / Bern / New York / Paris 1990

Haegele, Karl: Gibt es unwiderrufliche Eintragungsanträge?, Rpfleger 1957, S. 293

Haegele, Karl / *Schöner*, Hartmut / *Stöber*, Kurt: Grundbuchrecht, Handbuch der Rechtspraxis, Band 4, von Hartmut Schöner und Kurt Stöber, 9. Aufl. des von Karl Haegele begründeten Handbuchs, München 1989

Hagen, Horst: Entwicklungstendenzen zur Beurkundungspflicht bei Grundstücksverträgen, DNotZ 1984, S. 267

Hansmeyer, Walter: Zwangsvollstreckungsmaßnahmen gegen Verkäufer oder Käufer während der Abwicklung eines notariellen Kaufvertrages, MittRheinNotK 1989, S. 149

Hartmann, Peter / *Albers*, Jan: Kostengesetze, Kommentar von Peter Hartmann unter Mitwirkung von Jan Albers, 24. Aufl. München 1991

Haug, Karl: Die Amtshaftung des Notars - Handbuch der Berufspflichten unter besonderer Berücksichtigung der gesamten Haftpflichtrechtsprechung des Bundesgerichtshofs, München 1989

- Inhalt und Grenzen der notariellen Belehrungspflicht (2. Teil), DNotZ 1972, S. 453
- Treuhandtätigkeit nach § 23 BNotO - Risiken - Haftpflichturteile - Grundsätze, 1. Teil, DNotZ 1982, S. 475, 2. Teil, DNotZ 1982, S. 539, 3. Teil, DNotZ 1982, S. 592
- Anmerkung zu OLG Düsseldorf, Urteil vom 27.03.1986, DNotZ 1987, S. 564
- Anmerkung zu OLG Hamm, Beschluß vom 02.12.1986, EWiR § 23 BNotO 1/87,239
- Zur Beschwerde nach § 15 Abs.1 S.2 und 3 BNotO im Verhältnis zum Prätendenten-Rechtsstreit zwischen den von der Amtsverweigerung betroffenen Beteiligten und zum Haftpflichtprozeß, DNotZ 1992, S. 18

Hefermehl, Wolfgang: Rechtsfragen des Überweisungsverkehrs, Festschrift für Philipp Möhring, München 1975, S. 381

Hegmanns, Ekkehard: Anmerkung zu BGH, Urteil vom 19.03.1987, EWiR § 19 BNotO 1/87,681

- Anmerkung zu BGH, Urteil vom 14.12.1989, WuB VIII A. § 19 BNotO 1.90
- Anmerkung zu BGH, Urteil vom 08.02.1990, WuB VIII A. § 19 BNotO 2.90

Hellner, Thorwald: Geschäftsbedingungen für Anderkonten, Kommentar, Köln 1963

Hieber, Hans: Anmerkung zu BGH, Urteil vom 19.05.1958, DNotZ 1958, S. 582

Hill, Hans: Die Rechtsprechung des Bundesgerichtshofs zur Belehrungspflicht der Notare, WM 1982, S. 890

von Hippel, Fritz: Anmerkung zu RG, Urteil vom 29.03.1939, DR 1939, S. 1529

Höfer, Gerhard / *Huhn*, Diether: Allgemeines Urkundenrecht, Ein Handbuch für die Notariatspraxis, Bad Homburg / Berlin / Zürich 1968

Hoffmann, Rolf: Die Gefährdung der Abwicklung des Verkaufs eines grundpfandbelasteten Grundstücks durch Pfändung des Kaufpreisanspruchs, NJW 1987, S. 3153

Horber, Ernst / *Demharter*, Johann: Kommentar zur Grundbuchordnung von Ernst Horber, fortgeführt von Johann Demharter, 19. Aufl. München 1991

Hüffer, Uwe: Anmerkung zu BGH, Urteil vom 05.05.1986, EWiR § 607 BGB 5/86,769

Huhn, Diether / *von Schuckmann*, Hans-Joachim: Beurkundungsgesetz sowie Dienstordnung für Notare und ergänzende Vorschriften, Kommentar, 2. Aufl. Berlin / New York 1987

- Beurkundungsrecht in Deutschland, Kommentar zum BeurkG, zur Notarverordnung, zur DONot und zu ergänzenden Vorschriften auf der Grundlage von Huhn / von Schuckmann, Kommentar, 2. Aufl., Sammlung Guttenberg und des Einigungsvertrages, Berlin / New York 1991

Jansen, Paul: Freiwillige Gerichtsbarkeit, Erster Band, FGG, Kommentar, 2. Aufl. Berlin 1969

- Freiwililige Gerichtsbarkeit, Dritter Band, Beurkundungsgesetz, Kommentar, 2. Aufl. Berlin 1971

Jauernig, Othmar: Der zulässige Inhalt einstweiliger Verfügungen, ZZP 79 (1966), S. 321

- Zwangsvollstreckungsrecht und Konkursrecht, 19. Aufl. des von Friedrich Lent begründeten Werkes, München 1990

- Bürgerliches Gesetzbuch, 6. Aufl. München 1991 (zitiert: Jauernig / Bearbeiter)

Jerschke, Hans-Ulrich: Die Wirklichkeit als Muster - Der richtige Weg zum gerechten Vertrag, DNotZ Sonderheft, Deutscher Notartag 1989, S. 21

Johannsen: Anmerkung zu BGH, Urteil vom 29.09.1954, LM BGB § 387 Nr. 13 a

Kanzleiter, Rainer: Die Dienstordnung für Notare - Auswirkungen ihrer Rechtsnatur als Verwaltungsverordnung, DNotZ 1972, S. 519

Keidel, Theodor / *Kuntze*, Joachim / *Winkler*, Karl: Freiwillige Gerichtsbarkeit, Teil A, Kommentar zum FGG, 13. Aufl. München 1992 (zitiert: Bearbeiter, in: Keidel / Kuntze / Winkler)

- Freiwillige Gerichtsbarkeit, Teil B, Handausgabe des Beurkundungsgesetzes mit Erläuterungen, 12. Aufl. München 1986 (zitiert: Bearbeiter, in: Keidel /Kuntze / Winkler)

Keim, Bruno: Das notarielle Beurkundungsverfahren, Methodik und Praxis, München 1990

Kersten, Fritz / *Bühling*, Selmar: Formularbuch und Praxis der Freiwilligen Gerichtsbarkeit, 19. Aufl. Köln / Berlin / Bonn / München 1987 (zitiert: Bearbeiter, in: Kersten / Bühling)

Klein, Frank J.: Anmerkung zu OLG Köln, Beschluß vom 28.04.1986, DNotZ 1987, S. 185

- Fälligkeitsmitteilung und Umschreibungssperre, Rpfleger 1988, S. 178

Knöchlein, Gerhard: Der vollstreckungsfähige Inhalt der notariellen Urkunde, JR 1958, S. 367

Köhler, Helmut: Die Leistung erfüllungshalber, WM 1977, S. 242

- Rechtsprechungsprognose als Amtspflicht des Notars, Festschrift 125 Jahre Bayrisches Notariat, München 1987, S. 197

Kolhosser, Helmut: Drittaufrechnung und Aufrechnung in Treuhandfällen, Festschrift für Rudolf Lukes, Köln / Berlin / Bonn / München 1989, S. 721

König, Jörg: Rechtsverhältnisse und Rechtsprobleme bei der Darlehensvalutierung über Notaranderkonto, Diss. Bielefeld, Baden-Baden 1988

Koppensteiner, Hans-Georg / *Kramer*, Ernst A.: Ungerechtfertigte Bereicherung, 2. Aufl. Berlin / New York 1988

Korintenberg, Werner / *Lappe*, Friedrich / *Bengel*, Manfred / *Reimann*, Wolfgang: Kostenordnung, Kommentar, 12 Aufl. München 1991 (zitiert: Bearbeiter, in: Korintenberg / Lappe / Bengel / Reimann)

Korte, Heinz: Handbuch der Beurkundung von Grundstücksgeschäften, München 1990

Kröger, Konrad / *Jacobs*, Michael Ch.: Probleme der Aufrechnung im Verwaltungsprozeß, JA 1981, S. 266

Künne, Karl: Der Liquidationsvergleich im gerichtlichen und außergerichtlichen Vergleichsverfahren, Teil 1, Betrieb 1968, S. 1253

Kuntze, Joachim / *Hermann*, Hans / *Ertl*, Rudolf / *Eickmann*, Dieter: Grundbuchrecht, Kommentar zur Grundbuchordnung und Grundbuchverfügung einschließlich Wohnungseigentumsgrundbuchverfügung, 2. Aufl. Berlin / New York 1979 (zitiert: Bearbeiter, in: Kuntze / Hermann / Ertl / Eickmann)

Langenfeld, Gerrit: Vertragsgestaltung, Methode - Verfahren - Vertragstypen, München 1991

Larenz, Karl: Schuldrecht Band I, Allgemeiner Teil, 14. Aufl. München 1987

- Schuldrecht Band II, Halbband 1, Besonderer Teil, 13. Aufl. München 1986

Lent, Friedrich: Zur Vollstreckung aus notariellen Urkunden, DNotZ 1952, S. 411

Lieb, Manfred: Anmerkung zu OLG Koblenz, Urteil vom 25.02.1987, DNotZ 1988, S. 655

- Schutzbedürftigkeit oder Eigenverantwortlichkeit - Kritische Überlegungen zur richterlichen Rechtsfortbildung im Vertragsrecht -, DNotZ 1989, S. 274

Liesecke, Rudolf: Das Bankguthaben in Gesetzgebung und Rechtsprechung, WM 1975, S. 314

Lindacher, Walter F.: Zur Antragsrücknahme im Streitverfahren der Freiwilligen Gerichtsbarkeit, Rpfleger 1965, S. 41

- Verfahrensgrundsätze in der Freiwilligen Gerichtsbarkeit, JuS 1978, S. 577

Linke, Hartmut: Die Erklärungspflicht des Drittschuldners und die Folgen ihrer Verletzung, ZZP 87 (1974), S. 284

Lorenz, Werner: Gläubiger, Schuldner, Dritte und Bereicherungsausgleich, AcP 168, S. 286

- Anmerkung zu BGH, Urteil vom 22.09.1983, JZ 1984, S. 190

Louis, Hans-Walter: Schadensersatzansprüche gegen den Notar aus einem Betreuungsgeschäft nach § 23 BNotO bei mehreren Auftraggebern, VersR 1979, S. 988

Lüdicke, Hans / *Dietrich*, Hans: Die vollstreckbare Urkunde und ihre vollstreckbare Ausfertigung, Frankfurt 1953

Lüke, Gerhard / *Huppert*, Ulf: Durchblick: Die Aufrechnung, JuS 1971, S. 165

Lüke, Manfred: Das notarielle Anderkonto an der Schnittstelle von Privatrecht und öffentlichem Recht, ZIP 1992, S. 150

Magis, Norbert: Die vollstreckbare notarielle Urkunde, MittRheinNotK 1979, S. 111

Märker, Klaus: Vollstreckungszugriff bei Zahlung über Notaranderkonto, Rpfleger 1992, S. 52

Medicus, Dieter: Bürgerliches Recht, 15. Aufl. München 1990

- Schuldrecht I, Allgemeiner Teil, 6. Aufl. München 1992

- Schuldrecht II, Besonderer Teil, 5. Aufl. München 1992

Meikel, Georg: Grundbuchrecht, Kommentar, Band 1, 7. Aufl. München 1986 (zitiert: Meikel / Bearbeiter)

Meyer-Cording, Ulrich: Das Recht der Banküberweisung unter besonderer Berücksichtigung der steckengebliebenen Überweisungen, Tübingen 1951

Möller, Cristoph: Die Sicherung des Grundstücksverkäufers bei Vorleistungen, MittRheinNotK 1990, S. 33

Mühl, Otto: Zum Bereicherungsausgleich in Drei-Personen-Verhältnissen, WM 1984, S. 1441

Müller, Klaus: Die Bedeutung des § 878 BGB für die Abwicklung des Grundstückskaufvertrages im Konkurs des Verkäufers, JZ 1980, S. 554

Müller-Laube, Hans-Martin: Die Empfangszuständigkeit im Zivilrecht, Berlin 1978

Mümmler, Alfred: Anmerkung zu LG Regensburg, Beschluß vom 22.03.1977, JurBüro 1978, S. 1233

- Anmerkung zu LG Düsseldorf, Beschluß vom 09.03.1979, JurBüro 1979, S. 1880

- Anmerkung zu OLG Oldenburg, Beschluß vom 08.09.1983, JurBüro 1984, S. 273

- Pfändungen von Forderungen aus einem Notar-Anderkonto, JurBüro 1984, S. 1472

- Betrachtungen zur Drittschuldnererklärung, JurBüro 1986, S. 333

- Die vollstreckbare Ausfertigung von notariellen Urkunden, JurBüro 1987, S. 1285

- Anmerkung zu LG Fulda, Beschluß vom 04.06.1992, JurBüro 1992, S. 822

Münch, Joachim: Vollstreckbare Urkunde und prozessualer Anspruch, Diss. Konstanz 1988, Köln / Berlin / Bonn / München 1989

- Die Beweislastverteilung bei der Vollstreckungsgegenklage, NJW 1991, S. 795

Münchener Kommentar: Münchener Kommentar zum Bürgerlichen Gesetzbuch, hrsg. von Kurt Rebmann und Hans-Jürgen Säcker.

- Band 1, Allgemeiner Teil, Einleitung, (§§ 1-240), AGB-Gesetz, 2. Aufl. München 1984 (zitiert: MünchKomm / Bearbeiter)

- Band 2, Schuldrecht Allgemeiner Teil, (§§ 241-432), 2. Aufl. München 1985 (zitiert: MünchKomm / Bearbeiter)

- Band 3, Schuldrecht Besonderer Teil, 1. Halbband, (§§ 433-651k), AbzG, HausTWG, MHG, 2. Aufl. München 1988 (zitiert: MünchKomm / Bearbeiter)

- Band 3, Schuldrecht Besonderer Teil, 2. Halbband, (§§ 652-853), 2. Aufl. München 1986 (zitiert: MünchKomm / Bearbeiter)

- Band 4, Sachenrecht, (§§ 854-1296), WEG, ErbbauVO, 2. Aufl. München 1986 (zitiert: MünchKomm / Bearbeiter)

Münchener Kommentar: Münchener Kommentar zur Zivilprozeßordnung mit Gerichtsverfassungsgesetz und Nebengesetzen.

- Band 1, (§§ 1-354), München 1992 (zitiert: MünchKomm / Bearbeiter)

- Band 3, (§§ 803-1048), EGZPO, GVG, EGGVG, Internationales Zivilprozeßrecht, München 1992 (zitiert: MünchKomm / Bearbeiter)

Münchener Vertragshandbuch: Band 3, Wirtschaftsrecht, hrsg. von Prof. Dr. Rolf A. Schütze und Dr. Lutz Weipert, 2. Aufl. München 1987 (zitiert: Bearbeiter, in: Münchener Vertragshandbuch)

Münzel, Karl: Anmerkung zu KG, Beschluß vom 20.04.1934, JW 1934, S. 2479

Musielak, Hans-Joachim: Anmerkung zu OLG Frankfurt, Urteil. vom 24.06.1991, WuB VIII A. § 23 BNotO 1.92

Nieder, Heinrich: Entwicklungstendenzen und Probleme des Grundbuchverfahrensrechts, NJW 1984, S. 329

Opalka, Joachim: Ausgewählte Probleme der Grundschuldbestellung, Unterwerfungserklärung und der Schuldübernahme, NJW 1991, S. 1796

Opitz, Heinz: Rechtsgrundlagen des Anderkontos, Diss. Erlangen 1936

Palandt, Otto: Bürgerliches Gesetzbuch, Kommentar, 53. Aufl. München 1994 (zitiert: Palandt / Bearbeiter)

Peter, Manfred: Das Verwahrgeschäft des Notars, BWNotZ 1984, S. 86

Pikart, Heinz / *Henn*, Karl Eugen: Lehrbuch der Freiwilligen Gerichtsbarkeit, Köln / Berlin / Bonn / München 1963

Pinger, Winfried: Was leistet der Leistungsbegriff im Bereicherungsrecht?, AcP 179, S. 301

Planck, G.: Kommentar zum Bürgerlichen Gesetzbuch nebst Einführungsgesetz, II. Band, 1. Hälfte, Recht der Schuldverhältnisse (Allgemeiner Teil, §§ 241-432), 4. Aufl. Berlin 1914 (zitiert: Planck / Bearbeiter)

Räfle, Siegfried: Aus der neueren Rechtsprechung des Bundesgerichtshofs zur Immobiliarvollstreckung, ZIP 81 (1968), S. 821

Rahn, Hans: Die Problematik der Auflassung Zug um Zug gegen Zahlung des Kaufpreises, BWNotZ 1966, S. 266

Rastätter, Jürgen: Zur Zulässigkeit des Verzichts auf den Nachweis der die Fälligkeit begründenden Tatsachen bei notariellen Vollstreckungsunterwerfungsklauseln, NJW 1991, S. 392

- Zur Zulässigkeit der Vollstreckungsunterwerfung in notariellen Kaufverträgen, BWNotZ 1992, S. 85

Raukes, Heinz: Wesenzüge des Notars - Zur Auslegung des § 6 BNotO, DNotZ 1963, S. 141

Rehbinder, Eckard: Vertragsgestaltung, Frankfurt 1982

Reithmann, Christoph: Anmerkung zu BGH, Urteil vom 23.03.1971, DNotZ 1971, S. 595

- Beurkundungen und andere Amtsgeschäfte des Notars, DNotZ 1974, S. 7
- Funktionen und Instrumente der notariellen Rechtsbetreuung, DNotZ 1975, S. 324
- Notarielle Treuhandtätigkeit bei der Kreditsicherung, Festschrift für Johannes Bärmann, München 1975, S. 733
- Grundpfandrecht heute, DNotZ 1982, S. 67
- Anmerkung zu LG Koblenz, Beschluß vom 04.03.1986, WuB VIII A. § 15 BNotO 1.86
- Anmerkung zu LG Limburg, Urteil vom 12.02.1986, WuB VIII A. § 24 BNotO 2.86
- Kautelarjurisprudenz und Vorsorgende Rechtspflege, Festschrift 125 Jahre Bayrisches Notariat, München 1987, S. 159
- Anmerkung zu BGH, Urteil vom 30.06.1988, WuB VIII § 829 ZPO 1.88
- Vorsorgende Rechtspflege durch Notare und Gerichte, Köln 1989

- Anmerkung zu BGH, Urteil vom 05.07.1990, WuB VIII A. § 19 BNotO 3.90
- Rückforderung notariell hinterlegter Gelder und Urkunden, WM 1991, S. 1493

Reithmann, Christoph / *Meichssner*, Claus / *von Heymann*, Eckhard: Kauf vom Bauträger, Rechtliche und steuerliche Gestaltung von Erwerbsverträgen, 6. Aufl. Köln 1992 (zitiert: Bearbeiter, in: Reithmann / Meichssner / v.Heymann)

Reithmann, Christoph / *Röll*, Ludwig / *Geßele*, Bruno: Handbuch der notariellen Vertragsgestaltung unter Mitarbeit von Andreas Albrecht und Gregor Basty, 6. Aufl. Köln / Berlin / Bonn / München 1991 (zitiert: Bearbeiter, in: Reithmann / Röll / Geßele)

Reuter, Dieter / *Martinek*, Michael: Ungerechtfertigte Bereicherung, Handbuch des Schuldrechts, Band 4, Tübingen 1983

Reichsgerichtsrätekommentar: Das Bürgerliche Gesetzbuch mit besonderer Berücksichtigung der Rechtsprechung des Reichsgerichts und des Bundesgerichtshofs.
- Band I, §§ 1-240, 12. Aufl. Berlin / New York 1982 (zitiert: RGRK / Bearbeiter)
- Band II 1. Teil, §§ 241-413, 12. Aufl. Berlin / New York 1976 (zitiert: RGRK / Bearbeiter)
- Band II 5. Teil, §§ 812-831, 12. Aufl. Berlin / New York 1989 (zitiert: RGRK / Bearbeiter)
- Band II 6. Teil, §§ 832-853, 12. Aufl. Berlin / New York 1989 (zitiert: RGRK / Bearbeiter)

Rings, Winfried: Verwahrungsgeschäfte des Notars und Zwangsvollstreckung, MittRheinNotK 1957, S. 873

Rinsche, Franz-Josef: Anmerkung zu BGH, Urteil vom 03.07.1986, EWiR § 17 BeurkG 1/86,1063
- Die Haftung des Rechtsanwalts und Notars, 4. Aufl. Köln / Berlin / Bonn / München 1992

Rohs, Günther: Die Geschäftsführung der Notare, 9. Aufl. Heidelberg 1987

Rohs, Günther / *Weweder*, Paul: Kostenordnung, Kommentar (Loseblatt), 3. Aufl. Heidelberg 1992 (zitiert: Rohs / Weweder / Bearbeiter)

Rosenberg, Leo / *Gaul*, Hans Friedhelm / *Schilken*, Eberhard: Zwangsvollstreckungsrecht, begründet von Leo Rosenberg, fortgeführt von Hans Friedhelm Gaul und Eberhard Schilken, 10. Aufl. München 1987

Rupp, Wolfgang / *Fleischmann*, Guntram: Pfändbare Ansprüche bei notarieller Kaufpreishinterlegung, NJW 1983, S. 2368

Schelter, Christian: Anmerkung zu BGH, Urteil vom 10.06.1983 und OLG Nürnberg, Urteil vom 13.07.1983, DNotZ 1984, S. 330

Schlegelberger, Franz: Handelsgesetzbuch, Kommentar, Band IV, §§ 342-372, 5. Aufl. München 1976 (zitiert: Schlegelberger / Bearbeiter)

Schmidt, Siegfried: Die Rechtsbeziehungen bei Verwahrungsgeschäften in der notariellen Praxis, BWNotZ 1967, S. 98

Schneider, Egon: Die Zwangsvollstreckung in den beim Notar hinterlegten Kaufpreis, JurBüro 1964, S. 779
- Die Rechtslage bei Weigerung des Notars, vollstreckbare Ausfertigung zu erteilen, DNotZ 1966, S. 16

Schollen, Werner: Grundfragen des Notarberufs in unserer Zeit, DNotZ 1961, S. 172

- Die Mitwirkung des Notars bei der Bildung des rechtsgeschäftlichen Willens, Sonderheft DNotZ, Deutscher Notartag 1969, S. 51

Scholz, Hellmut / *Lwowski*, Hans-Jürgen: Das Recht der Kreditsicherung, 5. Aufl. Berlin 1980

Schöner, Hartmut: Rechtliche Probleme bei Lastenfreistellungsverpflichtungserklärungen, DNotZ 1974, S. 327

- Anmerkung zu BGH, Urteil vom 28.05.1976, DNotZ 1977, S. 361

Schönle, Herbert: Bank- und Börsenrecht, 2. Aufl. München 1976

Schrader, Henning: Der Honoraranspruch des Anwalts und die Aufrechnung in Vergleich und Konkurs, MDR 1978, S. 621

Schreiber, Klaus: Anmerkung zu BGH, Urteil vom 04.04.1977, JR 1977, S. 462

Serick, Rolf: Eigentumsvorbehalt und Sicherungsübereignung,

- Band I, Heidelberg 1963

- Band II, Heidelberg 1965

Seybold, Karl / *Hornig*, Erich: Bundesnotarordnung, Kommentar, 5. Aufl. München 1976

Siebert, Wolfgang: Das rechtsgeschäftliche Treuhandverhältnis, 2. Aufl. Marburg 1933

Smid, Stefan: Rechtsprechung - Zur Unterscheidung von Rechtsfürsorge und Prozeß - Köln / Berlin / Bonn / München 1990

Soergel, Hs. Th.: Kommentar zum Bürgerlichen Gesetzbuch mit Einführungsgesetz und Nebengesetzen, begründet von Hs. Th. Soergel, neu hrsg. von W. Siebert.

- Band 1, Allgemeiner Teil, (§§ 1-240), HaustürWG, 12. Aufl. Stuttgart / Berlin / Köln / Mainz 1987 (zitiert: Soergel / Bearbeiter)

- Band 2, Schuldrecht I, (§§ 241-432), 12. Aufl. Stuttgart / Berlin / Köln 1990 (zitiert: Soergel / Bearbeiter)

- Band 3, Schuldrecht II, (§§ 433-515), AGB-Gesetz, AbzG, EAG, EKG, UN-KaufAbK, 12. Aufl. Stuttgart / Berlin / Köln 1991 (zitiert: Soergel / Bearbeiter)

- Band 5, Sachenrecht, (§§ 854-1296), WEG, ErbauRVO, SchiffsrechtG, 11. Aufl. Stuttgart / Berlin / Köln / Mainz 1978 (zitiert: Soergel / Bearbeiter)

Söllner, Alfred: Der Bereicherungsanspruch wegen Nichteintritt des mit einer Leistung bezweckten Erfolges, AcP 163, S. 20

von Staudinger, Julius: Kommentar zum Bürgerlichen Gesetzbuch mit Einführungsgesetz und Nebengesetzen.

- Erstes Buch, Allgemeiner Teil, §§ 90-240, 12. Aufl. Berlin 1980 (zitiert: Staudinger / Bearbeiter)

- Zweites Buch, Recht der Schuldverhältnisse, §§ 255-327, 12. Aufl. Berlin 1979 (zitiert: Staudinger / Bearbeiter)

- II. Band, Recht der Schuldverhältnisse, Teil 1d, §§ 328-432, 10./11. Aufl. Berlin 1978 (zitiert: Staudinger / Bearbeiter)

- Zweites Buch, Recht der Schuldverhältnisse, §§ 741-822, 12. Aufl. Berlin 1986 (zitiert: Staudinger / Bearbeiter)

- Drittes Buch, Sachenrecht, Einl. zu §§ 854 ff, §§ 854-902, 12. Aufl. Berlin 1989 (zitiert: Staudinger / Bearbeiter)

- Drittes Buch, Sachenrecht, §§ 903-931, Anh. zu §§ 929-931, §§ 932-936, 12. Aufl. Berlin 1989 (zitiert: Staudinger / Bearbeiter)

Stein, Friedrich / *Jonas*, Martin: Kommentar zur Zivilprozeßordnung, Vierter Band, Teilband 1, §§ 704-882 a, 20. Aufl. Tübingen 1986 (zitiert: Stein / Jonas / Bearbeiter)

Sternberg, Leo: Anmerkung zu RG, Urteil vom 11.01.1930, JW 1930, S. 2043

Stöber, Kurt: Forderungpfändung, Zwangsvollstreckung in Forderungen und andere Vermögensrechte, 10. Aufl. Bielefeld 1993

Stoll, Werner: Anmerkung zu OLG Celle, Beschluß vom 08.01.1968, AG Hamburg-Altona, Beschluß vom 30.05.1967, DNotZ 1969, S. 109

Stürner, Rolf: Der Notar - unabhängiges Organ der Rechtspflege?, JZ 1974, S. 154

- Die Kreditsicherung der Banken und das neue AGB-Gesetz, JZ 1977, S. 431

- Besprechung zu Wolfsteiner, Die vollstreckbare Urkunde, ZZP 93 (1980), S. 233

Thomas, Heinz / *Putzo*, Hans: Zivilprozeßordnung mit Gerichtsverfassungsgesetz und den Einführungsgesetzen, 18. Aufl. München 1993

Tönnies, Ralf: Anmerkung zu OLG Schleswig, Beschluß vom 26.09.1991, DNotZ 1992, S. 70

Tröder, Jörg: Grundfragen der Finanzierungsvollmacht, DNotZ 1984, S. 350

Ulmer, Peter / *Brandner*, Hans Erich / *Hensen*, Horst-Diether: AGB-Gesetz, Kommentar zum Gesetz zur Regelung des Rechts der Allgemeinen Geschäftsbedingungen, 7. Aufl. Köln 1993 (zitiert: Bearbeiter, in: Ulmer / Brandner / Hensen)

Vogel, Heinz von: Die Anderkonten der Rechtsanwälte und Notare, Diss. Gießen 1935

Volhard, Rüdiger: Amtspflichten des Notars bei Eingriffen in den Vertragsvollzug, DNotZ 1987, S. 523

Wagner, Paul / *Zimmermann*, Stefan: Verwahrungsgeschäfte, In: Das Anderkonto und die sonstige Betreuungstätigkeit des Notars, Deutsches Anwaltsinstitut e. V. - Fachinstitut für Notare -, Bochum 1985

Weber, Hansjörg: Sicherungsgeschäfte, 3. Aufl. München 1986

Weber, Martin: Bereicherungsansprüche wegen enttäuschter Erwartung?, JZ 1989, S. 25

Weber, Stefan: Materiell- und beurkundungsrechtliche Probleme bei sukzessiver Beurkundung von Angebot und Annahme, MittRheinNotK 1987, S. 37

Weingärtner, Helmut: Vermeidbare Fehler im Notariat, 2. Aufl. Köln / Berlin / Bonn / München 1991

Dienstordnung für Notare, Kommentar, 5. Aufl. Köln / Berlin / Bonn / München 1991

Weirich, Hans-Armin: Gedanken zur Unabhängigkeit des Notars, DNotZ 1962, S. 11

- Freiwillige Gerichtsbarkeit, Berlin / Köln / Mainz 1981

- Grundstücksrecht, München 1985

- Vertragsgestaltung im Grundstücksrecht, München 1988

Weitnauer, Hermann: Der Schutz des Schwächeren im Zivilrecht, JSK Schriftenreihe Heft 123, Karlsruhe 1975

- Die Leistung, Festschrift für Ernst von Caemmerer, Tübingen 1978, S. 255

Werner, Olaf: Die Rechtsnatur der notariellen Unterwerfungsklausel, DNotZ 1969, S. 713

Wieacker, Franz: Leistungshandlung und Leistungserfolg im Bürgerlichen Schuldrecht, Festschrift für Hans Carl Nipperdey I, München / Berlin 1965, S. 787

Wieling, Heinrich: Drittzahlung, Leistungsbegriff und fehlende Anweisung, JuS 1978, S. 801

88,-

Wieczorek, Bernhard: Zivilprozeßordnung und Nebengesetze auf Grund der Rechtsprechung kommentiert, Vierter Band, §§ 704-1048, 2. Aufl. Berlin / New York 1981 (zitiert: Wieczorek / Bearbeiter)

Winkler, Karl: Anmerkung zu OLG Frankfurt, Beschluß vom 10.08.1971, Rpfleger 1972, S. 140

Wolf, Manfred / *Horn*, Norbert / *Lindacher*, Walter F.: AGB-Gesetz, Gesetz zur Regelung des Rechts der Allgemeinen Geschäftsbedingungen, Kommentar, 2. Aufl. München 1989 (zitiert: Bearbeiter, in: Wolf / Horn / Lindacher)

Wolfsteiner, Hans: Die vollstreckbare Urkunde, München 1978

- Anmerkung zu LG Kleve, Beschluß vom 07.02.1978, DNotZ 1978, S. 680
- Die Zwangsvollstreckung findet aus Urkunden statt, DNotZ 1990, S. 531
- Anmerkung zu OLG Düsseldorf, Beschluß vom 13.08.1990, DNotZ 1991, S. 537

Wolpers, Friedrich Wilhelm: Anmerkung zu KG Berlin (West), Beschluß vom 01.06.1950, DNotZ 1951, S. 274

Wörbelauer, Herbert: Die "Valutierung" der Grundpfandrechte und der Auftrag des Geldgebers an den Notar, DNotZ 1965, S. 518

Zeiss, Walter: Leistung, Zuwendungszweck und Erfüllung, JZ 1963, S. 7

- Anmerkung zu BGH, Urteil vom 25.03.1983, JR 1983, S. 410

Zimmermann, Stefan: Weisungen der Beteiligten bei Verwahrungsgeschäften nach § 23 BNotO, DNotZ 1980, S. 451

- Erstes Gesetz zur Änderung der Bundesnotarordnung und Staatshaftungsgesetz (2. Teil), DNotZ 1982, S. 90
- Anmerkung zu BGH, Urteil vom 25.03.1983, DNotZ 1983, S. 552
- Die Neufassung der DONot, DNotZ 1985, S. 5
- Anmerkung zu BGH, Urteil vom 21.02.1985, DNotZ 1985, S. 640
- Anmerkung zu KG, Urteil vom 04.11.1986, OLG Köln, Urteil vom 20.01.1987, DNotZ 1987, S. 571
- Anmerkung zu OLG Köln, Beschluß vom 29.04.1988, DNotZ 1989, S. 262

Zöller, Richard: Kommentar zur Zivilprozeßordnung mit Gerichtsverfassungsgesetz und den Einführungsgesetzen, mit Internationalem Zivilprozeßrecht, Kostenanmerkungen, begründet von Richard Zöller, 18. Aufl. Köln 1993 (zitiert: Zöller / Bearbeiter)